東洋古典譯註叢書 124

譯註 列女傳補注 1

著者 劉向　補注 王照圓
譯註 崔秉準　孔勤植

전통문화연구회

國譯委員

譯　　註　崔秉準 孔勤植
常任原文校閱　吳圭根
潤　　文　朴勝珠 南賢熙
校　　訂　李承俊 李孝宰
出　　版　郭成龍 金主賢 金曉東
管　　理　咸明淑
普　　及　徐源英

東洋古典譯註叢書를 발간하면서

우리의 古典國譯事業은 민족문화 진흥의 기초사업으로 1960년대부터 政府 支援으로 古文獻 現代化 작업을 추진하여 많은 成果를 거두었다. 당시 이 사업 추진의 先行課題로 東洋古典이라 일컬어지는 중국의 基本古典을 먼저 飜譯하여야 한다는 學界의 주장이 있었음에도 불구하고 우리 고전이 아니라는 일부의 偏狹한 視角과 財政 事情 등으로 인하여 배제되어 왔다.

전통적으로 중국의 기본고전은 우리 歷史와 함께 숨쉬며 각종 교육기관의 敎科書로 활용됨은 물론이고 지식인들의 必讀書가 되어 왔으며, 우리 文化의 基底에 자리잡고 거의 모든 방면의 體系와 根幹을 형성하여 왔다. 그래서 학문연구의 기본서 역할을 해 왔을 뿐만 아니라 오늘날에도 우리의 國學徒 및 東洋學 硏究者들에게 같은 역할을 하고 있음은 주지의 사실이다. 그럼에도 불구하고 中國古典은 우리 것이 아니라 하여 專門機關의 飜譯對象에 포함하지 않음으로써, 대부분 原典에서의 직접 번역이 아닌 重譯이나 拔萃譯의 방식이 주를 이루면서 敎養水準으로 出版되어 왔다.

오늘날 東洋 三國 중에서 우리의 東洋學 연구가 가장 부진한 이유는, 東洋基本古典에 대한 폭넓은 이해의 부족과 漢文古典 讀解力의 저하에 기인함을 우리는 솔직히 인정하여야 한다. 따라서 이들 중국고전에 대한 신뢰할 만한 國譯이 이루어지는 것이 한국학 연구를 촉진시키는 시급한 先行課題라 할 수 있다.

이에 韓國學 및 東洋學의 연구와 古典現代化의 基盤構築을 위해서는, 전문기관으로 하여금 동양고전을 단기간에 각 분야의 專門 硏究者와 漢學者가 상호 협동하여 연구번역하여 飜譯의 傳統性과 效率性, 硏究의 專門性을 높일 수 있도록 政策的 配慮가 있어야 한다.

이에 本會에서는 元老 및 中堅 漢學者와 斯界의 專攻者로 하여금 協同硏究飜譯하여 공부하는 사람들이 믿고 引用하거나 깊이 있는 註釋 등을 활용할 수 있게 하고, 知識人들의 敎養을 증진시켜 줄 수 있는 東洋古典의 國譯書 간행을 지속적으로 추진해 왔다. 근래에 다행히 이 사업에 대하여 각계 지도층의 폭넓은 이해와 지원에 힘입어 2001년도부터 國庫補助를 받아 東洋古典譯註叢書를 간행하게 되었다. 이를 계기로 우리 先學의 註釋과 見解를 반영하는 등 국역사업의 內實을 기하게 되었음을 이 자리를 빌려 衷心으로 감사드리며, 아울러 國譯에 參與하신 관계자 여러분의 勞苦에 깊은 謝意를 표한다.

끝으로 우리의 이러한 작업은 오랜 역사 위에 축적된 先賢들의 業績과 現代學問을 이어주는 튼튼한 架橋와 礎石이 되어 진정한 韓國學과 東洋學 발전에 기여할 것을 굳게 믿으며, 21세기를 우리 文化의 世紀로 열어 가는 밑거름이 되도록 우리의 力量을 本 事業에 경주하고자 한다. 江湖諸賢의 부단한 관심과 지원을 기대해 마지않는다.

社團法人 傳統文化硏究會 會長 李啓晃

解　題

徐正和[*)]

1. 序 言

≪列女傳≫은 劉向(B.C.77?~B.C.6?)이 경전이나 역사서 등에 기재된 여성들의 행적을 모으고 엮은 책으로, 여기서 '列女'라는 말은 '여러 여성들'이라는 뜻이다.

≪漢書≫ 〈藝文志〉에 의하면 유향의 序가 67편인데 그 목록 중에 ≪列女傳頌圖≫가 있고,[1)] 또 ≪漢書≫ 〈劉向傳〉에 유향이 천자를 경계시키기 위해 ≪열녀전≫을 지어 올렸다[2)]고 하였으므로 ≪열녀전≫의 저자가 유향이라는 사실은 분명해 보인다. 하지만 유향이 지었다고 하는 ≪열녀전≫이 현전하지 않아 그 실체 또는 원형을 알 수가 없다. 또 현재 통용되고 있는 ≪열녀전≫은 南宋의 蔡驥가 편집한 ≪新編古列女傳≫을 근간으로 간행된 南宋 建安 余氏의 '勤有堂本'인데, 이 판본마저도 현전하지 않는다.

그럼에도 유향의 ≪열녀전≫은 그 영향이 막대하였다. ≪隋書≫ 〈經籍志〉에는 ≪열녀전≫ 관련 서적이 9건이 있는데, 유향보다 불과 반세기 뒤에 태어난 班固의 동생 班昭(曹大家)가 ≪열녀전≫에 주석을 달았다는 기록이 있다.[3)] 이후 송나라, 명나라, 청나라를 거치면서 다양한 판본과 주석서가 등장하였다. 또한 ≪後漢書≫를 시작으로 '열녀전'이라는 체제가 正史에 정식으로 편입되기 시작하였다.

≪열녀전≫의 이러한 열풍은 중국에만 그치는 것이 아니라 한국에서도 그대로 이어졌다.

---

*) 全州大學校 韓國古典學硏究所 助教授

1) ≪漢書≫ 卷30 〈藝文志〉, "劉向所序六十七篇(新序說苑世說列女傳頌圖也)"

2) ≪漢書≫ 卷36 〈楚元王傳 劉向〉, "序次爲列女傳 凡八篇 以戒天子"

3) ≪隋書≫ 卷33 〈經籍2〉, "列女傳十五卷(劉向撰 曹大家注) 列女傳七卷(趙母注) 列女傳八卷(高氏撰) 列女傳頌一卷(劉歆撰) 列女傳頌一卷(曹植撰) 列女傳讚一卷(繆襲撰) 列女後傳十卷(項原撰) 列女傳六卷(皇甫謐撰) 列女傳七卷(綦母邃撰) 列女傳要錄三卷"

한국에서는 고려 말엽 鄭樞의 ≪圓齋稿≫에 '열녀전'이라는 어휘가 처음 등장하고, 이후 조선 태종 4년(1404)에는 명나라에 다녀온 사신들이 하사품으로 ≪古今列女傳≫ 610부를 받아온 기록이 있다. 중종 38년(1543)에는 ≪열녀전≫ 諺解本이 간행되었고, ≪三綱行實圖≫의 烈女篇이나 昭惠王后의 ≪內訓≫, 暎嬪 李氏의 ≪女範≫ 등은 ≪열녀전≫을 직접적으로 수용한 '조선식 열녀전'이었다.

이처럼 ≪열녀전≫은 중국과 한국에서 유교적 체제에 합당한 여성이 되기 위한 규범서로 자리 잡았을 뿐만 아니라 현재까지도 그 계통, 정본, 편찬 의도 및 현재적 의의 등이 끊임없이 논의되고 있는 '살아 있는 古典'이라 할 수 있다. 아래에서는 유향의 ≪열녀전≫ 편찬 의도, ≪열녀전≫의 대표 판본과 流轉 양상, 그리고 한국의 전래와 그 의미에 대해 간략하게 짚어보고자 한다.

2. 劉向의 생애 및 ≪열녀전≫ 편찬 의도

유향은 前漢의 저명한 학자로, 본명은 更生, 자는 子政이다. 漢 高祖 劉邦의 이복동생 劉交의 4세손으로, 宣帝 때 名儒로 초빙되었으며, 조정의 藏書庫였던 石渠閣에서 五經을 강론하였다. 元帝 때 참언을 받아 관직을 박탈당했다가 10여 년 후인 成帝가 즉위하자 中郎으로 복직했는데, 이 무렵 이름을 向으로 고쳤다. 河平 3년(B.C.26)에 명을 받고 조정의 서적을 교감했고, 이 사업은 그의 사후에도 18년 동안 계속 진행되어 고대 문헌 상태를 전하는 ≪漢書≫ 〈藝文志〉의 기초가 되었다. 外戚 王鳳이 권력을 전횡하자 역대의 符瑞災事를 모아 ≪洪範五行傳≫을 지었고, 中壘校尉로 생을 마쳤다. 현재까지 전하는 저작으로 ≪열녀전≫ 이외에 ≪新序≫, ≪說苑≫ 등이 있고, 이 밖에 ≪五經通義≫, ≪孝子傳≫, ≪漢儒中壘集≫ 등이 전하지만 모두 輯本이다.

≪열녀전≫에 등장하는 여성들은 經傳과 역대의 史書 등에 기재되어 있던 인물들이다. 유향은 이 여성들을 ≪열녀전≫에 立傳하면서 기존 문헌에 기재된 것을 그대로 옮겨 적은 것이 아니라 원전에 보이지 않던 상황을 설정하거나 언행을 각색하였다. 또한 그는, 王教가 여인들에게서 나온다고 여겼기 때문에 ≪詩經≫과 ≪商書≫ 등의 문헌에 등장하는 여

인, 곧 국가를 흥성하게 하고 집안을 현양하여 모범이 될 수 있는 여인과 帝王의 총애를 받아 국가를 어지럽게 한 여인들을 모아 8篇의 ≪열녀전≫으로 편찬하여 천자를 경계시키고자 하였다[4] 한다. 이 점을 감안하면 유향이 ≪열녀전≫을 편찬한 데에는 깊은 의도를 부여한 것으로 보인다.

그렇다면 유향이 ≪열녀전≫을 편찬한 의도는 무엇인가? 이에 대해서는 여러 가지 의견이 분분하다. 유향이 활동할 당시는 주로 元帝(B.C.48~B.C.33)와 成帝(B.C.32~B.C.7) 때였는데, 이 당시 한나라는 후궁과 외척 세력이 권력을 농단하고 있었다. 특히 성제 때에는 趙飛燕·趙合德 자매가 성제의 총애를 믿고 권력을 마음대로 휘둘렀다. 조비연은 성제의 마음을 사로잡기 위해 여동생 조합덕을 후궁으로 추천한 뒤에 許皇后와 班倢伃가 후궁들과 성제를 저주하고 있다고 무고하여 허황후는 폐위되고 반첩여는 모진 고문을 받고 失寵하게 만들었다. 이를 계기로 조비연 자신은 두 번째 황후가 되고, 동생 조합덕은 昭儀가 되었다. 그러나 자식을 낳지 못한 조비연은 임신한 궁녀들에 대한 횡포를 일삼았고, 갑작스러운 성제의 죽음에 관련되었다는 혐의를 받았지만, 哀帝를 즉위시켜 황태후까지 되었다.

유향이 ≪열녀전≫을 지어 올리면서 "王教는 안에서 나와 바깥으로 미치고 가까이에 있는 자들에게서 비롯된다.〔王教由內及外 自近者始〕"라고 한 언급을 고려할 때 후궁들의 전횡이 ≪열녀전≫을 지은 계기가 되었음은 明若觀火하며, ≪열녀전≫의 편찬 의도에 대한 의견도 이에 근거하여 3가지 관점으로 설명된다.

첫째, 여성 교육서라는 주장이다. 유향이 설정해놓은 母儀, 賢明, 仁智, 貞順, 節義, 辯通, 孽嬖 7가지의 범주는 유가적 여성이 본받고 경계해야 할 규범이라는 것이다. 이는 한나라가 지배 이념으로 도입한 유학의 磁場 속에서 성장한 유향의 이념 성향이 반영된 것으로, 유교적 규범에 따른 典型化된 女性像을 구축하여 사회적으로 바람직한 여성상을 만들고자 하는 의도가 들어있다는 견해이다.

둘째, 당대 사회를 비판하고 풍자하기 위해서라는 것이다. 유향이 한창 활동하던 시기는 조비연 자매가 국정을 농단하여 한나라 왕조 자체를 위협할 정도로 위험천만하던 시대였다. 유향은 귀감으로 삼을 여인들과 경계로 삼아야 할 여성들을 立傳함으로써 자연스럽게 당대

4) ≪漢書≫ 卷36 〈楚元王傳 劉向〉, "向以爲王教由內及外 自近者始 故採取詩書所載賢妃貞婦 興國顯家可法則 及孽嬖亂亡者 序次爲列女傳 凡八篇 以戒天子"

에 전횡을 일삼던 조비연 자매를 에둘러 비판하고 풍자했다는 견해이다.

셋째, 여성의 유교적 도덕 확립과 천자에 대한 경계를 위한 것으로, 이를 통한 한나라 정권의 안정과 회복이 궁극적 목적이라는 관점이다. 유향은 皇室의 一族으로서의 강한 동족의식과 외척 세력에 대한 경계심으로 한나라의 위기를 누차 경고한 바 있는데, 그는 조비연 자매의 전횡에 대해 위기감이 한층 강했을 것이므로 ≪열녀전≫을 통해 德治라는 유학적 정치 이념을 실현함으로써 유씨 황실의 안정을 꾀하고자 했다는 견해이다.

이를 종합하면, ≪열녀전≫은 황실의 권세를 농단하던 조비연 자매의 전횡을 비판하기 위해 저술된 것이 표면적 이유이겠지만, 그 이면에는 이상적인 유교 통치를 위해 요구되는 자질과 덕성을 갖춘 여성상을 제시하기 위한 의도가 더욱 깊이 개입되어 있는 것으로 보인다. 실제로도 ≪열녀전≫은 후대로 내려올수록 바람직한 유가적 여성이 되기 위한 규범서 또는 교과서 역할을 한 것이 사실이다.

3. ≪열녀전≫의 체제 및 판본, 주석서

현재 통용되고 있는 ≪열녀전≫은 8권으로 구성되어 있는데, 모두 124명의 여성에 대한 일화를 수록하고 있다. 이 일화는 7개의 傳, 곧 〈母儀傳〉, 〈賢明傳〉, 〈仁智傳〉, 〈貞順傳〉, 〈節義傳〉, 〈辯通傳〉, 〈孼嬖傳〉의 7권 104편에 후대의 누군가가 漢代 여인들을 立傳한 〈續列女傳〉 1권 20편이 덧붙여져 있으며, 앞의 7권에는 각 편의 끝부분에 頌이 있지만 〈속열녀전〉에는 송이 없다.

〔표1〕 ≪열녀전≫의 구성과 내용[5)]

卷數	篇名	內容	立傳 女性
권1 (14편)	母儀傳	어머니로서 모범이 된 여성	有虞二妃, 棄母姜嫄, 契母簡狄, 啓母塗山, 湯妃有㜪, 周室三母, 衛姑定姜 齊女傅母, 魯季敬姜, 楚子發母, 鄒孟軻母, 魯之母師, 魏芒慈母, 齊田稷母, (魯師氏母)
권2 (15편)	賢明傳	현숙하고 사리에 밝은 여성	周宣姜后, 齊桓衛姬, 晉文齊姜, 秦穆公姬, 楚莊樊姬, 周南之妻, 宋鮑女宗, 晉趙衰妻, 陶荅子

			妻, 柳下惠妻, 魯黔婁妻, 齊相御妻, 楚接輿妻, 楚老萊妻, 楚於陵妻
권3 (15편)	仁智傳	어질고 지혜로운 여성	密康公母, 楚武鄧曼, 許穆夫人, 曹僖氏妻, 孫叔敖母, 晉伯宗妻, 衛靈夫人, 齊靈仲子, 魯臧孫母, 晉羊叔姬, 晉范氏母, 魯公乘姒, 魯漆室女, 魏曲沃負, 趙將括母
권4 (15편)	貞順傳	꿋꿋하고 유순한 여성	召南申女, 宋恭伯姬, 衛寡夫人, 蔡人之妻, 黎莊夫人, 齊孝孟姬, 息君夫人, 齊杞梁妻, 楚昭貞姜, 楚平伯嬴, 楚白貞姬, 衛宗二順, 魯寡陶嬰, 梁寡高行, 陳寡孝婦
권5 (15편)	節義傳	절개와 의리를 지킨 여성	魯孝義保, 楚成鄭瞀, 晉圉懷嬴, 楚昭越姬, 蓋將之妻, 魯義姑姊, 代趙夫人, 齊義繼母, 魯秋潔婦, 周主忠妾, 魏節乳母, 梁節姑姊, 珠崖二義, 郃陽友娣, 京師節女
권6 (15편)	辯通傳	언변이 뛰어나고 학식이 통창한 여성	齊管妾婧, 楚江乙母, 晉弓工妻, 齊傷槐女, 楚野辯女, 阿谷處女, 趙津女娟, 趙佛肸母, 齊威虞姬, 齊鍾離春, 齊宿瘤女, 齊孤逐女, 楚處莊姪, 齊女徐吾, 齊太倉女
권7 (15편)	孼嬖傳	요사스럽고 악한 여성	夏桀末喜, 殷紂妲己, 周幽褒姒, 衛宣公姜, 魯桓文姜, 魯莊哀姜, 晉獻驪姬, 魯宣繆姜, 陳女夏姬, 齊靈聲姬, 齊東郭姜, 衛二亂女, 趙靈吳女, 楚考李后, 趙悼倡后
권8 (20편)	續列女傳	漢나라의 모범이 된 여성	周郊婦人, 陳國辯女, 聶政之姊, 王孫氏母, 陳嬰之母, 王陵之母, 張湯之母, 雋不疑母, 漢楊夫人, 漢霍夫人, 嚴延年母, 漢馮昭儀, 王章妻女, 班女婕妤, 漢趙飛燕, 孝平王后, 更始夫人, 梁鴻之妻, 明德馬后, 梁夫人嫕

유향이 ≪열녀전≫을 편찬했다는 사실에는 이견이 없지만, 체제와 판본은 시대를 내려오면서 여러 차례 변모되었다. ≪열녀전≫의 체제에 대해 유향의 아들 劉歆은 ≪七略≫에서 7권이라 하였고, ≪漢書≫ 〈劉向傳〉에는 8권(傳 7권과 頌 1권)으로 기록되어 있다. 이후 班固의 동생 班昭가 ≪열녀전≫에 주석을 달면서 傳 7권을 14권으로 만들고 頌 1권을 합하여 15권을 만들었다. 하지만 이 ≪열녀전≫은 기록으로만 존재할 뿐 실물이 존재하지 않아 그 원형을 확인할 수 없다.

5) 본 국역서의 저본인 王照圓의 ≪列女傳補注≫에 의거하여 작성한 것이다. 권1의 맨 끝에 있는 '魯師氏母'는 다른 판본에는 보이지 않고 ≪열녀전보주≫에만 있다.

그 후 北宋의 蘇頌과 王回가 옛 모습을 되살리기 위해 다시 8권으로 만들어 책 이름을 ≪古列女傳≫이라 하였고, 南宋의 蔡驥가 소송과 왕회가 편찬한 책을 기초로 하여 頌을 傳 뒤에 편집하여 7권으로 엮고 그 뒤에 ≪續列女傳≫ 1권을 합쳐서 총 8권의 ≪新編古列女傳≫을 간행하였다. 채기가 편찬한 ≪新編古列女傳≫은 현재 全文이 전하지 않지만 현존하는 여러 판본의 근간이 되었다.

채기의 ≪신편고열녀전≫을 근간으로 하는 판본 중에 가장 중요한 판본은 南宋 때 建安 余氏의 '勤有堂本'인데, 이 판본이 바로 현재 유통되고 있는 ≪열녀전≫ 체제의 원형이다. 이 판본 역시 현전하지 않아 후대에 편찬된 ≪四庫全書≫本 ≪古列女傳≫과 嘉慶 원년(1796)에 顧之逵가 重刊한 顧氏小讀書堆本 ≪古列女傳≫, 道光 5년(1825)에 阮元의 아들 阮福이 影刻한 ≪顧虎頭畵列女傳≫을 통해 근유당본을 추정할 수밖에 없다. 하지만 이 근유당본은 현재 통용본의 근간이 될 뿐 아니라 근유당본을 가지고 다시 유향의 ≪열녀전≫을 추정할 수 있기 때문에 ≪열녀전≫ 板本史에서 매우 중시되는 판본이다.[6] 근유당본 계열 이외에도 '汪氏本'이 있는데, 萬曆 연간에 汪氏가 明代 열녀설화를 증보하여 16권으로 간행한 것으로, 원본의 내용을 각색・보충한 부분이 많다.[7]

≪열녀전≫의 주석서로는 班固의 동생 班昭(曹大家)와 虞貞節, 綦母邃 등 많은 이들이 주석을 달았으나 모두 현전하지 않고, 고증학이 발달한 청나라 때 이르러 대표적인 주석서가 출현한다. 공교롭게도 대표적인 주석가는 모두 여성으로, 현재까지 ≪열녀전≫의 대표적인 주석서로 인정받는 것은 王照圓의 ≪列女傳補注≫(8권), 梁端의 ≪列女傳校注≫(8권), 蕭道管의 ≪列女傳集注≫(10권)이다.

≪열녀전보주≫는 위 세 주석서 중에 가장 이른 시기에 완성된 것으로, 본 국역서의 底本이다. 왕조원은 시인이자 訓詁學者로서 ≪열녀전≫을 정밀하게 주석하였으며, 남편 郝懿行[8] 역시 저명한 考證學者로 ≪열녀전보주≫의 교정에 참여했다. 또한 이 교정에는 臧庸

---

6) 명나라 때에는 관청에서 간행한 것 외에도 개인이 간행한 근유당본 계열이 있다. '嘉靖本'은 嘉靖 31년(1552) 黃魯曾이 頌 뒤에 자신의 贊을 추가하여 간행한 것이고, '萬曆本'은 萬曆 34년(1606) 당시 판각으로 유명하던 徽州에서 黃嘉育이 간행한 것이다.

7) '왕씨본'은 ≪열녀전≫의 頌을 삭제하고 각 편의 말미에 편자의 견해를 기록하였으며, 현전하는 판본은 乾隆 44년(1779) 간행본이다.

8) 청나라의 경학가이자 훈고학자로, 자는 恂九, 호는 蘭皐이다. 山東 棲霞 출신으로 嘉慶 연간

과 馬瑞辰 등 당대의 학자들도 참여하였다. 왕조원은 本書 외에도 ≪詩經小記≫, ≪列仙傳校正≫, ≪夢書≫ 등의 저서가 있다.

≪열녀전교주≫는 梁端(?~1825)[9]이 주석한 책이다. 양단의 남편 汪遠孫(1789~1835)[10]의 〈列女傳校注前言〉에 의하면, 양단은 祖父 淸白翁이 근유당본을 교정볼 때 ≪열녀전≫을 처음 접하여 자못 大義를 깨우쳤고, 혼인한 뒤에도 계속해서 주석 작업을 했으며, 왕원손에게 자문을 구하기도 했다고 한다. 하지만 출산 도중에 사망하여 왕원손이 10여 년 지난 1833년에 유고를 수습하여 정리했다고 한다.

≪열녀전집주≫는 본문 8권, 補遺 1권, 附錄 1권으로 구성되었으며, ≪列女傳補注≫와 ≪列女傳校注≫를 종합하고 諸家의 說을 수록하여 전거의 제시가 상세하다. 저자 蕭道管(1855~1907)의 자는 君佩, 호는 道安으로 陳衍(1856~1937)의 아내이다. 시문에 능하고 글씨를 잘 썼으며, 고증학에도 관심이 깊었다. 저서에 ≪道安室雜文≫, ≪蕭閒堂札記≫ 등이 있다.

한국에서는 고려 말엽 鄭樞의 ≪圓齋稿≫에 '열녀전'이라는 어휘가 처음 언급된다.[11] 이후 조선 태종 4년(1404) 3월에 명나라에 다녀온 사신들이 하사품으로 ≪古今列女傳≫[12] 110부를 들여왔고, 이해 11월에 다시 500부를 받아왔으며, 세종 18년(1436)에는 世子嬪 奉氏에게 ≪열녀전≫을 가르치게 한 적이 있었다.[13] 중종 12년(1517)에는 홍문관에서 무너진 윤리 의식을 바로 세우기 위해 ≪小學≫, ≪列女傳≫, ≪女誡≫, ≪女則≫ 등의 서적을 언해서로 간행하여 반포할 것을 청하였고,[14] 실제로 중종 38년(1543) 때에 ≪열녀전≫

(1796~1820)에 진사가 되어 戶部主事를 지냈다. 저서에 ≪爾雅義疏≫, ≪山海經箋疏≫, ≪易說≫, ≪書說≫, ≪春秋說略≫, ≪竹書紀年校正≫ 등이 있다.

9) 梁端은 淸나라 학자인 汪遠孫의 아내로, 字는 無非이다.

10) 汪遠孫은 청나라 때의 저명한 학자로, 자는 久也, 호는 小米이다. 저서에 ≪國語考異發正≫, ≪三家詩考證≫ 등이 있으며, ≪淸史≫에 立傳되어 있다.

11) 鄭樞, ≪圓齋稿≫ 卷中 〈朴密直夫人吳氏挽詞〉, "誰題列女傳 婦德正無嫌"

12) ≪古今列女傳≫은 明나라 永樂 원년(1403)에 영락제의 명으로 解縉 등이 유향의 ≪列女傳≫과 元·明代의 史書에 나오는 여성 열전들을 수합하여 완성한 책인데, 이 책은 〈얼폐전〉을 의도적으로 산삭하였다. 上·中·下 세 권으로 구성되어 있다.

13) ≪世宗實錄≫ 18年 11月 7日, "初廢金氏而立奉氏也 欲其知古訓而戒飭 自今以後 庶無此等之事 使女師授烈女傳"

14) ≪中宗實錄≫ 12年 6月 27日, "弘文館啓曰……風俗之壞 莫甚此時 蓋有由矣……乞於群書內

을 언해하여 목판으로 간행하였다.[15] 중종 때 간행한 목판본은 현재 권4만 전하고 있는데, '揷畫-漢文-諺解'의 순서로 編次되어 있고, 입전 여성의 편차 순서도 일부 다르며, 글자의 출입도 있다. 이는 중국본을 그대로 복각한 것이 아니라 교감하고 재편집한 결과인데, 이 목판본의 근간이 된 것도 建安 余氏의 勤有堂本으로 추정된다.

본 국역서의 저본을 포함하여 현재 국내에 소장되어 있는 ≪열녀전≫의 주요 소장 현황과 간략한 서지사항을 소개하면 아래와 같다.

〔표2〕 ≪열녀전≫의 국내 소장 현황 및 간략 서지사항

書名 卷數	刊行年	刊行處 (간행 형태)	序/跋/附錄	半郭	책 크기	소장처 (청구 기호)	비고
古列女傳 1권 1책 (零本, 卷4)	1543 ~ 1544	조선 (木版本)	小序:貞順傳	25.8 × 16.2	32.5 × 21.4	국립한글 박물관	국한문 혼용 목록1장, 본문 43장
古列女傳 1권 1책 (零本, 卷4)	上同	上同	上同	上同	上同	개인소장	上同
古列女傳 8권 4책	未詳	조선 (筆寫本)			26.3 × 22.0	국회 도서관 稀920ㄱ 336	한글 번역본
烈女傳補注 8권 4책	1882	清 (木版本)	• 烈女傳補注序 : 嘉慶十六年(1811)…武進臧庸序 • 烈女傳補注序 : 嘉慶十有七年(1812)…桐城馬瑞辰謹序 • 印記:集玉齋, 帝室圖書之章		27.0 × 12.3	규장각 奎中 4288-v. 1-4 奎中 5365-v. 1-4	본 국역서의 底本
古列女傳 8권 4책	1606 (萬曆34)	未詳 (木版本)	• 古列女傳序:嘉祐八年(1063)秋夕長樂王回撰 • 古列女傳序:編校館閣書籍臣曾鞏序		22.8 ×15.0	규장각 奎中 5047-v.	중국본

最切日用者 如小學如列女傳如女誡女則之類 譯以諺字 仍令印頒中外"

15) ≪中宗實錄≫ 38年 11月 6日, "但今開刊烈女傳 工役不小 事畢後開刊何如"

			• 新刻古列女傳敍:萬曆丙午(1606)…(明)黃嘉育 • 印記:日閑齋印, 帝室圖書之章			1-4	
列女傳 8권 4책	1874 (同治13)	未詳 (木版本)	• 標題:列女傳校讀本 • 序:錢唐梁德繩楚生氏撰 • 古序:嘉祐八年(1068)…長樂王回序竝撰 • 目錄序 : 曾鞏序 • 跋:同治十三年歲在甲戌(1874)嘉平月從子曾本謹跋 • 原刊記:道光癸巳(1833)…汪遠孫識於觀馴齋		23.6 × 15.1	고려대 도서관 육당B12 -B8A-1 -4	중국본
(新刻) 古列女傳 8권 5책	1654 (承應3)	水玉堂 (木版本)	• 新刻古列女傳敍 : 萬曆丙午(1606)孟春日新都黃嘉育懷英 • 刊記 : 承應三年甲午(1654)五月穀旦二條通玉屋町上村次郎衛門版行複本 1帙 • 古列女傳序:編校館閣書籍臣曾鞏序 • 古列女傳序:嘉祐八年(1063)秋夕長樂王回撰 • 印:李王家圖書之章. 多田藏書印	19.8 × 13.7	26.0 × 17.8	장서각 J2-162- 1-5	일본본
(新刻) 古列女傳 11권 8책	1654 (承應3)	水玉堂 (木版本)	• 新刻古列女傳敍 : 萬曆丙午(1606)孟春日新都黃嘉育懷英 • 古列女傳序:嘉祐八年(1063)秋夕長樂王回撰 • 刊記 : 承應三年甲午(1654)五月水玉堂發兌 • 小序 : 嘉定七年甲戌(1214)十二月初五日武夷蔡驥孔良拜手謹書	20.0 × 13.7	26.7 × 18.7	장서각 J2-161- 1-8	일본본
劉向古列女傳 8권 4책	1924 (大正 3)	圖本業 刊會 (影印本)	• 古列女傳序:編校館閣書籍臣曾鞏序 • 新刻古列女傳敍:萬曆丙午(1606)…(明)黃嘉育 • 表題 : 圖本叢刊劉向列女傳	19.7 × 13.6	30.0 × 19.5	국립중앙 도서관 古2520- 27	일본본

유향이 ≪열녀전≫을 편찬한 의도나 그 성격에 대해서는 이견이 있다. 하지만 ≪열녀전≫에 입전된 여성들은 유가적 이념이 가장 잘 재현된 인물들로, 이들은 남성에 대등한 여성이 아니라 어머니, 부인, 딸의 역할을 훌륭하게 수행한 인물들이다.[16] 이 때문에 ≪열녀전≫

16) 〈孼嬖傳〉에 등장하는 인물들은 전범으로 내세울 수 있는 여성들이 아니지만, 이들을 '얼폐'로

은 자연스럽게 유가적 가부장제에 부합하는 여성상을 구축하기 위한 여성 규범서 역할을 했다. 范曄의 ≪後漢書≫를 시작으로 25史 가운에 13史에 〈列女傳〉이 편차되어 있다. 일견 여성들이 正史에 수록될 정도로 그 지위가 신장된 측면이 없지 않으나, 이 인물들 역시 유가적 여성 이데올로기를 철저히 내면화한 여성들이란 점은 시사하는 바가 크다.

≪열녀전≫의 역할 및 기능은 조선에서도 유사했다. 조선에서는 중종 때에 ≪열녀전≫이 번역되기 시작하여 왕실 및 사대부가의 여성들에게 두루 보급되었고, 이를 본 여성들은 ≪열녀전≫에 입전된 여성들의 행적을 '따라하기' 함으로써 자연스럽게 유가적 이념에 충실한 여성으로 재탄생하게 되었다. 심지어 개별적으로 번역이 이루어지기도 하고, 여성이 직접 베껴서 책을 만들기도 하였다.[17] 뿐만 아니라 ≪三綱行實圖≫의 烈女篇, 昭惠王后의 ≪內訓≫, 暎嬪李氏의 ≪女範≫처럼 ≪열녀전≫을 직접적으로 계승하고 있는 서적들이 저작되기도 하였다. 이처럼 유향이 세운 '烈女'의 전범은 조선후기로 올수록 영향력이 다대해져 여성 자신이 정절을 지키기 위해 남편을 따라 죽는, 곧 수많은 烈女가 등장하는 지경에 이르기도 하였다.[18]

4. 本 國譯書의 底本 및 특징

본 국역서의 저본은 청나라 王照圓(1763~1851)의 ≪列女傳補注≫ 8권 4책으로, 光緒 8년(1882)에 간행된 목판본이다. 소장처는 규장각(奎中 4288-v.1-4, 奎中 5365-v.1-4)이다.

≪열녀전보주≫의 저자 왕조원은 郝懿行(1757~1825)의 後妻로 자는 瑞玉, 號는 婉佺이다. 經史를 두루 섭렵하여 疏解가 精密하였다. 뿐만 아니라 文辭가 高曠하여 六朝의 文法을 터득하였으며, 書法 또한 遒勁하니 唐나라 歐陽詢과 褚遂良의 遺法이었다고 한다.[19] 왕조원은 6세에 부친을 여의어 모친의 손에서 컸는데, 어느 날 모친이 班昭가 ≪열녀전≫에 주

평가하는 잣대가 유가적 이데올로기이므로 〈열폐전〉의 입전 기준 역시 유가적 이데올로기의 틀을 벗어나지 않는다.

17) 李匡師, ≪圓嶠集≫, 〈先妣貞夫人坡平尹氏墓誌〉, "自幼喜看小學列女傳班氏家訓三綱行實之屬諺翻書旁置"

18) 조선에서의 ≪열녀전≫ 보급과 수신서로서의 예시에 대해서는 김경미, 〈≪열녀전≫의 보급과 전개 : 유교적 여성 주체의 형성과 내면화 과정〉, ≪한국문화연구≫ 13, 2007, 61~78쪽 참조.

19) 臧庸, ≪列女傳補注≫ 권1 〈序〉, "性情眞摯 文辭高曠 得六朝文法 書法亦遒勁 唐人歐褚遺法也"

석을 단 책이 전하지 않으니 왕조원에게 이 일을 이어서 하라[20]고 하여 본격적으로 ≪열녀전≫ 주석 작업에 착수하였다. 책이 완성된 된 뒤에는 經學家이자 訓詁學者인 남편 학의행에게 교정을 부탁하여 ≪열녀전보주≫를 완성하였다.

한편 ≪열녀전보주≫를 교정하고 서문을 지은 臧庸(1767~1811)은 "병을 무릅쓰고 책을 펼쳐 한 두 차례 교감하니 名理를 해석한 것은 말이 簡易하면서도 뜻이 풍부하였고 文字를 교정한 것은 매우 정확하였는데, 경전을 관통하여 특히나 마음으로 터득한 것이 많았다. 나도 모르는 사이에 숙연히 공경하는 마음이 일어 당대의 女師 중에 제일인자라고 생각하였다."[21]라고 하고, 馬瑞辰은 "이윽고 선생(王照圓의 남편 郝懿行)께서 安人이 지은 ≪열녀전보주≫를 꺼내어 보여주기에 받아서 읽어보니, 그 立論은 禮經에 근본을 두었고 그 詁義는 ≪爾雅≫에 부합하게 독해하였으며, 오류를 상고하고 바로잡음은 반드시 여러 서책에서 널리 증거하고 異同을 정정하고 참고함은 여러 說을 종합하였다. 광대하면서도 거칠지 않고 정밀하면서도 천착하지 않았으니, 참으로 子政(劉向의 字)의 家法을 전할 만하고 惠姬(班昭의 字)의 儀範을 이을 만하다."[22]라고 하여 왕조원의 학문을 인정하고 치켜세운 바 있다.

≪열녀전≫을 주석한 청대의 주석서로 왕조원의 ≪열녀전보주≫ 외에도 梁端의 ≪列女傳校注≫(8권), 蕭道管의 ≪列女傳集注≫(10권)가 있는데, 본 국역서에서 ≪열녀전보주≫를 저본으로 삼은 이유는 다음과 같다.

양단의 ≪열녀전교주≫는 다양한 경전과 관련 서적을 참고하여 교감하고 주석하였는데, 천착하다가 생긴 오류가 다수 있어 저본으로서 적당하지 않았다. 또한 소도관의 ≪열녀전집주≫는 교감과 주석이 많기는 하지만, 지나치게 번다하여 본문의 내용을 해칠 수 있으며, 주석이 본문을 가려 가독성을 현저히 떨어뜨린다. 이에 비해 왕조원의 ≪열녀전보주≫는 교감과 주석이 적절하고, ≪열녀전보주≫ 부록에는 서문을 쓴 臧庸과 馬瑞辰 이외에도 牟房,

---

20) 王照圓, ≪列女傳補注≫ 권8 〈序〉, "嘗從燕閒 顧照圓而命之日 昔班氏注列女傳十五經 今其書亡 如能補爲之注 是余所望於汝也"

21) 臧庸, ≪列女傳補注≫ 권1 〈序〉, "力疾開卷 一再勘之 詮釋名理 詞簡義治 校正文字 精確不磨 貫串經傳 尤多心得 不覺肅然敬起 以爲當代女師 一人而已矣"

22) 馬瑞辰, ≪列女傳補注≫ 권1 〈序〉, "旣乃出安人所著列女傳補注相示 受而讀之 其立論則原本禮經 其詁義則讀應爾雅 考譌正謬 必廣證乎羣書 訂異參同 亦兼綜夫衆說 博而不蕪 精而不鑿 洵足傳子政之家法 紹惠姬之懿範已"

王念孫, 王引之, 洪頤煊, 王紹蘭, 胡承珙 등이 ≪열녀전보주≫의 오류를 바로잡은 校正本이 덧붙어 있어 신뢰도를 높인다.[23] 교정본의 분량이 많은 것은 아니지만, ≪열녀전≫의 본문을 번역하면서 補注와 校正을 아울러 번역한다면 번역의 정확성은 물론이고 통일성 및 객관성을 담보할 수 있다.

더욱이 본 국역서는 ≪열녀전보주≫만 번역한 것이 아니라 ≪열녀전교주≫와 ≪열녀전집주≫의 주석도 적극 반영하였다. 유향이 지은 ≪열녀전≫은 물론이고 현재 통용되고 있는 ≪열녀전≫의 근간이 되고 있는 '勤有堂本'도 현전하지 않기 때문에 글자의 출입뿐만 아니라 입전 인물의 編次, 심지어 내용까지도 각색되어 있는 것이 현전하는 ≪열녀전≫의 실상이다. 그러므로 본 국역서는 ≪열녀전≫을 정확하게 번역하는 데에 목적을 두는 것에서 한 걸음 더 나아가 ≪열녀전≫의 定本化에도 심혈을 기울였다. 이것이 신뢰할 만한 교정 작업이 이루어진 ≪열녀전보주≫를 저본으로 선택한 이유이고, 또 ≪열녀전교주≫와 ≪열녀전집주≫의 주석도 적극적으로 반영한 이유이기도 하다.

따라서 본 국역서는 ≪열녀전≫ 원문뿐만 아니라 왕조원의 보주와 이에 달린 장용과 마서진 등의 교정을 원문 아래에 原註로 처리하여 번역하고, 또 ≪열녀전교주≫와 ≪열녀전집주≫의 주석에서도 필요한 부분을 원주로 처리하여 번역하였다. 아울러 원문과 번역문에 각각 충실하게 역자의 주석을 붙여 각주 처리하였고, 더욱이 補注, 校正, 校注, 集注 등의 原註에도 또 주석을 붙여 각주처리 하었나. 아래에 〈賢淑하고 사리에 밝은 여인들에 대한 전〔賢明傳〕〉에 나오는 '魯나라 黔婁의 아내〔魯黔婁妻〕'의 번역 일부를 소개한다.

---

23) ≪열녀전보주≫의 교정에 참여한 이들은 모두 훈고학자로 저명한 이들이다. 이들의 생몰년과 字號, 주요 저서를 간략하게 소개하면 다음과 같다.

이름	생몰년	字號	주요 저서
臧　庸	1767～1811	在東, 拜經	≪孝經考異≫, ≪爾雅古注≫
馬瑞辰	1782～1853	元伯	≪毛詩傳箋通釋≫
牟　房	미 상	農星, 栖霞人	≪佛金山館秦漢碑跋≫
王念孫	1744～1832	懷祖, 石臞	≪讀書雜志≫, ≪釋大≫
王引之	1766～1834	伯申, 曼卿	≪經義述聞≫, ≪經傳釋詞≫
王紹蘭	1760～1835	畹馨, 南陔	≪儀禮圖說文集注≫
胡承珙	1776～1832	景孟, 墨莊	≪毛詩後箋≫, ≪爾雅古義≫
洪頤煊	1765～1833	筠軒, 卷舫老人	≪禮經宮室問答≫

頌은 다음과 같다.

啓의 어머니 도산은
禹임금의 배필이 되었도다
辛日 壬日 癸日 甲日 나흘을 겨우 지남에
우가 가서 토지를 분별하였도다[63)]
계가 응애응애 울거늘
어머니 홀로 일을 감당하였도다
선함으로 가르쳐
마침내 그 아버지를 계승하였도다

頌曰 啓母塗山은 **維配帝禹**로다 **辛壬癸甲**에 **禹往敷土**라 **啓呱呱泣**이어늘 **母獨論序**라 **敎訓以善**하여 **卒繼其父**로다

1-5 湯[64)]임금의 비 有㜪[65)] 湯妃有㜪

湯임금의 妃 有㜪은 有㜪氏의 딸이니, 殷나라 탕임금이 장가들어 妃로 삼았다. 太丁과 仲壬과 外丙을 낳음에 또한 가르침을 밝혀 그 공을 이루었다. 유신이 탕임금의 妃가 되어 九嬪[66)]을 통솔하니, 後宮에 차례가 있어서 투기하거나 도리를 어기는 사람이 아무도 없었다. 그리하여 마침내 탕임금이 帝王의 공업을 이루게 하였다.

---

63) 우가……분별하였도다 : ≪書經≫ 〈夏書 禹公〉에 "禹는 토지를 분별하고 산을 따라 나무를 제거하여 高山과 大川을 정해 놓았다.〔禹敷土 隨山刊木 奠高山大川〕"라고 하였는데, 이에 대한 蔡沉의 注에 "敷는 분별이니, 토지를 분별하여 九州를 만든 것이다. 奠은 정함이니 高山과 大川을 정하여 州의 경계를 구분한 것이다.〔敷 分也 分別土地 以爲九州也 奠 定也 定高山大川 以別州境也〕"라고 하였다.

64) 湯 : 夏 桀王을 멸하고 商王朝를 건립한 제왕으로, 亳에 도읍하였다. 후에 여러 차례 도읍을 옮겼는데, 盤庚이 殷으로 도읍을 옮기기에 이르러 인하여 商나라를 殷나라라고 일컬었다.

65) 有㜪 : 바로 有莘氏이다. 姒姓으로, 고대 나라 이름이다. 夏后 啓가 支子를 莘에 봉하고 有莘氏라 일컬었다. 지금의 山東省 曹縣의 서북쪽에 있었다.

66) 九嬪 : 周나라 때 천자가 둘 수 있는 아홉 사람의 嬪이다. ≪禮記≫ 〈昏義〉에 "옛적에 天子의 皇后는 六宮・三夫人・九嬪・二十七世婦・八十一御妻를 세운다."라고 하였다. 여기서는 후궁을 포함하여 궁중의 여인들을 포괄적으로 말한 것으로 보인다.

湯妃有㜪(신)者는 有㜪氏之女也①니 殷湯娶以爲妃라 生〔太丁〕[67]仲壬外丙②에 亦明教訓하여 致其功이라 有㜪之妃湯也에 統領九嬪③하니 後宮有序하여 咸無妒娼(투모)逆理之人이라 卒致王功④이라

① 【校注】 湯妃有㜪者 有㜪氏之女也 : ≪史記集解≫ 〈殷本紀〉에 '有莘'으로 되어 있고, ≪漢書≫ 〈古今人表〉의 注에 이르기를 "'㜪'과 '莘'은 같다."라고 하였다.
史記殷紀集解, 作有莘, 漢書人表注云 "㜪與莘同."

② 生〔太丁〕仲壬外丙 : 孟子가 外丙과 仲壬의 앞에 또 太丁이 있다고 하였으니,[68] 아들 3인을 낳은 듯하다.
孟子言外丙・仲壬之前, 又有太丁, 蓋生子三人也.

③ 統領九嬪 : 九嬪은 九御[69]이니, 지위가 三夫人의 아래에 있다.
九嬪, 九御也, 位在三夫人下.

④ 【校注】 殷湯娶以爲妃……卒致王功 : ≪太平御覽≫ 〈皇親部 1〉의 이 구절을 인용한 곳에는 "湯임금의 妃는 有莘의 딸이니, 덕이 높았는데 伊尹이 그 媵臣이 되어[70] 湯을 보좌하여 왕업을 이루었다. 〈有㜪이〉 後宮을 가르쳐 바로잡으니 嬪御가 차례가 있어서 투기하거나 도리를 어기는 사람이 아무도 없었다. 〈有㜪이〉 太丁・外丙・仲壬 세 아들을 낳아 가르쳐 성취하게 하였다. 태정은 일찍 죽고 외병과 중임이 이어 왕위에 올랐다."라고 하였다. ≪後漢書≫ 〈崔琦傳〉 注의 이 구절을 인용한 곳에는 "〈有㜪은〉 덕이 높고 현명하였는데 이윤이 그 媵臣이 되었다."라고 하였다. ≪北堂書鈔≫[71] 〈后妃部 1〉의

---

67) 〔太丁〕 : 저본에는 '太丁'이 없으나, 王照圓의 注에 의거하여 보충하였다.

68) 孟子가……하였으니 : ≪孟子≫ 〈萬章 上〉에 "伊尹이 湯임금을 도와 천하에 왕 노릇 하게 하였는데, 湯임금이 붕어하시니, 太丁은 즉위하지 못하고 죽었으며, 外丙은 2년, 仲壬은 4년을 하였다.〔伊尹相湯以王於天下 湯崩 太丁未立 外丙二年 仲壬四年〕"라고 하였다.

69) 九御 : 궁중의 女官을 지칭한다. 女官을 9인 1조로 하여 9조, 즉 81명이 왕의 시중을 들게 한 데서 온 말이다.(≪周禮≫ 〈天官 內宰〉)

70) 伊尹이……되어 : 伊尹은 商나라를 건국한 湯王의 대신이다. ≪史記≫ 권3 〈殷本紀〉에 의하면, 伊尹이 湯王을 聖君으로 만들고 싶어도 방법이 없자 有莘氏의 媵臣이 된 뒤에 "솥과 도마를 지고 찾아가서 음식 요리를 가지고 湯王을 설득하여 王道에 이르게 했다.〔負鼎俎 以滋味說湯致于王道〕"라고 하였는데, ≪孟子≫ 〈萬章 上〉에는 "이윤이 堯舜의 道를 가지고 湯王에게 요구했다는 말은 들었지만, 음식 요리를 가지고 요구했다는 말은 듣지 못했다.〔聞其以堯舜之道要湯 未聞以割烹也〕"라고 반박하였다. 媵은 고대 혼인제도의 하나로 제후의 딸이 시집갈 때 함께 가는 사람을 말하는데, 여자는 媵妾이라 하였고 남자는 媵臣이라 하였다.

71) 北堂書鈔 : 虞世南이 隋나라 秘書郎으로 있을 때 지은 책이다. 현전하는 중국 최초의 類書로, 총 160권이다. 北堂은 隋나라 秘書省의 後堂이다.

이 구절을 인용한 곳에는 "有㜪은 高明하다."라고 하였고, 〈후비부 2〉의 이 구절을 인용한 곳에는 "후궁을 가르치고 바로잡으니 嬪御가 차례가 있었다."라고 하였다. 今本에는 빠진 글이 있는 듯하다.

太平御覽皇親部一引湯妃, 有莘之女也, 德高而伊尹爲之媵(잉)臣, 佐湯致王. 訓正後宮, 嬪御有序, 咸無嫉妒逆理之人. 生三子太丁・外丙・仲壬, 教誨有成. 太丁早卒, 丙・壬嗣登大位. 後漢書崔琦傳注引德高而明, 伊尹爲之媵臣. 北堂書鈔后妃部一引有㜪高明, 后妃部二引訓正後宮, 嬪御有序. 疑今本有脫文.

군자가 이르기를 "湯임금의 妃는 현명하여 嬪御가 차례가 있게 하였다."라고 하였다. ≪詩經≫에 이르기를 "窈窕한 숙녀는 군자의 좋은 짝이로다."[72]라고 하였으니, 현명한 여자가 군자를 위하여 여러 첩과 화목함을 말한 것이다. 아마 有㜪을 두고 이른 말일 것이다.

君子謂妃明而有序라하니라 **詩云 窈窕**(요조)**淑女**는 **君子好逑**로다하니 **言賢女能爲君子和好衆妾**①하니 **其有㜪之謂也**라

① 窈窕淑女……言賢女能爲君子和好衆妾 : 이는 아마 ≪魯詩≫의 설인 듯하다. 毛氏와 뜻이 다르니, 鄭玄의 箋注가 근본한 것이다.

此蓋魯詩說也. 與毛氏異義, 爲鄭箋所本.

頌은 다음과 같다.

湯임금의 妃 有㜪은
품행이 질박하고 총명하였도다
媵臣 伊尹을 데리고
夏나라에서 商나라로 시집갔도다
성실하게 궁중의 일을 다스리니
九嬪이 덕행이 있게 되었도다
교화로 內外를 가르치니
또한 허물과 재앙이 없었도다

---

72) 窈窕한……짝이로다 : ≪詩經≫ 〈周南 關雎〉에 보인다.

頌曰 湯妃有㜪은 (賢)〔質〕[73]行聰明①이로다 媵從伊尹하고 自夏適(殷)〔商〕②[74]이로다 勤愨(각)治中하니 九嬪有行이로다 化訓內外하니 亦無愆殃이로다

① 【校注】(賢)〔質〕行聰明 : '質'은 舊本에 '賢'으로 잘못되어 있었는데, ≪北堂書鈔≫ 〈后妃部 3〉을 따라 교정하였다.
質, 舊誤賢, 從北堂書鈔后妃部三, 校改.

② 自夏適(殷)〔商〕: 殷은 응당 商이 되어야 하니, 그래야 상하에 서로 운이 맞는다.
殷當作商, 上下相韻.

1-6 周나라 왕실의 세 어머니 周室三母

세 어머니는 太姜과 太任과 太姒이다.

三母者는 太姜太任太姒(사)라

太姜은 王季[75]의 어머니이고, 有呂氏[76]의 딸이다. 太王[77]이 태강에게 장가들어 妃를 삼아 太伯과 仲雍[78]과 王季를 낳았다. 태강은 사람됨이 貞靜하고 和順하였으며 자식들을 솔선해서 훈도하여 과실이 없게 하였다. 태왕이 일을 계획하거나 부족을 거느리고 사는 곳을 옮길 때에 반드시 태강과 상의하였다.

太姜者는 王季之母요 有呂氏之女①②라 太王娶以爲妃③하여 生太伯仲雍王季라 貞順率導하여 靡有過失④이라 太王謀事⑤遷徙에 必與太姜⑥이라

---

73) (賢)〔質〕: 저본에는 '賢'으로 되어 있으나, ≪列女傳校注≫에 의거하여 '質'로 바로잡았다.

74) (殷)〔商〕: 저본에는 '殷'으로 되어 있으나, 王照圓의 注에 의거하여 '商'으로 바로잡았다.

75) 王季 : 季歷을 가리킨다. 周나라의 시조인 太王 古公亶父의 아들이자 文王의 아버지이다. 손자 武王이 季歷을 王季로 追尊하였다.

76) 有呂氏 : 옛 나라 이름으로, 姜姓이다. 四嶽의 후예라고 전해지는데 지금의 河南省 南陽 서쪽에 있었다.

77) 太王 : 古公亶父이다. 后稷의 후예로 文王의 조부이다. 처음에 豳에 살았는데 戎狄의 침범을 받음으로 인해 그곳을 떠나 岐山 아래 周原으로 옮겨 거주하였다. 武王이 古公亶父를 추존하여 '太王'이라 하였다.

78) 太伯과 中雍 : 古公亶父의 큰아들과 둘째 아들이다. 막내아들인 季歷의 아들 昌이 태어났을 때 여러 가지 吉兆가 나타났다. 이에 古公亶父는 季歷이 자신의 뒤를 잇기를 원하였고, 이를 헤아린 큰아들 太伯과 둘째 아들 中雍은 남쪽 荊蠻 땅으로 나가 吳나라를 창건하였다.

太王妃太姜

① 有呂氏之女 : ≪北堂書鈔≫의 이 구절을 인용한 곳에는 '女' 아래에 '也'자가 있는데, 여기에는 빠졌다.

北堂書抄引女下有也字, 此脫.

② 【集注】 有呂氏之女 : 梁端이 이르기를 "'台'가 舊本에 '呂'로 잘못되었는데, ≪史記集解≫ 〈周本紀〉와 ≪藝文類聚≫ 〈后妃部〉와 ≪太平御覽≫ 〈皇親部〉에 따라 교정한다. '台'는 '邰'와 같다."라고 하였다.[79] 내(蕭道管)[80]가 상고해보건대, '呂' 또한 姜姓이다.

梁云"台舊誤呂, 從史記集解·類聚后妃部·御覽皇親部校改. 台與邰同." 道管案呂亦姜姓.

③ 太王娶以爲妃 : ≪後漢書≫ 〈崔琦傳〉 注의 이 구절을 인용한 곳에는 이 아래에 '현명하면서도 아름다웠다.〔賢而有色〕'는 4자가 있다.

---

79) 梁端이……하였다 : 양단은 淸나라 학자인 汪遠孫(1789~1835)의 아내로, 字는 無非이다. 위의 내용은 양단이 저술한 ≪列女傳校注≫에 나온다.

80) 蕭道管 : 1859~1907. 侯官 사람으로, 자는 君佩 또는 道安이다. 詩文에 능하고 考證學을 좋아하였으며, 만년에는 心과 理를 궁구하는데 힘썼다. 저서에 ≪說文重文管見≫, ≪列女傳集解≫, ≪列女傳集注≫, ≪蕭閑堂札記≫ 등이 있다.

後漢書注引此下有賢而有色四字.

④ 貞順率導 靡有過失 : ≪후한서≫ 〈최기전〉 注의 이 구절을 인용한 곳에는 '세 아들을 교화하고 인도하여 모두 賢德을 이루게 하였다.〔化導三子 皆成賢德〕'로 되어 있다. ≪史記正義≫ 〈周本紀〉의 이 구절을 인용한 곳에는 '아들들을 솔선해서 훈도하여 成童에 이르러 과실이 없게 하였다.〔率導諸子 至于成童 靡有過失〕'로 되어 있다.
後漢書注引作化導三子, 皆成賢德. 史記正義引作率導諸子, 至于成童, 靡有過失.

⑤ 太王謀事 : ≪후한서≫ 〈최기전〉 注의 이 구절을 인용한 곳에는 '太王은 일이 있으면 반드시 〈太姜에게〉 방책을 물었다.〔太王有事 必諮謀焉〕'로 되어 있다.
後漢書注引作太王有事, 必諮謀焉.

⑥【集注】太王謀事遷徙 必與太姜 : 王照圓이 이르기를 "≪후한서≫ 〈최기전〉 注의 이 구절을 인용한 곳에는 '태왕은 일이 있으면 반드시 〈태강에게〉 방책을 물었다.'로 되어 있다."라고 하였다. 梁端이 이르기를 "≪사기정의≫의 이 구절을 인용한 곳에는 '아름다우면서도 貞靜하고 和順하며 아들들을 솔선하여 훈도해서 成童에 이르러 과실이 없게 하였다. 태왕은 일을 계획할 때에 반드시 태강과 상의하였고 부족을 거느리고 사는 곳을 옮길 때에 반드시 태강과 함께 하였다.'라고 하였다. ≪후한서≫ 〈최기전〉의 注와 ≪예문유취≫와 ≪태평어람≫의 이 구절을 인용한 곳에는 '현명하면서도 아름다웠으며 세 아들을 교화하고 훈도하여 모두 賢德을 이루었다.'라고 하였고, ≪예문유취≫에는 이 아래에 또 '≪詩經≫에 이르기를 「이에 姜氏 부인과 함께 와서 집터를 보시니라.」[81] 라고 하였으니 이를 두고 이른 말이다.〔詩曰 爰及姜女 聿來胥宇 此之謂也〕'라는 14자가 있다."라고 하였다.
王云 "後漢書注引作太王有事, 必諮謀焉." 梁云 "史記正義引有色而貞順, 率導諸子, 至於成童, 靡有過失. 太王謀事, 必於太姜, 遷徙必與. 後漢書崔琦傳注・類聚・御覽引賢而有色, 化導三子, 皆成賢德, 類聚下又有詩曰爰及姜女聿來胥宇此之謂也十四字."

군자가 이르기를 "太姜은 德敎를 널리 펼쳤다."라고 하였다.

君子謂太姜廣於德敎라하니라

太任은 文王의 어머니이고, 摯任氏[82]의 둘째 딸이다. 王季가 태임에게 장가들어

81) 이에……보시니라 : ≪詩經≫ 〈大雅 綿〉에 "古公亶父가 아침에 말을 달려와서, 서쪽 물가를 따라 岐山 아래에 이르시니, 이에 姜女와 더불어 와서 집터를 보시니라.〔古公亶父 來朝走馬 率西水滸 至于岐下 爰及姜女 聿來胥宇〕"라고 하였다.

82) 摯任氏 : 고대 나라이름으로 任姓이다. 商나라의 속국으로, 일설에 지금의 河南省 汝寧縣에

妃를 삼았다. 태임의 성품이 단정하고 한결같으며 성실하고 장중하여 오직 德을 행하였다. 문왕을 잉태하기에 이르러 눈으로는 나쁜 색깔을 보지 않았으며, 귀로는 음란한 소리를 듣지 않았으며, 입으로는 오만한 말을 내지 않아 胎教를 잘하더니 측간에서 소변을 보다가 문왕을 낳았다. 문왕은 태어나면서 聰明하고 賢聖하여 태임이 하나를 가르치면 백을 알더니 마침내 周나라의 祖宗이 되었다.

太任者는 文王之母요 摯(지)任氏中女也라 王季娶爲妃라 太任之性이 端一誠莊①하여 惟德之行이러니 及其有娠②하여 目不視惡(악)色하며 耳不聽淫聲③하며 口不出敖言④하여 能以胎教⑤러니 溲(수)於豕牢⑥라가 而生文王이라 文王生而明聖하여 太任教之以一而識百이러니 〔卒爲周宗이라〕⑦[83]

① 端一誠莊 : ≪後漢書≫ 〈崔琦傳〉 注의 이 구절을 인용한 곳에는 '一'이 '懿'로 되어 있고, ≪史記正義≫ 〈周本紀〉의 이 구절을 인용한 곳에는 '壹'로 되어 있으니, 여기에 '一'로 되어 있는 것은 잘못이다.
後漢書注引一作懿(의), 史記正義引作壹, 此作一非.

② 及其有娠 : ≪후한서≫ 〈최기전〉의 注 및 ≪사기정의≫ 〈주본기〉에는 모두 이 구절을 인용한 곳에 '娠'이 '身'으로 되어 있다.
後漢書注及史記正義, 俱引娠作身.

③ 【校注】 耳不聽淫聲 : 〈'淫聲'은〉 ≪후한서≫ 〈최기전〉 注와 ≪太平御覽≫ 〈人事部 1〉에는 '惡聲'으로 되어 있다.
後漢書注・太平御覽人事部一作惡聲.

④ 【校注】 口不出敖言 : 〈'敖言'은〉 ≪태평어람≫ 〈皇親部〉에는 '放言'으로 되어 있고, ≪大戴禮≫[84] 〈保傅篇〉의 注와 ≪태평어람≫ 〈인사부 1〉에는 '惡言'으로 되어 있다.
太平御覽作放言, 大戴禮保傅篇注・太平御覽人事部一作惡言.

⑤ 【集注】 能以胎教 : ≪대대례≫ 〈보부〉에 "胎教의 도리는 玉版에 적고 金匱에 보관하였다."라고 하였다.
大戴禮保傅 "胎教之道, 書之玉版, 藏之金匱."

⑥ 【校注】 溲於豕牢 : ≪國語≫[85] 韋昭[86] 注에 이르기를 "溲는 소변이고, 豕牢는 측간이

있었다고 한다.

83) 〔卒爲周宗〕 : 저본에는 '卒爲周宗'이 없으나, ≪列女傳校注≫와 ≪列女傳集注≫에 의거하여 보충하였다.

84) 大戴禮 : 前漢의 戴德이 지은 책이다. 古禮 204편을 85편으로 줄여 지었다. 지금의 ≪禮記≫는 그의 從姪 戴聖이 지은 〈小戴禮〉를 일컫는다.

85) 國語 : 戰國時代에 左丘明이 지은 책이다. 春秋時代 周, 魯, 齊, 晉, 鄭, 楚, 吳, 越 8國의 역

다."라고 하였다.

國語韋昭注云"溲, 便也. 豕牢, 厠也."

⑦【校注】〔卒爲周宗〕: 4자는 舊本에 빠졌는데, ≪태평어람≫을 따라 교감 보충하였다. 司馬溫公의 ≪家範≫[87]에 '文王은 태어나면서 聰明하고 賢聖하여 마침내 周나라의 祖宗이 되었다.'고 한 것은 여기에 근본한 것이다.

四字舊脫, 從太平御覽校補. 司馬溫公家範, 文王生而明聖, 卒爲周宗, 本此.

군자가 이르기를 "太任이 태교를 잘하였다."라고 하였다.

君子謂太任爲能胎教라하니라

옛날에 부인이 아이를 임신하였을 적에 잠잘 때에는 옆으로 눕지 않으며, 앉을 때에는 모로 앉지 않으며, 설 때에는 한 쪽 발로 서지 않았다. 부정한 맛을 먹지 않으며, 고기를 썬 것이 바르지 않거든 먹지 않으며, 자리가 바르지 않거든 앉지 않으며, 눈으로는 부정한 색을 보지 않으며, 귀로는 부정한 소리를 듣지 않으며, 밤이면 樂師인 봉사로 하여금 詩를 외우며 바른 일을 말하게 하였다. 이와 같이 하면 아이를 낳음에 용모가 단정하며, 才德이 필시 보통사람보다 뛰어날 것이다. 그러므로 아이를 임신하였을 때에 반드시 감화되는 바를 삼가야 하니, 善에 감화되면 선하게 되고 惡에 감화되면 악하게 된다. 사람이 태어남에 만물을 닮는 것은 모두 그 어머니가 만물에 감화되는 것이 〈태아에게 전해지기 때문이〉다. 그러므로 모습과 음성이

사책으로 21권으로 이루어져 있다.

86) 韋昭 : 204~273. 三國時代 吳나라의 정치가이자 저명한 史學者이다. 자는 弘嗣이다. 尙書郎을 역임했고, 高陵亭侯에 봉해졌다. ≪吳書≫의 편찬에 주도적으로 참여했다. ≪國語≫에 대한 주석은 후대의 연구자들에게 큰 영향을 주었다. ≪三國志≫에서는 晉 文帝 司馬昭의 諱를 피해 韋曜라는 이름으로 바꿔 썼다.

87) 司馬溫公의 家範 : 司馬溫公은 北宋 中期의 명재상인 司馬光으로, 자는 君實, 호는 迂夫, 시호는 文正이며 사후에 太師溫國公에 追贈되었기 때문에 司馬溫公으로 불린다. 神宗이 王安石을 발탁하여 新法을 단행하게 하자, 이에 반대하였다. ≪家範≫은 맨 앞에 ≪周易≫ 〈家人卦〉의 爻辭와 여러 經의 말을 節錄해서 綱領을 만들고, 그 뒤에 '治家'로부터 '乳母'에 이르기까지 19편으로 나누었다. 모두 史書에서 법칙이 될 만한 것을 採錄하고 또 간간이 論說을 붙였다. 朱熹의 ≪小學≫과 뜻이 대략 비슷하다. 10권으로 이루어져 있다. 그 밖의 저서에 ≪資治通鑑≫, ≪涑水紀聞≫, ≪司馬文正公集≫ 등이 있다.

만물을 닮게 되는 것이다. 文王의 어머니는 태교로 태아가 닮아서 변화되는 도리를 알았다고 이를 만하다.

古者에 婦人妊子에 寢不側하며 坐不邊①하며 立不蹕(필)②③하며 不食邪味④하며 割不正이어든 不食하며 席不正이어든 不坐하며 目不視于[88]邪色하며 耳不聽于淫聲⑤하며 夜則令瞽誦詩하며 道正事하더니라 如此면 則生子에 形容端正하며 才德必過人矣리라 故妊子之時에 必愼所感이니 感於善則善하고 感於惡則惡이라 人生而肖萬物者는 皆其母感於物이라 故形音肖之라 文王母可謂知肖化矣⑥로다

① 【校注】 坐不邊 : 〈'邊'은〉 ≪大戴禮≫와 ≪賈子≫[89] 〈胎教篇〉에는 '差'로 되어 있다.
大戴禮・賈子胎教篇作差.

② 坐不邊 立不蹕 : '邊'은 가장자리라는 뜻이고, '蹕'은 한쪽 발로 선다는 뜻이다.
邊, 垂也. 蹕, 跛也.

③ 【校注】 立不蹕 : 〈'蹕'은〉 ≪가자≫에는 '跛'로 되어 있다.
賈子作跛.

④ 【校注】 不食邪味 : 〈'不食'은〉 어떤 본에는 '食不'로 되어 있다.
一本作食不.

⑤ 【校注】 目不視於邪色 耳不聽於淫聲 : ≪대대례≫ 注와 司馬溫公의 ≪家範≫과 朱子의 ≪小學≫ 〈立教篇〉의 이 구절을 인용한 곳에는 모두 두 '於'자가 없다.
大戴禮注・溫公家範・朱子小學立教篇引皆無兩於字.

⑥ 【集注】 文王母可謂知肖化矣 : ≪說文解字≫에 "肖는 骨肉이 서로 비슷한 것이다. 그 선조와 비슷하지 않기 때문에 不肖라고 하는 것이다."라고 하였다.
說文 "肖, 骨肉相似也. 不似其先, 故曰不肖也."

太姒는 文王의 妃요 武王의 어머니이니, 禹임금의 후예인 有莘 姒氏의 딸이다. 어질고 도리에 밝았는데 문왕이 이를 아름답게 여겨 渭水 가에서 親迎할 적에 배를 나란히 대어 다리를 만들었다. 태사가 그 집안에 들어오기에 이르러 시할머니 太姜과

---

88) 于 : ≪列女傳校注≫와 ≪列女傳集注≫에는 모두 '於'로 되어 있다. 아래도 같다.

89) 賈子 : 漢나라 賈誼(B.C. 200~B.C. 168)가 지은 ≪新書≫를 말한다. 原本은 58篇인데, 3篇이 逸失되었다. 대부분 ≪漢書≫ 〈賈誼傳〉의 글을 단락을 나누고 차례를 바꾸어 標題를 붙였다. 아마 舊本이 殘缺되어 好事者가 本傳에 실린 글을 가져다 나누어 今本을 만든 듯하다. 그러나 그 가운데 ≪漢書≫에 실리지 않은 내용이 있다.

시어머니 太任을 사랑하여 아침저녁으로 부지런히 힘써 婦道를 다하였다. 태사는 〈文德을 갖춘 어머니라는 뜻에서〉 文母라 불렸으니, 문왕은 밖을 다스리고 文母는 안을 다스렸다. 태사는 열 명의 아들을 낳았으니, 장남은 伯邑 考요, 다음은 武王 發이요, 다음은 周公 旦이요, 다음은 管叔 鮮이요, 다음은 蔡叔 度요, 다음은 曹叔 振鐸이요, 다음은 霍叔 武요, 다음은 成叔 處요, 다음은 康叔 封이요, 다음은 聃季 載이다. 태사가 열 아들을 가르칠 적에 어려서부터 장성하기에 이르기까지 일찍이 邪僻한 일을 본 적이 없었다. 아들들이 장성하기에 이르러서는 문왕이 이어 가르쳐서 마침내 무왕과 주공의 德을 성취시켰다.

太姒者①는 〔文王之妃요〕[90] 武王之母니 禹後有莘姒氏之女〔也〕②[91]라 仁而明道러니 文王嘉之하여 親迎于渭할새 造舟爲梁이라 及入하여 太姒思媚太姜太任하여 旦夕勤勞하여 以進婦道③라 太姒號曰文母하니 文王治外하고 文母治內라 太姒生十男④하니 長伯邑考요 次武王發이요 次周公旦이요 次管叔鮮이요 次蔡叔度(도)요 次曹叔振鐸이요 次霍(곽)叔武요 次成叔處요 次康叔封이요 次聃(담)季載⑤라 太姒教誨十子에 自少及長히 未嘗見邪僻(벽)之事⑥러니 及其長하여 文王繼而教之하여 卒成武王周公之德⑦이라

① 太姒者 : ≪後漢書≫ 〈崔琦傳〉 注의 이 구절을 인용한 곳에는 '者' 아래에 '문왕의 비〔文王之妃〕'라는 4자가 있는데, 여기에는 빠졌다.
後漢書注引者下有文王之妃四字, 此脫.

② 禹後有莘姒氏之女〔也〕 : ≪史記正義≫ 〈管蔡世家〉의 이 구절을 인용한 곳에는 '女' 아래에 '也'자가 있는데, 여기에서는 빠졌다. 또 '郃水의 남쪽에 있으며 渭水의 가에 있다.'[92]라는 두 구가 있다.
史記正義引女下有也字, 此脫. 又有在郃之陽・在渭之涘二句.

③ 以進婦道 : '進'은 다함과 같다.
進, 猶盡也.

④ 太姒生十男 : 열 아들의 차례에 管叔을 周公의 아래에 서술한 것은 ≪孟子≫ 및 ≪사기≫ 〈관채세가〉와 합치하지 않는다.[93] 또 成叔 武와 霍叔 處는 여기에 다시 그 이름을 서

90) 〔文王之妃〕 : 저본에는 '文王之妃'가 없으나, ≪後漢書≫ 〈崔琦傳〉의 注에 의거하여 보충하였다.
91) 〔也〕 : 저본에는 '也'가 없으나, ≪史記正義≫ 〈管蔡世家〉에 의거하여 보충하였다.
92) 郃水의……있다 : ≪詩經≫ 〈大雅 大明〉에 "하늘의 굽어보심이 아래에 계셔, 天命이 이미 모인지라, 文王의 초년에, 하늘이 배필을 내리시니, 洽水의 남쪽에 있으며, 渭水의 가에 있어, 文王이 嘉禮할 때에, 큰 나라에서 따님을 두셨도다.〔天監在下 有命旣集 文王初載 天作之合 在洽之陽 在渭之涘 文王嘉止 大邦有子〕"라고 하였다.

로 바꾸었으니, 잘못된 듯하다.

十男之次管叔敍周公下, 與孟子及史記世家不合. 又成叔武・霍叔處, 此復互易其名, 疑誤.

⑤【集注】長伯邑考……次聃季載 : 梁端이 이르기를 "≪白虎通義≫[94] 〈姓名章〉에 ≪詩傳≫을 인용하되 霍叔 武와 成叔 處의 序次를 바꾸었고, '聃'은 '南'으로 되어 있고, 나머지 서차는 이 傳과 같으니, 아마 ≪魯詩≫의 說에 근본한 듯하다. ≪사기≫ 〈관채세가〉에는 成叔의 이름은 武이며 일곱째이고, 霍叔의 이름은 處이며 여덟째로 되어 있다. 상고해보건대, 成叔과 霍叔의 이름은 응당 ≪사기≫를 따라야 한다. ≪漢書≫ 〈古今人表〉에도 같다."라고 하였다. 내(蕭道管)가 상고해보건대, ≪한서≫는 자연 ≪사기≫와 같고, 이 傳은 실로 ≪시전≫에 근본하였으니, 이는 두 가지 說이다. ≪春秋左氏傳≫에는 郕叔이 霍叔의 앞에 있고, 管叔과 蔡叔과 郕叔과 霍叔이 모두 曹叔의 앞에 있으니, 또한 다 근거로 삼을 만하지는 않다.

梁云 "白虎通義姓名章引詩傳, 霍叔武・成叔處互易, 聃作南, 其餘序次, 與此同, 蓋本魯詩說. 史記管蔡世家, 成叔名武第七, 霍叔名處第八. 案成・霍之名, 當從史記. 漢書人表同." 道管案漢書自同史記, 此傳實本詩傳, 蓋兩說也. 左傳郕居霍前, 而管・蔡・郕・霍皆居(魯)〔曹〕[95]前, 亦不盡可據.

⑥【集注】未嘗見邪僻之事 : ≪사기정의≫ 〈관채세가〉에 이 구절을 인용한 곳 아래에는 '말할 때 항상 정도를 견지하였다.〔言常以正道持之也〕'라는 8자가 있다.

史記正義引此句, 下有言常以正道持之也八字.

⑦【校注】卒成武王周公之德 : 明나라의 刻本에는 이 아래에 226자가 더 많으니, 후인들이 뒤섞어 넣은 것이다.

明刻本, 此下多二百二十六字, 後人羼(찬)入.

군자가 이르기를 "太姒는 인자하고 현명하며 덕을 갖추고 있었다."라고 하였다. ≪詩經≫에 말하기를 "큰 나라에서 따님을 두셨으니, 하늘에 비길 만한 여인이로다. 禮로 그 길함을 정하시고, 渭水에서 親迎하사, 배를 나란히 대어 다리를 놓으시니, 그

93) 열……않는다 : 이 傳에서는 주공이 셋째 아들, 관숙이 넷째 아들로 되어 있으나, ≪孟子≫ 〈公孫丑 下〉와 ≪史記≫ 〈管蔡世家〉에는 관숙이 셋째 아들, 주공이 넷째 아들로 되어 있으므로 이른 말이다.

94) 白虎通義 : 後漢 章帝(재위 75~88) 때에 白虎觀에서 유생과 박사들을 불러모아 五經의 異同을 講論하게 한 것을 班固 등이 편찬한 책이다. 총 4권으로 이루어져 있다. ≪白虎通德論≫ 또는 ≪白虎通≫이라고도 한다.

95) (魯)〔曹〕: 저본에는 '魯'로 되어 있으나, ≪春秋左氏傳≫에 의거하여 '曹'로 바로잡았다.

빛이 드러나지 아니할까."[96]라고 하고, 또 말하기를 "태사가 그 아름다운 명성을 이으시니, 아들이 백 명이나 되도다."[97]라고 하였으니, 이를 두고 이른 말이다.

君子謂太姒仁明而有德이라하니라 詩曰 大邦有子하니 俔天之妹로다 文定厥祥하시고 親迎于渭하사 造舟爲梁하시니 不顯其光가하고 又曰 太姒嗣徽音하시니 則百斯男이샷다하니 此之謂也라

頌은 다음과 같다.

周 왕실의 세 어머니는
太姜과 太妊과 太姒로다
文王과 武王의 흥기는
이들을 말미암아 일어났도다
태사가 가장 현명하니
文母라 불리었도다
세 어머니의 덕이
또한 매우 위대하였도다

頌曰 周室三母는 太姜任姒로다 文武之興은 蓋由斯起로다 太姒最賢하니 號曰文母로다 三姑之德이 亦甚大矣로다

1-7 衛나라의 시어머니 定姜[98] 衛姑定姜

衛나라의 시어머니 定姜은 衛 定公[99]의 夫人이요, 公子의 어머니이다. 公子가 장가

96) 큰……아니할까 : ≪詩經≫ 〈大雅 大明〉에 보인다.

97) 태사가……되도다 : ≪詩經≫ 〈大雅 思齊〉에 "엄숙한 太妊이, 文王의 어머니이시니, 周姜을 사랑하사, 京室의 며느리가 되시더니, 太姒가 그 아름다움을 이으시니, 아들이 백 명이나 되도다.〔思齊太任 文王之母 思媚周姜 京室之婦 太姒嗣音 則百斯男〕"라고 하였다.

98) 定姜 : 여자의 칭호이다. 고대에 남자는 氏를 칭하고 여자는 姓을 칭하였는데, 氏는 貴賤을 분별하는 것이고 姓은 婚姻을 분별하는 것이다. 三代 이후에 姓氏가 하나로 합하여졌으며, 春秋時期에 부녀는 重姓이었다. 여자가 시집가기를 기다릴 때는 姓 위에 孟, 伯, 仲, 叔, 季를 더하여 排行을 표시하는 경우가 있었으니, 伯姬, 叔姬와 같은 것이다. 출가한 뒤에는 姓 위에 자신이 온 나라의 國名을 더한 경우가 있었으니, 衛姬, 齊姜과 같은 것이다. 姓 위에 배우자의

들고 나서 세상을 떠났는데 그 아내에게는 자식이 없었다. 삼년상을 마치기를 기다려 정강이 그 며느리를 친정으로 돌려보낼 적에 친히 전송하기 위해 교외까지 나갔다. 며느리를 사랑하는 마음과 公子를 슬퍼하는 생각이 뒤섞여 비통하고 애통하였으므로 며느리가 돌아가는 모습을 서서 바라보며 눈물을 줄줄 흘리고, 이에 詩를 읊기를 "한 쌍의 제비가 날음이여, 그 깃이 가지런하지 않도다. 之子가 돌아감에, 멀리 들에서 전송하노라. 멀리 바라보아도 미치지 못하는지라, 눈물이 비오듯 흐르는도다."[100]라고 하였다. 돌아가는 며느리를 전송하고 돌아와 울며 바라보고, 또 시를 짓기를 "先君의 깊은 은덕을 생각하여, 나를 효성스럽게 봉양하였도다."[101]라고 하였다.

衛姑定姜者는 **衛定公之夫人**이요 **公子之母也**①라 **公子既娶而死**한대 **其婦無子**라 **畢三年之喪**에 **定姜歸其婦**할새 **自送之至於野**라 **恩愛哀思**하여 **悲心感慟**일새 **立而望之**하며 **揮泣垂涕**하고 **乃賦詩曰 燕燕于飛**여 **差池其羽**로다 **之子于歸**에 **遠送于野**호라 **瞻望不**[102]**及**이라 **泣涕如雨**호라 **送去歸泣而望之**하고 **又作詩曰 先君之思**하여 **以畜寡人**②이로다

① 公子之母也 : 그 이름이 전하지 않기 때문에 公子라고만 일컬은 것이다.
失其名, 故但稱公子.

② 以畜寡人 : '畜'은 孝라는 뜻이다. 며느리가 시어머니에게 효도하였기 때문에 그가 돌아갈 때에 눈물을 흘리며 전송하면서 〈燕燕詩〉를 읊었음을 말한 것이다. 이는 魯詩의 설이고, 毛詩에는 '畜'이 '勖'으로 되어 있으니, 의미가 다르다.[103]
畜, 孝也. 言婦能孝於姑, 故於其歸去, 涕泣而送之, 賦燕燕詩也. 此魯詩說, 毛詩畜作勖(욱), 義異.

군자가 이르기를 "定姜은 인자한 시어머니인지라 며느리에게 후덕한 사랑을 베풀

氏 혹은 國名을 더한 경우가 있었으니, 趙姬, 棠姜과 같은 것이다. 姓 위에 稱號를 더한 경우가 있었으니, 貞姬, 貞姜과 같은 것이다. 죽은 뒤에 배우자 혹은 본인의 시호를 더한 경우가 있었으니, 定姜, 繆姜, 哀姜, 敬姜, 懷嬴과 같은 것이다.

99) 衛 定公 : 春秋時代 衛나라의 20대 임금으로, 이름은 臧이다.

100) 한……흐르는도다 : ≪詩經≫ 〈邶風 燕燕〉에 보인다.

101) 先君의……봉양하였도다 : ≪시경≫ 〈패풍 연연〉에 보인다. 先君은 定姜의 죽은 남편인 衛定公을 가리킨다.

102) 不 : ≪시경≫ 〈패풍 연연〉에는 '弗'로 되어 있다.

103) 毛詩에는……다르다 : ≪毛詩≫에 의거하여 번역하면 '先君 생각하라는 말로, 나를 권면하였네.'가 된다.

었다."라고 하였다.

君子謂定姜爲慈姑라 過而之厚라하니라

定公이 孫林父를 미워하자 손임보가 晉나라로 出奔하였다. 晉侯가 郤犨를 보내 손임보를 衛나라로 돌려보내기를 청하였는데 정공이 拒絶하려 하였다.[104] 定姜이 말하기를 "拒絶해서는 안 됩니다. 이 사람은 先君[105] 때 宗卿[106]의 아들이고, 또 大國

衛姑定姜

104) 定公이……하였다 : ≪春秋左氏傳≫ 成公 14년 조에 '봄에 衛侯가 晉나라에 가자 晉侯가 강제로 孫林父를 謁見시키려 하니, 衛定公은 만나지 않았다. 여름에 衛侯가 歸國하자 晉侯는 郤犨에게 孫林父를 護送해 衛나라로 가서 衛侯에게 謁見시키도록 하니, 衛侯가 이를 拒絶하려 하였다.〔春 衛侯如晉 晉侯强見孫林父焉 定公不可 夏 衛侯旣歸 晉侯使郤犨送孫林父而見之 衛侯欲辭〕'로 되어 있다. 孫林父는 衛나라 대부 孫文子로, 定公과 獻公을 보필하였다. 晉侯는 晉 厲公이다. 郤犨은 晉나라 대부의 이름이다.

105) 先君 : 衛 定公의 아버지 穆公을 말한다.

106) 宗卿 : 先代 임금을 보좌한 卿으로, 여기서는 孫林父의 아버지인 孫良夫를 가리킨다.

이 그를 위해 要請하니, 허락하지 않으면 장차 나라가 망할 것입니다. 그를 만나는 것이 아무리 싫어도 나라가 망하는 것보다야 낫지 않겠습니까. 그러니 君께서는 참으소서. 백성을 편안하게 하고 宗卿을 용서하는 것이 또한 옳지 않겠습니까."라고 하였다. 정공이 마침내 손임보의 職位를 恢復시켰다.

定公惡孫林父(보)하니 孫林父奔晉하다 晉侯使郤犨(극주)爲請還한대 定公欲辭하다 定姜曰 不可하니이다 是先君宗卿之嗣也오 大國又以爲請하니 而弗許면 將亡이리이다 雖惡之라도 不猶愈於亡乎잇가 君其忍之하소서 夫安民而宥宗卿이 不亦可乎잇가 定公遂復之하다

군자가 이르기를 "定姜은 환난을 멀리할 수 있었다."라고 하였다. ≪詩經≫에 말하기를 "그 威儀가 어그러지지 않으니, 사방 나라를 바로잡으리로다."[107]라고 하였으니, 이를 두고 이른 말이다.

君子謂定姜能遠患難이라하니라 詩曰 其儀不忒(특)이라 正是四國이라하니 此之謂也라

定公이 卒하자 敬姒[108]의 아들 衎을 세워 군주를 삼으니, 이가 바로 獻公이다. 헌공이 부친 定公의 喪을 치르는 태도가 오만하였다. 定姜이 哭을 마치고 쉴 때, 헌공이 슬퍼하지 않는 것을 보고는 먹지도 마시지도 않고 탄식하기를, "이 자는 장차 衛나라를 敗亡시킬 뿐 아니라 반드시 먼저 나를 해칠 것이니, 하늘이 위나라에 禍를 내렸도다. 내가 鱄으로 하여금 社稷을 主宰하게 하지 못한 것이 한스럽다."[109]라고 하니, 大夫들이 듣고 모두 두려워하였다. 孫文子는 이때부터 감히 重要한 器物을 衛나라에 두지 않았다.

定公卒커늘 立敬姒(사)之子衎(간)爲君하니 是爲獻公이라 獻公居喪而慢이어늘 定姜既哭而息에 見獻公之不哀也하고 不內(납)食飮하고 嘆曰 是將敗衛國이라 必先害(善)〔寡〕[110] 人①이리니 天

---

107) 그……바로잡으리로다 : ≪詩經≫ 〈曹風 鳲鳩〉에 보인다.

108) 敬姒 : 衛 定公의 妾이다.

109) 이……한스럽다 : ≪春秋左氏傳≫ 成公 14년 조에는 '이 자는 장차 衛나라를 敗亡시킬 뿐 아니라 그 無禮가 반드시 나 未亡人을 대하는 데서부터 시작할 것이다. 아, 하늘이 衛나라에 禍를 내렸도다. 나는 鱄으로 하여금 社稷을 主宰하게 하지 못한 것이 한스럽다.〔是夫也 將不唯衛國之敗 其必始於未亡人 嗚呼 天禍衛國也夫 吾不獲鱄也 使主社稷〕'로 되어 있다. 鱄은 敬姒 소생의 서자로, 衛 獻公의 아우이다. 이름은 子鮮이다.

禍衛國也夫인져 吾不獲鱄(전)也使主社稷이로다하니 大夫聞之하고 皆懼하다 孫文子自是不敢舍其重器於衛라

① 【校注】 必先害(善)〔寡〕人 : 陳氏 奐[111]이 말하기를 "'善'은 필시 '寡'의 오자일 것이니, ≪春秋左氏傳≫에 '반드시 나 未亡人을 대하는 데서부터 시작할 것이다.〔其必始於未亡人〕' 하였다."라고 하였다.
陳氏奐曰 "善必寡之誤, 左傳曰其必始於未亡人."

鱄은 獻公의 아우 子鮮으로 현명하였다. 定姜이 임금으로 세우려고 하였으나 뜻을 이루지 못하였다. 그 후에 헌공은 포학을 부리고 정강을 오만하게 대하고 업신여기다가 마침내 쫓겨났다. 도망하다가 국경에 이르렀을 때 헌공이 祝宗[112]을 보내어 宗廟에 자신이 도망가는 것을 告하고 아울러 자신에게 죄가 없다고 고하게 하자, 정강이 말하기를 "불가하다. 神이 있다면 속여서는 안 된다. 죄가 있는데 어찌 죄가 없다고 고하겠는가. 또 공이 한 행동을 보면 大臣을 버리고 小臣들과 國事를 商議하였으니 이것이 첫 번째 죄요, 先君께서 冢卿[113]을 두어 너의 師保[114]로 삼아 주셨는데 너는 그들을 멸시하였으니 이것이 두 번째 죄요, 나는 선군을 직접 수발들었는데 婢妾을 대하듯이 나를 暴虐하게 부렸으니 이것이 세 번째 죄이다. 그러니 도망가는 것만을 고하고 죄가 없다고는 고하지 말라."라고 하였다. 그 후에 헌공은 鱄의 힘을 입어 다시 衛나라로 돌아왔다.

鱄者는 獻公弟子鮮也니 賢이라 而定姜欲立之而不得이러니 後獻公暴虐하고 慢侮定姜이라가 卒見逐走라 出亡至境하여 使祝宗告亡하고 且告無罪於廟한대 定姜曰 不可라 若令(無)〔有〕[115]神이면 不可誣①②라 有罪어늘 若何告無罪也리오 且公之行에 舍大臣而與小臣謀하니 一罪也요

110) (善)〔寡〕 : 저본에는 '善'으로 되어 있으나, ≪列女傳校注≫에 의거하여 '寡'로 바로잡았다.

111) 陳氏 奐 : 淸나라 長州 사람으로, 자는 碩甫, 호는 師竹, 만년의 호는 南園老人이다. 段玉裁의 제자로 ≪毛詩≫와 ≪說文解字≫를 공부하여 縣學生員이 되었으며, 都城에 들어가서는 王念孫, 王引之 부자와 종유하였다. 후에 杭州 汪遠孫의 집에 묵으면서 저술에 전념하였다. 저서에 ≪毛詩傳疏≫, ≪毛詩說≫, ≪毛詩音≫, ≪詩義類≫, ≪鄭氏箋考證≫ 등이 있다.

112) 祝宗 : 제사를 관장하는 관리이다.

113) 冢卿 : 正卿으로, 孫林父와 甯殖을 가리킨다.

114) 師保 : 본래 고대에 귀족 자제의 교육을 담당하던 관리인데, 여기서는 輔翼한다는 뜻이다.

115) (無)〔有〕 : 저본에는 '無'로 되어 있으나, 王照圓의 注에 의거하여 '有'로 바로잡았다.

先君有冢卿以爲師保어늘 而蔑之하니 二罪也요 余以巾櫛(즐)事先君이어늘 而暴妾使余하니 三罪也라 告亡而已요 無告無罪하라 其後賴鱄力하여 獻公復得反國이라

① 若令(無)〔有〕神不可誣 : '無'는 마땅히 '有'가 되어야 하니, 본래 ≪春秋左氏傳≫ 襄公 14년의 글이다. ≪춘추좌씨전≫에 이르기를 "神이 없다면 告할 것이 뭐 있으며, 神이 있다면 속여서는 안 된다."라고 하였다.
無當作有, 本左傳襄十四年文. 傳云 "無神何告? 若有, 不可誣也."

② 【校注】 若令(無)〔有〕神不可誣 : 아마도 '無' 아래에 '罪'자가 빠진 듯하다. ≪춘추좌씨전≫에는 '神' 아래에 '何告若有' 4자가 있다. 글이 조금 다르다.
疑無下, 脫罪字. 左傳神下有'何告若有'四字. 文稍異.

군자가 이르기를 "定姜은 능히 바른 말로 가르쳤다."라고 하였다. ≪시경≫에 이르기를 "내 말은 당장 시급한 일이다."116)라고 하였으니, 이를 두고 이른 말이다.

君子謂定姜能以辭教라하니라 詩云 我言惟服이라하니 此之謂也라

鄭나라 皇耳117)가 군대를 거느리고 가서 衛나라를 侵攻하였다. 〈위나라〉 孫文子가 鄭軍을 追擊하는 것이 어떤지에 대해 占을 쳐서 兆를 定姜에게 올려 말하기를 "〈그 占辭에〉 '兆가 山陵 같으니, 大夫가 出征하면 그 將帥를 잃는다.'고 하였습니다."라고 하니, 정강이 말하기를 "출정한 쪽인 정나라가 장수를 잃는 것은 敵을 防禦하는 쪽인 위나라에 有利한 것이니, 대부는 깊이 생각해 결정하라."고 하였다. 衛人이 鄭軍을 追擊하여 犬邱118)에서 황이를 사로잡았다.

鄭皇耳率(솔)師侵衛라 孫文子卜追之하여 獻兆於定姜曰 兆如山(林)〔陵〕①119)하니 有夫出征이면

116) 내……일이다 : ≪詩經≫ 〈大雅 板〉에 "내 비록 일이 다르나, 너와 더불어 동료로라. 내 너에게 가서 상의하니, 내 말을 듣기를 건성으로 하는구나. 내 말은 당장 시급한 일이니, 비웃음거리로 삼지 말라. 선현들이 말씀하되, 나무꾼들에게도 물으라 하시니라.〔我雖異事 及爾同僚 我卽爾謀 聽我囂囂 我言維服 勿以爲笑 先民有言 詢于芻蕘〕"라고 하였는데, 그 주에 "服은 일이니, 내가 말하는 것은 바로 지금 당장에 시급한 일이라고 말함과 같은 것이다.〔服 事也 猶曰我所言者 乃今之急事也〕"라고 하였다.

117) 皇耳 : 鄭나라의 대부이다.

118) 犬邱 : 지금의 河南省 永城縣 서북에 있었다.

119) (林)〔陵〕 : 저본에는 '林'으로 되어 있으나, ≪列女傳校注≫에 의거하여 '陵'으로 바로잡았다.

而喪其雄이리이다하니 定姜曰 征者喪雄은 禦寇之利也니 大夫圖之하라하다 衛人追之하여 獲皇耳於犬邱[120]하다

① 【校注】 兆如山(林)〔陵〕: '林'자는 오자이다. ≪春秋左氏傳≫에 '陵'자로 되어 있고, ≪春秋左傳正義≫에 이르기를 "古人은 '雄'을 읽기를 '陵'과 韻을 삼았다."라고 하였다.
林字誤. 左傳作陵, 正義云 "古人讀雄與陵爲韻."

군자가 이르기를 "定姜은 일의 실정에 통달하였다."라고 하였다. ≪시경≫에 이르기를 "왼쪽으로 인도하고 왼쪽으로 인도함에, 군자가 마땅하도다."[121]라고 하였으니, 이를 두고 이른 말이다.

君子謂定姜達於事情이라하니라 詩云 左之左之에 君子宜之라하니 此之謂也라

頌은 다음과 같다.

衛나라의 시어머니 定姜은
며느리를 전송하며 시를 지었도다
사랑하는 정과 자애로운 마음으로
울면서 돌아가는 며느리를 바라보았도다
獻公에게 자주 간언하다가
罪過를 얻고 말았도다
총명하고 원대한 식견 갖추었고
文辭에 뛰어났도다

頌曰 衛姑定姜은 送婦作詩로다 恩愛慈惠하여 泣而望之로다 數諫獻公이라가 得其罪尤①로다 聰明遠識하고 麗於文辭로다

① 【校注】 得其罪尤 : 〈'尤'의〉 古音은 盈·之의 反切이다.

---

120) 邱 : ≪列女傳校注≫에는 '丘'로 되어 있다.

121) 왼쪽으로……마땅하도다 : ≪詩經≫ 〈小雅 裳裳〉에 "왼쪽으로 인도하고 왼쪽으로 인도함에, 군자가 마땅하며, 오른쪽으로 인도하고 오른쪽으로 인도함에, 군자가 가지고 있도다. 그 모두를 가지고 있는지라, 이 때문에 그와 같도다.〔左之左之 君子宜之 右之右之 君子有之 維其有之 是以似之〕"라고 하였다.

古音盈・之反.

1-8 齊나라 딸의 傅母[122] 齊女傅母

傅母는 齊나라 제후의 딸을 가르친 부모이다. 齊나라 제후의 딸은 衛나라 莊公의 부인이 되어 莊姜이라 불렸다. 장강은 미모가 빼어났으나 처음 시집왔을 때 操行이 단정하지 못하고 용모를 꾸미는 행실과 음란한 마음을 가지고 있었다.

傅母者는 齊女之傅母也라 女爲衛莊公夫人하여 號曰莊姜이라 姜交好①호되 始往에 操行衰惰하고 有冶容之行과 淫泆(일)之心이라

① 姜交好 : '交' 또한 '姣'자이다.
交亦姣字.

傅母는 莊姜의 婦道가 바르지 못함을 보고 타이르기를 "그대의 친정은 대대로 존귀하고 영화로우니 마땅히 백성들의 법칙이 되어야 하고, 그대의 타고난 바탕은 총명하여 사리에 통달하였으니 마땅히 사람들의 모범이 되어야 하고, 용모가 훌륭하고 아름다우니 스스로 가다듬어 바르게 하지 않아서는 안 됩니다. 그런데 비단옷에 홑옷을 덧입고 수레와 말을 장식하였으니, 이는 德을 귀하게 여기지 않는 것입니다."라고 하고, 이어 시를 짓기를 "碩人이 키가 훤칠하니, 비단옷을 입고 그 위에 홑옷을 덧입었도다. 齊侯의 자식이요, 衛侯의 아내요, 東宮의 누이요, 邢侯의 처제요, 譚公이 형부로다."[123]라고 하였다.

傅母見其婦道不正하고 諭之云 子之家는 世世尊榮하니 當爲民法則이요 子之質은 聰達於事하니 當爲人表式이요 儀貌壯麗하니 不可不自修整어늘 衣錦絅(경)裳하고 飾在輿馬하니 是不貴德也라하고 乃作詩曰 碩人其頎(기)①하니 衣錦絅衣②로다 齊侯之子요 衛侯之妻요 東宮之妹요 邢侯之姨요 譚公維私③로다

① 碩人其頎 : 傅母가 지은 것이라고 하니, 또한 ≪魯詩≫의 說이다.

---

122) 傅母 : 女師이다. 고대에 女師의 관원을 두어 三從, 四德 등의 婦德으로 貴族의 자녀를 교육하게 하였다.

123) 碩人이……형부로다 : ≪詩經≫ 〈衛風 碩人〉에 보인다. 碩人은 莊姜을 가리키고, 東宮은 齊나라의 太子 得臣을 말한다.

以爲傅母作, 亦魯詩說也.

② 衣錦絅衣 : 絅은 홑옷이다. ≪毛詩≫에 '褧'으로 되어 있으니, 독음은 苦·迥의 反切이다. 여기에 '絅'으로 되어 있으나 독음은 ≪모시≫와 같다. ≪中庸≫의 이 구절을 인용한 곳에는 '衣錦尙絅'으로 되어 있으니, 정히 여기와 합치한다. ≪노시≫의 說이다.
絅, 襌(단)也. 毛詩作褧(경), 音苦·迥(형)切. 此作絅, 音與之同. 中庸引衣錦尙絅, 正與此合, 魯詩說也.

③【集注】≪爾雅≫에 "여자가 자매의 남편을 私라고 이른다."라고 하였다.
爾雅 "女子謂姊妹之夫爲私."

莊姜의 마음을 갈고 닦아 그 절조를 고상하게 하였으니, 임금의 자제이자 임금의 부인된 몸으로 더욱 邪僻한 행실을 해서는 안 된다고 여겼기 때문이다. 莊姜이 드디어 감동하여 스스로 수양하였다. 군자는 傅母가 莊姜이 잘못을 저지르기 전에 방지한 것을 훌륭하게 여겼다.

砥厲(지려)女之心以高〔其〕[124]節①②하니 以爲人君之子弟이며 爲國君之夫人하니 尤不可有邪僻之行焉이라 女遂感而自修라 君子善傅母之防未然也러라

① 砥厲女之心以高〔其〕節 : 砥厲는 갈고 닦음이다. 高節은 ≪文選≫ 注의 이 구절을 인용한 곳에는 '그 절조를 고상하게 하였다.〔高其節〕'로 되어 있다.
砥厲, 磨厲也. 高節, 文選注引作高其節.

②【校注】砥厲女之心以高〔其〕節 : ≪文選≫ 〈秋胡詩〉의 注의 이 구절을 인용한 곳에는 '砥' 위에 '以'자가 있는 것으로 되어 있다.[125]
文選秋胡詩注引砥上有以字.

莊姜은 齊나라 太子 得臣의 누이이다. 〈장강은〉 자식이 없어서 戴嬀의 아들 桓公을 자식으로 삼았다. 公子 州吁는 莊公의 애첩 소생의 아들이다. 주우가 장공의 총애를 받게 되자 교만해졌고 전쟁을 좋아하였는데, 장공이 이를 금하지 않았다. 후일 주우는 과연 환공을 죽였다.

---

124) 〔其〕: 저본에는 '其'가 없으나, 王照圓의 注에 의거하여 보충하였다.

125) 秋胡詩의……있다 : 〈秋胡詩〉는 南北朝時代 宋나라의 문인 顔延之가 지은 90句 450字로 이루어진 五言詩이다. 魯나라 사람 秋胡의 고사를 통하여 정숙한 부인을 찬미하는 내용을 담고 있다. 그 注에는 '齊母乃作詩以砥礪女之心 高其節'로 되어 있다.

齊女傅母

莊姜者는 東宮得臣之妹也라 無子하여 姆戴嬀(규)之子桓公①②이라 公子州吁(우)는 嬖人之子也라 有寵하여 驕而好兵호되 莊公弗禁이라 後州吁果殺桓公이라

① 姆戴嬀之子桓公：姆는 바로 '母'자이다.
姆, 卽母字也.

② 【校注】姆戴嬀之子桓公：金壇 段氏 玉裁[126]가 말하기를 "'姆'는 마땅히 '母'가 되어야 하니, 환공을 자신의 자식으로 삼은 것을 이른다."라고 하였다.
金壇段氏玉裁曰 "姆當是母, 謂以桓公爲己子也."

≪詩經≫에 말하기를 "원숭이에게 나무타기를 가르치지 말지어다."[127]라고 하였으

126) 段氏 玉裁：1735~1815. 淸代의 訓詁學家이자 經學家로, 자는 若膺, 호는 懋堂이다. 文字學에 특히 뛰어났으며 校勘에 정심하였다. 저서에 ≪說文解字注≫, ≪六書音韻表≫, ≪古文尙書撰異≫, ≪毛詩故訓傳定本≫, ≪經韻樓集≫ 등이 있다.

127) 원숭이에게……말지어다：≪詩經≫ 〈小雅 角弓〉에 "원숭이에게 나무타기를 가르치지 말지

니, 이를 두고 이른 말이다.

詩曰 毋教猱(노)升木이라하니 此之謂也라

頌은 다음과 같다.

齊나라 제후의 딸 莊姜의 傅母는
莊姜의 잘못을 미연에 방지하였도다
先祖를 일컬어 나열하였으니
영화롭고 존귀하지 않은 분 없었도다
시를 지어 뜻을 밝혀
선조를 욕되게 함이 없게 하였도다
莊姜이 傅母의 가르침 받아
마침내 몸을 닦을 수 있었도다

頌曰 齊女傅母는 防女未然이로다 稱列先祖하니 莫不(尊榮)〔榮尊〕①128)이로다 作詩明指하여 使無辱先하니 莊姜姆(妹)〔教〕②③129)하여 卒能修身이로다

① 莫不(尊榮)〔榮尊〕: 〈'尊榮'은〉 마땅히 '榮尊'이 되어야 하니, 그래야 상하의 운과 맞다.
當作榮尊, 與上下韻.

② 莊姜姆(妹)〔教〕: 〈'姆妹'는〉 마땅히 '姆嫣'가 되어야 하니, 嫣氏 아들의 어머니가 됨을 말한 것이다. 혹자는 말하기를 "마땅히 '母桓'이 되어야 한다."라고 하였다.
當作姆嫣, 言爲嫣氏子之母也. 或曰 "當是母桓."

③ 【集注】 莊姜姆(妹)〔教〕: 黃氏 丕烈130)이 이르기를 "'妹'는 宋本에 模餬하니 '教'자인 듯하다."라고 하였다. 王照圓이 이르기를 "마땅히 '姆嫣'가 되어야 하니, 嫣氏 아들의 어머

어다, 진흙에 진흙을 붙이는 것과 같으니라.〔毋教猱升木 如塗塗附〕"라고 하였다. 이 시는 九族을 친애하지 않고 아첨하는 사람들을 좋아하여 골육 간에 서로 원망함을 풍자한 것이다.

128) (尊榮)〔榮尊〕: 저본에는 '尊榮'으로 되어 있으나, 王照圓의 注에 의거하여 '榮尊'으로 바로잡았다.

129) (妹)〔教〕: 저본에는 '妹'로 되어 있으나, ≪列女傳集注≫에 의거하여 '教'로 바로 잡았다.

130) 黃氏 丕烈 : 1763~1825. 淸나라 吳縣 사람으로, 자는 紹武, 또 다른 자는 蕘圃이며, 호는 復翁, 별호는 民山山民, 縣橋小隱, 抱守老人, 半恕道人 등 수십 개다. 分部主事를 역임하였으며, 藏書를 좋아하였다. 저서에 ≪蕘言印須集≫이 있다.

니가 됨을 말한 것이다."라고 하였다. 내(蕭道管)가 상고해보건대, 嬀氏의 아들을 응당 嬀라고 일컫지는 않았을 것이다.
黃氏丕烈云 "妹, 宋本模餬, 似是敎字." 王云 "當作姆嬀, 言爲嬀氏子之母也." 道管案嬀氏子不當稱嬀.

1-9 魯나라 季孫氏[131] 집안의 敬姜 魯季敬姜

魯나라 季孫氏 집안의 敬姜은 莒[132]나라의 딸로, 號는 戴己이다. 魯나라 大夫 公父穆伯[133]의 아내요 文伯[134]의 어머니요 季康子[135]의 從祖叔母이다. 사리에 널리 통달하고 禮를 잘 알았는데, 목백이 먼저 죽자 경강은 貞節을 지키며 자식을 길렀다.

魯季敬姜者는 **莒**(거)**女也**니 **號戴己**①라 **魯大夫公父**(보)**穆伯之妻**요 **文伯之母**요 **季康子之從祖叔母也**라 **博達知禮**러니 **穆伯先死**어늘 **敬姜守養**②이라

① 號戴己 : '姜'과 '己'는 姓이 같지 않으니, 이는 오자일 뿐이다.
姜與己不同姓, 此誤耳.

② 【校注】 敬姜守養 : 餘姚 盧氏 文昭가 말하기를 "養은 응당 '義'의 오류이다."[136]라고 하였다.
餘姚盧氏文昭曰 "養, 當是義之譌(와)."

文伯이 공부하러 갔다가 돌아오자 敬姜이 곁눈으로 살펴보았다. 문백이 堂에 오를 때는 그 벗이 뒤따라 오르고, 문백이 내려올 때는 그 벗이 뒤쪽 섬돌로 내려와 뒷걸음으로 물러나면서 칼을 받들고 신발을 바로 놓아주어 마치 부형을 섬기는 듯하였는데, 문백은 스스로 어른인 체 하는 것을 보았다.

---

131) 季孫氏 : 春秋時代 魯나라의 정권을 장악했던 大夫로, 孟孫氏·叔孫氏와 함께 '三桓' 또는 '三家'로 불리었다.

132) 莒 : 古代의 나라 이름으로, 己姓이다. 計斤 즉 지금의 山東省 膠州에 도읍하였다가 春秋時代에 莒 즉 지금의 山東省 莒縣으로 도읍을 옮겼다. 戰國時代에 楚나라에 멸망하였다.

133) 公父穆伯 : 魯나라의 大夫인 季孫氏를 말한다.

134) 文伯 : 公父穆伯의 아들인 公父歜이다.

135) 季康子 : 魯나라의 大夫인 季孫氏로, 이름은 肥이다. 哀公 때 정권을 잡았다.

136) 養은……오류이다 : ≪列女傳校注≫에 의거하여 번역하면 "敬姜은 절개를 지켰다."가 된다.

文伯出學而還歸어늘 敬姜側目而盼之하니 見其友上堂하고 從後階降而却行하여 奉劍而正履하여 若事父兄이어늘 文伯自以爲成人矣라

敬姜이 〈文伯을〉 불러 꾸짖기를 "옛날에 武王은 조회를 파하고 버선을 묶는 끈이 끊어졌는데 좌우를 돌아봄에 묶으라고 시킬 만한 사람이 없었는지라 허리를 굽혀 스스로 묶었다. 이 때문에 王道를 이룰 수 있었다. 齊 桓公[137]은 坐友[138] 세 사람과 간언하는 신하 다섯 사람과 매일 자신의 잘못을 지적해주는 사람 30명이 있었다. 이 때문에 伯業[139]을 이룰 수 있었다. 周公은 한 끼 식사를 하는 동안에 입안의 음식을 세 번이나 뱉어내고 한 번 머리를 감는 동안에 세 번이나 젖은 머리를 움켜쥐고 나가 찾아온 사람을 만났으며, 예물을 들고 궁벽한 시골까지 찾아가 만난 사람이 70여 명이었다. 이 때문에 周나라 왕실을 보존할 수 있었다. 저 두 분 성인과 한 분 현인은 모두 霸道와 王道[140]를 이룬 임금이로되 이처럼 사람들에게 겸손하였고, 함께 교유한 사람들은 모두 자신보다 뛰어난 자였다. 이러므로 자기도 모르는 사이에 날마다 더욱 진보한 것이다. 그런데 지금 너는 나이도 어리고 지위도 낮은 자로서 함께 교유하는 사람들은 모두 너에게 복종하고 부림을 당하니, 너가 진보하지 못할 것이 또한 분명하도다."라고 하였다. 문백이 이에 사죄하였다.

敬姜召而數之曰 昔者武王罷朝하고 而結(絲)〔係〕[141]韈(말)絕①호되 左右顧에 無可使結之者라 俯而自申之라 故能成王道라 桓公坐友三人과 諫臣五人과 日舉過者三十人이라 故能成伯(패)業이라 周公一食而三吐哺하고 一沐而三握髮하고 所執贄(지)而見於窮閭隘巷者七十餘人이라 故能存周室이라 彼二聖一賢者皆霸王之君也로되 而下人如此하고 其所與遊者皆過己者也라 是以日益而不自知也라 今以子年之少而位之卑로 所與遊者皆爲服役하니 子之不益이 亦以明

137) 齊 桓公 : 재위 B.C. 685~B.C. 643. 齊나라 임금으로, 姜姓 呂氏이고 이름은 小白이다. 釐公의 아들이고, 襄公의 동생으로, 즉위한 후 管仲을 중용하여 齊나라를 부강하게 만들고 春秋五霸의 하나가 되었다.

138) 坐友 : 諍友로, 曲直을 쟁변하는 벗이다. 옛날에 法庭에서 辨訟하는 것을 '坐'라고 일컬은 데서 온 말이다.

139) 伯業 : '伯'은 '霸'와 같으니, 곧 霸業이다.

140) 霸道와 王道 : 霸道는 仁義를 무시하고 무력이나 권모로써 公利를 오로지 하는 정치를 말하고, 王道는 先王이 행한 仁義에 바탕을 둔 정치를 말한다.

141) (絲)〔係〕: 저본에는 '絲'로 되어 있으나, 王照圓의 注에 의거하여 '係'로 바로잡았다.

矣로다 文伯乃謝罪라

① 結(絲)〔係〕絑絶 : '絲'는 마땅히 '係'가 되어야 하니, ≪呂氏春秋≫에 보인다. 夫子(郝懿行)가 말하기를 "≪韓非子≫에 '버선을 묶은 끈이 풀어져 인하여 스스로 맺다.〔韈繫解因自結〕'로 되어 있으니, '絑'이 곧 '韈'자임을 증거하여 알 수 있고, ≪玉篇≫에 '韈'은 또한 '袜'로 되어 있으니, 여기에 '絑'로 된 것은 모두 或體字이다. ≪여씨춘추≫에 또 말하기를 '힘써 스스로 맺다.〔勉而自爲係〕'라고 하였는데, 이 傳에 '허리를 굽혀 스스로 맺다.〔俯而自申之〕'로 되어 있으니, '勉' 또한 '俛'자의 오자임을 알 수 있다."라고 하였다.

絲當作係, 見(현)呂覽. 夫子曰 "韓非作韈(말)繫解因自結, 證知絑即韈字, 玉篇韈亦作袜, 此作絑, 俱或體字也. 呂覽又言勉而自爲係, 此傳作俯而自申之, 知勉又俛(부)字之譌(와)矣."

이에 곧 엄한 스승과 어진 벗을 가려 섬기니, 함께 교유하는 사람은 모두 연로한 사람들이었다. 文伯은 옷깃을 여미고 팔뚝을 걷어 부치고 몸소 음식을 대접하였다. 敬姜이 말하기를 "네가 어른이 되었구나."라고 하였다.

魯季敬姜

於是乃擇嚴師賢友而事之하니 所與遊處者皆黃耇(모)倪(예)齒①也라 文伯引衽攘捲②而親饋之라 敬姜曰 子成人矣라

① 黃耇倪齒 : 누런 머리와 아이 이로 ≪詩經≫에 보이니,[142] 이곳과 뜻이 같다.
黃髮兒齒, 見詩, 與此義同.

② 引衽攘捲 : '捲'은 또한 '卷'으로 되어 있으니, 또 '拳'과 같다. 拳은 팔뚝이다. ≪淮南子≫에 말하기를 "소매를 짧게 하고 팔뚝을 걷어 올렸다."라고 하였다.
捲亦作卷, 又與拳同. 拳, 手臂也. 淮南子曰 "短袂攘(메)卷."

군자가 이르기를 "敬姜은 교화에 주밀하였다."라고 하였다. ≪詩經≫에 이르기를 "濟濟한 많은 선비들이여, 文王이 이들 때문에 편안하시도다."[143]라고 하였으니, 이를 두고 이른 말이다.

君子謂敬姜備於教化라하니라 詩云 濟濟多士여 文王以寧이라하니 此之謂也라

文伯이 魯나라의 재상이 되자, 敬姜이 이르기를 "내 너에게 말하노니, 나라를 다스리는 요체는 모두 經에 달려 있다. 대저 幅은 굽은 것을 바로잡는 것이니 강하지 않아서는 안 된다. 그러므로 幅과 같은 사람은 장수가 될 수 있다. 畫은 고르지 않은 것을 고르게 하고 복종하지 않는 것을 복종하게 하는 것이다. 그러므로 畫과 같은 사람은 正이 될 수 있다. 物은 絲類와 薄膜을 다스리는 것이다.[144] 그러므로 物과 같은 사람은 都大夫[145]가 될 수 있다. 서로 교차시키되 어긋나지 않게 하고 나가고 들어오는 것을 끊어지지 않게 하는 것은 捆이니, 捆과 같은 사람은 大行人이 될 수

142) 누런……보이니 : 黃耇는 머리가 희어졌다가 다시 누렇게 변하는 것이고, 倪齒는 이가 빠졌다가 어린아이처럼 다시 나는 것으로, 모두 장수한 노인을 말한다. ≪詩經≫ 〈魯頌 閟宮〉에 "大夫와 庶士들에게 마땅하사, 邦國을 소유하시니, 이미 복을 많이 받으사, 누런 머리와 아이 이가 나셨도다.〔宜大夫庶士 邦國是有 旣多受祉 黃髮兒齒〕"라고 하였다. 저본에는 '倪'로, ≪시경≫에는 '兒'로 되어 있다.

143) 濟濟한……편안하시도다 : ≪詩經≫ 〈大雅 文王〉에 보인다.

144) 物은……것이다 : 王照圓의 注에 의거하여 번역한 것이다. 陳漢章의 ≪列女傳斠注≫에는 "'蕪'는 '幠'와 통하니 匹長을 이르고, '莫'은 '幙'과 통하니 幅廣을 이른다."라고 하였다. 이에 의거하여 번역하면 '物은 匹長과 幅廣을 다스리는 것이다.'라는 뜻이 된다.

145) 都大夫 : 백성을 다스림을 주관하는 관리이다.

있다. 밀어서 보내고 당겨서 오게 하는 것은 綜이니, 綜과 같은 사람은 關內의 장수가 될 수 있다. 많고 적은 숫자를 주관하는 것은 均이니, 均과 같은 사람은 內史[146)]가 될 수 있다. 중요한 임무를 맡아 먼 길을 가서 정직하고 굳건한 것은 軸이니, 軸과 같은 사람은 재상이 될 수 있다. 펴주어 막힘이 없게 하는 것은 摘[147)]이니, 摘과 같은 사람은 三公이 될 수 있다."라고 하였다. 문백이 再拜하고 가르침을 받았다.

文伯相魯하니 敬姜謂之曰 吾語汝하노니 治國之要盡在經矣①②라 夫幅者는 所以正曲枉也③니 不可不彊④이라 故幅可以爲將⑤이요 畫(획)者는 所以均不均服不服也⑥라 故畫可以爲正⑦이요 物者는 所以治蕪與莫也라 故物可以爲都大夫⑧요 持交而不失하고 出入不絶者는 捆(곤)也니 捆可以爲大行人(也)⑨⑩[148)]오 推而往引而來者는 綜也니 綜可以爲開(변)[149)]內之師⑪⑫요 主多少之數者는 均也니 均可以爲內史⑬요 服重任하여 行遠道하여 正直而固者는 軸也니 軸可以爲相⑭이요 舒而無窮者는 摘也니 摘可以爲三公⑮이라 文伯再拜受敎라

① 治國之要盡在經矣 : 이는 經緯로써 다스림을 비유한 것이다. 이하에 응당 완성된 문장이 있어야 하는데, 지금 나오는 글이 보이지 않는다.
此以經緯喩治理也. 以下當有成文, 今未見所出.

② 【校注】 治國之要盡在經矣 : ≪太平御覽≫ 〈資産部 6〉의 이 구절을 인용한 注에 이르기를 "經이라는 것은 실을 엮어서 文采를 이루는 것이니 나라를 경륜하고 백성을 다스리는 형상이 있다."라고 하였다.
太平御覽資産部六引注云 "經者, 總絲縷以成文采, 有經國治民之象."

③ 【校注】 所以正曲枉也 : ≪태평어람≫에는 '曲'자가 없다.
太平御覽無曲字.

④ 【校注】 不可不彊 : 舊本에 '疆'으로 잘못되어 있었는데, ≪태평어람≫에 '强'으로 되어 있는 〈것에 의거하여〉 지금 교정하였다.
舊誤疆, 太平御覽作强, 今校改.

⑤ 【校注】 夫幅者……故幅可以爲將 : ≪태평어람≫ 注에 이르기를 "枉은 굽음이다. 幅은 강해야 굽은 것을 바로잡을 수 있고 장수는 강해야 난리를 평정할 수 있으니, 幅으로써 장수를 비유한 것이다."라고 하였다.
注云 "枉, 曲也. 幅强乃能正曲, 將强乃能除亂, 以幅喩將也."

146) 內史 : 나라의 법전을 담당하는 관리이다.
147) 摘 : '樀'의 가차자로, 베틀에서 실을 감는 기구이다.
148) (也) : 저본에는 '也'가 있으나, ≪列女傳校注≫에 의거하여 衍文으로 처리하였다.
149) 開 : ≪列女傳校注≫와 ≪列女傳集注≫에는 모두 '關'으로 되어 있다.

⑥【校注】所以均不均服不服也 : ≪태평어람≫에는 '不均服' 3자가 없다.
太平御覽無不均服三字.

⑦【校注】畫者……故畫可以爲正 : ≪태평어람≫ 注에 이르기를 "畫은 傍이다. 正은 官長이다. 실을 엮어 畫을 얻는 것으로써 백성들이 官長을 얻은 뒤에 가지런해짐을 비유한 것이다."라고 하였다. 상고해보건대, '傍'은 아마 '榜'의 오자인 듯하다.
注云"畫, 傍也. 正, 官長也. 總縷得畫, 以喩徒庶得長而後齊." 案傍, 疑榜之誤.

⑧ 物者……故物可以爲都大夫 : '蕪'는 絲纇와 같은 등속이다. '莫'은 '膜'과 같으니, ≪禮記≫ 〈內則〉 注에 이르기를 "皮肉 위의 薄膜이다."라고 하였다.
蕪如絲纇之屬也. 莫與膜同, 內則(칙)注云"皮肉之上魄莫也."

⑨ 持交而不失……捆可以爲大行人(也) : '捆'은 대개 지금의 북〔梭〕과 같다.
捆蓋如今之梭(사).

⑩【校注】持交而不失……捆可以爲大行人(也) : ≪태평어람≫에 '捆'은 '梱'으로 되어 있고 '也'자는 없다. 注에 이르기를 "梱은 실을 교차하여 출입하면서 엉클어지지 않게 하는 것이니, 大行人이 이웃 나라들과 우호를 맺어 離叛되지 않게 하는 것과 비슷하다. 大行人은 使命을 주관하는 자이다."라고 하였다.
太平御覽, 捆, 作梱, 無也字. 注云"梱, 使縷交錯出入不失理也. 似大行人, 交好隣國不離畔也. 大行人, 主使命者."

⑪ 推而往引而來者……綜可以爲開內之師 : '綜'은 실이 교차하도록 유지하는 것이니, 교차하는 것을 '爻'라고 말하는 것은 베틀의 바디〔機綜〕가 왕래할 때에 실 가닥이 서로 유지되는데 그 모양이 爻와 같기 때문이다. '開'의 독음은 皮·變의 反切이고, 문 위의 나무 이름이니, 開 또한 내외가 교차하는 곳이다.
綜者, 持絲交也, 交之言爻, 機綜往來, 絲縷相持, 形如爻也. 開音皮·變切, 門上木名, 開亦內外交之處也.

⑫【校注】推而往引而來者……綜可以爲關內之師 : 關은 구본에 '開'로 잘못되어 있었는데 ≪태평어람≫을 따라 교정하였다. 注에 이르기를 "綜은 실을 밀어서 가게 하고 당겨서 오게 하는 것이니, 關內의 장수가 백성을 수합하여 절도가 있게 하는 것과 같다. 關內의 장수는 境內의 군사를 주관한다."라고 하였다.
關, 舊誤開, 從太平御覽改. 注云"(總)〔綜〕,[150] 推縷令往, 引之令來, 似關內師收合人衆, 使令有節. 關內師, 主境內之師衆."

⑬【校注】主多少之數者……均可以爲內史 : ≪태평어람≫ 注에 이르기를 "均은 톱니 하나

150) (總)〔綜〕 : ≪列女傳校注≫의 注에는 '總'으로 되어 있으나, ≪太平御覽≫ 〈資産部 6〉에 의거하여 '綜'으로 바로잡았다.

에 실 한 가닥을 받아 여러 가닥이 있는 것을 이르니, 內史가 백성을 다스리는 것과 같다."라고 하였다. 상고해보건대, '均'은 응당 '杓'이 되어야 하니, ≪廣雅≫ 〈釋器〉에 "經梳를 均이라 이른다."라고 하였고, 曹憲은 "독음이 子・充의 反切이다."라고 하였고, ≪廣韻≫[151] 〈二十一震〉에 "무릇 베를 짤 적에 經을 하기에 앞서 杓으로 실을 빗어 엉클어지지 않게 한다. ≪埤蒼≫[152]에 나온다."라고 하였다.

注云 "均, 謂一齒受一縷, 多少有數, 猶內史之治民也." 案均當爲杓(진), 廣雅釋器 "經梳謂之杓." 曹憲 "音子・充反." 廣韻二十一震 "凡織先經, 以杓梳絲, 使不亂. 出埤蒼."

⑭ 【校注】 服重任……軸可以爲相 : ≪태평어람≫ 注에 이르기를 "大任에 상당하니 견고하여 나태하지 않아 죽은 뒤에야 그만두는 것이 軸과 같은 점이 있다."라고 하였다.

注云 "相當大任, 堅固不(遷)〔倦〕,[153] 死而後已, 有若軸."

⑮ 【校注】 舒而無窮者 摘也 摘可以爲三公 : ≪태평어람≫ 注에 이르기를 "摘은 勝을 이르니, 펴져 다하지 않는 것이다. 三公의 道德이 고결하고 완비되어 다함이 없음을 비유한다."라고 하였다. 상고해보건대, '摘'은 마땅히 '樀'이 되어야 하니, ≪集韻≫ 〈二十三錫〉에 "樀은 베틀 위에 실을 감는 기구이다."라고 하였다.

注云 "摘, 謂勝也, 舒而不窮. 喩三公道德潔備, 無匱竭也." 案摘當爲樀, 集韻二十三錫, 樀機上卷絲器.

文伯이 조정에서 퇴근하여 敬姜을 뵈었는데, 경강이 한창 길쌈을 하고 있었다. 문백이 말하였다. "저의 집안에서 어머니께서 오히려 길쌈을 하시니, 季孫(季康子)의 노여움을 살까 두렵습니다. 저를 두고 어머니를 잘 섬기지 못한다고 할 것입니다."

文伯退朝하여 **朝敬姜**한대 **敬姜方績**이어늘 **文伯曰 以歜**(촉)**之家而主猶績**하시니 **懼干季孫之怒**하노이다 **其以歜爲不能事主乎**인저

151) 廣韻 : 隋나라의 陸法言이 지은 ≪切韻≫을 唐나라의 孫愐이 增補한 것을 ≪唐韻≫이라 하는데, 宋나라의 陳彭年이 眞宗의 명에 의하여 ≪唐韻≫을 다시 증보한 것을 ≪大宋重修廣韻≫이라 한다. ≪廣韻≫은 그 준말이다. 문자를 206韻에 나누어 排錄하고 글자마다 音訓을 注解하였다.

152) 埤蒼 : 魏나라 張揖이 지은 책이다. ≪隋書≫와 ≪唐書≫의 〈經籍志〉에 ≪埤蒼≫이 모두 3권이라고 하였으나 이미 逸失되었다. 淸나라 馬國翰이 여러 책에 인용된 ≪埤蒼≫을 수집하여 許愼의 ≪說文解字≫에 의거하여 유별로 모아 편차하여 1권으로 편집하였다.

153) (遷)〔倦〕 : ≪列女傳校注≫의 注에 '遷'으로 되어 있으나, ≪太平御覽≫ 〈자산부 6〉에 의거하여 '倦'으로 바로잡았다.

敬姜이 탄식하여 말하였다. "魯나라가 망하겠구나! 童子인 너에게 관직을 주어 자리를 채우게 하되 아직 道를 듣게 하지는 못 하였구나. 앉거라. 내가 너에게 말해주리라. 옛날에 聖王이 백성들을 거처하게 할 때에 척박한 땅을 가려서 거처하게 하고, 그 백성들을 수고롭게 하고서 등용하였다. 그러므로 오래도록 천하에서 왕노릇하였다. 백성은 수고로우면 생각하게 되고 생각하면 착한 마음이 생기게 되며, 안일하면 음란해지고 음란해지면 善을 잊고 善을 잊으면 나쁜 마음이 생긴다. 비옥한 땅에 사는 백성들이 재주가 없게 되는 것은 안일하기 때문이고, 척박한 땅에 사는 백성들이 義를 향하는 것은 수고롭기 때문이다.

그러므로 천자께서는 大采[154]를 입고 해에 제사하고[155] 三公·九卿과 함께 땅의 덕성을 熟知하였다. 한낮에는 政事의 업적을 따져 百官에게 다스릴 업무를 나누어주고 師尹[156]에게 衆士와 牧民官의 직무를 선포하여 백성의 일을 두루 차례 있게 다스리게 하였다. 少采[157]로 달에 제사하고[158] 太史[159]·司載[160]와 함께 공경히 天文의 변화를 살폈다. 해가 지면 九御를 경계하여 禘祭와 郊祭[161]의 祭物을 깨끗이 받들게 한 뒤에야 안심할 수 있었다. 諸侯는 아침에 천자의 政令을 받들고 낮에는 자신이 다스리는 나라의 정사를 상고하고 저녁에는 법령을 살피고 밤에는 모든 관원을 경계시켜 게으르고 음탕한 마음이 없게 한 뒤에야 안심할 수 있었다. 卿과 大夫는 아침에 그 직책을 살피고 낮에 여러 정무를 강구하고 저녁에 일을 정리하고 밤에는 집안일을 다스린 뒤에야 안심할 수 있었다. 士는 아침에 일을 받고 낮에 강론하여 익히고 저녁에 복습하고 밤에 과실을 없애서 유감이 없게 한 뒤에야 안심할 수 있었다. 庶人으로부터 이하는 날이 밝으면 일하고 어두워지면 쉬어서 스스로 나태함이

---

154) 大采 : 천자가 해에 제사 지낼 때 입는 예복으로, 玄·黃·朱·白·蒼의 다섯 가지 채색의 복장이다. 采는 彩와 같다.

155) 해에 제사하고 : 천자가 春分 때에 해를 맞이하는 의식을 말한다.

156) 師尹 : 대부 벼슬로, 衆士와 牧民官에게 조칙을 선포하는 직임을 맡은 관리이다.

157) 少采 : 大采에서 玄·黃 두 가지 채색을 뺀 세 가지 채색의 복장이다.

158) 달에 제사하고 : 천자가 秋分 때에 달에 행하는 제사 의식을 말한다.

159) 太史 : 고대에 曆法을 관장하고 역사를 기록하는 임무를 맡은 관직이다.

160) 司載 : 天文을 관찰하는 임무를 맡은 관직이다.

161) 禘祭와 郊祭 : 禘祭는 天子가 宗廟에서 지내는 큰 제사로서 太祖의 선친을 太廟에서 제사하고 태조를 配享한다. 郊祭는 天子가 郊外에서 하늘에 지내는 제사이다.(≪中庸章句≫ 第19章)

없게 한다. 王后는 몸소 검은 면류관 끈을 짜고, 公과 侯의 부인은 갓끈과 면류관의 덮개를 더 짜고, 卿의 內子[162]는 大帶를 만들고, 命婦[163]는 祭服을 만들고, 元士의 아내는 朝服을 더 만들고, 上士로부터 이하는 모두 그 남편의 옷을 만든다.

봄에 社祭[164]를 지낼 때 일을 분배하고 겨울에 烝祭[165]를 지낼 때 수확한 五穀과 布帛을 바치게 하여 남자와 여자가 功績을 바치되 잘못하면 벌이 있는 것은 옛날의 제도였다. 군자는 마음을 수고롭게 하고 소인은 몸을 수고롭게 하는 것은 先王의 훈계이다. 위로부터 아래까지 어느 누가 감히 마음을 방자하게 하며 힘쓰지 않을 수 있겠는가. 지금 나는 과부이고 너는 또 下大夫의 자리에 있으니, 아침저녁으로 일에 매진해도 오히려 先人(공보목백)의 유업을 잊을까 두려운데, 하물며 게으른 마음을 낸다면 어찌 그 죄를 피할 수 있겠느냐. 나는 네가 아침저녁으로 나를 일깨워 말하기를 '반드시 先人의 遺教를 폐하지 말게 하십시오.'라고 하기를 바랐는데, 너는 지금 말하기를 '어찌 스스로 편히 지내지 않으십니까.'라고 하니, 이것으로 임금이 준 관직을 받든다면 나는 너의 아버지 穆伯의 후사가 끊길까 두려워한다."

敬姜歎曰 魯其亡乎인저 使童子備官而未之聞邪(야)아 居하라 吾語女하리라 昔에 聖王之處民也에 擇瘠土而處之하고 勞其民而用之라 故長王天下하시니라 夫民은 勞則思하고 思則善心生하며 逸則淫하고 淫則忘善하고 忘善則惡心生하나니라 沃土之民이 不材는 (淫)〔逸〕[166]也요 瘠土之民이 嚮義[167]는 勞也라 是故天子는 大采朝日하고 與三公九卿으로 (組織)〔祖識〕[168]地德①하며 日中考政②하여 與百官之政事하고 使師尹維旅牧③하여 宣(敬)〔敍〕[169]民事④하며 少采夕月⑤하고 與

162) 內子 : 卿의 適妻이다.

163) 命婦 : 大夫의 妻이다.

164) 社祭 : 仲春과 仲秋에 土地神에게 지내는 제사이다. 봄에는 농사가 잘 되기를 빌고 가을에는 보답의 뜻을 보인다. 春社는 春分에, 秋社는 秋分의 전후 戊日에 지낸다.

165) 烝祭 : 천자와 제후가 종묘에 지내는 時祭 이름이다. ≪禮記≫ 〈王制〉에 "천자, 제후의 종묘 제사를, 봄에 지내는 것을 礿, 여름에 지내는 것을 禘, 가을에 지내는 것을 嘗, 겨울에 지내는 것을 烝이라고 한다."라고 하였다.

166) (淫)〔逸〕: 저본에는 '淫'으로 되어 있으나, ≪國語明道本攷異≫에 의거하여 '逸'로 바로잡았다.

167) 嚮義 : ≪國語≫ 권5 〈魯語 下〉에는 '義를 향하지 않는 자가 없다.〔莫不嚮義〕'로 되어 있다.

168) (組織)〔祖識〕: 저본에는 '組織'으로 되어 있으나, 王照圓의 注에 의거하여 '祖識'으로 바로잡았다.

169) (敬)〔敍〕: 저본에는 '敬'으로 되어 있으나, 王照圓의 注에 의거하여 '敍'로 바로잡았다.

太史司載로 糾虔天刑하며 日入監九御하여 使潔奉禘(체)郊之粢(자)盛이라야 而後卽安이라 諸侯는 朝修天子之業令⑥하고 晝考其國〔職〕⑦170)하고 夕省其典刑하고 夜儆百工하여 使無慆(도)淫이라야 而後卽安이라 卿大夫는 朝考其職하고 晝講其庶政하고 夕序其業하고 夜庀(비)其家事⑧라야 而後卽安이라 士는 朝而受業하고 晝而講(隷)〔肄〕⑨171)하고 夕而習復하고 夜而討過無憾⑩이라야 而後卽安이라 自庶人以下는 明而動하고 晦而休하여 無自以怠⑪라 王后는 親織(元)〔玄〕172)紞(담)하고 公侯之夫人은 加之以紘綖(굉연)하고 卿之內子는 爲大帶하고 命婦는 成祭服하고 (則)〔列〕173)士之妻⑫는 加之以朝服하고 自庶士以下는 皆衣其夫하나니라 社而賦事하고 烝而獻功하여 男女效績하되 (否)〔愆〕174)則有辟(벽)은 古之制也라 君子勞心하고 小人勞力은 先王之訓也라 自上以下가 誰敢淫心舍力가 今我는 寡也요 爾는 又在下位하니 朝夕處事하여도 猶恐忘先人之業이온 況有怠惰면 其何以〔避〕175)辟(벽)⑬이리오 吾冀汝朝夕修我曰 必無廢先人이어늘 爾今也曰 胡不自安가하니 以是承君之官이면 余懼穆伯之絶嗣也하노라하다

① (組織)〔祖識〕地德：≪國語≫에 '組織'이 '祖習'으로 되어 있으니, 古字는 상호 차용하였다. 이는 아마 '祖識'이 되어야 하는데 字形이 서로 연관됨으로 인하여 마침내 '組織'으로 잘못된 듯하다.
國語, 組織作祖習, 古字通借. 此蓋作祖識, 因字形相涉, 遂誤作組織.

② 【校注】日中考政：'政'은 ≪初學記≫ 〈禮部 上〉에 '正'으로 되어 있다.
初學記禮部上作正.

③ 【校注】使師尹維旅牧：≪국어≫에 '使'자는 衍文이고, '牧' 아래에 '相'자가 있으니, 마땅히 이에 의거하여 6자를 정정하여야 한다.
國語使字衍, 牧下有相字, 當據之訂正六字.

④ 宣(敬)〔敍〕民事：≪국어≫에 '敬'이 '序'로 되어 있으니, '序'는 '敍'와 같고, '敍'와 '敬'은 또한 字形이 비슷해서 생긴 誤字이다. ≪초학기≫의 이 구절을 인용한 곳에는 '한낮에 살펴 바로잡아 백성의 일을 두루 차례 있게 다스린다.〔日中考正敍人事〕'로 되어 있으니, '敬'자가 오류임을 알 수 있다.

---

170) 〔職〕：저본에는 '職'이 없으나, 王照圓의 注에 의거하여 보충하였다.

171) (隷)〔肄〕：저본에는 '隷'로 되어 있으나, 王照圓의 注에 의거하여 '肄'로 바로잡았다.

172) (元)〔玄〕：저본에는 '元'으로 되어 있으나, ≪국어≫ 권5 〈魯語 下〉와 ≪列女傳校注≫와 ≪列女傳集注≫에 의거하여 '玄'으로 바로잡았다.

173) (則)〔列〕：저본에는 '則'으로 되어 있으나, 王照圓의 注에 의거하여 '列'로 바로잡았다.

174) (否)〔愆〕：저본에는 '否'로 되어 있으나, ≪國語≫ 권5 〈魯語 下〉에 의거하여 '愆'으로 바로잡았다.

175) 〔避〕：저본에는 '避'가 없으나, 王照圓의 注에 의거하여 보충하였다.

國語敬作序, 序與敍同, 敍敬亦字形之誤. 初學記引作日中考正敍人事, 可知敬字誤矣.

⑤ 少采夕月 : ≪초학기≫에 曹大家의 注를 인용하여 말하기를 "少采는 채색을 줄이는 것이다. 秋分에 저녁달에 제사하여 陰氣를 맞이하였다."[176]라고 하였다. 지금 상고해보건대, 曹大家의 注에 '降' 아래에 빠진 글이 있는 듯하다.

初學記引曹大家注曰 "少采, 降之采也. 以秋分祀夕月, 以迎陰氣也." 今案曹注, 降下疑有脫文.

⑥ 【校注】 朝修天子之業令 : 〈'令'은〉 ≪국어≫에 '命'으로 되어 있다.

國語作命.

⑦ 晝考其國〔職〕: ≪국어≫에는 '國' 아래에 '職'자가 있는데, 여기에는 빠졌다.

國語國下有職字, 此脫.

⑧ 【集注】 夜庀其家事 : 庀는 갖춤이며, 다스림이다.

庀, 具也, 治也.

⑨ 晝而講(隸)〔肄〕: '隸'는 마땅히 '肄'가 되어야 하니, '肄'는 익힘이다. ≪국어≫에 '貫'으로 되어 있으니, '貫' 또한 익힘이다.

隸當作肄, 肄, 習也. 國語作貫, 貫亦習也.

⑩ 夜而討過無憾 : '討'는 ≪국어≫에 '計'로 되어 있으나 '討'로 된 것이 옳다. ≪春秋左氏傳≫에 "날로 國民을 다스리고 날로 軍實을 다스린다."[177]라고 한 것이 바로 그 뜻이다.

討, 國語作計, 然作討者是也. 左傳"日討國人, 日討軍實", 是其義.

⑪ 無自以怠 : '自'는 ≪국어≫에 '日'로 되어 있으나,[178] '自'가 되어도 또한 통한다.

自, 國語作日, 然作自亦通.

⑫ (則)〔列〕士之妻 : '則'은 마땅히 '列'이 되어야 하니, 列士는 上士이다.

---

176) 秋分에……맞이하였다 : 옛날에 天子가 春分에는 東門 밖에 나가서 해〔日〕에 拜禮를 하고, 秋分에는 西郊에 나가서 달〔月〕에 拜禮를 하였던 데서 온 말이다.(≪周禮≫ 〈天官 春官〉, ≪國語≫ 〈魯語 下〉)

177) 날로……다스린다 : ≪春秋左氏傳≫ 宣公 12년 조에 欒武子가 말하기를 "楚나라는 庸國과의 戰爭에 勝利한 뒤로 그 임금은 國民을 다스리고 敎訓하며 '백성의 生計는 쉽지 않고 禍가 닥치는 것은 定해진 날이 없으니, 警戒를 게을리해서는 안 된다.'고 말하지 않은 날이 하루도 없었으며, 軍中에서는 軍實을 다스리고 거듭 경계하며 '勝利는 보장할 수 없는 것이다. 商紂는 百戰百勝하였으되 끝내 無後하였다.'고 말하지 않은 날이 하루도 없었다.〔楚自克庸以來 其君無日不討國人而訓之于民生之不易 禍至之無日 戒懼之不可以怠 在軍 無日不討軍實而申儆之于勝之不可保 紂之百克而卒無後〕"라고 하였다.

178) 국어에……있으나 : ≪國語≫에 의거하여 번역하면 '어느 날이건 나태함이 없게 한다.'는 뜻이 된다.

則, 當作列, 列士, 上士也.

⑬ 其何以〔避〕辟 : ≪국어≫에는 '辟' 위에 '避'자가 있는데, 여기에는 빠졌다.
國語, 辟上有避字, 此脫.

仲尼가 그 말을 듣고 말하기를 "제자들아! 기억하라. 季氏의 부인[179]이 방종하게 지내지 않았음을."이라고 하였다. ≪시경≫에 말하기를 "부인은 公事가 없거늘, 누에 치고 베 짜는 것을 쉬도다."[180]라고 하였다. 이는 부인은 베 짜는 것을 公事로 삼으니 쉬는 것이 禮가 아님을 말한 것이다.

仲尼聞之曰 弟子아 記之하라 季氏之婦가 不淫矣로다하니라 詩曰 婦無公事어늘 休其蠶織이라하니 言婦人以織績爲公事者也니 休之非禮也라

文伯이 南宮敬叔[181]을 청하여 술을 마실 적에 露堵父[182]라는 사람을 上客으로 모셨다. 자라 고기를 내놓았는데 작으니, 노도보가 성을 내었다. 빈객들이 서로 권하며 자라를 먹을 적에 노도보가 사양하여 말하기를 "장차 자라가 자라게 한 뒤에 먹겠소."라고 하고는 드디어 나가 버렸다. 敬姜이 이를 듣고는 노하여 말하기를 "내가 先子[183]께 듣건대 '제사에는 尸童을 봉양하며, 宴享에는 上賓을 봉양해야 한다.'라고 했는데, 자라가 사람에게 무에 그리 얻기 어려운 물건이라고 그 사람을 성내게 하였느냐."라고 하고는 드디어 문백을 쫓아냈다. 5일이 지나 魯나라 大夫가 청하여 문백을 집으로 돌아오게 하였다.

文伯이 飮南宮敬叔酒할새 以露堵父(보)爲客①이러니 羞鼈焉에 小하니 堵父怒라 相延食鼈할새 堵父辭曰 將使鼈長而食之하리라하고 遂出하다 敬姜聞之하고 怒曰 吾聞之先子曰 祭養尸하며 饗養上賓이라하니 鼈於人何有②완대 而使夫人怒아하고 遂逐文伯하다 五日에 魯大夫辭而復(복)之③하다

①【校注】以露堵父爲客 : '堵'는 ≪國語≫에 '睹'로 되어 있다. 宋庠이 이르기를 "혹 目 변을

179) 季氏의 부인 : 公父氏는 季氏의 分家이므로, 公父文伯의 어머니를 季氏之婦라고 한 것이다.
180) 부인은……쉬도다 : ≪詩經≫ 〈大雅 瞻卬〉에 보인다.
181) 南宮敬叔 : 魯나라의 大夫로, 孟僖子의 아들이며, 孟懿子의 동생이다.
182) 露堵父 : 魯나라의 大夫이다.
183) 先子 : 敬姜의 시아버지인 季悼子를 가리킨다. 公父穆伯의 아버지이며, 文伯의 조부이며, 季康子의 증조부이다.

따르기도 한다."라고 하였다.
堵, 國語作睹. 宋庠云 "或從目."

② 【集注】 鼈於人何有 : 梁端이 이르기를 "≪국어≫에는 '人'자가 없다."라고 하였다. 牟房이 이르기를 "얻기 어려운 물건이 아니니 아낄 것이 없음을 말한다."라고 하였다.
梁云 "國語無人字." 牟云 "言非難得之物, 不足吝惜也."

③ 魯大夫辭而復之 : ≪국어≫에는 '大夫'가 '夫人'으로 되어 있다.[184)]
國語大夫作夫人.

군자가 이르기를 "敬姜은 작은 일에도 신중하였다."라고 하였다. ≪詩經≫에 말하기를 "내 맛있는 술이 있으니 아름다운 손님 잔치에 참여하여 노시도다."[185)]라고 하였으니, 빈객을 존중함을 말한 것이다.

君子謂敬姜爲愼微라하니라 詩曰 我有旨酒하니 嘉賓式讌(연)以樂이로다하니 言尊賓也라

文伯이 죽자, 敬姜이 문백의 妾들에게 경계하여 말하였다. "내가 들으니 '女色을 좋아하다 죽으면 여인이 따라 죽고, 어진 이를 좋아하다 죽으면 선비가 따라 죽는다.'라고 하였다. 지금 내 아들이 일찍 죽음에 나는 내 아들이 여색을 좋아했다는 말을 듣고 싶지 않다. 너희 몇몇 첩들이 조상 제사에 아들을 함께 모셔 제사를 올릴 때 파리한 기색을 보이지 말며, 눈물을 뿌리지 말며, 가슴을 치지 말며, 근심하는 용모를 짓지 말며, 상복을 한 등급 낮출지언정 한 등급 올리지 말고, 禮法에 따라 조용히 하거라. 그렇게 하면 이것이 바로 내 아들을 빛내는 것이다."

文伯卒이어늘 敬姜戒其妾曰 吾聞之[186)]호니 好內면 女死之하고 好外면 士死之라하니 今吾子夭死에 吾惡(오)其以好內聞也①라 二三婦之辱共(祀)[187)]先祀者②에 請毋瘠色하며 毋揮涕하며 毋(陷)〔掐(도)〕[188)]膺③하며 毋憂容하며 有降服이언정 毋加服하고 從禮而靜이면 是昭吾子라하다

① 【集注】 吾聞之……吾惡其以好內聞也 : ≪春秋左氏傳≫에 "齊侯는 女色을 좋아하여 寵愛

184) 국어에는……있다 : 王照圓의 ≪國語≫에는 '夫人'으로 되어 있다고 하였으나, ≪국어≫ 권5 〈魯語 下〉에도 저본과 마찬가지로 '魯大夫辭而復之'로 되어 있다.

185) 내……노시도다 : ≪詩經≫ 〈小雅 鹿鳴〉에는 "我有旨酒 嘉賓式燕以敖"로 되어 있다.

186) 之 : ≪烈女傳集注≫에는 '之'자가 없다.

187) (祀) : 저본에는 '祀'가 있으나, 王照圓의 注에 의거하여 衍文으로 처리하였다.

188) (陷)〔掐〕 : 저본에는 '陷'으로 되어 있으나, 王照圓의 注에 의거하여 '掐'로 바로잡았다.

하는 여자가 많았다."라고 하였다. ≪新序≫[189]에 "〈공보문백이 노나라에서 벼슬하다가 병으로 죽자〉 방 안에서 자살한 여자가 2명이었는데, 그 어머니가 이를 듣고 기꺼이 곡하려 하지 않았다."라고 하였다.
左傳 "齊侯好內, 多內寵." 新序 "女子爲自殺於房中者二人, 其母聞之, 不肯哭也."

② 二三婦之辱共(祀)先祀者 : '先' 위의 '祀'자는 衍文이다.
先上祀字衍.

③ 無(陷)〔掐〕膺 : ≪國語≫에 '陷'은 '掐'로 되어 있는데, 注에 이르기를 "'掐'는 두드린다는 뜻이다."라고 하였다.
國語陷作掐, 注云 "掐, 叩也."

仲尼가 그 말을 듣고 말하기를 "처녀의 지혜는 부인만 못하고 총각의 지혜는 장부만 못하니, 公父氏의 부인은 지혜롭구나! 그 아들의 아름다운 德을 밝히려고 하였도다."라고 하였다. ≪詩經≫에 말하기를 "군자가 善을 두어 자손에게 물려준다."[190]라고 하였으니, 이를 두고 이른 말이다.

仲尼聞之曰 女知莫如婦요 男知莫如夫라하니 公父(보)氏之婦知矣로다 欲明其子之令德이로다 詩曰 君子有穀하여 貽厥孫子①라하니 此之謂也라

① 【校注】 貽厥孫子 : ≪毛詩≫에는 '厥'자가 없다. 釋文本에 혹 '詒厥孫子'로 되어 있기도 하다.
毛詩無厥字, 釋文本或作詒(이)厥孫子.

敬姜이 喪을 당함에 아침에 남편인 穆伯을 위해 곡하고 저녁에 아들인 文伯을 위해 곡하였다. 仲尼가 이를 듣고 말하기를 "季氏의 부인은 禮를 안다고 말할 수 있겠다. 사랑하면서도 사사로운 감정이 없어서 위아래로 法度가 있었도다."[191]라고 하였다.

敬姜之處喪也에 朝哭穆伯①하고 暮哭文伯하니 仲尼聞之曰 季氏之婦는 可謂知禮矣로다 愛而無私하여 上下有章이라하니라

---

189) 新序 : 漢나라 劉向이 지은, 春秋時代에서 漢初에 이르는 인물의 전기와 일화를 분류하여 수록한 책이다. 10권으로 이루어져 있다.

190) 군자가……물려준다 : ≪詩經≫ 〈魯頌 有駜〉에 보인다.

191) 위아래로……있었도다 : 禮에 과부는 죽은 남편을 위해 밤에 곡하지 않는다고 하였다. 남편은 아침에 아들은 저녁에 곡하였으므로 이른 말이다.

① 【集注】 朝哭穆伯 : ≪禮記≫ 〈坊記〉에 "寡婦는 밤에 곡하지 않는다."라고 하였다.
禮坊記寡婦不夜哭.

敬姜이 일찍이 季氏의 집에 갔더니 季康子가 外朝에 있다가 〈경강에게〉 말을 걸었으나 응하지 않았다. 계강자가 경강을 따라 寢門까지 이르렀으나 응하지 않고 들어갔다. 계강자가 外朝에서 물러나와 들어와 〈경강을〉 뵙고 말하기를 "肥[192]가 말씀을 듣지 못했으니, 저에게 잘못이 있어서 그런 것이 아닙니까?"라고 하니, 경강이 대답하기를 "너는 듣지 못했느냐? 천자 및 제후는 백성의 일을 外朝에서 살피고 제사를 內朝에서 살피며, 卿・大夫로부터 이하는 관청의 일을 外朝에서 살피고 집안일을 內朝에서 살핀다. 寢門의 안에서는 부인이 그 직임을 다스리니, 이는 지위가 높든 낮든 모두 같다. 外朝는 네가 임금이 부여한 관청의 직임을 수행하는 곳이고, 內朝는 네가 季氏 집안의 정무를 다스리는 곳이니, 모두 내가 감히 말할 곳이 아니다."라고 하였다.

敬姜嘗如季氏러니 康子在朝라가 與之言이어늘 不應하니 從之及寢門하되 不應而入하다 康子辭於朝而入見曰 肥也不得聞命하니 毋乃罪邪(야)아 敬姜對曰子不聞[193]邪아 天子及諸侯는 合民事於(內)〔外〕[194]朝①하고 〔合神事於內朝하며〕[195] 自卿大夫以下는 合官職於外朝하고 合家事於內朝라 寢門之內에 婦人治其職焉하니 上下同之라 夫外朝는 子將業君之官職焉이요 內朝는 子將庀(비)季氏之政焉이니 皆非吾所敢言也로다

① 合民事於(內)〔外〕朝 〔合神事於內朝〕 : ≪國語≫에는 '백성의 일을 外朝에서 살피고 제사를 內朝에서 살핀다.'로 되어 있는데, 여기에는 빠졌다.
國語作合民事於外朝, 合神事於內朝, 此脫.

季康子가 일찍이 〈敬姜에게〉 왔는데 경강이 寢門을 열고서 함께 이야기하면서 모두 문지방을 넘지 않았다. 경강이 시아버지인 季悼子를 제사 지낼 적에 계강자가 참여하였는데, 〈계강자가 경강에게〉 잔을 돌리자 직접 받지 않고, 撤床할 때에 계강자

192) 肥 : 季康子의 이름이다.

193) 聞 : ≪列女傳集注≫에는 '見'으로 되어 있다. ≪國語≫ 〈魯語 下〉

194) (內)〔外〕 : 저본에는 '內'로 되어 있으나, ≪국어≫ 〈노어 하〉에 의거하여 '外'로 바로잡았다.

195) 〔合神事於內朝〕 : 저본에는 '合神事於內朝'가 없으나, ≪국어≫ 〈노어 하〉에 의거하여 보충하였다.

와 讌飮하지 않았으며, 宗臣이 갖추어지지 않으면 繹祭[196]에 참여하지 않고, 繹祭를 마친 뒤의 讌飮에서도 술잔을 다 비우지 않고 물러났다.

康子嘗至어늘 敬姜闖(위)門而與之言하고 皆不踰閾(역)①하다 祭悼子에 康子與焉이어늘 酢(작)不受하고 徹俎不讌(연)하며 宗不具不繹(역)하고 繹不盡(飮)〔飫(어)〕[197]則退②하다

① 敬姜闖門而與之言 皆不踰閾 : '闖'은 엶이다. '門'은 寢門이다. '踰'는 넘음이다. '閾'은 문지방이다.
闖, 闢也. 門, 寢門也. 踰, 過也. 閾, 門限也.

② 繹不盡(飮)〔飫〕則退 : '繹'은 尸를 賓으로 대우하는 제사이다. ≪國語≫에는 '飮'이 '飫'로 되어 있으니, '飫'는 燕飮이다. 燕飮에서도 술잔을 다 비우지 않는 것은 술에 취하고 배불리 먹어서 威儀를 잃을까 두려워한 것이다.
繹, 賓尸之祭也. 國語飮作飫, 飫, 燕飮也. 不盡飫, 恐醉飽失儀.

仲尼가 이르기를 "敬姜은 남녀 사이에 지켜야 할 예를 잘 구별하였다."라고 하였다. ≪詩經≫에 말하기를 "여자가 잘못한 것이 아니다."[198]라고 하였으니, 이를 두고 이른 말이다.

仲尼謂敬姜別於男女之禮矣라하니라 詩曰 女也不爽이라하니 此之謂也라

頌은 다음과 같다.

文伯의 어머니는
敬姜이라 불리었네
통달하고 禮를 알며
德行이 빛나고 밝았도다

---

196) 繹祭 : 제사 지내는 의식의 하나로, 正祭를 지낸 다음 날 이어서 지내는 제사이다.

197) (飮)〔飫〕 : 저본에는 '飮'으로 되어 있으나, ≪국어≫ 〈노어 하〉에 의거하여 '飫'로 바로잡았다.

198) 여자가……아니다 : ≪詩經≫ 〈衛風 氓〉에 "뽕잎이 떨어지니, 누렇게 되어 떨어지도다. 내 그대의 집에 시집간 뒤로, 삼년 동안 가난하게 살았노라. 淇水가 넘실넘실 흐르니, 수레의 휘장을 적시도다. 여자가 잘못한 것이 아니라, 남자가 행실을 이랬다저랬다 해서이니라. 남자가 極이 없으니, 그 마음을 이랬다저랬다 하도다.〔桑之落矣 其黃而隕 自我徂爾 三歲食貧 淇水湯湯 漸車帷裳 女也不爽 士貳其行 士也罔極 二三其德〕"라고 하였다.

자식의 허물을 바로잡아
예법과 도리로 가르쳤도다
仲尼가 현명하게 여겨
慈母의 반열에 세웠도다

頌曰 文伯之母는 號曰敬姜이라 通達知禮하고 德行光明이라 匡子過失하여 教以法理라 仲尼賢焉하여 列爲慈母로다

1-10 楚나라 子發의 어머니 楚子發母

楚나라 장수 子發의 어머니이다. 자발이 秦나라를 공격하던 중에 軍糧이 떨어져서 사람을 보내 왕에게 청하게 하고, 돌아오는 길에 자신의 어머니에게 안부를 여쭙게 하였다. 자발의 어머니가 심부름꾼에게 묻기를 "士卒들은 탈이 없는가?"라고 하니, 심부름꾼이 대답하기를 "사졸들은 콩을 섞은 거친 밥을 함께 나누어 먹고 있습니다."라고 하였다. 〈자발의 어머니가〉 또 묻기를 "장군은 탈이 없는가?"라고 하니, 심부름꾼이 대답하기를 "장군은 아침저녁으로 膏粱珍味를 드시며 지내고 계십니다."라고 하였다.

楚將子發之母也①②라 子發攻秦絶糧③하여 使人請於王하고 因歸問其母라 母問使者曰 士卒得無恙乎④아 對曰 士卒幷分菽粒而食之⑤라 又問 將軍得無恙乎아 對曰 將軍朝夕芻豢(환)黍粱이라

① 楚將子發之母也：子發의 이름은 舍이고, 그 姓은 알지 못한다. ≪荀子≫ 및 ≪戰國策≫과 ≪藝文類聚≫의 이 구절을 인용한 곳에는 '子反'으로 되어 있는 것이 보이니, 오류이다.
子發名舍, 不知其姓, 見荀子及國策・藝文類聚引作子反, 誤矣.

② 【集注】 楚將子發之母也：梁端이 이르기를 "이는 題名으로부터 읽어 내려가기 때문에 '子發母者'라는 4자를 다시 거론하지 않은 것이다. 古書는 簡易하면서 법도가 있는데 今本은 어긋나서 한결같지 않으니, 대개 후인이 마구 뒤섞어 고쳤기 때문이다. 子發은 이름은 舍이니, ≪순자≫ 〈彊國篇〉의 楊倞[199]의 注에 '楚나라 令尹으로 그 성은 모른다.'고 한 내용과 ≪淮南子≫ 〈道應訓〉의 注에 '子發은 楚 宣王 때의 장수이다.'라고 한

199) 楊倞：唐나라 사람으로, 저서에 ≪荀子注≫가 있다.

내용이 보인다."라고 하였다. 王照圓이 이르기를 "≪순자≫ 및 ≪전국책≫과 ≪예문유취≫의 이 구절을 인용한 곳에는 '子反'으로 되어 있는 것이 보이니, 잘못된 것이다."라고 하였다. 내(蕭道管)가 상고해보건대, ≪회남자≫에 '子發이 威王에게 죄를 지어 出奔하였다.〔子發盤罪威王而出奔〕'고 한 데 대한 注에 '盤은 죄를 짓는다는 뜻이다.'라고 하였다.

梁云 "此從標目讀下, 故不複擧子發母者四字. 古書簡而有法, 今本參差不一, 蓋後人所羼(찬)改. 子發名舍, 見荀子彊國篇楊倞注, 楚令尹, 未知其姓, 淮南道應訓注, 子發楚宣王之將." 王云 "見荀子及國策·類聚引作子反, 誤矣." 道管案淮南子子發盤罪威王而出奔注, 盤, 辟(벽)也.

③【校注】子發攻秦絶糧 : ≪예문유취≫와 ≪太平御覽≫에는 '秦' 아래에 '軍'자가 있고 뒤의 '破秦' 아래에도 같으며, 余知古[200]의 ≪渚宮舊事≫에는 이 句에는 '軍'자가 있고 아래 句에는 없다.

藝文類聚·太平御覽, 秦下有軍字, 後破秦同, 余知古渚宮舊事, 此句有軍字, 下句無.

④【校注】士卒得無恙乎 : ≪예문유취≫와 ≪태평어람≫에는 '得'자가 없고 아래도 같다.

藝文類聚·太平御覽, 無得字, 下同.

⑤【校注】士卒幷分菽粒而食之 : 仁和 孫氏 志祖[201]가 말하기를 "'幷'은 아마 '半'의 오자인 듯하고, ≪저궁구사≫에 '升'으로 되어 있는 것도 잘못이다. ≪예문유취≫와 ≪태평어람≫에는 '幷'자가 없고, 아래도 같다."라고 하였다.

人和孫氏志祖曰 "幷疑半之譌(와), 渚宮舊事, 作升亦非. 藝文類太平御覽聚無幷字, 下同."

子發이 秦나라를 격파하고 돌아오자, 그 어머니는 문을 닫고 자발을 집안에 들이지 않았다. 그리고 사람을 시켜 자발을 꾸짖기를 "너는 越王 句踐이 吳나라를 칠 때의 일을 듣지 못하였느냐? 어떤 客이 진한 술 한 단지를 바치자, 월왕은 사람을 시켜 강의 상류에 술을 붓게 하고 士卒들에게 하류에서 마시게 하였다. 술맛이 입에 느껴지지 않았지만 사졸들이 다섯 배의 힘을 내어 싸웠다. 다른 날 어떤 사람이 한 자루의 乾糧을 바치자, 월왕이 또 군사들에게 주어 나누어 먹게 하였다. 단맛이 목구멍에 넘어갈 것도 없는 양이었지만 군사들은 열 배의 힘을 내어 싸웠다. 지금 너

200) 余知古 : 唐 文宗때 사람으로, 段成式 溫庭筠 등과 함께 倡和하였는데 그 시를 모아 ≪漢上題襟集≫을 만들었다. 관직은 將仕郎 守太子校書를 역임하였다. 저서에 古代 荊州 楚나라의 기록을 수집한 ≪渚宮舊事≫가 있다.

201) 孫氏 志祖 : 淸나라 학자로, 자는 貽穀, 호는 約齋이다. 浙江 仁和 사람으로, 저서에 ≪家語疏證≫, ≪文選考異≫ 등이 있다.

는 장수가 되어 사졸들은 콩을 섞은 거친 밥을 함께 나누어 먹고 있는데 너만 홀로 아침저녁으로 고량진미를 먹으며 지낸 것은 어찌된 일이냐? ≪詩經≫에 '즐거움을 좋아하되 너무 지나침에 없게 함이, 良士가 돌아보고 돌아보는 바이니라.'[202]라고 하지 않았느냐. 이는 사람들과 화합을 잃지 않아야 함을 말한 것이다. 대저 사람을 死地에 몰아넣고 스스로 그 위에서 평안히 즐겼으니, 비록 전쟁에서 승리를 거두었으나 병사를 통솔하는 방법은 아니었다. 너는 내 자식이 아니니, 내 집안에 들어오지 말라."라고 하였다. 자발이 이에 그 어머니께 사죄하니, 그런 뒤에 자발을 집안에 들여 놓았다.

子發破秦而歸에 其母閉門而不內(납)하고 使人數之曰 子不聞越王句踐之伐吳〔邪(야)〕[203]아 客有獻醇酒一器〔者〕①[204]어늘 王使人(往)〔注〕[205]江之上流②하고 使士卒飮其下流하니 味不(及)[206]加(美)〔喙(훼)〕③[207]로되 而士卒戰自五〔倍〕[208]也④라 異日에 有獻一囊糗糒(구비)者⑤어늘 王又以賜軍士⑥하여 分而食之하니 甘不踰嗌(익)⑦하되 而戰自十〔倍〕[209]也⑧라 今子爲將하여 士卒幷分菽粒而食之어늘 子獨朝夕芻豢(환)黍粱은 何也오 詩不云乎아 好樂無荒이 良士休休라하니 言不失和也라 夫使人入於死地하고 而自康樂於其上⑨하니 雖有以得勝이나 非其術也⑩라 子非吾子也니 無入吾門하라 子發於是謝其母하니 然後內(납)之라

① 子不聞越王句踐之伐吳〔邪〕 客有獻醇酒一器〔者〕: ≪藝文類聚≫의 이 구절을 인용한 곳에는 '吳' 아래에 '邪'자가 있고, '器' 아래에 '者'자가 있는데, 여기에는 빠졌다.
類聚引吳下有邪字, 器下有者字, 此脫.

② 王使人(往)〔注〕江之上流 : ≪예문유취≫의 이 구절을 인용한 곳에는 '往'이 '注'로 되어

---

202) 즐거움을……바이니라 : ≪詩經≫ 〈唐風 蟋蟀〉에 "귀뚜라미가 堂에 있으니, 이 해가 드디어 저물었도다. 지금 우리가 즐거워하지 않으면, 세월이 가버리리라. 그러나 너무 편안하지 않겠는가, 직분에 맡은 것을 생각하여, 즐거움을 좋아하되 너무 지나침이 없게 함이, 良士가 돌아보고 돌아보는 바이니라.〔蟋蟀在堂 歲聿其莫 今我不樂 日月其除 無已大康 職思其居 好樂無荒 良士瞿瞿〕"라고 하였다.

203) 〔邪〕: 저본에는 '邪'가 없으나, 王照圓의 注에 의거하여 보충하였다.

204) 〔者〕: 저본에는 '者'가 없으나, 王照圓의 注에 의거하여 보충하였다.

205) (往)〔注〕: 저본에는 '往'으로 되어 있으나, 王照圓의 注에 의거하여 '注'로 바로잡았다.

206) (及) : 저본에는 '及'이 있으나, 王照圓의 注에 의거하여 衍文으로 처리하였다.

207) (美)〔喙〕: 저본에는 '美'로 되어 있으나, 王照圓의 注에 의거하여 '喙'로 바로잡았다.

208) 〔倍〕: 저본에는 '倍'가 없으나, ≪列女傳集注≫에 의거하여 보충하였다.

209) 〔倍〕: 저본에는 '倍'가 없으나, ≪列女傳集注≫에 의거하여 보충하였다.

있으니, 이곳의 '往'은 오자이다.

類聚引往作注, 此誤.

③ 味不(及)加(美)〔喙〕: '及'자는 衍字이다. ≪예문유취≫의 이 구절을 인용한 곳에는 '美'가 '喙'로 되어 있으니, 이곳의 '美'는 오자이다.

及字衍也. 類聚引美作喙, 此誤.

④ 【集注】 士卒戰自五〔倍〕也: 梁端이 이르기를 "≪渚宮舊事≫에는 '五' 아래에 '倍'자가 있다."라고 하였다. 내(蕭道管)가 상고해보건대, ≪文選≫의 〈七命〉에 대한 注의 〈黃石公記〉에 말하기를 "옛날에 훌륭한 장군이 군대를 운용할 적에, 한 대그릇의 술을 선물한 자가 있었는데, 이것을 강물에 던지고 병사들로 하여금 흐르는 물을 맞이하여 마시게 하였다. 한 대그릇의 술이 강물을 맛있게 하지는 못하였으나, 三軍의 병사들이 死力을 다할 것을 생각했던 것은 滋味가 자신에게 미쳤기 때문이다."라고 하였다.

梁云 "渚宮舊事, 五下有倍字." 道管案文選七命注, 黃石公記曰 "昔良將之用兵也, 人有饋一簞之醪(료), 投河, 令衆迎流而飮之. 夫一簞之醪, 不味一河, 而三軍思爲致死者, 以滋味及之也."

⑤ 有獻一囊糗糒者: 糗糒는 乾糧이다.

糗糒, 乾餱也.

⑥ 【校注】 王又以賜軍士: ≪저궁구사≫에는 '軍士' 2자가 중복되어 있다.

渚宮舊事, 重軍士二字.

⑦ 甘不踰嗌: 嗌는 목구멍이다.

嗌, 咽也.

⑧ 【校注】 而戰自十〔倍〕也: ≪저궁구사≫와 ≪太平御覽≫ 〈飮食部 18〉에는 '十' 아래에 '倍'자가 있다.

渚宮舊事·太平御覽飮食部十八, 十下有倍字.

⑨ 夫使人入於死地 而自康樂於其上: ≪문선≫ 注의 이 구절을 인용한 곳에는 '康樂於上'으로 되어 있고, '自', '其' 2자는 없다. 또 曹大家의 注를 인용하여 말하기를 "군대의 일은 위험하기 때문에 死地라고 한 것이다."라고 하였다.

文選注引作康樂於上, 無自其二字. 又引曹大家注曰 "軍事危險, 故爲死地也."

⑩ 【校注】 非其術也: '術'은 ≪저궁구사≫에 '道'로 되어 있다.

術, 渚宮舊事作道.

군자가 이르기를 "子發의 어머니가 가르침을 잘하였다."라고 하였다. ≪시경≫에 이르기를 "네 아들을 잘 가르쳐서, 善을 써서 너와 똑같게 하라."[210]라고 하였으니,

楚子發母

이를 두고 이른 말이다.

君子謂子發母能以教誨라하니라 詩云 教誨爾子하여 式穀似之라하니 此之謂也라

頌은 다음과 같다.

子發의 어머니는
자식의 교만함을 꾸짖었도다
장군은 고량진미를 먹고
사졸들은 콩과 거친 밥을 먹었으니
禮가 없고서는
사람의 힘을 얻을 수 없음을 책망하였도다

---

210) 네……하라 : ≪詩經≫ 〈小雅 小宛〉에 보인다.

君子가 이를 아름답게 여겨
德 있는 어머니 편에 실었도다

頌曰 子發之母는 刺子驕泰로다 將軍稻粱하고 士卒菽(粒)〔糲(려)〕①[211]하니 責以無禮하여 不得人力이로다 君子嘉焉하여 編於母德이로다

① 士卒菽(粒)〔糲〕: '粒'과 '泰'는 운이 맞지 않으니, 아마도 '菽粒'이 '蔬糲'가 되어야 할 듯하다.
粒・泰非韻, 疑菽粒當作蔬糲.

1-11 鄒나라 孟軻의 어머니 鄒孟軻母

孟軻(孟子)의 어머니는 鄒나라 孟軻의 어머니이니, 孟母라고 불리었다. 그 집이 무덤과 가까웠는데, 맹자가 어려서 놀 때에 무덤 사이의 일을 하여 슬퍼하며 발을 구르며 무덤을 쌓고 埋葬하는 것을 흉내 내었다. 맹자의 어머니가 말하기를 "이곳은 내가 자식을 살게 할 곳이 아니다."라고 하고, 곧 떠나 시장 근처에 집을 정하였다. 그랬더니 그가 놀 때에 상인들이 물건을 파는 시늉을 하였다. 맹자의 어머니가 또 말하기를 "이곳은 내가 자식을 살게 할 곳이 아니다."라고 하고, 다시 이사하여 學宮 근처에 집을 정하였다. 그랬더니 그가 놀 때에 곧 祭器를 진설하고서 揖하고 사양하며 나아가고 물러가는 모습을 흉내 내었다. 맹자의 어머니가 말하기를 "이곳은 참으로 자식을 살게 할 만한 곳이다."라고 하고, 마침내 이곳에 자리를 잡고 살았다. 맹자가 장성하기에 이르러 六藝를 배워 마침내 大儒의 명성을 이루었다.

〔孟軻母者는〕[212] 鄒孟軻之母也니 號〔曰〕[213]孟母①라 其舍近墓러니 孟子之少也에 嬉遊에 爲墓間之事②하여 踴躍築埋어늘 孟母曰 此는 非吾所以居(處子)〔子處〕③[214]〔也〕[215]라하고 乃去舍市傍하니 其嬉戲에 爲賈人衒賣之事어늘 孟母又曰 此는 非吾所以居(處子)〔子處〕也라하고 復徙

211) (粒)〔糲〕: 저본에는 '粒'으로 되어 있으나, 王照圓의 注에 의거하여 '糲'로 바로잡았다.
212) 〔孟軻母者〕: 저본에는 '孟軻母者'가 없으나, 王照圓의 注에 의거하여 보충하였다.
213) 〔曰〕: 저본에는 '曰'이 없으나, 王照圓의 注에 의거하여 보충하였다.
214) (處子)〔子處〕: 저본에는 '處子'로 되어 있으나, 王照圓의 注에 의거하여 '子處'로 바로잡았다. 아래도 같다.
215) 〔也〕: 저본에는 '也'가 없으나, 王照圓의 注에 의거하여 보충하였다.

舍學宮之傍하니 其嬉遊에 乃設俎豆하여 揖讓進退어늘 孟母曰 眞可以居吾子矣로다하고 遂居〔之〕④[216]라 及孟子長하여 學六藝⑤하여 卒成大儒之名하니라

① 鄒孟軻之母也 號〔曰〕孟母 : ≪文選≫ 注의 이 구절을 인용한 곳에는 '鄒' 위에 '孟軻母者' 라는 4자가 있고, '號' 아래에 '曰'자가 있는데, 여기서는 모두 빠졌다.
文選注引鄒上有孟軻母者四字, 號下有曰字, 此俱脫之.

② 嬉遊 爲墓間之事 : ≪文選≫ 注의 이 구절을 인용한 곳에는 '遊'가 '戲'로 되어 있다.
文選注引遊作戲.

③ 此非吾所以居(處子)〔子處〕〔也〕 : ≪文選≫ 〈景福殿賦〉 注의 이 구절을 인용한 곳에는 '子' 아래에 '也'자가 있고, 〈閑居賦〉 注의 이 구절을 인용한 곳에는 '居處子'가 '居子處'로 되어 있다.
文選景福殿賦注引子下有也字, 閑居賦注引居處子作居子處.

④【校注】遂居〔之〕: '之'자는 舊本에 빠졌는데, ≪文選≫ 〈閑居賦〉 注의 이 구절을 인용한 곳에 따라 校勘 增補하였다.
之字舊脫, 從文選閑居賦注引校增.

⑤ 及孟子長 學六藝 : 옛날에 六經을 六藝라고 하였다.
古以六經爲六藝.

군자가 이르기를 "孟子의 어머니는 점차적인 방법으로 교화하는 데에 뛰어났다." 라고 하였다. ≪詩經≫에 이르기를 "저 아름다운 그대는 무엇을 주려는고?"[217]라고 하였으니, 이를 두고 이른 말이다.

君子謂孟母善以漸化라하니라 詩云 彼姝(주)者子는 何以予之오하니 此之謂也라

孟子가 어릴 때 배우러 갔다가 중간에 집으로 돌아왔다. 맹자의 어머니가 막 베를 짜고 있다가 묻기를 "학문이 어디까지 이르렀느냐?"라고 하니, 맹자가 대답하기를 "예전과 같습니다."라고 하였다. 맹자의 어머니가 칼로 짜던 베를 잘라 버렸다. 맹자가 두려워하여 그 까닭을 여쭈니, 맹자의 어머니가 다음과 같이 말하였다. "네가 학문을 그만둔 것은 내가 이 베를 자른 것과 같다. 군자는 배워서 이름을 세우고 물어서 지식을 넓히는 법이다. 이런 까닭으로 가만히 있을 때는 편안하고 행동할 때는

216) 〔之〕: 저본에는 '之'가 없으나, ≪列女傳校注≫에 의거하여 보충하였다.
217) 저……주려는고 : ≪詩經≫ 〈鄘風 干旄〉에 보인다.

해로움을 멀리할 수 있다. 지금 학문을 그만둔다면 천한 노예가 됨을 면할 수 없고 재앙과 환란에서 벗어날 수 없으니, 이것이 베를 짜서 먹고 살다가 중도에 그만두고 하지 않는 것과 무엇이 다르겠는가. 어찌 그 남편과 자식에게 옷을 입히고 오래도록 양식이 부족하지 않게 할 수 있겠는가. 여자가 가족을 먹여 살리는 생업을 그만두고 남자가 德을 수양하는 일을 게을리 한다면 도둑이 되지 않는다면 노예가 되고 말 것이다." 맹자가 두려워하여 아침저녁으로 쉬지 않고 부지런히 공부하고, 子思를 스승으로 섬겨 드디어 천하의 名儒가 되었다.

孟子之少也에 既學而歸어늘 孟母方績①이라가 問曰 學〔何〕[218]所至矣②오 孟子曰 自若也③라 孟母以刀斷其織④한대 孟子懼而問其故하니 孟母曰 子之廢學이 若吾斷斯織也라 夫君子學以立名하고 問則廣知라 是以居則安寧하고 動則遠害라 今而廢之면 是不免於廝(시)役하고 而無以離於禍患也니 何以異於織績而食이라가 中道廢而不爲리오 寧能衣其夫子하고 而長不乏糧食哉리오 女則廢其所食(사)하고 男則墮(타)於修德하면 不爲竊盜하면 則爲虜役矣라 孟子懼하여 旦夕勤學不息하고 師事子思⑤⑥하여 遂成天下之名儒하니라

① 【校注】 孟母方績 : 〈績은〉 ≪太平御覽≫ 〈宗親府 1〉과 〈資産府 6〉에 '織'으로 되어 있고, ≪韓詩外傳≫ 권9에도 같다.
太平御覽宗親部一・資産部六作織, 韓詩外傳九同.

② 學〔何〕所至矣 : '所'는 아마 '何'가 되어야 하거나 혹 '所' 위에 '何'자가 빠진 듯하다. ≪태평어람≫의 이 구절을 인용한 곳에 '所' 위에 '何'자가 있으니, 증거할 만하다.
所疑當作何, 或所上脫何字. 太平御覽引所上有何字, 可證.

③ 【校注】 自若也 : ≪태평어람≫의 이 구절을 인용한 곳의 注에 이르기를 "아직 넓히지 못한 것을 말한다."라고 하였다.
太平御覽引注云 "言未能博."

④ 【校注】 孟母以刀斷其織 : 〈織은〉 ≪태평어람≫의 趙岐의 〈孟子題辭〉[219]의 疏引에 '機'로 되어 있는데, 아래의 '斯織'의 '織'도 똑같이 '機'로 되어 있다.
太平御覽趙岐孟子題辭疏引作機, 下斯織同.

⑤ 師事子思 : ≪史記≫에 이르기를 "子思의 문인에게 受業하였다."라고 하였는데, 王

---

218) 〔何〕 : 저본에는 '何'가 없으나, 王照圓의 注에 의거하여 보충하였다.

219) 趙岐의 孟子題辭 : 趙岐는 後漢의 학자로 자는 邠卿이며 獻帝 때 벼슬이 太常에 이르렀다. 당대의 학풍과 달리 ≪論語≫와 ≪孟子≫를 높이 평가하여 ≪孟子章句≫를 지었다. 〈孟子題辭〉는 趙岐가 ≪孟子≫의 注를 낸 대략적인 설명으로, 바로 ≪孟子≫ 注에 대한 序文을 말한다.

劭[220)]가 "'人'자는 衍文이다."라고 하였다.

史記云 "受業子思之門人." 王劭以爲人字衍.

⑥【校注】師事子思 : ≪사기≫에 "子思의 문인에게 受業하였다."라고 하였는데, ≪史記索隱≫에 이르기를 "王劭는 '人을 衍字로 보았다."라고 하였다. ≪風俗通≫[221)] 〈窮通〉에 이르기를 "孟子는 子思에게 수업하였다."라고 하였고, ≪淮南子≫ 〈氾論訓〉의 注에 "孟子는 子思의 문하에서 수업하였다."라고 하였고, 〈孟子題辭〉에 "맹자는 어려서 자애로운 어머니의 三遷의 가르침을 받았고, 자라서는 孔子의 손자 子思를 스승으로 섬겨 儒術의 도를 다스렸다."라고 하였다.

史記"受業子思之門人", 索隱云 "王劭以人爲衍字." 風俗通窮通云 "孟子受業於子思." 淮南氾論訓注 "孟子受業於子思之門." 孟子題辭 "孟子幼被慈母三遷之敎, 長師孔子之孫子思, 治儒術之道."

군자가 이르기를 "孟子의 어머니는 어머니가 되는 도리를 알았다."라고 하였다. ≪詩經≫에 이르기를 "저 아름다운 그대는, 무엇을 말해주려는고?"라고 하였으니,[222)] 이를 두고 이른 말이다.

君子謂孟母知爲人母之道矣라하니라 詩云 彼姝(주)者子는 何以告之오하니 此之謂也라

孟子가 장가를 든 뒤에 장차 私室로 들어가려 할 적에 그 아내가 웃옷을 벗고 방안에 있었다. 맹자가 언짢게 여겨 마침내 돌아서서 들어가지 않았다. 부인이 맹자의 어머니에게 하직하고 친정으로 돌아가기를 청하면서 말하였다. "妾이 듣건대 부부의 도는 私室에서는 구애를 받지 않는다고 하였습니다. 지금 첩이 방안에 있으면서 禮를 갖추지 않았는데, 남편이 첩을 보고 발끈 화를 내며 불쾌하게 여겼으니, 이는 첩을 손님으로 대한 것입니다. 부인의 도리는 손님으로 묵지 않으니 친정 부모님께 돌

---

220) 王劭 : 隋나라 사람으로, 자는 君懋이다. 어려서부터 독서를 좋아하여 박학다식하였고, 길흉의 조짐을 잘 읽어 왕의 총애를 받았다. 오랫동안 著作으로 있으면서 많은 저술을 하였는데, 민간의 가요를 수집하여 圖書讖緯를 인용하고 佛經을 따서 ≪皇隋靈感誌≫ 30권을 편찬하였다.

221) 風俗通 : 漢나라 應劭가 지은 책으로, 세속에서 잘못 알고 전하는 사실을 고증하여 바로잡았다. 〈皇霸〉·〈正失〉·〈愆禮〉·〈過譽〉·〈十反〉·〈聲音〉·〈窮通〉·〈祀典〉·〈怪神〉·〈山澤〉의 10편이 전한다.

222) 시경에……하였으니 : ≪詩經≫ 〈鄘風 干旄〉에 보인다.

鄒孟軻母

아가기를 청합니다." 이에 맹자의 어머니가 맹자를 불러 다음과 같이 일렀다. "무릇 禮에 장차 문에 들어가려 할 때에 누가 있는지 물어보나니, 이는 존경의 뜻을 나타내기 위한 것이요, 장차 마루에 오르려 할 때에 소리를 반드시 크게 내나니, 이는 안에 있는 사람에게 알리기 위한 것이요, 장차 방문에 들어가려 할 때에 시선을 반드시 아래로 내리나니, 이는 방안에 있는 사람의 잘못을 볼까 두려워해서이다.[223] 지금 네가 禮를 살피지 못하고 아내에게 禮를 갖추지 않았다고 책망하였으니, 이 또

223) 장차……두려워해서이다 : ≪禮記≫ 〈曲禮 上〉에 "장차 마루에 오르려 할 때에 소리를 반드시 크게 내며, 방문 밖에 두 켤레의 신이 있거든 말소리가 들리면 들어가고, 말소리가 들리지 않으면 들어가지 않는다. 장차 방문에 들어가려 할 때에 시선을 반드시 아래로 내리며, 방문에 들어갈 때에 빗장을 받들며, 시선을 돌리지 말며, 방문이 열려 있었으면 또한 열어두고, 방문이 닫혀 있었으면 또한 닫되, 뒤에 들어오는 자가 있으면 닫더라도 완전히 닫지 말아야 한다.〔將上堂 聲必揚 戶外有二屨 言聞則入 言不聞則不入 將入戶 視必下 入戶奉扃 視瞻毋回 戶開亦開 戶闔亦闔 有後入者 闔而勿遂〕"라고 하였다.

한 禮와 거리가 멀지 않겠느냐.” 맹자가 부인에게 사과하고 드디어 그 부인을 떠나지 못하게 만류하였다.

孟子旣娶에 將入私室할새 其婦袒(단)而在內①어늘 孟子不悅하여 遂去不入이라 婦辭孟母而求去하여 曰妾聞夫婦之道는 私室不與焉이라하니 今者妾竊墮在室②이러니 而夫子見妾하고 勃然不悅하니 是客妾也라 婦人之義는 蓋不客宿이니 請歸父母라 於是孟母召孟子而謂之曰 夫禮에 將入門할새 問孰存하나니 所以致敬也오 將上堂할새 聲必揚하나니 所以戒人也오 將入戶할새 視必下하나니 恐見人過也라 今子不察於禮하고 而責禮於人③하니 不亦遠乎아 孟子謝하고 遂留其婦④하니라

① 【校注】 其婦袒而在內 : 孟子의 아내는 由氏이니, 王圻의 ≪續文獻通考≫[224]에 보인다.
孟子妻, 由氏, 見王圻(기)續文獻通考.

② 【校注】 今者妾竊墮在室 : ‘墮’는 ≪太平御覽≫ 〈宗親府 7〉에 ‘惰’로 되어 있다.
墮, 太平御覽宗親府七作惰.

③ 【校注】 而責禮於人 : ≪태평어람≫에 ‘而責於妻’로 되어 있다.
太平御覽作而責於妻.

④ 【集注】 遂留其婦 : ≪韓詩外傳≫에는 다음과 같이 되어 있다. 맹자의 아내가 홀로 있을 때인지라 다리를 쭉 뻗고 앉아 있었다. 맹자가 방문으로 들어가다가 이를 보고 그 어머니에게 아뢰기를 “아녀자가 禮가 없으니 청컨대 쫓아내소서.”라고 하였다. 어머니가 말하기를 “무슨 일로 그러는 것이냐?”라고 하니, 맹자가 말하기를 “다리를 뻗고 앉아 있었습니다.”라고 하였다. 어머니가 말하기를 “그것을 어떻게 알았느냐?”라고 하니, 맹자가 말하기를 “제가 직접 보았습니다.”라고 하였다. 어머니가 말하기를 “이는 바로 네가 無禮한 것이지 아내가 무례한 것이 아니다. 禮에 ‘장차 문에 들어가려 할 때에 누가 있는지 묻고, 장차 마루에 오르려 할 때에 소리를 반드시 크게 내고, 장차 방문에 들어가려 할 때에 시선을 반드시 아래로 내려야 한다.’고 이르지 않았느냐. 〈그렇게 하지 않는다면〉 남의 不備함을 덮어주지 못한다. 그런데 지금 너는 사사로이 지내는 곳에 간다고 하여 방문에 들어가면서 아무런 기척도 내지 않아 사람으로 하여금 다리를 뻗

224) 王圻의 續文獻通考 : 王圻는 明나라 松江府 上海 사람으로, 字는 元翰이다. 嘉靖 40년(1561)에 進士에 합격하였다. 御史에 발탁되었으나 당시 재상의 뜻을 거슬러 邛州判官으로 貶謫되었다. 후에 벼슬이 陝西布政參議에 이르렀는데, 부모 봉양을 이유로 사직하고 돌아와 淞江 가에 집을 짓고 매화 만 그루를 심고 梅花源이라 하였다. 오직 著書를 일삼았다. ≪續文獻通考≫는 王圻가, 元나라의 馬端臨이 지은 ≪文獻通考≫가 宋나라에 그쳤다고 하여 遼·金·元·明 四朝의 文獻을 이어 수집하여 만든 책이다. 이 밖의 저서에 ≪東吳水利考≫, ≪謚法通考≫, ≪稗史匯編≫ 등이 있다.

고 앉아 있게 하고서 그것을 보았으니, 이는 너의 무례함이지 아내의 무례함이 아니다."라고 하였다. 이에 맹자가 자책하면서 감히 아내를 내쫓지 않았다.

韓詩外傳孟子妻獨居, 踞(거). 孟子入戶視之, 白其母曰 "婦無禮, 請去之." 母曰 "何也?" 曰 "踞." 其母曰 "何知之?" 孟子曰 "我親見之." 母曰 "乃汝無禮也, 非婦無禮. 禮不云乎? 〔將入門, 問孰存,〕[225] 將上堂, 聲必揚, 將入戶, 視必下. 不掩人(之)〔不〕[226]備也. 今汝往燕(視)〔私〕[227]之處, 入戶不有聲, 令人距而視之, 是汝之無禮也, 非婦無禮也." 於是孟子自責, 不敢去婦.

군자가 이르기를 "맹자의 어머니는 禮를 알고 고부지간의 도리에 밝았다."라고 하였다.

君子謂孟母知禮하고 而明於姑(母)〔婦〕[228]之道①라하니라

① 【校注】 而明於姑(母)〔婦〕之道 : '母'는 ≪太平御覽≫에 '婦'로 되어 있다.
母, 太平御覽作婦.

孟子가 齊나라에 있을 때에 얼굴에 근심스러워하는 기색이 있었다. 맹자의 어머니가 이를 보고 말하기를 "네 얼굴에 근심하는 기색이 있는 듯하니 무슨 일이냐?"라고 하니, 맹자가 말하기를 "아무것도 아닙니다."라고 하였다. 후일 맹자가 한가로이 지낼 적에 기둥을 안고 탄식하였다. 맹자의 어머니가 이를 보고 말하기를 "지난번에 네 얼굴에 근심하는 기색이 있는 것을 보았는데 아무것도 아니라고 하더니, 지금 기둥을 안고 탄식하는 것은 무엇 때문이냐?"라고 하니, 맹자가 대답하기를 "제가 들어보니 군자는 자신의 능력을 헤아려 자리에 나아가고, 구차하게 얻어 賞을 받지 않으며 영화와 봉록을 탐하지 않나니, 諸侯가 자신의 말을 들어주지 않으면 그 군주에게 자신의 의견을 진달하지 않고 말을 듣기는 하는데 써주지 않으면 그 조정에 발을 들

---

225) 〔將入門 問孰存〕 : ≪列女傳集注≫의 注에는 '將入門 問孰存'이 없으나, ≪韓詩外傳≫ 권9 17章에 의거하여 보충하였다.

226) (之)〔不〕 : ≪列女傳集注≫의 注에는 '之'로 되어 있으나, ≪韓詩外傳≫ 권9 17章에 의거하여 '不'로 바로잡았다.

227) (視)〔私〕 : ≪列女傳集注≫의 注에는 '視'로 되어 있으나, ≪韓詩外傳≫ 권9 17章에 의거하여 '私'로 바로잡았다.

228) (母)〔婦〕 : 저본에는 '母'로 되어 있으나, ≪列女傳校注≫에 의거하여 '婦'로 바로잡았다.

여놓지 않는다고 하였습니다. 지금 저의 道가 齊나라에서 쓰이지 않아 떠나고자 하나 어머니께서 연로하신지라 이 때문에 근심한 것입니다."라고 하였다.

맹자의 어머니가 다음과 같이 말하였다. "대저 婦人의 禮는 오곡밥을 정갈하게 짓고 술과 漿을 담가서 덮으며, 시부모를 봉양하고 의복을 지을 뿐이다. 그러므로 閨門 안의 일만 다스리고 규문 밖의 일에는 마음을 두지 않는다. ≪周易≫에 말하기를 '閨中에서 음식을 장만하고, 이루는 바가 없다.'[229]라고 하였고, ≪詩經≫에 말하기를 '잘못함도 없고 잘함도 없는지라, 오직 술과 밥을 의논하네.'[230]라고 하였으니, 부인이 독단적으로 행할 수 있는 의리가 없고, 三從의 道가 있음을 말한 것이다. 그러므로 어려서는 부모를 따르고, 出嫁해서는 남편을 따르고, 남편이 죽으면 자식을 따르는 것이 禮이다. 지금 너는 成人이고 나는 늙었으니, 너는 너의 도리를 행하거라. 나는 나의 禮를 행할 것이다."

孟子處齊에 而有憂色이어늘 孟母見之曰 子若有憂色하니 何也오 孟子曰 不(敏)〔也〕①[231]라 異日閒居에 擁楹(영)而嘆이어늘 孟母見之曰 鄕見子有憂色한대 曰不也라하더니 今擁楹而嘆은 何也오 孟子對曰 軻聞之호니 君子稱身而就位하고 不爲苟得而受賞하며 不貪榮祿하나니 諸侯不聽이어든 則不達其上하고 聽而不用이어든 則不踐其朝라하니 今道不用於齊하여 願行而母老라 是以憂也라 孟母曰 夫婦人之禮는 精五飰②하고 羃(멱)酒漿하며 養舅姑하고 縫衣裳而已矣라 故有閨內之修하고 而無境外之志라 易曰 在中饋요 无攸遂라하고 詩曰 無非無儀라 惟酒食是議라하니 以言婦人無擅制之義하고 而有三從之道也라 故年少則從乎父母하고 出嫁則從乎夫하고 夫死則從乎子가 禮也라 今子成人也요 而我老矣니 子行乎子義하고 吾行乎吾禮라

① 孟子曰不(敏)〔也〕: 下文에 의거하면 '敏'은 마땅히 '也'가 되어야 하거나 혹 '敢'자가 되어야 하니, 字形이 비슷해서 생긴 誤字일 뿐이다.
据下文, 敏當作也, 或作敢字, 刑之誤耳.

② 精五飰飯 羃酒漿 : '飰' 또한 '飯'자일 뿐이다. '羃'은 두건으로 덮는 것이다.
飰, 亦飯字耳. 羃, 用巾覆(부)之.

군자가 이르기를 "孟子의 어머니는 부인의 도리를 알았다."라고 하였다. ≪詩經≫

229) 閨中에서……없다 : ≪周易≫ 家人卦 六二爻辭에 보인다.
230) 잘못함도……의논하네 : ≪詩經≫ 〈小雅 斯干〉에 보인다.
231) (敏)〔也〕: 저본에는 '敏'으로 되어 있으나, 王照圓의 注에 의거하여 '也'로 바로잡았다.

에 이르기를 "얼굴빛을 온화하게 하고 웃으시니, 노함이 아니라 가르치심이도다."[232]라고 하였으니, 이를 두고 이른 말이다.

君子謂孟母知婦道라하니라 詩云 載色載笑하니 匪怒(匪)〔伊〕[233]教①라하니 此之謂也라

① 匪怒(匪)〔伊〕教 : '匪教'는 ≪毛詩≫에 '伊教'로 되어 있으니, 이는 아마 '匪怒'와 서로 연관됨으로 인하여 잘못된 듯하다.
匪教, 毛詩作伊教, 此蓋與匪怒相涉而誤也.

頌은 다음과 같다.

孟子의 어머니는
教化를 분명하게 잘 하였도다
자식의 거처 옮겨 六藝를 선택하여
大倫을 따르게 하였도다
자식의 학문이 향상되지 않거늘
베틀을 잘라 경계하였도다
자식이 드디어 德을 이루어
당세의 으뜸가는 학자 되었도다

頌曰 孟子之母는 教化列分이로다 (處)〔居〕[234]子擇藝①하여 使從大倫이로다 子學不進이어늘 斷機示焉이로다 子遂成德하여 爲當世冠이로다

① 【集注】(處)〔居〕子擇藝 : 여기의 '處'자는 '居'가 되어야 하니, 傳을 풀이할 때에도 응당 頌의 뜻과 같이 하여야 한다.
此處字作居, 解傳亦應同頌義.

1-12 魯나라의 母師　魯之母師

母師는 魯나라의 아홉 아들을 둔 홀어머니이다. 臘日에 집안일을 쉬고 歲祀 지내

232) 얼굴빛을……가르치심이로다 : ≪詩經≫ 〈魯頌 泮水〉에 보인다.
233) (匪)〔伊〕: 저본에는 '匪'로 되어 있으나, 王照圓의 注에 의거하여 '伊'로 바로잡았다.
234) (處)〔居〕: 저본에는 '處'로 되어 있으나, ≪列女傳集注≫에 의거하여 '居'로 바로잡았다.

는 禮를 마치자 아들들을 모두 불러놓고 이르기를 "부인의 도리는 큰 연고가 있지 않으면 남편의 집을 나갈 수 없다. 그러나 내 부모의 집인 친정에는 어린 아이들이 많아서 歲時의 제사를 차리지 못하고 있다. 내 너희들에게 고하고 친정으로 돌아가 세시의 제사를 살피려 한다."라고 하니, 아들들이 모두 머리를 조아리고 허락하였다. 또 며느리들을 불러놓고 말하기를 "부인에게는 三從의 도리가 있고 독단적으로 행하는 일은 없으니, 어려서는 부모에게 매이고 자라서는 남편에게 매이고 늙어서는 자식에게 매인다. 지금 아들들이 내가 친정으로 돌아가 〈세시의 제사를〉 살피는 것을 허락하였으니, 비록 正禮를 넘어선 것이나 막내아들과 함께 가서 부인의 출입에 맞는 禮制를 갖추고 싶구나. 너희들은 방문 지키기를 삼가거라. 나는 저녁에 돌아올 것이다."라고 하였다.

母師者는 魯九子之寡母也라 臘(랍)日①休(作者)〔家作〕[235)]하고 歲祀禮事畢에 悉召諸子하여 謂曰 婦人之義는 非有大故어든 不出夫家라 然吾父母家多幼稚하여 歲時(禮)〔祀〕[236)]不理②라 吾從汝謁往監之③④라하니 諸子皆頓首許諾[237)]이라 又召諸婦曰 婦人有三從之義요 而無專制之行하니 少繫〔於〕[238)]父母⑤하고 長繫於夫하고 老繫於子라 今諸子許我歸視私家하니 雖踰正禮나 願與少子俱하여 以備婦人出入之制라 諸婦其愼房戶之守하라 吾夕而反이리라

① 【集注】 臘日 : ≪春秋左氏傳≫에 "虞나라는 臘祭를 지내지 못하게 될 것이다."[239)]라고 하였는데, 이에 대한 注에 "臘은 歲末에 여러 神에게 지내는 제사 이름이다."라고 하였다. 漢나라 蔡邕[240)]의 ≪獨斷≫에 "夏나라는 嘉平이라 하고, 殷나라는 淸祀라 하고 周

---

235) (作者)〔家作〕: 저본에는 '作者'로 되어 있으나, ≪太平御覽≫ 권33 〈時序部 18〉에 의거하여 '家作'으로 바로잡았다.

236) (禮)〔祀〕: 저본에는 '禮'로 되어 있으나, 王照圓의 注에 의거하여 '祀'로 바로잡았다.

237) 頓首許諾 : ≪太平御覽≫ 권430 〈人事部 71〉과 ≪藝文類聚≫ 권5 〈歲時部 下〉에는 '頓'은 '稽'로, '許'는 '唯'로 되어 있다.

238) 〔於〕: 저본에는 '於'가 없으나, ≪列女傳校注≫에 의거하여 보충하였다.

239) 虞나라는……것이다 : 宮之奇가 家族을 이끌고 떠나며 말하기를 "虞나라는 臘祭를 지내지 못하게 될 것이다. 晉은 이번 걸음에 虞를 幷呑할 것이니 재차 군대를 일으키지 않을 것이다.〔宮之奇以其族行曰 虞不臘矣 在此行也 晉不更擧矣〕"라고 하였다.(≪春秋左氏傳≫ 僖公 5년 9월)

240) 蔡邕 : 133~192. 후한 말기의 문신이자 書法家로 자는 伯喈이다. 벼슬이 司空에 이르렀으나 董卓과 함께 처형되었다. 篆書와 隸書에 뛰어났으며, 隸書 2分과 篆書 8分을 섞어서 만든 八分體와 飛白體의 창시자로 알려져 있으나 확실하지 않다. 저서에 옛 제도를 論考하고 遺文을 기록한 ≪獨斷≫이 있다.

나라는 大蜡라 하고, 漢나라는 蠟이라 한다."라고 하였다.
左傳虞不臘矣, 注臘歲終祭衆神之名. 獨斷 "夏曰嘉平, 殷曰淸祀, 周曰大蜡(사), 漢曰蠟."

② 歲時(禮)〔祀〕不理 : ≪北堂書鈔≫의 이 구절을 인용한 곳에는 '禮'가 '祀'로 되어 있다.
北堂書鈔引禮作祀.

③ 吾從汝謁往監之 : 謁은 고함이고, 監은 살핌이다.
謁, 告也. 監, 視也.

④【校注】吾從汝謁往監之 : ≪太平御覽≫ 〈人事部 71〉의 이 구절을 인용한 곳의 注에 이르기를 "謁은 청함이고, 監은 살핌이다."라고 하였다.
太平御覽人事部七十一引注云 "謁, 請也. 監, 視也."

⑤【校注】少繫〔於〕父母 : '於'자는 舊本에 빠져 있었는데, ≪藝文類聚≫ 〈歲時部 下〉와 ≪태평어람≫에 따라 校勘 增補하였다.
於字舊脫, 從藝文類聚歲時部下・太平御覽校增.

이에 막내아들로 하여금 수레를 몰게 하여 친정으로 돌아가 일을 보았다. 날씨가 흐려 너무 일찍 돌아오게 되어 마을 어귀의 문 밖에 이르러 머물다가 저녁이 되어서야 집으로 들어갔다.

於是使少子僕하여 **歸辨**(판)**家事**①라 **天陰還**(失)〔太〕[241]**早**②하여 **至閭外而止**③라가 〔待〕[242]**夕而入**④이라

① 歸辨家事 : 辨은 갖춤이니, 俗字로는 '辦'으로 쓴다.
辨, 具也, 俗字作辦.

② 天陰還(失)〔太〕早 : ≪北堂書鈔≫에는 '失'이 '太'로 되어 있다.
書鈔失作太.

③ 至閭外而止 : 閭는 마을 어귀의 문이다. 날씨가 흐려 너무 일찍 돌아왔기 때문에 마을 어귀의 문 밖에 머물러 집안사람들이 알지 못하게 하려한 것이다.
閭, 里門也. 天陰還太早, 故止於里門外, 不欲令家人見也.

④【校注】〔待〕夕而入 : ≪太平御覽≫에는 '夕' 위에 '待'자가 있다.
太平御覽夕上有待字.

241) (失)〔太〕: 저본에는 '失'로 되어 있으나, 王照圓의 注에 의거하여 '太'로 바로잡았다.
242) 〔待〕: 저본에는 '待'가 없으나, ≪列女傳校注≫에 의거하여 보충하였다.

魯나라 大夫가 누대 위에서 그 광경을 보고 괴이하게 여겨 사람을 시켜 그 거처를 가만히 엿보게 하였더니, 예절이 잘 닦여지고 집안일이 잘 다스려지고 있었다. 심부름꾼이 돌아와 본 대로 대답하였다. 이에 大夫가 그 어머니를 불러 묻기를 "그대가 북방에서 와서 마을 어귀에 이르러 머물러서 한참 시간이 흘러 저녁이 된 뒤에야 집으로 들어갔습니다. 나는 그 까닭을 알지 못하여 매우 괴이하게 여겼습니다. 이런 까닭으로 묻습니다."라고 하니, 그 어머니가 대답하기를 "妾이 불행하게도 일찍 남편을 여의고 홀로 아홉 아들과 함께 살았는데, 臘日의 제사가 끝나고 여가가 나서 아들들에게 고하고 친정으로 돌아가 〈납일의 제사를〉 살피려고 할 적에 며느리들과 어린 손자에게 저녁에 돌아오겠다고 약속하였습니다. 妾은 그들이 돈을 내어 술을 사서 마시고 음식을 배불리 먹는 것은 인정상 있을 만한 일이라고 생각하였습니다. 妾이 너무 일찍 돌아왔고 감히 다시 친정으로 돌아갈 수도 없었습니다. 그러므로 마을 어귀의 문 밖에 머물다가 약속 시간이 되어서 집안으로 들어간 것입니다."라고 하였다. 大夫가 이를 훌륭하게 여겨 穆公에게 아뢰니, 목공이 그 어머니에게 尊號를 내려 '母師'라 하고 조정에서 자신의 부인을 배알하게 하니, 목공의 부인과 妾들이 모두 절하고 스승으로 여겼다.

魯大夫從臺上見而怪之하여 使人閒(간)視其居處하니 禮節甚修하고 家事甚理어늘 使者還以狀對라 於是大夫召母而問之曰 (一日)〔母〕[243]從北方來①하여 至閭而止②하여 良久夕乃入③하니 吾不知其故하여 甚怪之라 是以問也라 母對曰 妾不幸早失夫하고 獨與九子居러니 臘(月)〔日〕④⑤[244](禮)〔祀〕[245]畢(事)[246]閒⑥하여 從諸子謁歸視私家할새 與諸婦孺子期夕而反이라 妾恐其餔醵(포거)醉飽⑦는 人情所有也라 妾反太早하고 不敢復返이라 故止閭外라가 期盡而入⑧이라 大夫美之하여 言於穆公하니 〔穆公〕[247]賜母尊號하여 曰母師⑨라하고 使(明請)〔朝謁〕[248]夫人⑩하니 夫人諸姬皆師之라

① 【校注】 (一日)〔母〕從北方來 : ≪太平御覽≫에는 '一日'이 '母'로 되어 있다.

---

243) (一日)〔母〕: 저본에는 '一日'로 되어 있으나, ≪列女傳校注≫에 의거하여 '母'로 바로잡았다.
244) (月)〔日〕: 저본에는 '月'로 되어 있으나, 王照圓의 注에 의거하여 '日'로 바로잡았다.
245) (禮)〔祀〕: 저본에는 '禮'로 되어 있으나, 王照圓의 注에 의거하여 '祀'로 바로잡았다.
246) (事) : 저본에는 '事'가 있으나, 王照圓의 注에 의거하여 衍文으로 처리하였다.
247) 〔穆公〕: 저본에는 '穆公'이 없으나, ≪列女傳校注≫에 의거하여 보충하였다.
248) (明請)〔朝謁〕: 저본에는 '明請'으로 되어 있으나, ≪列女傳集注≫에 의거하여 '朝謁'로 바로잡았다.

太平御覽一日作母.

② 【校注】 至閭而止 : ≪태평어람≫에는 '閭' 아래에 '外'자가 있다.
太平御覽閭下有外字.

③ 【校注】 夕乃入 : ≪태평어람≫에는 '夕'자가 없다.
太平御覽無夕字.

④ 臘(月)〔日〕: '月'은 마땅히 '日'이 되어야 한다. '臘'이라는 것은 제사의 이름이니, 禽獸를 사냥해 취해서 제사지내는 것을 이른다. 魯나라 사람은 獵較[249]을 하였으니, 아마 세속의 풍습이 그렇게 만든 것일 것이다.
月當作日. 臘者祭名, 謂獵取禽獸以祭也. 魯人獵較(각), 蓋其俗尙使然.

⑤ 【校注】 臘(月)〔日〕: '日'은 舊本에 잘못 '月'로 되어 있는데, ≪태평어람≫을 따라 교감 개정하였다.
日舊誤月, 從太平御覽校改.

⑥ (禮)〔祀〕畢(事)閒 : ≪北堂書鈔≫에 이 구절을 인용한 곳에는 '禮'가 '祀'로 되어 있고, '事'자는 없다.
書鈔引禮作祀, 無事字.

⑦ 酺醵醉飽 : 酺醵는 돈을 모아 술을 사서 모여 마시는 것이다.
酺醵, 合錢沽酒會飮也.

⑧ 【校注】 期盡而入 : ≪태평어람≫에는 '期盡'이 '盡期'로 되어 있다.
太平御覽期盡作盡期.

⑨ 【校注】 大夫美之……曰母師 : ≪태평어람≫에는 '穆公' 2자가 중복되어 있다.
太平御覽重穆公二字.

⑩ 【集注】 使(明請)〔朝謁〕夫人 : 梁端이 이르기를 "'朝謁'은 舊本에 잘못 '明請'으로 되어 있었는데 ≪태평어람≫을 따라 개정하였다."라고 하였다. 王氏 念孫[250]이 이르기를 "'明請'은 뜻이 통하지 않으니, '明'은 아마 '朝'의 오자인 듯하다."라고 하였다.
梁云 "朝謁舊誤明請, 從御覽改." 王氏念孫云 "明請, 義不可通, 明, 疑朝之誤."

---

249) 獵較 : 사냥을 하여 사냥한 짐승의 많고 적음을 서로 견준 뒤에 많은 쪽이 적은 쪽의 짐승을 빼앗아 제사를 지내던 풍속이다. ≪孟子≫ 〈萬章 下〉에 "공자가 노나라에서 벼슬할 때에, 노나라 사람들이 엽각을 하자 공자도 엽각을 하였다.〔孔子之仕於魯也 魯人獵較 孔子亦獵較〕"라고 하였다.

250) 王氏 念孫 : 淸나라 經學家로, 자는 懷祖, 호는 石臞, 江蘇 高郵 사람이다. 어려서부터 총명하여 8세 때 十三經을 독파하였으며, 翰林院庶吉士, 工部主事 등을 역임하였다. 저서에 ≪讀書雜志≫, ≪釋大≫, ≪王石臞先生遺文≫ 등이 있다.

군자가 이르기를 "母師는 몸으로 직접 가르쳤도다."라고 하였다. 대저 禮에 婦人은 출가하기 전에는 부모를 하늘로 삼고, 출가한 후에는 남편을 하늘로 삼고, 출가한 부인이 친정 부모의 상을 당하면 상복을 한 등급 낮추나니, 이는 두 개의 하늘을 가질 수 없다는 뜻이다. ≪詩經≫에 이르기를 "濟 땅에 나가 유숙하고, 禰 땅에서 전별주를 마시니, 여자가 시집감은, 부모와 형제를 멀리하는 것이니라."[251]라고 하였으니, 이를 두고 이른 말이다.

君子謂母師能以身教로다하니라 夫禮에 婦人未嫁하얀 則以父母爲天하고 旣嫁하얀 則以夫爲天하고 其喪父母에 則降服一等하나니 無二天之義也①②라 詩云 出宿于濟하고 飮餞于禰(니)호니 女子有行이 遠父母兄弟③라하니 〔此之謂也라〕[252]

魯之母師

251) 濟……것이니라 : ≪詩經≫ 〈邶風 泉水〉에 보인다. 저본의 '濟'는 衛나라의 지명으로, ≪毛詩≫에는 '泲'로 되어 있다.

252) 〔此之謂也〕 : 저본에는 '此之謂也'가 없으나, 王照圓의 注에 의거하여 보충하였다.

① 無二天之義也 : 天은 임금이니, 婦人이 남편을 임금으로 여겨 둘을 높임이 없는 것이다.
天, 君也, 婦人以夫爲君, 無二尊也.

② 【集注】 夫禮……無二天之義也 : ≪儀禮≫ 〈喪服〉에 "자른 뒤에 가장자리를 꿰매지 않은 布로 만든 衰裳을 입고, 암삼〔苴麻〕으로 만든 首絰과 腰絰을 하고, 苴竹으로 만든 喪杖〔苴杖〕을 짚고, 암삼으로 만든 絞帶를 하고, 武와 관끈〔纓〕을 숫삼〔牡麻〕으로 꼬아 만든 喪冠을 쓰고, 골풀로 만든 신〔菅屨〕을 신는 것은 딸이 아직 혼인하지 않고 집에 있을 때 아버지를 위하여 입는 것이다."라고 하고, 또 이르기를 "자른 뒤에 가장자리를 꿰맨 布로 만든 거친 衰裳을 입고, 숫삼으로 만든 首絰과 腰絰을 하고, 武와 관끈을 布로 만든 喪冠을 쓰고, 喪杖을 짚지 않고, 布로 만든 腰帶를 하고, 숫삼으로 만든 신발을 신고 期年服을 입는 것은 시집간 딸이 친정 부모를 위하여 입는 것이다."라고 하였는데, 이에 대한 傳에 말하기를 "아버지를 위하여 어찌하여 기년복을 입는가? 부인은 斬衰服을 두 번 입지 않기 때문이다. 부인에게는 三從의 도리가 있고 자신의 독자적인 주장을 쓰는 도리가 없다. 그러므로 시집가기 전에는 아버지를 따르고, 시집가서는 남편을 따르고, 남편이 죽은 뒤에는 아들을 따른다. 그러므로 아버지는 자식의 하늘이요, 남편은 아내의 하늘이다. 부인이 참최복을 두 번 입지 않는 것은 '두 개의 하늘을 가질 수 없다.'는 말과 같다."라고 하였다.
儀禮喪服斬衰(최)裳, 苴(저)絰·杖·絞帶, 冠繩纓, 菅屨(관구)者, 女子子在室爲父. 又云疏衰裳齊, 牡麻絰, 冠布纓, 不杖, 布帶, 麻屨, 期者, 女子子適人者爲其父母. 傳曰 "爲父何以期也. 婦人不貳斬也.[253] 婦人有三從之義, 無專用之道. 故未嫁從父, 旣嫁從夫, 夫死從子. 故父(母)[254]者, 子之天也. 夫者, 妻之天也.[255] 不貳斬者, 猶曰不二天也."

③ 遠父母兄弟 : 이 구절 아래에 '此之謂也' 4자가 빠졌다.
句下脫此之謂也四字.

頌은 다음과 같다.

아홉 아들을 둔 어머니는
진실로 禮의 도리를 알았도다

253) 婦人不貳斬也 : ≪儀禮≫ 〈喪服〉에는 이 뒤에 '부인이 참최복을 두 번 입지 않는 것은 어째서인가?〔婦人不貳斬者 何也〕'라는 구절이 더 있다.

254) (母) : ≪列女傳集注≫의 注에는 '母'가 있으나, ≪儀禮≫ 〈喪服〉에 의거하여 衍文으로 처리하였다.

255) 妻之天也 : ≪儀禮≫ 〈喪服〉에는 이 뒤에 '婦人' 2자가 더 있다.

친정에 갔다가 돌아올 적에
人情을 도외시하지 않았도다
德行이 이미 완비되었더니
마침내 그 영광을 입었도다
魯나라 임금이 어질게 여겨
母師라는 尊號를 내려주었도다

頌曰 九子之母는 誠知禮經이로다 謁歸還反할새 不揜(엄)人情이로다 德行旣備러니 卒蒙其榮이로다 魯君賢之하여 號以尊名이로다

1-13 魏나라 芒氏의 慈母 魏芒慈母

魏나라 芒氏의 慈母는 魏나라 孟陽氏의 딸이요 芒卯의 後妻이다. 慈母에게는 아들 셋이 있고 前妻의 아들 다섯이 있었는데, 전처의 아들들이 모두 慈母를 사랑하지 않았다. 慈母가 전처의 아들들을 매우 각별히 대우하였지만[256] 그래도 慈母를 사랑하지 않았다. 慈母가 이에 자신의 세 아들에게 전처의 아들과 동등하게 할 수 없다고 훈계하여 의복과 음식 및 起居와 進退를 현격히 다르게 하게 하였으나 전처의 아들들이 그래도 慈母를 사랑하지 않았다.

魏芒慈母者는 魏孟陽氏之女요 芒卯之後妻也①라 有三子하고 前妻之子有五人이어늘 皆不愛慈母라 遇之甚異②③호되 猶不愛라 慈母乃命其三子하여 不得與前妻子齊하여 衣服飮食과 起居進退를 甚相遠이나 前妻之子猶不愛라

① 【集注】 芒卯之後妻也 : 梁端이 이르기를 "≪淮南子≫ 〈氾論訓〉의 注에 '孟卯는 齊나라 사람인데 魏나라의 신하가 되었다.'라고 하였고, ≪戰國策≫에 '芒卯'로 되어 있으니, 芒과 孟은 옛적에 독음이 같다."라고 하였다.
梁云 "淮南氾論訓注孟卯, 齊人爲魏臣. 戰國策作芒卯, 芒·孟古同聲."

② 遇之甚異 : 遇는 接見함이다. 다섯 아들을 접견함에 예우를 각별하게 하여 자신의 아들과 똑같이 하지 않음을 말한다.
遇, 接見也. 言接見五子, 異其禮數, 不與己子同.

256) 대우하였지만 : 이 구절은 ≪列女傳補注≫를 따르지 않고, ≪列女傳集注≫에 의거하여 번역하였다.

③【集注】遇之甚異 : 遇는 대우함이다. 王照圓이 "遇는 접견함이다."라고 한 것은 잘못이다. 遇, 待也. 王云"遇, 接見也", 非.

이러한 때에 前妻의 가운데 아들이 魏王의 법령을 범하여 사형을 당하게 되었다. 慈母는 근심하고 슬퍼하여 허리띠가 한 자나 줄었고, 아침저녁으로 부지런히 애써 그 아들의 죄를 구제하려고 하였다. 어떤 사람이 慈母에게 이르기를 "전처의 아들들이 어미를 사랑하지 않음이 지극히 심하거늘 어찌하여 이토록 부지런히 애쓰며 근심하고 두려워합니까?"라고 하니, 慈母가 말하기를 "만일 妾의 친자식이 비록 첩을 사랑하지 않더라도, 그 자식을 災禍에서 구제하고 害를 제거해주었을 것입니다. 그런데 의붓자식에게만 그렇게 하지 않는다면 무엇으로 보통의 어미와 구별할 수 있겠습니까. 그 아버지가 어미를 잃은 고아들을 위하여 첩을 그들의 繼母가 되게 하였으니, 계모도 친어머니와 같습니다. 어미가 되어서 그 자식을 사랑할 수 없다면 자애롭다고 이를 수 있겠습니까. 그 친자식만 친애하고 그 의붓자식을 소원하게 대한다면 의롭다고 이를 수 있겠습니까. 자애롭지 못하고 또 의롭지 못하다면 어찌 세상에서 살아갈 수 있겠습니까. 저들이 비록 첩을 사랑하지 않더라도 첩이 어찌 義를 잊을 수 있겠습니까."라고 하고, 마침내 慈母가 官府에 소송을 제기하였다.

魏나라 安釐王[257]이 이 소식을 듣고 그녀의 義를 높이 여겨 말하기를 "慈母가 이와 같으니, 그 아들을 용서해주지 않을 수 있겠는가."라고 하고, 이에 그 아들을 사면하고 그 집에 徭役을 면제해주었다. 이로부터 전처의 다섯 아들은 慈母를 친근하게 따라서 여덟 아들이 한 어머니의 소생처럼 화목하였다. 慈母가 차츰차츰 禮義로 교화하는 방법으로 여덟 아들을 인도하니, 모두 魏나라의 大夫와 卿과 士가 되어 각각 예의의 아름다운 명성을 이루었다.

於是前妻中子犯魏王令하여 當死어늘 慈母憂戚悲哀하여 帶圍減尺하고 朝夕勤勞以救其罪라 人有謂慈母曰 人不愛母至甚也어늘 何爲勤勞憂懼如此오 慈母曰 如妾親子가 雖不愛妾이라도 猶救其禍而除其害어늘 獨於假子而不爲면 何以異於凡母①리오 其父爲其孤也하여 而使妾爲其繼母하니 繼母如母②라 爲人母而不能愛其子면 可謂慈乎아 親其親而偏其假면 可謂義乎아 不慈且無義면 何以立於世리오 彼雖不愛나 妾安可以忘義乎리오하고 遂訟之라 魏安釐王聞之하고 高其義曰 慈母如此하니 可不(救)〔赦〕[258]其子乎③아하고 乃赦其子하고 復其家④하니 自此五子親

257) 安釐王 : 戰國時代 魏나라 4대왕으로, 安僖王이라고도 한다. 이름은 圉이다.

附慈母하여 雍雍若一이라 慈母以禮義之漸으로 率導八子하니 咸爲魏大夫卿士하여 各成於禮義라

① 【校注】 何以異於凡母 : 〈'凡母'가〉 司馬溫公의 ≪家範≫에는 '凡人'으로 되어 있다.
溫公家範作凡人.

② 【集注】 繼母如母 : ≪儀禮≫ 〈喪服〉에 "繼母에게도 친어머니와 똑같이 상복을 입는다." 라고 하였는데, 이에 대한 傳에 말하기를 "繼母에게 어찌 친어머니와 똑같이 상복을 입는가? 繼母가 아버지의 배필인 것은 친어머니와 같다. 그러므로 효자가 감히 상복을 달리 입지 못하는 것이다."라고 하였다.
儀禮喪服"繼母如母", 傳曰"繼母何以如母. 繼母之配父, 與已母同. 故孝子不敢(私)〔殊〕[259]也."

③ 可不(救)〔赦〕其子乎 : '救'는 마땅히 '赦'자가 되어야 하니, 字形이 비슷해서 생긴 오자이다.
救, 當作赦, 字形之誤.

④ 復其家 : 그 傜役을 면제해주는 것이다.
除其傜役也.

君子가 이르기를 "慈母의 사랑하는 마음은 한결같았다."라고 하였다. ≪詩經≫에 이르기를 "뻐꾸기가 뽕나무에 있으니, 그 새끼가 일곱이로다. 淑人君子여, 그 威儀가 한결같도다. 그 위의가 한결같으니, 마음이 맺어놓은 듯 단단하도다."[260]라고 하였으니, 마음이 한결같음을 말한 것이다. 뻐꾸기는 한결같은 마음으로 일곱 새끼를 키우고, 군자는 한결같은 威儀로 만물을 기른다. "한결같은 마음으로는 백 명의 군주를 섬길 수 있고, 백 가지 마음으로는 한 명의 군주도 섬길 수 없다."[261]라고 하였으니, 이를 두고 이른 말이다.

君子謂慈母一心이라하니라 詩云 尸鳩在桑하니 其子七兮로다 淑人君子여 其儀一兮로다 其儀一兮하니 心如結兮로다하니 言心之均一也라 尸鳩以一心養七子하고 君子以一儀養萬物이라 一心

---

258) (救)〔赦〕 : 저본에는 '救'로 되어 있으나, 王照圓의 注에 의거하여 '赦'로 바로잡았다.

259) (私)〔殊〕 : ≪列女傳集注≫의 注에는 '私'로 되어 있으나, ≪儀禮≫ 〈喪服〉에 의거하여 '殊'로 바로잡았다.

260) 뻐꾸기가……단단하도다 : ≪詩經≫ 〈曹風 鳲鳩〉에 보인다.

261) 한결같은……없다 : 춘추시대 齊나라 晏嬰이 靈公과 莊公과 景公을 각각 潔과 勇과 儉의 덕목에 입각해서 섬긴 것을 두고, 梁丘據가 "어진 사람은 원래 이렇게 마음이 많은 것인가.〔仁人固多心乎〕"라고 묻자, 안영이 "한결같은 마음으로는 백 명의 군주를 섬길 수 있고, 백 가지 마음으로는 한 명의 군주도 섬길 수 없다.〔一心可以事百君 百心不可以事一君〕"라고 대답하였다. (≪孔叢子≫ 〈詰墨〉)

可以事百君하고 百心不可以事一君라하니 此之謂也라

頌은 다음과 같다.

芒卯의 아내가
다섯 아들의 後母가 되었도다
자애롭고 은혜로우며 어질고 의로워
의붓자식들을 어루만져 길렀도다
비록 자신을 사랑하지 않았으나
친자식처럼 정성을 다하였도다
繼母가 이와 같으니
또한 진실로 존경할 만하도다.

頌曰 芒卯之妻가 五子後母로다 慈惠仁義하여 扶養假子로다 雖不吾愛나 拳拳若親이로다 繼母若斯하니 亦誠可尊이로다

1-14 齊나라 田稷子의 어머니 齊田稷母

齊나라 田稷子의 어머니이다. 전직자가 제나라의 재상으로 있으면서 下吏가 이자조로 주는 黃金 100鎰[262)]을 받아 그 어머니께 드렸다. 어머니가 말하기를 "네가 재상의 자리에 있은 지 3년이 되었는데 봉록이 일찍이 이처럼 많은 적이 없었으니, 어찌 士大夫가 마련할 수 있는 재물이겠느냐? 어디서 생긴 것이냐?"라고 하니, 전직자가 대답하기를 "사실은 下吏에게 받은 것입니다."라고 하였다. 그 어머니가 다음과 같이 말하였다. "내 듣건대 선비는 자신을 닦고 행실을 깨끗이 하여 구차하게 얻지 않고, 진정을 다하고 정성을 극진히 하여 속이는 행위를 하지 않으며, 의롭지 않은 일을 마음에 생각하지 않고, 이치에 맞지 않은 재물을 집에 들이지 않으며, 말과 행실을 한결같이 하고 속마음과 겉모습이 부합하게 해야 한다고 들었다. 지금 임금은 관직을 설치하여 너를 대우하고 녹봉을 후하게 하여 너를 받드니, 너는 말과 행실로

262) 鎰 : 古代 중량의 단위이다. 一說에 20兩이라고 하고, 혹 24兩이라고도 한다.

임금에게 보답하여야 한다.

무릇 신하가 되어 그 임금을 섬기는 것은 자식이 되어 그 아버지를 받드는 것과 같으니, 역량을 다하고 재능을 다하여 충성하고 신실하여 속이지 않으며 힘써 충성을 바치며 죽기를 기약하여 명을 받들며 청렴하고 공정하여야 한다. 그래야 신하의 도리를 이루어 근심이 없게 된다. 그런데 지금 너는 이와 반대로 행하고 있으니, 충성과는 거리가 먼 것이다. 대저 신하가 되어 충성하지 못함이 바로 자식이 되어 효성스럽지 못한 것이다. 의롭지 않은 재물은 내가 소유할 것이 아니고, 불효하는 자식은 나의 자식이 아니니, 너는 물러가거라."

齊田稷子之母也라 田稷子相齊하여 受下吏之(貨)〔貸〕[263]金①百鎰(일)하여 以遺其母한대 母曰 子爲相三年矣어늘 祿未嘗多若此也하니 豈修士大夫之費哉②아 安所得此아 對曰 誠受之於下니이다 其母曰 吾聞士修身潔行하여 不爲苟得하고 竭情盡實하여 不行詐僞하며 非義之事를 不計於心하고 非理之利를 不入於家하며 言行若一하고 情貌相副라 今君設官以待子하고 厚祿以奉子하니 言行則可以報君이라 夫爲人臣而事其君이 猶爲人子而事其父也니 盡力竭能하여 忠信不欺하며 務在效忠하며 必死奉命하며 廉潔公正이라 故遂而無患③이어늘 今子反是하니 遠忠矣라 夫爲人臣不忠이 是爲人子不孝也라 不義之財는 非吾有也요 不孝之子는 非吾子也니 子起하라

① 受下吏之(貨)〔貸〕金 : '貨'는 아마 '貸'자의 오자인 듯하다. 아마 田稷子가 남은 俸祿으로 사람들에게 꾸어주고 그 이자를 거두었을 것이다. 그러므로 ≪韓詩外傳≫에 田稷子가 "이 黃金은 봉록으로 받은 것입니다."[264]라고 하였을 것이다. 만약 下吏에게 뇌물을 받아 황금을 얻었다면 바로 탐욕스런 사람이니, 어찌 어진 어머니로 칭송받는 분이 곧

263) (貨)〔貸〕 : 저본에는 '貨'로 되어 있으나, 王照圓의 注에 의거하여 '貸'로 바로잡았다.

264) 이……것입니다 : ≪韓詩外傳≫ 권9에 "田子가 재상이 되었다가 3년 만에 그만두었는데 황금 100鎰을 받아 그 어머니께 드렸다. 어머니가 말하기를 '너는 어디에서 이 황금이 났느냐?'라고 하니, 田子가 대답하기를 '俸祿으로 받은 것입니다.'라고 하였다. 어머니가 말하기를 '재상이 된지 3년 동안 먹지 않고 모은 것이냐? 관직에 있으면서 이렇게 하는 것은 내가 원하는 바가 아니다. 효자가 어버이를 섬김에 힘을 다하고 정성을 다할 것이지 의롭지 못한 물건을 집에 들여서는 안 된다. 신하가 되어 충성하지 않는 것은 자식이 되어 효도하지 않는 것이니, 너는 돌려 주거라.'라고 하였다. 田子가 부끄러워하며 달려 나가 조정에 나아가 황금을 돌려주고 물러나서 감옥에 들어가겠다고 청하였다. 임금은 그 어머니를 어질게 여겨 그 義를 칭찬하면서 즉시 田子의 죄를 용서하고 다시 재상으로 임명하고는 황금을 그 어머니에게 하사하였다.〔田子爲相 三年歸休 得金百鎰奉其母 母曰 子安得此金 對曰 所受俸祿也 母曰 爲相三年不食乎 治官如此 非吾所欲也 孝子之事親也 盡力致誠 不義之物 不入於館 爲人臣不忠 是爲人子不孝也 子其去之 田子愧慚走出 造朝還金 退請就獄 王賢其母 說其義 卽舍田子罪 令復爲相 以金賜其母〕"라고 하였다.

이런 자식을 두었겠는가. 지금 그 어머니로써 판단하건대, 일이 반드시 그렇지 않음을 알 수 있다.

貨疑貸字之誤. 蓋稷以俸祿所餘, 稱貸於人, 而收其息. 故韓詩外傳, 田子謂此金所受俸祿也. 若受下吏貨賂而得金, 是貪墨之人, 豈稱賢母乃有是子也. 今以其母斷之, 知事必不然矣.

② 【校注】 豈修士大夫之費哉 : '修'자는 아마 오자인 듯하다.

修字疑譌(와).

③ 故遂而無患 : 遂는 통달함과 같다.

遂, 猶通達也.

田稷子가 부끄럽게 여기고 나가서 이자조로 받은 황금을 돌려주고 스스로 宣王[265]에게 죄를 고하고 벌을 받기를 청하였다. 선왕이 이를 듣고 그 어머니의 의로움을 크게 칭송하였다. 드디어 전직자의 죄를 용서하고 그 재상의 자리를 돌려주고

齊田稷母

265) 宣王 : 戰國時代 齊나라 5대왕인 田辟彊이다.

나라의 황금을 어머니에게 하사하였다.

田稷子慙而出하여 反其金하고 自歸罪於宣王하여 請就誅焉한대 宣王聞之하고 大賞其母之義라 遂舍稷子之罪①하고 復其相位하고 而以公金賜母라

① 【校注】 遂舍稷子之罪 : '舍'는 '赦'와 같다.
舍與赦同.

군자가 이르기를 "전직자의 어머니는 청렴하고 아들을 교화할 줄 알았다."라고 하였다. ≪詩經≫에 말하기를 "저 군자여, 공밥을 먹지 않도다."[266]라고 하였으니, 공이 없이 녹을 먹는 일을 하지 않거든, 더구나 뇌물로 주는 황금을 받겠는가.

君子謂稷母廉而有化라하니라 詩曰 彼君子兮여 不素飧(손)兮라하니 無功而食祿을 不爲也어든 況於受金乎아

頌은 다음과 같다.

田稷子의 어머니는
청렴하고 정직하였도다
아들이 황금 받음을 꾸짖어
不德하다고 여겼도다
忠孝의 일은
재능을 다하고 역량을 다함이로다
군자가 녹봉을 받으니
마침내 공밥을 먹지 않도다

頌曰 田稷之母는 廉潔正直이로다 責子受金하여 以爲不德이로다 忠孝之事는 盡材竭力이라 君子受祿하니 終不素食이로다

---

266) 저……않도다 : ≪詩經≫ 〈魏風 伐檀〉에 보인다.

1-15【補】魯나라 師氏의 어머니 補魯師氏母

魯나라 師氏의 어머니 齊姜이 그 딸을 경계하여 이르기를 "날이 밝으려 할 무렵에 머리싸개로 머리를 싸서 쪽머리를 한 후 비녀를 꽂고 조회하면 君臣의 엄숙함이 있다."라고 하였다.

魯師氏之母齊姜戒其女云 平旦纚(사)笄(계)而朝①면 則有君臣之嚴②이라

① 纚笄而朝 : ≪儀禮≫ 〈士昏禮〉 注에 "머리싸개〔纚〕는 머리를 싸는 도구이다. 머리싸개는 너비는 온폭으로 하고 길이는 6尺이다. 비녀〔笄〕는 지금의 簪이다.
士昏禮注纚, 縚(도)髮. 纚廣充幅, 長六尺. 笄, 今時簪(잠)也.

② 魯師氏之母齊姜戒其女云……有君臣之嚴 : ≪詩經正義≫ 〈齊風 鷄鳴〉에 이 말을 인용하였다.
詩齊風鷄鳴正義引.

列女傳補注 卷二

福山 王照圓

賢淑하고 사리에 밝은 여인들에 대한 전 賢明傳

〈賢明傳〉은 아내로서 才德과 識見이 있는 여인들의 전기로, 총 15편으로 구성되어 있다. 간략한 내용은 다음과 같다.

① 宣王을 바르게 내조하여 中興의 군주로 만든 周 宣王의 부인 姜后. ② 桓公이 음란한 음악을 좋아하자 이를 위해 鄭나라와 衛나라의 음악을 듣지 않았으며, 桓公의 안색을 보고 衛나라를 정벌할 뜻이 있음을 알아차리고 그치게 한 齊 桓公의 부인 衛姬. ③ 齊나라로 出奔하여 안락한 생활을 영위하려던 晉 文公을 舅犯과 모의하여 晉나라로 돌아가게 하여 覇業의 기반을 이루게 한 晉 文公의 부인 齊姜. ④ 晉 惠公의 누님으로, 秦 穆公에게 사로잡힌 惠公을 구한 秦 穆公의 부인 公姬. ⑤ 莊王에게 虞邱子가 賢者의 진로를 막는다고 풍자하여, 莊王으로 하여금 叔孫敖를 맞이하여 令尹을 삼아 霸業을 이루게 한 楚 莊王의 부인 樊姬. ⑥ 王事를 게을리하지 말고 힘써 일해 부모를 위하라고 경계한 周南의 아내. ⑦ 宋나라 임금이 그 門閭에 旌表하고 尊號를 내린 宋나라 鮑蘇의 아내 女宗. ⑧ 側室을 질투하지 않고 측실의 아들 盾을 후사로 삼은 晉나라 趙衰의 아내. ⑨ 荅子가 도읍을 다스릴 때 집이 3배나 부유해지자 이를 간하다가 아이와 함께 시어머니에게 쫓겨났으나 남편이 도둑질한 죄로 誅殺을 당하자 시댁으로 돌아와 끝까지 시어머니를 봉양한 陶邑 大夫 荅子의 아내. ⑩ 남편을 위해 誄文을 지은 柳下惠의 아내. ⑪ 貧賤함을 편안히 여기고 淡白함을 달게 여기며 道를 행한 魯나라 黔婁의 아내. ⑫ 馬夫인 남편을 大夫의 자리에 오르게 한 齊나라 宰相의 馬夫의 아내. ⑬ 빈천을 편안히 여기고 道를 즐겨 害를 멀리한 楚나라 接輿의 아내. ⑭ 혼란한 세상을 피해 달아난 楚나라 老萊子의 아내. ⑮ 거문고와 서책을 가까이하며 남의 정원에 물대는 일을 한 楚나라 於陵子終의 아내에 대한 이야기이다.

【小序】 賢淑하고 사리에 밝은 이들로 말하면, 방정함으로써 청렴하고 정직하여, 행동함에 절조가 있고, 말함에 문장을 이루었네. 모두 사리에 밝고, 세상의 紀綱을 알아, 법도에 따라 일상생활하여 종일토록 재앙이 없었네. 后妃가 이를 살폈으니, 名號가 반드시 드러나리라.

惟若賢明, 廉正以方. 動作有節, 言成文章. 咸曉事理, 知世紀綱. 循法興居, 終日無殃. 妃后(賢)〔覽〕[1]焉,① 名號必揚.

① 【校正】 妃后(賢)〔覽〕焉 : 王念孫이 상고해보건대, '賢'은 응당 '覽'자의 오자가 되어야 한다. 여기에서 '后妃가 이를 살폈다.〔妃后覽焉〕'라고 하였고, 아래에서 '夫人이 이를 살폈다.〔夫人省玆〕'라고 하였고, 또 '諸姬가 이를 살폈다.〔諸姬觀之〕'라고 하였으니, 觀과 省과 覽은 뜻이 모두 서로 비슷하다.
念孫案賢當爲覽字之誤也. 此云"妃后覽焉", 下云"夫人省玆", 又云"諸姬觀之", 觀・省・覽, 義竝相近也.

2-1 周 宣王[2]의 부인 姜后 周宣姜后

周 宣王의 王后인 姜后는 齊나라 임금의 딸이다. 선왕의 왕후인 姜后는 賢淑하고 德行이 있어 어떤 일이든 禮가 아니면 말하지 않았고 어떤 행실이든 禮가 아니면 움직이지 않았다.[3]

周宣姜后者는 **齊侯之女也**①라 〔**宣王之后**는〕[4] **賢而有德**하여 **事非禮**어든 **不言**하고 **行非禮**어든 **不動**이라

① 齊侯之女也 : ≪文選≫ 注의 이 구절을 인용한 곳에는 '女' 아래에 '선왕의 后妃〔宣王之后〕'라는 4자가 있는데, 今本에는 빠졌다.
文選注引女下有宣王之后四字, 今脫去之.

1) (賢)〔覽〕: 저본에는 '賢'으로 되어 있으나, 王念孫의 校正에 의거하여 '覽'으로 바로잡았다.
2) 周 宣王 : 周나라 11대왕 姬靖이다. 姬靜이라고도 한다.
3) 禮가……않았다 : 공자의 제자 顔淵이 仁의 조목을 물었을 때 공자가 "禮가 아니면 보지 말며 禮가 아니면 듣지 말며 禮가 아니면 말하지 말며 禮가 아니면 움직이지 말라.〔非禮勿視 非禮勿聽 非禮勿言 非禮勿動〕"라고 하였다.(≪論語≫ 〈顔淵〉)
4) 〔宣王之后〕: 저본에는 '宣王之后'가 없으나, 王照圓의 注에 의거하여 보충하였다.

宣王이 항상 밤늦게 자리에 들고 늦게 일어나서 后夫人[5])도 방을 나오지 못하였다. 姜后가 나와서는 비녀와 귀고리를 빼놓고 永巷[6])에서 待罪할 적에 傅母에게 왕에게 말을 전하게 하기를 "妾이 才德이 없어 妾의 음탕한 마음이 드러났습니다. 그리하여 심지어 君王으로 하여금 禮를 잃고 조회에 늦게 하여 군왕이 女色을 좋아하여 仁德을 잊은 것을 드러나게까지 하였습니다. 실로 여색을 좋아하면 반드시 사치함을 좋아하고 사욕을 끝까지 추구할 것이니, 이렇게 하면 禍亂이 일어나게 되는 것입니다. 화란이 일어나는 원인을 따져보면 婢子로부터 일어났으니, 감히 婢子의 죄를 청합니다."라고 하니, 왕이 말하기를 "寡人이 不德하여 실로 스스로 허물을 지었으니, 부인의 죄가 아니오."라고 하고, 드디어 姜后의 자리를 회복시키고, 政事에 부지런히 하여 일찍 조회에 나아가고 늦게야 물러나서 마침내 中興의 군주라는 이름을 이루었다.

周宣姜后

5) 后夫人 : 王先謙의 ≪詩三家義集疏≫에 ≪魯詩≫의 설을 인용하여 말하기를 "姜后를 일컬어 夫人이라 하였고 姜后 이외에 또 별도로 后夫人이 있었다.〔稱姜后曰夫人 而姜后之外又別有后夫人〕"라고 하였다.

6) 永巷 : 宮中의 官署 명칭으로, 后妃와 宮女를 幽閉시키는 곳이다. 후에 掖庭獄으로 바뀌었다.

宣王嘗(早)〔夜〕[7]臥晏起①하여 后夫人不出房이어늘 姜后〔旣出하여 迺(내)〕[8]脫簪珥②하고 待罪於永巷③할새 使其傅母通言於王曰 妾之不才④하여 妾之淫心見(현)矣라 至使君王失禮而晏朝⑤하여 以見(현)君王樂色而忘德也라 夫苟樂色이면 必好奢窮欲이리니 亂之所興也⑥라 原亂之興이면 從婢子起⑦니 敢請婢子之罪⑧니이다하니 王曰 寡人不德하여 實自生過니 非夫人之罪也⑨라하고 遂復(복)姜后하고 而勤於政事하여 早朝晏退⑩하여 卒成中興之名⑪이라

① 【校注】 宣王嘗(早)〔夜〕臥晏起 : 早는 ≪後漢書≫ 〈皇后紀〉 注와 〈崔琦傳〉 注 및 ≪文選≫ 注와 ≪太平御覽≫ 〈皇親部 1〉의 이 구절을 인용한 곳에는 모두 '夜'로 되어 있다.
早, 後漢書皇后紀注・崔琦傳注, 文選注, 太平御覽皇親部一引竝作夜.

② 姜后〔旣出 迺〕脫簪珥 : 簪은 비녀이고, 珥는 귀고리이다. ≪후한서≫ 〈황후기〉 注의 이 구절을 인용한 곳에는 姜后의 아래에 '旣出迺' 3자가 있고, 〈文苑傳〉의 이 구절을 인용한 곳에는 '旣出' 2자는 없고, '乃'자는 있으니, 이는 다시 빠진 것이다. 또 '早臥晏起' 구절은 〈황후기〉와 〈문원전〉 두 곳에 모두 '夜臥晏起'로 되어 있고, ≪문선≫ 注에도 또한 이와 같으니, '早臥'로 된 것은 잘못된 것이다.
簪, 笄(계)也. 珥, 瑱(전)也. 後漢書皇后紀注引姜后下, 有旣出迺三字. 文苑傳引無旣出二字, 有乃字, 此復脫去之. 又早臥晏起句, 兩引俱作夜臥晏起, 文選注亦同此, 作早臥非.

③ 待罪於永巷 : 〈'永巷'은〉 ≪문선≫ 〈景福殿賦〉 注에 인용된 〈'晏朝'에 관한〉 注에 이르기를 "永巷은 堂塗[9]가 이것이다."라고 하였다. 지금 상고해보건대, 영항은 漢나라 제도에 宮中의 관서 명칭이라고 하였는데, 周나라에서는 〈이에 관해〉 알려진 것이 없기 때문에 曹大家의 注에 당도라고 한 것일 뿐이다.
文選景福殿賦注引注云"永巷堂塗是也." 今按永巷漢制以爲宮中署名, 周則未聞, 故曹注以爲堂塗耳.

④ 【校注】 妾之不才 : '妾' 아래에 舊本에 '之'자가 더 들어가 있었는데, ≪후한서≫ 注와 ≪문선≫ 注에 따라 刪定하였다.
妾下舊衍之字, 從後漢書注・文選注校刪.

⑤ 【校注】 至使君王失禮而晏朝 : 〈'朝'는〉 ≪후한서≫ 注의 이 구절을 인용한 곳에는 '起'로 되어 있다.
後漢書注引作起.

---

7) (早)〔夜〕 : 저본에는 '早'로 되어 있으나, ≪列女傳校注≫와 王照圓의 注에 의거하여 '夜'로 바로잡았다.

8) 〔旣出 迺〕 : 저본에는 '旣出迺'가 없으나, 王照圓의 注에 의거하여 보충하였다.

9) 堂塗 : 堂 아래에서 門에 이르는 길이다. ≪詩經≫ 〈陳風 防有鵲巢〉에 "사당의 당도엔 벽돌이 있고, 언덕엔 맛있는 칠면조 있도다.〔中唐有甓 邛有旨鷊〕"라는 구절이 있다. '唐'은 堂塗를 이른다.

⑥【集注】夫苟樂色……亂之所興也 : 梁端이 이르기를 "≪문선≫ 〈東京賦〉 注의 이 구절을 인용한 곳에는 '사치함을 좋아하는 자는 반드시 즐김이 극도에 이르기 마련이니, 즐거움이라는 것은 화란이 일어나는 바이다.'라고 하였다." 하였다. 曹[10]가 이르기를 "≪儀禮經傳通解≫[11]의 이 구절을 인용한 곳에는 '好奢' 이하가 '사치함을 좋아하는 자는 반드시 즐거움을 끝까지 추구하고, 즐거움을 끝까지 추구하는 것은 화란이 일어나는 바이다.'로 되어 있다." 하였다.

梁云 "文選東京賦注引好奢必樂窮, 樂者亂之所興." 曹云 "通解引好奢下作好奢必窮樂, 窮樂者亂之所興也."

⑦【集注】原亂之興 從婢子起 : ≪禮記≫ 〈曲禮〉에 '世婦로부터 이하는 스스로 일컫기를 婢子라고 한다.'라고 하였다. 曹가 이르기를 "≪의례경전통해≫의 이 구절을 인용한 곳에는 이 아래에 '婢子가 혼란을 일으켰으니 응당 그 죄를 받아야 합니다.〔婢子生亂 當服其辜〕'라는 8자가 있다." 하였다.

禮記曲禮自世婦以下, 自稱曰婢子. 曹云 "通解引下有婢子生亂當服其辜八字."

⑧【校注】敢請婢子之罪 : ≪후한서≫ 注의 이 구절을 인용한 곳에는 '婢子之' 3자가 없고, 아래에 '오직 군왕의 명을 따를 뿐입니다.〔惟君王之命〕'라는 5자가 있다.

後漢書注引無婢子之三字, 下有惟君王之命五字.

⑨【校注】寡人不德……非夫人之罪也 : 이 3구는 ≪후한서≫ 注의 이 구절을 인용한 곳에는 '과인의 허물이니 부인이 무슨 잘못이 있겠는가.〔寡人之過 夫人何辜〕'라는 8자로 되어 있다.

此三句, 後漢書注引作寡人之過夫人何辜八字.

⑩【集注】遂復姜后……早朝晏退 : 曹가 이르기를 "≪의례경전통해≫의 이 구절을 인용한 곳에는 이 아래에 '文王과 武王의 업적을 이어받아 周나라 왕실의 왕업을 부흥시켰다.〔繼文武之迹 興周室之業〕'라는 2句가 있다." 하였다.

曹云 "通解引下有繼文武之迹興周室之業二句."

⑪【集注】卒成中興之名 : 曹가 이르기를 "≪의례경전통해≫의 이 구절을 인용한 곳에는 이

---

10) 曹 : 曹가 누구인지는 未詳이다. 다만 宋나라 朱熹가 편찬한 ≪儀禮經傳通解≫와 송나라 祝穆 등이 편찬한 ≪事文類聚≫의 내용을 인용한 것으로 볼 때, 宋나라 말기 이후의 經學家로 보인다. 이하도 같다.

11) 儀禮經傳通解 : 宋나라 朱熹가 ≪儀禮≫를 중심으로 ≪禮記≫와 經史에 있는 禮說, 先儒들의 학설을 모아 편찬한 책으로 원집 37권과 속집 29권으로 되어 있다. 원집의 내용은 家禮, 鄉禮, 學禮, 邦國禮 등이다. 주희가 이를 완성하지 못하고 죽자, 제자인 黃榦과 楊復이 누락된 喪禮와 祭禮 부분을 보충하여 ≪儀禮經傳通解續≫을 편찬하였다. 속집은 黃榦이 편찬한 喪禮 15권과 楊復이 편찬한 儀禮喪服圖式 2권과 祭禮 13권으로 구성되어 있다.

아래에 '周나라의 世宗이 되었다.〔爲周世宗〕'라는 4자가 있다." 하였다.
曹云 "通解引下有爲周世宗四字."

君子가 이르기를 "姜后는 威儀를 잘 갖추고 德行이 있었다."라고 하였다. 무릇 禮에 '后夫人이 임금을 侍奉할 적에 촛불을 들고 나아가[12] 임금의 처소에 이르러 촛불을 끈다. 그런 다음 방 안으로 들어가 임금의 朝服을 벗겨 드리고 평상복을 갈아 입혀 드린 후에 나아가 임금을 시봉한다. 새벽닭이 울어 樂師가 북을 쳐서 새벽을 알리면 후부인은 佩玉을 울리며[13] 물러난다.'고 하였다. ≪詩經≫에 말하기를 "威儀가 치밀하여 德音이 떳떳하다."[14]라고 하였고, 또 말하기를 "습지에 뽕나무가 아름다우니, 그 잎이 검기도 하도다. 이미 君子를 만나보니 德音이 심히 견고하도다."[15]라고 하였다. 저 부인이 美貌로 친근함을 얻고 德行으로 견고함을 얻었으니, 姜氏의 덕행은 매우 단단하다 이를 만하도다.

君子謂姜后善於威儀而有德行이라하니라 夫禮에 后夫人御於君에 以燭進하여 至於君所하여 滅燭하고 適房中하여 脫朝服하고 衣褻(설)服然後에 進御于君이라 鷄鳴하여 樂師擊鼓以告旦이어든 后夫人鳴佩〔玉〕[16]而去①라 詩曰 威儀抑抑하여 德音秩秩이라하고 又曰 隰桑有阿하니 其葉有幽로다 旣見君子호니 德音孔膠로다하니 夫婦人以色親하고 以德固하니 姜氏之德行可謂孔膠也로다

① 后夫人鳴佩〔玉〕而去 : ≪尙書大傳≫에는 '佩' 아래에 '玉'자가 있는데, 여기에는 빠졌다.
書大傳, 佩下有玉字, 此脫.

---

12) 촛불을……나아가 : ≪禮記≫ 〈內則〉에 "남자는 안에 들어가서 휘파람불지 않고 손가락질하지 않으며 밤에 다닐 적에는 촛불을 사용하니, 촛불이 없으면 그만둔다. 여자는 문을 나갈 적에 반드시 그 얼굴을 가리며, 밤에 다닐 적에는 촛불을 사용하니, 촛불이 없으면 그만둔다.〔男子入內 不嘯不指 夜行以燭 無燭則止 女子出門 必擁蔽其面 夜行以燭 無燭則止〕"라고 하였다.

13) 佩玉을 울리며 : ≪禮記≫ 〈玉藻〉에 "군자가 수레에 있으면 방울 소리를 듣고, 다닐 때에는 패옥 소리가 울린다. 이런 까닭에 삿된 마음이 들어올 수 없다.〔君子在車 則聞鸞和之聲 行則鳴佩玉 是以非辟之心 無自入也〕"라고 하였다.

14) 威儀가……떳떳하다 : ≪詩經≫ 〈大雅 假樂〉에 "威儀가 치밀하여, 德音이 떳떳하고, 원망함이 없으며 미워함이 없어, 여러 同類들을 등용하니, 복을 받음이 무궁한지라, 四方의 紀綱이로다.〔威儀抑抑 德音秩秩 無怨無惡 率由羣匹 受福無疆 四方之綱〕"라고 하였다.

15) 습지에……견고하도다 : ≪詩經≫ 〈小雅 隰桑〉에 보인다.

16) 〔玉〕 : 저본에는 '玉'이 없으나, 王照圓의 注에 의거하여 보충하였다.

頌은 다음과 같다.

아름다운 이 姜后는
덕행이 매우 賢淑하였도다
禮를 준수하여 행동해서
周 宣王을 바르게 내조하였도다
허물을 자책하여 사양하니
선왕이 잘못을 깨달았도다
아침부터 저녁까지 道를 숭상하여
中興의 임금이 되었도다

頌曰 嘉茲姜后는 厥德孔賢이로다 由禮動作하여 匡配周宣이로다 引過推讓하니 宣王悟焉이로다 夙夜崇道하여 爲中興君이로다

2-2 齊 桓公의 부인 衛姬　齊桓衛姬

衛姬는 衛나라 임금의 딸이요 齊 桓公[17]의 夫人이다. 환공이 음란한 음악을 좋아하거늘 위희가 이 때문에 鄭나라와 衛나라의 음악[18]을 듣지 않았다.

衛姬者①는 衛侯之女요 齊桓公之夫人也라 桓公好淫樂이어늘 衛姬爲之不聽鄭衛之音②③이라

① 衛姬者 : ≪文選≫ 注의 이 구절을 인용한 곳에는 '齊侯衛姬者'로 되어 있는데, 여기에는 앞의 2자가 빠졌다.

17) 齊 桓公 : 齊나라 임금으로, 姜姓 呂氏이고 이름은 小白이다. 釐公의 아들이고, 襄公의 동생으로, 즉위한 후 管仲을 중용하여 齊나라를 부강하게 만들고 春秋五霸의 하나가 되었다.

18) 鄭나라와……음악 : 鄭나라와 衛나라의 음악이 ≪詩經≫ 〈鄭風〉과 〈衛風〉 등에 남아 그 편린이 전하는데 애정을 소재로 한 것이 많다. 鄭나라와 衛나라 사이의 河南省 濮水 가에 뽕나무 사이라는 뜻에서 취한 지명으로 桑間이라는 곳이 있는데, 이곳은 남녀가 밀회하는 장소로 많이 이용되면서 애정을 주제로 한 노래가 많이 불렸으므로 음란한 음악의 대명사가 되었다.(≪禮記注疏≫ 권37 〈樂記 19〉) ≪詩經≫ 〈鄘風 桑中〉 章下註에 "鄭나라 衛나라의 음악은 난세의 음악이고……桑間 濮上의 음악은 亡國의 음악이다.〔鄭衛之音 亂世之音……桑間濮上之音 亡國之音〕"라고 하였고, 〈毛詩序〉에도 淫奔한 시라고 규정하고 비판하여 후대에 鄭나라와 衛나라의 음악은 음란하고 나라를 망치는 음악을 뜻하게 되었다.

文選注引作齊侯衛姬者, 此脫首二字.

② 衛姬爲之不聽鄭衛之音 : ≪문선≫ 注에 曹大家의 말을 인용하여 "衛나라가 淫佚한 음악을 지었는데, 衛姬가 桓公이 이 음악을 좋아하는 것을 싫어하였다. 그러므로 듣지 않음으로써 桓公을 면려하였다."라고 하였다.
文選注引曹大家曰 "衛國作淫佚之音, 衛姬疾桓公之好. 是故不聽以厲桓公也."

③【校注】衛姬爲之不聽鄭衛之音 : ≪문선≫ 注에 曹大家의 말을 인용하여 "衛나라가 淫佚한 음악을 지었는데, 위희가 환공이 이 음악을 좋아하는 것을 싫어하였다. 그러므로 듣지 않음으로써 환공을 면려하였다."라고 하였고, ≪後漢書≫ 〈列女傳〉 注의 이 구절을 인용한 곳에는 "제 환공이 음악을 좋아하였는데 위희가 五音을 듣지 않음으로써 간하였다."라고 하였으니, 今本과 같지 않다.
文選注引曹大家曰"衛國作淫佚之音, 衛姬疾桓公之好. 是故不聽以厲桓公也", 後漢書列女傳注引"齊桓公好音樂, 衛姬不聽五音以諫", 與今本不同.

桓公이 管仲[19]과 甯戚[20]을 기용하여 霸道[21]를 행하니 諸侯들이 모두 조회하였으나 衛나라만 이르지 않았다. 이에 桓公이 管仲과 더불어 衛나라를 정벌하기를 도모하였다.

桓公用管仲甯(녕)戚하여 行霸道하니 諸侯皆朝하되 而衛獨不至어늘 桓公與管仲謀伐衛라

조회를 파하고 閨門으로 들어가니, 衛姬가 桓公을 바라보고 비녀와 귀고리를 빼며

19) 管仲 : 管夷吾(?~B.C. 645)를 가리킨다. 春秋時代 齊나라의 정치가이자 사상가로, 仲은 그의 자이다. 鮑叔牙의 추천으로 정치적으로 반대편이었던 桓公에게 발탁되어 卿의 벼슬에 올랐다. 桓公을 도와 제도를 개혁하고 국토를 효율적으로 구분하였으며, 상업과 수공업의 육성을 통하여 富國强兵을 꾀하였다. 대외적으로는 타국의 제후와 아홉 번 會盟하여 桓公으로 하여금 제후의 신뢰를 얻게 하고 남쪽에서 세력을 떨치기 시작한 楚나라를 눌러 桓公을 春秋五霸의 하나로 만들었다. 저서에 ≪管子≫가 있다.

20) 甯戚 : 寧戚이라고도 한다. 春秋時代 衛나라 사람으로 집이 가난하여 수레 아래에서 소를 먹이다가 齊桓公이 나오기를 기다려 쇠뿔을 두드리며 商歌를 노래하였다. 그 노래를 〈飯牛歌〉라 하는데, 그 가사에 "남산에 깨끗한 돌이여, 흰 돌이 다 닳도록 堯舜 같은 임금을 만나지 못하였으니 짧은 베 홑옷은 정강이도 못 가리네. 어둑한 새벽부터 깊은 밤까지 소를 먹이노니 긴긴 밤은 어느 때나 밝아올꼬.〔南山矸 白石爛 生不遭堯與舜禪 短布單衣不掩骭 從昏飯牛薄夜半 長夜漫漫何時旦〕" 하였다. 齊 桓公이 이 노래를 듣고 甯戚을 불러 이야기해보고 좋아하여 그를 재상으로 기용하였다.(≪藝文類聚≫ 권94)

21) 霸道 : 仁義를 무시하고 무력이나 권모로써 公利를 오로지 하는 정치를 말한다. 이와 반대로 王道는 先王이 행한 仁義에 바탕을 둔 정치를 말한다.

노리개를 풀고 堂에서 내려가 再拜한 다음 말하기를 "원컨대 衛나라의 죄를 청합니다."라고 하니, 환공이 말하기를 "내가 위나라와 아무런 일도 없는데 그대는 무엇을 청하는 것이오."라고 하였다. 위희가 대답하기를 "妾이 듣건대, 임금에게 세 가지 낯빛이 있으니 顯然히 즐거워하여 얼굴이 피어나 화락한 것은 鐘鼓를 치며 술과 음식을 먹을 낯빛이고, 寂然히 맑고 고요하여 의기가 가라앉는 것은 喪禍를 만날 낯빛이고, 忿然히 성낸 기운이 두루 퍼져 손발이 떨리는 것은 攻伐할 낯빛이라고 하였습니다. 지금 妾이 임금을 바라보니 발을 듦이 높고 안색이 씩씩하고 음성이 들떠 있으니, 위나라를 정벌하는데 뜻을 두고 있는 것입니다. 이런 까닭으로 죄를 청한 것입니다."라고 하니, 환공이 수긍하였다.

罷朝入閨①②하니 **衛姬望見桓公**하고 **脫簪珥**하며 **解環佩**하고 **下堂再拜曰 願請衛之罪**③라하니 **桓公曰 吾與衛無故**어늘 **姬何請耶**아 **對曰 妾聞之**호니 **人君有三色**하니 **顯然喜樂容貌淫樂者**는 **鐘鼓酒食之色**이요 **寂然清靜意氣沈抑者**는 **喪禍之色**이요 **忿然充滿手足矜動者**는 **攻伐之色**④이라 **今妾望君**호니 **擧趾**(지)**高**하고 **色厲音揚**하니 **意在衛也**⑤라 **是以請也**라하니 **桓公許諾**이라

① 罷朝入閨 : 閨는 宮中의 작은 문이다.
閨, 宮中小門也.

②【集注】罷朝入閨 : 王照圓이 이르기를 "閨는 궁중의 작은 문이다."라고 하였다. 내(蕭道管)가 상고해보건대, ≪說文解字≫에 閨는 우뚝 솟은 戶이니 위는 둥글고 아래는 네모난 것이 圭와 비슷한 점이 있다고 하였다.
王云 "閨, 宮中小門也." 道管案說文, 閨, 特立之戶, 上圜下方有似圭.

③【集注】衛姬望見桓公……願請衛之罪 : ≪淮南子≫에 衛姬가 桓公에게 죄를 논한 대목의 注에 "환공이 衛나라를 정벌할 뜻이 있었는데, 위희가 환공의 안색을 바라보고 알았다."라고 하였다.
淮南子衛姬論罪於桓公注, 桓公有伐衛之志, 衛姬望見桓公色而知之.

④【集注】人君有三色……攻伐之色 : 梁端이 이르기를 "≪管子≫[22] 〈小問篇〉의 東郭郵의 말이 이곳과 같다."라고 하였다. 내(蕭道管)가 상고해보건대, '人君有三色'으로부터 여기에 이르기까지는 ≪관자≫ 및 ≪呂氏春秋≫ 〈重言〉과 ≪韓詩外傳≫에 모두 있는데 각각 조금 다르다. 모두 환공이 管仲과 더불어 莒를 정벌하기를 도모한 것을 東郭牙가

22) 管子 : 管仲의 저서로, 齊桓公을 도와 民心敎化와 富國强兵을 꾀하던 여러 정책이 수록되어 있다. 管仲이 죽은 이후의 일이 많이 수록되어 있는 것으로 보아 後人이 여러 차례 增補한 듯하다. 24권으로 이루어져 있다.

알았다는 말과 관계되는데, ≪관자≫에만 '牙'가 '郵'로 되어 있다.

梁云 "管子小問篇東郭郵語, 與此同." 道管案人君有三色至此, 管子及呂覽重言韓詩外傳, 皆有之而各小異, 皆系桓公與管仲謀伐莒(거)東郭牙知之語, 惟管子牙作郵.

⑤ 擧趾高……意在衛也 : ≪여씨춘추≫에는 "발을 높이 들고 기운이 강하니 다른 나라를 정벌하려는 뜻이 있는 것이고, 妾을 보고 안색이 흔들렸으니 衛나라를 정벌하려는 것입니다."로 되어 있다. 여기에는 빠진 부분이 있어서 뜻이 완전하지 못하니 의당 보충하여 바로잡아야 한다.

呂覽作足高氣彊, 有伐國之志也, 見妾而有動色, 伐衛也. 此有闕脫而意未完善, 宜補正之.

〈桓公이〉 이튿날 조회에 나아가니 管仲이 달려 나와 말하기를 "주군께서 조회에 나오심에 안색이 공손하고 기운이 가라앉았으며 말씀도 천천히 하시어 다른 나라를 정벌하겠다는 뜻이 없으니, 이는 衛나라 정벌을 그만두시려는 것입니다."라고 하니, 환공이 말하기를 "옳다."라고 하였다. 이에 衛姬를 세워 부인을 삼고, 관중에게 호를 내려 仲父라 하고 말하기를 "부인은 안을 다스리고 관중은 밖을 다스리면 과인이 비록 어리석으나 세상에 바로 설 수 있을 것이다."라고 하였다.

明日臨朝하니 **管仲趨進曰 君之涖**(리)[23]**朝也**에 **恭而氣下**하고 **言則徐**하여 **無伐國之志**하니 **是釋衛也**로소이다 **桓公曰 善**타하고 **乃立衛姬爲夫人**하고 **號管仲爲仲父**라하고 **曰夫人治內**하고 **管仲治外**면 **寡人雖愚**나 **足以立於世矣**①라하더라

① 【集注】 諸侯皆朝……足以立於世矣 : 상고해보건대, '諸侯皆朝' 이하로부터 여기에 이르기까지 '人君有三色' 1단락을 제외하고 모두 ≪여씨춘추≫ 〈精諭篇〉에 근본하였는데 조금 다르다.

案自諸侯皆朝以下至此, 除人君有三色一段外, 皆本呂覽精諭篇而小異.

君子가 이르기를 "衛姬는 미덥고 덕행이 있었다."라고 하였다. ≪詩經≫에 말하기를 "진실로 이와 같은 사람이여, 나라의 아름다운 분이로다."[24]라고 하였다.

君子謂衛姬信而有行이라하니라 **詩曰 展如之人兮**여 **邦之媛也**로다

---

23) 涖 : ≪列女傳校注≫와 ≪列女傳集注≫에는 모두 '蒞'로 되어 있다.

24) 진실로……분이로다 : ≪詩經≫ 〈鄘風 君子〉에 보인다.

頌은 다음과 같다.

齊 桓公의 부인 衛姬는
충성스럽고 진실하였도다
환공이 음란한 음악을 좋아하거늘
위희가 자신을 바르게 닦았도다
안색을 보고 위나라의 죄를 청하니
환공이 가상히 여겼도다
안을 다스리게 해서
부인으로 세웠도다

頌曰 齊桓衛姬는 **忠款誠信**이로다 **公好淫樂**이어늘 **姬爲修身**이로다 **望色請罪**하니 **桓公加焉**①②이로다 **厥使治內**하야 **立爲夫人**이로다

① 桓公加焉 : '加'는 응당 '嘉'가 되어야 한다.
加當作嘉.

② 【校注】 桓公加焉 : 王安人이 말하기를 "'加'는 응당 '嘉'가 되어야 한다."라고 하였다. 상고해보건대, '加'와 '嘉'는 古字에 통용한다.
王安人曰 "加當作嘉." 案加・嘉古通.

2-3 晉 文公[25]의 부인 齊姜 晉文齊姜

齊姜은 齊 桓公의 宗室의 딸이고 晉 文公의 夫人이다. 처음에 문공의 아버지 獻公이 驪姬를 궁중으로 들였는데, 여희가 太子 申生을 참소하여 죽게 하였다. 문공은

25) 晉 文公 : 晉 獻公의 둘째 아들로 春秋五霸의 하나이다. 이름은 重耳이고, 성은 姬이다. ≪詩經≫ 〈秦風 渭陽〉의 注에 "≪春秋左氏傳≫을 살펴보면 晉 獻公이 齊姜을 간음하여 秦나라 穆夫人과 太子 申生을 낳았고 犬戎의 胡姬를 아내로 맞이하여 重耳를 낳았고, 小戎子는 夷吾를 낳았고, 驪姬는 奚齊를 낳았고, 그 여동생은 卓子를 낳았다. 驪姬가 申生을 참소하니, 申生은 자살하였고, 또 두 公子를 참소하니, 두 公子가 모두 國外로 도망하였다. 獻公이 죽자, 奚齊와 卓子가 뒤를 이어 즉위하였다가 모두 大夫 里克에게 시해당하였다. 秦 穆公이 夷吾를 본국으로 들여보내니, 이가 惠公이요, 그가 죽자 아들 圉가 즉위하니, 이가 懷公이다. 그가 즉위한 다음해에 秦 穆公이 또다시 重耳를 불러 본국으로 들여보내니, 이가 文公이다."라고 하였다.

公子 重耳로 불렸는데 舅犯[26]과 함께 狄 땅으로 달아났다가[27] 제나라로 가니, 제환공이 宗室의 딸로 아내를 삼아주고 매우 잘 대우해주어, 말이 20乘[28] 있었다. 공자는 장차 제나라에서 죽을 것이라고 여겨 말하기를 "인생은 안락하면 그만이니 그 밖의 다른 일을 누가 알리오."라고 하였다. 子犯(舅犯)은 문공이 제나라에 안주하려는 것을 알고 함께 떠나고자 하였으나 문공이 떠나려 하지 않을까 걱정하여 從者와 더불어 뽕나무 아래에서 모의할 때에 누에치는 여자가 거기에 있었다. 그 여자가 그 말을 듣고 姜氏에게 고하였는데, 강씨가 그 여자를 죽이고 공자에게 말하기를 "從者들이 장차 공자와 함께 떠나려고 하는지라 그 계획을 엿들은 자를 제가 이미 죽였으니 공자께서는 반드시 그 계획을 따르고 의심하지 마십시오. 의심하면 天命을 이루지 못할 것입니다. 공자께서 晉나라를 떠난 뒤부터 진나라는 평안한 해가 없었으니, 하늘이 진나라를 망하게 하지 않는다면 진나라를 소유할 자가 공자가 아니고 누구이겠습니까. 공자께서는 힘쓰십시오. 上帝께서 공자에게 임어하셨으니, 의심한다면 반드시 재앙이 있을 것입니다."[29]라고 하였다. 공자가 말하기를 "나는 가지 않겠소. 반드시 여기에서 죽을 것이오."라고 하였다. 강씨가 말하기를 "안 됩니다. ≪周詩≫에 '달려가는 征夫여 매양 미치지 못할 듯이 생각하도다.'라고 하였으니,[30] 아침 일찍부터 밤늦게까지 달려가면서도 오히려 미치지 못할까 두려워하는데, 하물며 평안함을 생각하고자 한다면 장차 어찌 미칠 수 있겠습니까. 사람이 목표에 도달하기를 구하지 않는다면 어찌 도달할 수 있겠습니까. 진나라의 혼란함은 오래가지 않을 것이니, 공자께서는 반드시 진나라를 소유하게 될 것입니다."라고 하였다. 그래도 공자가 말을 듣지 않았다.

齊姜은 齊桓公之宗女①요 晉文公之夫人也라 初文公父獻公이 納驪(려)姬러니 譖殺太子申生이라 文公號公子重耳니 與舅犯奔狄이라가 適齊하니 齊桓公以宗女妻之하고 遇之甚善하여 有馬二十乘이라 將死於齊②曰 人生安樂而已니 誰知其他리오 子犯知文公之安齊也하고 欲行而患之③하여

26) 舅犯 : 晉나라의 卿으로, 이름은 狐偃, 자는 子犯이다. 公子 重耳의 외삼촌이다. 咎犯이라고도 쓴다.

27) 狄……달아났다가 : 狄은 北方의 部族으로, 隗姓이다. ≪史記≫ 권39 〈晉世家〉에 "重耳가 드디어 狄으로 달아나니, 狄은 그 어머니의 나라이다.〔重耳遂奔狄 狄 其母國也〕"라고 하였다.

28) 乘 : 말을 세는 단위로, 1乘은 4마리이다.

29) 上帝께서……것입니다 : ≪詩經≫ 〈大雅 大明〉에 보인다.

30) 周詩에……하였으니 : ≪周詩≫는 ≪詩經≫ 〈小雅 皇皇者華〉를 말한다.

與從者謀於桑下할새 蠶妾在焉④이라 妾告姜氏한대 姜殺之하고 而言於公子曰 從者將以子行일새 聞者吾已除之矣니 公子必從하고 不可以貳⑤하소서 貳無成命이니이다 自子去晉으로 晉無寧歲하니 天未亡晉인댄 有晉國者가 非子而誰리오 子其勉之어다 上帝臨子[31]하니 貳必有咎리이다 公子曰 吾不動하고 必死於此矣⑥리라 姜曰 不可니이다 周詩曰 莘莘征夫⑦여 每懷靡及이라하니 夙夜征行하여도 猶恐無及이어든 況欲懷安이면 將何及矣리오 人不求及이면 其能及乎리오 亂不長世니 公子必有晉이니이다 公子不聽이라

① 【集注】 齊姜 齊桓公之宗女 : ≪史記≫ 〈晉世家〉에 근본하였다.
本史記晉世家.

② 【集注】 將死於齊 : ≪사기≫ 〈진세가〉에는 "齊나라 여인을 사랑하게 되어 齊나라를 떠나려는 마음이 없었다."라고 하였다.
史記, 愛齊女, 無去之.[32]

③ 欲行而患之 : 公이 기꺼이 떠나려 하지 않을까 근심한 것이다.
患公不肯行.

④ 【集注】 蠶妾在焉 : ≪사기≫ 〈진세가〉에는 '제나라 여인의 侍者가 뽕나무 옆에 있었다.'로 되어 있다.
史記作齊女侍者在桑上.

⑤ 不可以貳 : 貳는 의심함이다. 晉나라를 소유할 수 없을까 의심함이다.
貳, 疑也. 疑其不能有晉國.

⑥ 【校注】 吾不動 必死於此矣 : ≪國語≫에는 '矣'자가 '動' 아래에 있다.
國語矣字在動下.

⑦ 莘莘征夫 : 莘莘은 많은 모양이다. ≪毛詩≫에는 '駪駪'으로 되어 있는데, 여기서는 모두 ≪국어≫에 근본하였다.
莘莘, 衆多貌. 毛詩作駪(신)駪, 此俱本國語.

姜氏가 舅犯과 모의하여 公子에게 술을 먹여 취하게 하고는 수레에 실어 떠났다. 공자가 술에서 깨어 창을 구범에게 들이대며 말하기를 "만약 일이 이루어진다면 괜찮겠거니와 이루어지지 못한다면 내 숙부의 살을 씹어 먹은들 어찌 싫증을 내겠소." 라고 하고, 마침내 길을 떠나 曹나라, 宋나라, 鄭나라, 楚나라를 거쳐 秦나라로 들어

31) 子 : ≪列女傳集注≫에는 '女'로 되어 있다.
32) 無去之 : ≪史記≫ 권39 〈晉世家〉에는 '毋去心'으로 되어 있다.

가니, 秦 穆公[33)]이 군사를 내어 공자를 晉나라에 들여보냈다. 晉나라 사람들이 懷公[34)]을 죽이고 공자 重耳를 옹립하니, 이 사람이 바로 文公이다. 齊姜을 맞이하여 夫人을 삼고 드디어 천하에 霸者가 되어 諸侯의 盟主가 되었다.

姜與舅犯謀하여 醉하고 載之以行이러니 酒醒하여 公子以戈逐舅犯曰 若事有濟則可커니와 無所濟면 吾食舅氏之肉인들 豈有饜(염)哉리오하고 遂行①하여 過曹宋鄭楚而入秦하니 秦穆公乃以兵內(납)之於晉한대 晉人殺懷公而立公子重耳하니 是爲文公이라 迎齊姜以爲夫人②하고 遂伯(패)天下하여 爲諸侯盟主라

晉文齊姜

33) 秦 穆公 : 春秋時代 秦나라의 제9대 군주로 성은 嬴, 이름은 任好이며, 德公의 셋째 아들로 春秋五霸의 한 사람이다. 百里奚 등을 등용해서 국정을 정비하고, 東으로는 河西를 빼앗고 西로는 西戎을 쳐서 霸者가 되었으나 鄭을 치려다가 晉의 공격을 받아 패배하였다. 자세한 내용은 바로 뒤의 〈秦穆公姬〉에 보인다.

34) 懷公 : 春秋時代 晉나라의 제23대 군주로, 재위 5개월 만에 重耳에게 피살되었다. 惠公 夷吾의 아들로 이름은 子圉이다.

① 【集注】 遇之甚善……遂行 : '遇之甚善'으로부터 여기에 이르기까지는 모두 ≪國語≫에 근본하였다.
自遇之甚善至此, 皆本國語.

② 【集注】 過曹宋鄭楚而入秦……迎齊姜以爲夫人 : ≪국어≫와 ≪春秋左氏傳≫이 다르다.
國語與左傳異.

君子가 이르기를 "齊姜은 정결하고 경솔하지 않아 군자를 善으로 길렀도다."라고 하였다. ≪詩經≫에 말하기를 "저 아름다운 孟姜이여, 더불어 말할 수 있도다."[35]라고 하였으니, 이를 두고 이른 말이다.

君子謂齊姜潔而不瀆하여 能育君子於善①이라하니라 詩曰 彼美孟姜②이여 可與寤言③이라하니 此之謂也라

① 能育君子於善 : 育은 길러 성취시키는 것을 이른다.
育, 謂養長而成就之.

② 【校注】 彼美孟姜 : 〈'孟姜'은〉 ≪毛詩≫에 '淑姬'로 되어 있으니,[36] 魯나라 黔婁의 아내이다. 이 傳에서 이와 동일시한 것은 '有女同車'와 연관되어 잘못된 것이다.[37]
毛詩作淑姬, 魯黔婁妻. 傳同此, 涉有女同車而誤.

③ 彼美孟姜 可與寤言 : 이는 두 시[38]에 근본한 것이니, 이 傳은 의미로써 합친 것이다. '寤'는 '晤'와 같다.
此本二詩, 傳以意合之. 寤與晤同.

頌은 다음과 같다.

---

35) 저……있도다 : ≪詩經≫ 〈陳風 東門之池〉에 "동문의 못이여, 모시를 담글 수 있도다. 저 아름다운 淑姬여 더불어 말할 수 있도다.〔東門之池 可以漚麻 彼美淑姬 可與晤歌〕"라고 하였다.

36) 毛詩에……있으니 : 저본에는 '孟姜'으로 되어 있으나 ≪詩經≫ 〈陳風 東門之池〉에는 '淑姬'로 되어 있다.

37) 有女同車와……것이다 : ≪詩經≫ 〈鄭風 有女同車〉에 "여자가 수레를 함께 타니, 얼굴이 무궁화꽃 같도다. 장차 翺翔하나니, 佩玉이 瓊琚로다. 저 아름다운 孟姜이여, 진실로 아름답고 또 閑雅하도다.〔有女同車 顔如舜華 將翺將翔 佩玉瓊琚 彼美孟姜 洵美且都〕"라고 하여 孟姜으로 되어 있으므로 이른 말이다.

38) 두 시 : ≪詩經≫ 〈陳風 東門之池〉와 〈鄭風 有女同車〉를 가리킨다.

齊姜은 公平하고 正大하여
言行이 태만하지 않았도다.
晉나라 文公을 힘써 권하여
나라로 돌아감 의심치 말라 하였도다
公子가 듣지 않거늘
姜氏가 舅犯과 모의하였도다
취하게 하여 수레에 태워 보내서
마침내 霸業의 기반을 이루었도다

頌曰 齊姜公正하여 言行不怠로다 勸勉晉文하여 反國無疑라하더라 公子不聽이어늘 姜與犯謀로다 醉而載之하여 卒成霸基로다

2-4 秦 穆公의 부인 公姬 秦穆公姬

穆姬는 秦 穆公의 부인이니, 晉 獻公의 딸이요, 太子 申生의 同腹 누님이요, 惠公의 異腹 누님이다.〈穆姬는〉賢淑하고 義氣가 있었다. 헌공이 태자 신생을 죽이고 여러 公子[39]를 國外로 추방하였다. 혜공은 公子 夷吾라 불렸는데 梁나라로 달아났다가 헌공이 卒하기에 이르러 秦나라의 도움을 받아 本國으로 돌아와 즉위하였다. 처음 즉위하였을 때에 목희는 國外로 추방하였던 여러 公子를 받아들여 晉나라로 돌아오게 하기를 요구하여 말하기를 "公族[40]은 군주의 근본입니다."라고 하였는데, 혜공이 이 말을 듣지 않고 또 秦나라에 뇌물을 주겠다고 한 약속[41]도 저버렸다. 晉나라가

39) 여러 公子 : 晉나라 獻公은 9명의 아들을 두었다.

40) 公族 : 諸侯의 同姓 자손이다. ≪春秋左氏傳≫ 宣公 2년 조에 "당초 麗姬가 患亂을 일으켰을 적에 群公子를 기르지 않겠다고 盟誓하였으므로 이때부터 晉나라에는 公族이 없었다. 그러다가 成公이 卽位한 뒤에 卿의 適子에게 官職을 주고 土地까지 주어 公族大夫로 삼고, 또 卿의 餘子에게 官職을 주어 餘子로 삼고, 卿의 庶子에게 官職을 주어 公行으로 삼으니, 晉나라에 이때부터 公族・餘子・公行이 있게 되었다.〔初 麗姬之亂 詛無畜群公子 自是晉無公族 及成公卽位 乃宦卿之適子而爲之田 以爲公族 又宦其餘子 亦爲餘子 其庶子爲公行 晉於是有公族餘子公行〕"라고 하였다.

41) 秦나라에……약속 : 公子 夷吾가 자신이 秦나라의 도움을 받아 晉나라로 돌아와 왕위에 오를 때 秦나라에 토지를 바칠 것을 약속한 것을 말한다. ≪國語≫〈晉語 2 里克弑奚齊而秦立惠公〉에 의하면 公子 夷吾가 公子 縶을 개인적으로 만나서 말하기를 "임금께서 진실로 나를 도와주신다면, 天命을 기다릴 것도 없이 내가 반드시 성공할 것입니다. 망명객이 어떠한 방법으로라

기근이 들어 秦나라에 양식을 지원해주기를 청하자 秦나라가 보내주었는데, 秦나라가 기근이 들어 晉나라에 양식을 지원해주기를 청하자 晉나라는 보내주지 않았다.[42] 秦나라가 드디어 군사를 일으켜 晉나라와 전쟁을 벌여 晉나라의 군주인 혜공을 사로잡아 돌아왔다. 진 목공이 말하기를 "先人의 宗廟를 掃除하라. 寡人이 장차 晉나라 군주에게 나의 선조를 배알하게 하리라."라고 하였다.

穆姬者는 **秦穆公之夫人**①〔**也**〕[43]니 **晉獻公之女**요 **太子申生之同母**(**姉**)〔**姒**(사)〕②[44]요 **與惠公異母**라 **賢而有義**라 **獻公殺太子申生**하고 **逐群公子**라 **惠公號公子夷吾**니 **奔梁**이라가 **及獻公卒**하여 **得因秦立**이라 **始卽位**에 **穆姬使納群公子曰 公族者**는 **君之根本**이라한대 **惠公不用**하고 **又背秦賂**라 **晉饑**하여 **請粟於秦**한대 **秦與之**러니 **秦饑**하여 **請粟於晉**한대 **晉不與**라 **秦遂興兵與晉戰**하여 **獲晉君以歸**라 **秦穆公曰 掃除先人之廟**하라 **寡人將以晉君見**(현)③호리라

① 秦穆公之夫人〔也〕 : '人' 아래에 '也'자가 빠졌다.
人下脫也字.

② 【校注】 太子申生之同母(姉)〔姒〕 : 段玉裁의 校注에 말하기를 "이 글의 규례로 볼 때 응당 '姒'가 되어야 한다."라고 하였다.
段校曰 "此書之例, 當作姒."

③ 【集注】 寡人將以晉君見 : ≪史記≫ 〈秦本紀〉에 "繆公이 나라에 명령을 내리기를 '齋宿하라. 내 晉君을 제물로 하여 上帝께 제사지낼 것이다.'라고 하였다."로 되어 있다.
史記秦本紀, 作繆公令於國, 齋宿, 吾將以晉君祠上帝.

도 나라에 들어가게만 된다면 宗廟를 소제하고 社稷을 안정시킬 뿐이지 망명객이 어찌 국토까지 소유하려 들겠습니까? 임금께서도 실로 自國의 郡縣을 소유하고 계시지만 우선 黃河 너머에 늘어서 있는 다섯 城을 들여놓겠습니다.〔君苟輔我 蔑天命矣 吾必逐矣 亡人苟入 掃除宗廟 定社稷 亡人何國之與有 君實有郡縣 且入河外列城五〕"라고 하였고, ≪春秋左氏傳≫ 僖公 15년 조에 "晉侯는 中大夫들에게 賂物을 주기로 허락해 놓고는 임금이 된 뒤에는 모두 背信하였고, 秦伯에게 河外의 다섯 城을 賂物로 주되 동쪽으로는 虢나라의 경계까지 전부와 남쪽으로는 華山까지와 河內의 解梁城까지 주겠다고 허락해 놓고는 들어와 임금이 된 뒤에는 주지 않았다.〔晉侯許賂中大夫 旣而皆背之 賂秦伯以河外列城五 東盡虢略 南及華山 內及解梁城 旣而不與〕"라고 하였다.

42) 晉나라가……않았다 : ≪春秋左氏傳≫ 僖公 15년 조에 "晉나라에 饑饉이 들었을 때 秦나라는 양곡을 보내주었는데, 秦나라에 饑饉이 들자 晉나라는 糧穀 보내는 것을 막았다.〔晉饑 秦輸之粟 秦饑 晉閉之糴〕"라고 하였다.

43) 〔也〕 : 저본에는 '也'가 없으나, 王照圓의 注에 의거하여 보충하였다.

44) (姉)〔姒〕 : 저본에는 '姉'로 되어 있으나, ≪列女傳校注≫에 의거하여 '姒'로 바로잡았다.

穆姬가 이 소식을 듣고 太子 罃과 公子 宏[45]과 딸 簡璧과 함께 섶을 밟고 衰絰을 입고 가서 穆公을 맞이하였다. 그리고 목공에게 고하여 말하기를 "하늘이 재앙을 내려 두 나라 임금[46]으로 하여금 玉帛을 주고받는 禮로 만나게 못하고 군사를 일으키게 하였습니다. 婢子의 형제가 서로 가르치지 못하여 君命을 욕되게 하였습니다. 晉君이 아침에 들어오면 婢子는 저녁에 죽을 것이니, 임금께서는 헤아려 주소서."라고 하였다. 목공이 두려워하여 이에 惠公을 靈臺[47]에 안치하였다. 大夫들이 데리고 들어가기를 청하거늘, 목공이 말하기를 "晉君을 사로잡아 공을 이루고 돌아왔는데 지금 喪을 당하여 돌아간다면 장차 무슨 소용이 있겠는가."라고 하고, 드디어 晉君을 客館에 옮겨 모시고 七牢[48]로 대접한 다음 돌려보냈다.[49]

穆姬聞之하고 乃與太子罃(앵)公子宏與〔女〕[50]簡璧①으로 (衰(최)絰履薪)〔履薪하고 衰絰〕②[51]以迎이라 且告穆公曰 上天降災③④하여 使兩君匪以玉帛相見하고 乃以興戎이라 婢子娣姒(제사)가 不能相教⑤하여 以辱君命이라 晉君朝以入이면 婢子夕以死하리니 惟君其圖之⑥하소서 公懼하여 乃舍諸靈臺라 大夫請以入이어늘 公曰 獲晉君以功歸어늘 今以喪歸면 將焉用이리오하고 遂改館晉君하고 饋以七牢而遣之라

---

45) 太子……宏 : 罃은 秦 康公의 이름으로, 秦 穆公과 穆姬의 아들이고, 晉 文公의 外甥이다. '宏'은 '弘'으로도 쓴다.

46) 두……임금 : 秦 穆公과 晉 惠公을 말한다.

47) 靈臺 : 京兆 鄠縣에 있는 周나라의 古臺로, 임금의 遊觀이나 天象을 살피기 위한 臺이다.

48) 七牢 : 성대한 음식을 말한다. 牢는 古代에 제사에 사용하는 犧牲인데 소·양·돼지 세 가지 犧牲을 온전히 갖춘 것이 1牢이다.

49) 大夫들이……돌려보냈다 : ≪春秋左氏傳≫ 僖公 15년에 "大夫들이 데리고 들어가기를 청하거늘, 穆公이 말하기를 '晉侯를 잡아 가지고 돌아오는 것은 큰 收穫을 가지고 돌아오는 것인데, 데리고 돌아간 뒤에 喪이 난다면 무슨 소용이 있겠으며, 대부들에게는 무슨 이득이 있겠는가? 또 晉人들이 슬픔과 근심으로 나를 감동시키고 天地가 그 약속을 지키라고 나에게 요구하니, 晉나라 사람들의 근심을 생각하지 않는다면 그들의 노여움을 加重시키는 것이요, 내가 내 말을 저버리면 천지를 배반하는 것이다. 晉나라 사람들의 분노를 가중시키면 감당하기 어렵고 천지를 배반하면 상서롭지 못하니, 반드시 晉君을 돌려보낼 것이다.〔大夫請以入 公曰 獲晉侯 以厚歸也 既而喪歸 焉用之 大夫其何有焉 且晉人慼憂以重我 天地以要我 不圖晉憂 重其怒也 我食吾言 背天地也 重怒 難任 背天 不祥 必歸晉君〕'라고 하였다." 하였다.

50) 〔女〕 : 저본에는 '女'가 없으나, 王照圓의 注에 의거하여 보충하였다.

51) (衰絰履薪)〔履薪 衰絰〕 : 저본에는 '衰絰履薪'으로 되어 있으나, 王引之의 校正에 의거하여 '履薪衰絰'로 바로잡았다.

① 與〔女〕簡璧 : '與' 아래에 '女'자가 빠졌다.
與下脫女字.

② 【校正】 (衰絰履薪)〔履薪 衰絰〕: 王引之가 상고해보건대, ≪春秋左氏傳≫에 '衰絰'과 '履薪'을 두 가지 일로 삼았는데[52] 이 글에서는 합하여 하나로 만들었으니, 전혀 이해할 수 없다. 혹 '衰絰'을 '履薪'의 아래에 두고 '衰絰以迎'을 1句로 만들어야 하는데, 後人이 잘못 도치한 듯하다.
王引之案左傳衰絰與履薪爲二事, 此文合爲一, 殊不可解. 或衰絰在履薪之下, 衰絰以迎作一句, 後人誤倒其文也.

③ 上天降災 : 以下 30여 자는 ≪春秋左傳釋文≫ 및 ≪春秋左傳正義≫에 모두 이르기를 "古本에는 後人이 추가한 바가 없으나 여기에는 다시 있으니, 어느 글에서 나왔는지 알지 못하겠다."라고 하였다.
以下三十餘字, 左傳釋文及正義俱云 "古本無後人所加, 然此復有之, 未知出何書也."

④ 【校正】 上天降災 : 王引之가 상고해보건대, '上天降災' 이하 30여 자는 俗本 ≪춘추좌씨전≫이니, 곧 이에 의거하여 보태 넣은 것이다.
引之案上天降災以下三十餘字, 俗本左傳, 卽據此增入.

⑤ 婢子娣姒 不能相教 : '娣姒'는 '弟姊'와 같으니, 娣는 惠公을 이르고 姒는 穆姬가 스스로를 이른 것이다. ≪史記≫에는 '妾의 형제가 서로 구원하지 못하였다.'로 되어 있다.
娣姒猶弟姊也, 娣謂惠公, 姒穆姬自謂, 史記作妾兄弟不能相救.

⑥ 【校注】 惟君其圖之 : ≪춘추좌전석문≫ 및 ≪춘추좌전정의≫에 '曰上天降災'로부터 이하 42자를 後人이 추가한 바라고 하였고, ≪사기≫에도 그 글이 없는데, 이 傳에 있으니 아마 다른 글에서 채집한 듯하다.
左傳釋文及正義謂"自曰上天降災以下四十二字爲後人所加", 史記亦無其文, 此傳有之, 蓋采自他書也.

穆姬가 세상을 떠나고 목희의 아우 **重耳**가 **秦**나라에 들어왔는데 **秦**나라가 중이를 **晉**나라로 들여보내니, 이가 바로 **晉 文公**이다. **太子 罃**이 어머니의 은혜를 생각하여 그의 외삼촌을 전송하며 시를 짓기를 "내 외삼촌을 전송하여, **渭陽**에 이르노라. 무엇을 선물하는고, **路車**와 **乘黃**이로다."[53]라고 하였다.

---

52) 春秋左氏傳에……삼았는데 : ≪春秋左氏傳≫ 僖公 15년 조에 "穆姬는 晉侯가 잡혀 온다는 말을 듣고 太子 罃·弘과 딸 簡璧을 데리고 臺로 올라가 섶을 밟고서, 使者에게 免(문)하고 衰絰을 입고 가서 秦伯을 맞이하였다.〔穆姬聞晉侯將至 以太子罃弘與女簡璧登臺而履薪焉 使以免服衰絰逆〕"라고 하였으므로 이른 말이다.

穆姬死하고 穆姬之弟重耳入秦이어늘 秦送之晉하니 是爲晉文公이라 太子罃思母之恩하여 而送其舅氏也에 作詩曰 我送舅氏하여 曰至渭陽①호라 何以贈之오 路車乘黃이로다

①【集注】我送舅氏 曰至渭陽 : 상고해보건대, 〈毛詩序〉에 이르기를 "〈渭陽〉은 康公이 어머니를 생각하여 지은 詩이다.[54] 文公이 驪姬의 難을 만나 본국으로 돌아가지 못하고 秦姬가 죽었다. 그 후 穆公이 문공을 본국으로 들여보내니, 康公이 이때 太子가 되어 문공을 渭水 북쪽에서 전송하면서 어머니를 볼 수 없음을 생각하였다."라고 하였으니, 이 傳과 같다. 〈모시서〉에 또 이르기를 "강공이 卽位하게 되자, 이를 생각하여 이 詩를 지은 것이다."[55]라고 하였으니, 이 傳과 다르다.

秦穆公姬

53) 내……乘黃이로다 : ≪詩經≫ 〈秦風 渭陽〉에 보인다. 路車는 제후가 타는 수레이고 乘黃은 황색의 네 필 말이다.

54) 渭陽은……詩이다 : ≪詩經≫ 〈秦風 渭陽 序〉에는 이 구절 뒤에 '康公의 어머니, 즉 秦姬는 晉獻公의 딸이었는데〔康公之母 晉獻公之女〕'라는 구절이 더 있다.

55) 康公이……것이다 : ≪詩經≫ 〈秦風 渭陽 序〉에는 이 구절 앞에 '내 舅氏를 보니 어머니가 생존해 계신 듯하다 하였다.〔我見舅氏 如母存焉〕'라는 구절이 더 있다.

案毛詩序云“渭陽, 康公念母也. 文公遭驪姬之難, 未反而秦姬卒. 穆公納文公, 康公時爲太子, 贈送文公于渭之陽, 念母之(下)〔不〕[56]見也.” 與此傳同. 又云“及其卽位, 思而作是詩.” 與此傳異.

君子가 말하기를 “자애로운 어머니가 孝子를 낳는다.”라고 하였다. ≪詩經≫에 이르기를 “威儀를 공경하고 삼가여야, 백성의 모범이 되리라.”[57]라고 하였으니, 穆姬를 두고 이른 말이다.

君子曰 慈母生孝子라하니라 詩云 敬愼威儀라야 維民之則(칙)이리라하니 穆姬之謂也라

頌은 다음과 같다.

秦나라 穆公의 부인은
晉나라 惠公의 누님이로다
秦나라가 晉君을 잡아가니
夫人이 눈물을 흘렸도다
구하지 못함을 애통해하여
이에 장차 죽으려 하니
목공이 이를 의롭게 여겨
드디어 그 아우를 풀어주었도다

頌曰 秦穆夫人은 晉惠之姉로다 秦執晉君하니 夫人流涕로다 痛不能救하여 乃將赴死하니 穆公義之하여 遂釋其弟로다

2-5 楚 莊王[58]의 부인 樊姬 楚莊樊姬

樊姬는 楚 莊王의 夫人이다. 장왕이 즉위한 후에 사냥하는 것을 좋아하였다. 번희

56) (下)〔不〕: ≪列女傳集注≫의 注에는 ‘下’로 되어 있으나, ≪詩經≫ 〈秦風 渭陽 序〉에 의거하여 ‘不’로 바로잡았다.

57) 威儀를……되리라 : ≪詩經≫ 〈大雅 抑〉과 〈魯頌 泮水〉에 보인다.

58) 楚 莊王 : 春秋五覇의 하나로, 荊莊王이라고도 일컫는다. 羋(미)姓이고 이름은 旅이다. ‘旅’는

가 간하였는데도 그치지 않자, 이에 禽獸의 고기를 먹지 않았다. 장왕이 허물을 고쳐 정사를 부지런히 하였다.

樊(번)姬는 楚莊王之夫人也①라 莊王卽位②에 好狩獵③이라 樊姬諫不止한대 乃不食禽獸之肉하니 王改過④하여 勤於政事러라

① 樊姬 楚莊王之夫人也 : ≪文選≫ 注의 이 구절을 인용한 곳에는 樊姬 위에 '楚莊王'이라는 3자가 있다. ≪문선≫에는 '王'자가 衍字이고, 이 傳에는 '楚莊' 2자가 빠졌다.
文選注引樊姬上有楚莊王三字. 彼衍王字, 此脫楚莊二字.

② 【校注】 莊王卽位 : ≪문선≫ 注에는 '卽位' 위에 '初'자가 있다.
文選注卽位上有初字.

③ 好狩獵 : ≪문선≫ 注의 이 구절을 인용한 곳에는 '獵' 아래에 '畢弋' 2자가 있다.
文選注引獵下有畢弋二字.

④ 王改過 : ≪문선≫ 注의 이 구절을 인용한 곳에는 '王' 위에 '三年'이라는 2자가 있고 '改' 아래에는 '過'자가 없다.
文選注引王上有三年二字, 改下無過字.

王이 일찍이 조정에 나가 정무를 보다가 늦게 파하였는데 樊姬가 殿에서 내려와 맞이하여 말하기를 "어찌 이리 늦게 파하였습니까? 피곤하지 않으십니까?"라고 하니, 王이 말하기를 "賢者와 더불어 얘기를 나누다 보니 피곤한 줄을 몰랐소."라고 하였다. 번희가 말하기를 "王께서 이른바 현자란 누구입니까?"라고 하니, 왕이 말하기를 "虞邱子란 사람이오."라고 하였다. 번희가 입을 가리고 웃자, 왕이 말하기를 "그대가 웃는 것은 무엇 때문이오?"라고 하니, 번희가 말하기를 "우구자는 현명하다면 현명하거니와 충성스럽지는 않습니다."라고 하였다. 왕이 말하기를 "무엇을 뜻하는 말이오?"라고 하니, 번희가 대답하기를 "妾이 왕을 모신 지 11년이 되었는데 사람을 보내 鄭나라와 衛나라에 가서 美人을 구하여 왕께 추천하였습니다. 지금 첩보다 나은 자가 두 사람이고, 첩과 同列에 있는 자가 일곱 사람입니다. 첩이 어찌 왕의 총애를 독차지하고 싶지 않겠습니까마는, 첩이 들으니 堂 위에 여자를 여럿 두는 것은 사람의 재능을 살피기 위해서라고 하였습니다. 첩이 私心으로 公義를 가릴 수 없어서 왕께서 많은 후비를 살

'呂' 또는 '侶'로도 쓴다. B.C. 597년 晉나라와 벌인 邲 땅의 전투에서 대승을 거둠으로써 中原의 패자가 되었으며, 春秋五霸 가운데 유일하게 王이라는 칭호를 썼다.

펴보아 사람의 재능을 알아보기를 바란 것입니다. 그런데 지금 우구자가 楚나라의 재상이 된 지 10여 년 동안에 천거한 자가 子孫이 아니면 同族 형제였고, 현자를 추천하고 不肖한 자를 물리쳤다는 말을 들어본 적이 없으니, 이는 임금의 눈을 가리고 현자의 길을 막는 것입니다. 현자를 알고도 추천하지 않는다면 이는 충성스럽지 못한 것이요, 현자를 알지 못하였다면 이는 지혜롭지 못한 것입니다. 첩이 웃는 것이 또한 당연하지 않습니까."라고 하였다. 王이 이 말을 듣고 기뻐하였다.

王嘗聽朝罷晏이어늘 **姬下殿**①**迎曰 何罷晏也**오 **得無(飢)〔劒〕**[59]**倦乎**②아 **王曰 與賢者語**하니 **不知(飢)〔劒〕倦也**로라 **姬曰 王之所謂賢者何也**③오 **曰 虞邱**[60]**子也**④라 **姬掩口而笑**어늘 **王曰 姬之所笑何也**오 **曰虞邱子賢則賢矣**어니와 **未忠也**니이다 **王曰 何謂也**오 **對曰 妾執巾櫛**(즐)⑤**十一年**이로되 **遣人之鄭衛**하여 **求美人**하여 **進於王**⑥하니 **今賢於妾者二人**이요 **同列者七人**이라 **妾豈不欲擅王之愛寵哉**⑦리오마는 **妾聞堂上兼女**⑧⑨는 **所以觀人能也**라하니 **妾不能以私蔽公**하여 **欲王多見**하여 **知人能也**라 **今虞邱子相楚十餘年**⑩에 **所薦非子(弟)〔孫〕**⑪[61]이면 **則族昆弟**요 **未聞進賢退不肖**하니 **是蔽君而塞賢路**라 **知賢不進**이면 **是不忠**이요 **不知其賢**이면 **是不智也**라 **妾之所笑**가 **不亦可乎**아 **王悅**이라

① 姬下殿 : 古人이 거처하는 곳을 통틀어 殿이라고 일컬었다.
古人所居, 通謂之殿.

② 【校正】 得無(飢)〔劒〕倦乎 : 洪頤煊[62]이 상고해보건대, '飢倦'은 응당 '劒倦'이 되어야 하니, ≪漢書≫ 〈司馬相如傳〉에 "극도로 피곤하다."라고 하였는데, 이에 대한 郭璞의 注에 말하기를 "피곤함이다."라고 하였고, 또 말하기를 "劒은 극도로 피곤함이다."라고 하였다. 이곳과 下文에 모두 '飢倦'으로 되어 있는 것은 식견이 얕은 사람이 고친 것이다.
頤煊案飢倦當作劒倦, 漢書司馬相如傳"窮極倦劒", 郭璞曰 "疲懲也." 又曰 "劒, 疲極." 此與下文俱作飢倦者, 淺人所改.

③ 王之所謂賢者何也 : ≪文選≫ 注의 이 구절을 인용한 곳에는 '賢者' 아래에 '제후의 빈객입니까? 아니면 國中의 선비입니까?'라는 10자가 있고, '何也' 2자는 없다.
文選注引賢者下有諸侯之客與將國中士也十字, 而無何也二字.

---

59) (飢)〔劒〕 : 저본에는 '飢'로 되어 있으나, 洪頤煊의 校正에 의거하여 '劒'으로 바로잡았다. 이하도 같다.

60) 邱 : ≪列女傳校注≫와 ≪列女傳集注≫에는 모두 '丘'로 되어 있다. 이하도 같다.

61) (弟)〔孫〕 : 저본에는 '弟'로 되어 있으나, 王照圓의 注에 의거하여 '孫'으로 바로잡았다.

62) 洪頤煊 : 1765~1833. 淸나라 臨海 사람으로, 자는 筠軒, 호는 卷舫老人이다. 孫星衍의 문인으로 經史를 정밀하게 연구하였다.

④【校注】虞丘子也 : ≪韓詩外傳≫에 '沈令尹'으로 되어 있다.
韓詩外傳作沈令尹.

⑤ 妾執巾櫛 : 천으로 먼지를 닦고 빗으로 머리를 빗는다. ≪문선≫ 注의 이 구절을 인용한 곳에는 '첩이 다행히 후궁에 충원되었다.'로 되어 있다. 이로부터 이하의 문자는 상세함과 소략함이 서로 다르나 大意는 같다.
巾以拂拭, 櫛以理髮. 文選注引作妾幸得充後宮. 自此以下文字, 詳略互異, 而大意則同.

⑥【集注】遣人之鄭衛……進於王 : ≪史記≫에 "莊王이 왼쪽에 鄭姬를 안고, 오른쪽에 越女를 안았다."라고 하였고, ≪琴操≫[63]에 "莊王이 樊姬를 사랑하였으나 감히 자리를 독차지하지 않고 여러 妾을 단장하여 하여금 다시 왕을 모시게 하였다."라고 하였다.
史記"莊王左抱鄭姬, 右抱越女." 琴操"莊王愛幸樊姬, 不敢專席, 飾衆妾使更侍王."

⑦【集注】妾豈不欲擅王之愛寵哉 : ≪금조≫에는 "妾이 尊貴함을 오로지 하고 사랑을 독차지하고자 하지 않았다."[64]로 되어 있다.
琴操作妾非不欲專貴擅愛也.

⑧ 妾聞堂上兼女 : '兼'자는 오자인 듯하다.
兼字疑誤.

⑨【集注】妾聞堂上兼女 : 王安人이 이르기를 "兼 자는 오자인 듯하다."라고 하였다. 내(蕭道管)가 상고해보건대, 바로 兼味・兼人이라고 할 때의 兼의 뜻이다.
王云"兼字疑誤." 道管案卽兼味・兼人之兼.

⑩【集注】今虞丘子相楚十餘年 : ≪新序≫에는 '數十年'으로 되어 있다.
新序作數十年.

⑪ 所薦非子(弟)〔孫〕: '弟'자는 아래 구절과 중복되니, ≪문선≫ 注의 이 구절을 인용한 곳에 '弟'가 '孫'으로 되어 있는 것이 옳다.
弟字與下句重複, 文選注引弟作孫是也.

이튿날 王이 樊姬의 말을 虞邱子에게 전하자, 우구자가 자리를 피하고 대답할 바를 알지 못하였다. 우구자가 이에 재상의 직위를 피하고 사람으로 하여금 孫叔敖[65]를 맞이하여 천거하게 하니, 왕이 손숙오를 令尹[66]으로 삼아 楚나라를 다스린 지 3년

63) 琴操 : 漢나라 때 蔡邕이 撰한 책으로, 2권으로 이루어져 있다.
64) 妾이……않았다 : ≪琴操≫에는 이 앞에 '妾幸得侍王'이 더 있다.
65) 孫叔敖 : 春秋時代 楚나라 재상으로, 羋(미)姓 蔿氏이고 이름이 敖, 자가 孫叔이다. 莊王을 도와 霸業을 이루었으나, 천성이 매우 청렴하였으므로 그가 죽은 뒤 妻子가 땔나무를 팔아 생활할 정도로 가난하였다.

만에 莊王이 霸業을 이루었다.

明日에 王以姬言告虞邱子한대 邱子避席하고 不知所對라 於是避舍①하고 使人迎孫叔敖而進之하니 王以爲令尹②하여 治楚三年에 而莊王以霸이라

① 於是避舍 : 舍는 거처하는 곳이다. 재상의 직위를 사양하고자 하였기 때문에 피한 것이다.
舍, 所居也. 欲辭相位, 故避之.

② 【集注】 王以爲令尹 : ≪史記≫에 "손숙오라는 자는 楚나라의 處士이다. 우구자가 楚 莊王에게 재상으로 추천하여 자신을 대신하게 하였는데 3달 만에 楚나라의 재상이 되었다."라고 하였다. ≪說苑≫[67]에도 같다.
史記 "孫叔敖者, 楚之處士也. 虞丘相進之於楚莊王, 以自代也, 三月爲楚相." 說苑同.

楚나라 史書에 말하기를 "莊王이 霸業을 이룬 것은 번희의 힘이다."라고 하였다. ≪詩經≫에 말하기를 "大夫들은 일찍 물러가, 군주를 수고롭게 말라고 하였다."[68]라고 하였으니, 군주라는 것은 女君을 이른다. 또 말하기를 "아침저녁으로 온순하고 공경하여, 제사를 행함을 정성스럽게 하니라."[69]라고 하였으니, 이를 두고 이른 말이다.

楚史書曰 莊王之霸는 樊姬之力也라하니라 詩曰 大夫夙退하여 無使君勞라하니 其君者는 謂女君也라 又曰 溫恭朝夕하여 執事有恪이라하니 此之謂也라

頌은 다음과 같다.

樊姬는 겸손하고 사양하여
질투하는 마음 없었도다
美人들을 천거하여
자신과 함께 거처하였도다
虞邱子를 풍자하여

66) 令尹 : 楚나라의 관직명으로, 재상에 해당하는 직책이다.

67) 說苑 : 漢나라 劉向이 지은 책으로, 春秋時代부터 漢初까지의 여러 학자들의 傳記와 逸事 등을 모았다. 20권으로 이루어져 있다.

68) 大夫들은……하였다 : ≪詩經≫ 〈衛風 碩人〉에 보인다.

69) 아침저녁으로……하니라 : ≪詩經≫ 〈商頌 那〉에 보인다.

현자의 진로를 막는다 하였도다
楚나라 莊王이 이 말을 받아들여
功業을 세워 마침내 패업을 이루었도다

頌曰 樊姬謙讓하여 靡有嫉妬(투)로다 薦進美人하여 與己同處로다 非刺虞邱라 蔽賢之路로다 楚莊用焉하여 功業遂伯(패)①로다

① 功業遂伯 : '伯'는 '覇'와 古字에 통용하였고, '處'·'路'와 韻字이다.
伯與覇古字通, 與處·路韻.

2-6 周南[70]의 아내　周南之妻

周南의 아내는 주남의 大夫의 아내이다. 대부가 명을 받아 水土를 다스리러 갔는데 예정된 기한이 지나도록 돌아오지 않았다. 대부의 아내가, 대부가 王事에 게을리할까 두려워하여 그 이웃 사람들에게 평소에 대부와 나누었던 대화를 진술하기를 "國家에 어려움이 많거든 힘을 다해 나랏일을 할 뿐 남의 질책을 받아 부모에게 근심을 끼치는 일은 없어야 합니다. 옛날에 舜이 歷山에서 농사를 짓고 雷澤에서 고기를 잡고 河濱에서 도자기를 구웠으니,[71] 순이 할 일이 아니었으나 순이 이러한 일을 한 것은 부모를 봉양하기 위해서였습니다. 집안이 가난하고 어버이가 연로하였거든 관직을 가리지 않고 벼슬할 것이요, 어버이가 우물에서 물을 긷고 절구질을 하거든 아내를 가리지 않고 장가드는 것입니다. 그러므로 부모가 계시면 時世와 조금 맞추어 大義를 어그러뜨리지 말고 환란과 해로움에 걸리지 말아야 할 따름입니다. 鳳凰은 그물에 걸리지 않고 麒麟은 陷穽에 들어가지 않고 蛟龍은 메마른 못에 가지 않습니다. 鳥獸의 지혜가 오히려 해로움을 피할 줄 알거든 하물며 사람에 있어서야 말할 나위 있겠습니까. 亂世에 태어나서 道理를 말하지 못하고 暴虐함에 내몰려 義를 행

70) 周南 : 옛 지명이다. ≪史記≫ 〈太史公自序〉에 대한 裵駰의 ≪集解≫에 虞摯의 說을 인용하기를 "옛적의 周南은 바로 지금의 洛陽이다.〔古之周南 卽今之洛陽〕"라고 하였다. ≪漢書≫ 〈司馬遷傳〉에 대한 顔師古의 注에 張晏의 說을 인용하기를 "洛陽을 周南이라고 이르는 것은 陝縣으로부터 동쪽은 모두 周南의 땅이기 때문이다.〔洛陽而謂之周南者 自陝以東 蓋周南之地也〕"라고 하였다.

71) 옛날에……구웠으니 : ≪史記≫ 〈五帝本紀〉에 보인다.

할 방법이 없는데도 벼슬하는 것은 부모가 계시기 때문입니다."라고 하였다. 이에 대부의 아내가 詩를 지어 말하기를 "魴魚의 꼬리가 붉거늘, 王室이 훼손될 듯하도다. 비록 훼손될 듯하나, 부모가 매우 가까이 계시니라."[72]라고 하였으니, 이는 어찌할 방도가 없어서였을 것이다.

周南之妻者는 周南大夫①之妻也라 大夫受命하여 平治水土러니 過時不來②어늘 妻恐其懈於王事하여 蓋與其隣人陳素所與大夫言③ 國家多難이어든 惟勉强之요 無有譴怒하여 遺父母憂라 昔舜耕於歷山하고 漁於雷澤하고 陶於河濱하니 非舜之事로되 而舜爲之者는 爲養父母也라 家貧親老어든 不擇官而仕④하고 親操井臼어든 不擇妻而娶⑤라 故父母在면 當與時小同하여 無虧大義하고 不罹(리)患害⑥而已라 夫鳳凰不離於(蔚)〔罻(위)〕⑦⑧[73]羅하고 麒麟不入於陷穽하고 蛟龍不及於枯澤하나니 鳥獸之智가 猶知避害어든 而況於人乎아 生於亂世하여 不得道理하고 (而)[74]迫於暴虐⑨하여 不得行義나 然而仕者는 爲父母在故也일새니라하고 乃作詩曰 魴(방)魚赬(정)尾어늘 王室如毁⑩⑪로다 雖則如毁나 父母孔邇시니라하니 蓋不得已也라

① 周南大夫：周南은 ≪韓詩外傳≫에 이르기를 "南郡과 南陽의 사이에 있다."라고 하였다. 大夫는 그 이름이 전하지 않는다.
周南, 韓詩云 "在南郡南陽之間." 大夫者, 失其名.

② 【集注】 大夫受命……過時不來：≪毛詩正義≫에 王肅[75]의 말을 인용하여 "〈殷나라〉 紂王 때에 大夫가 부역을 나갔다."라고 하였고, 王基의 말을 인용하여 "汝墳의 大夫가 오랜 시일이 지나도록 돌아오지 않았다."라고 하였다.
毛詩正義引王肅曰 "當紂之時, 大夫行役." 王基曰 "汝墳之大夫, 久而不歸."

③ 陳素所與大夫言：素는 平日과 같다. 대부와 나누었던 대화는 바로 그 남편을 바로잡는 말이다.
素, 猶平日也. 所與大夫言, 卽匡正其夫之詞.

④ 【集注】 家貧親老 不擇官而仕：≪한시외전≫에 "曾子가 莒 땅에 벼슬할 때에 봉록으로 곡식 3秉을 받았다. 이때에 증자는 〈어버이를 모시고 있었기 때문에〉 그 봉록을 중시

---

72) 魴魚의……계시니라：≪詩經≫ 〈周南 汝墳〉에 보인다.

73) (蔚)〔罻〕：저본에는 '蔚'로 되어 있으나, ≪列女傳校注≫에 의거하여 '罻'로 바로잡았다.

74) (而)：저본에는 '而'가 있으나, 王照圓의 注에 의거하여 衍文으로 처리하였다.

75) 王肅：195~256. 三國時代 魏나라의 經學家로, 자는 子雍, 시호는 景侯이다. 議郞, 侍中, 太常 등의 벼슬을 역임하였다. 賈逵와 馬融의 古文 經學을 존숭하였으며, 鄭玄에 대해서는 古文을 세운 점은 인정했지만 今文說을 채용했다 하여 ≪聖證論≫을 지어 논박하였다. 저서에 ≪尙書駁議≫, ≪毛詩義駁≫, ≪尙書王氏注≫, ≪毛詩王氏注≫, ≪王子正論≫ 등이 있다.

하고 자신을 가벼이 여겼다. 어버이가 돌아가신 후에 齊나라에서는 재상으로, 楚나라에서는 令尹으로, 晉나라에서는 上卿으로 맞이하려고 하였다. 이때에 증자는 그 자신을 중시하고 녹봉을 가벼이 여겼다.[76] 짐이 무겁고 갈 길이 먼 자는 땅을 가리지 않고 쉬어야 하고, 집안이 가난하고 어버이가 연로한 자는 관직을 가리지 않고 벼슬해야 한다."라고 하였다. ≪孟子≫ 〈不孝有三章〉[77]의 趙岐의 注에 "禮에 집안이 가난하고 어버이가 연로한데도 녹봉을 위해 벼슬하지 않는 것이 두 번째 不孝이다."라고 하였다.

韓詩外傳 "曾子仕於莒(거), 得粟三秉. 方是之時, 曾子重其祿而輕其身. 親沒之後, 齊迎以相, 楚迎以令尹, 晉迎以上卿. 方是之時, 曾子重其身而輕其祿. 任重道遠者, 不擇地而息. 家貧親老者, 不擇官而仕." 孟子不孝有三章趙注 "於禮家貧親老不爲祿仕, 二不孝也."

⑤ 【集注】 親操井臼 不擇妻而娶 : ≪맹자≫ 〈仕非爲貧章〉[78]의 조기의 注에 "벼슬함은 본래 道를 행하고 백성을 구제하기 위해서이나, 집안이 가난하고 부모가 연로하여 벼슬하는 경우가 있고, 아내를 데려옴은 본래 後嗣를 잇기 위해서이나, 부모가 밥 짓고 부엌일을 하여 아내를 가리지 않고 장가드는 경우가 있다."라고 하였다.

孟子仕非爲貧章趙注, 仕本爲行道濟民也, 而有以居貧親老而仕者. 娶妻本爲繼嗣也, 而有以親執釜竈, 不擇妻而娶者.

⑥ 不罹患害 : '罹'는 '遭'와 같다.

罹, 猶遭也.

⑦ 鳳凰不離於蔚(蔚)〔罻〕 : 離는 또한 罹이고, 蔚은 또한 罻이니, 모두 古字에 통용하였다.

離亦罹也, 蔚亦(蔚)〔罻〕[79]也, 俱古字通.

⑧ 【校注】 鳳凰不離於(蔚)〔罻〕羅 : '蔚'은 응당 '罻'가 되어야 한다.

---

76) 이때에……여겼다 : ≪韓詩外傳≫에는 이 뒤에 "훌륭한 보배를 품고서 나라를 어지럽게 하는 자와는 더불어 仁을 말할 수 없고, 자신을 곤궁하게 하여 그 어버이를 고생시키는 자와는 더불어 孝를 논할 수 없다.〔懷其寶而迷其國 不可與語仁 窘其身而約其親 不可與語孝〕"라는 말이 더 있다. 참고로 ≪論語≫ 〈陽貨〉에, 陽貨가 孔子를 보고 "훌륭한 보배를 품고서 나라를 어지럽게 하는 것을 仁이라고 할 수 있겠는가.〔懷其寶而迷其邦 可謂仁乎〕"라고 한 말이 보인다.

77) 不孝有三章 : ≪孟子≫ 〈離婁 上〉 26章을 말한다. 거기에 孟子가 말하기를 "不孝가 세 가지 있으니, 그중에 後孫이 없는 것이 가장 크다. 舜임금이 부모에게 아뢰지 않고 장가든 것은 후손이 없을까 염려해서이니, 君子가 '아뢴 것과 같다.'고 말하였다.〔不孝有三 無後爲大 舜不告而娶 爲無後也 君子以爲猶告也〕"라고 하였다.

78) 仕非爲貧章 : ≪孟子≫ 〈萬章 下〉 5章을 말한다. 거기에 孟子가 말하기를 "벼슬함은 가난을 위해서가 아니지만, 때로는 가난을 위한 경우가 있으며, 아내를 얻음은 봉양을 위해서가 아니지만, 때로는 봉양을 위한 경우가 있다.〔仕非爲貧也 而有時乎爲貧 娶妻非爲養也 而有時乎爲養〕"라고 하였다.

79) (蔚)〔罻〕 : 저본에는 '蔚'로 되어 있으나, 臺灣 商務印書館本 ≪列女傳補注≫와 ≪列女傳校注≫에 의거하여 '罻'로 바로잡았다.

蔚, 當作罻.

⑨ (而)迫於暴虐 : '而'자는 衍文이고, 아래에 '以能匡夫'라고 이른 곳의 '而'자 또한 衍文이다. 而字衍, 下云"而能匡夫"而字亦衍.

⑩ 王室如毁 : 毁는 훼손이다. ≪毛詩≫에 '燬'로 되어 있으니, 이는 아마 ≪魯詩≫인 듯하다. 王室이 多難함이 마치 장차 훼손되어 견고하지 못하게 될 듯함을 말한 것이다. 毁, 缺壞也. 毛詩作燬(훼), 此蓋魯詩也. 言王室多難, 如將毁缺, 不堅完也.

⑪ 【校正】 王室如毁 : 臧庸이 상고해보건대, '毁'는 곧 '燬'의 생략인 듯하니, 假借字이다. 庸案毁恐卽燬之省(생), 借字也.

君子가 이로 인해 周南의 대부의 아내가 남편을 바로잡을 것을 알았다.

君子以是知周南之妻가 (而)[80]能匡夫也①라

周南之妻

80) (而) : 저본에는 '而'가 있으나, 王照圓의 注에 의거하여 衍文으로 처리하였다.

① 【校注】(而)能匡夫也 : 段氏(段玉裁)가 말하기를 "'而'가 곧 '能'인데 식견이 짧은 사람이 또 '能'자를 더한 것이다.
段氏曰 "而, 卽能也, 淺人又添能字.

頌은 다음과 같다.

周南의 大夫의 아내는
그 남편이 나가 水土를 다스렸도다
王事를 게을리하지 말고
힘써 일해 부모를 위하라 경계하였도다
모든 일에 해로움 멀리함은
어버이 계시기 때문이라네
魴魚라는 시를 지어
남편을 신칙하였도다

頌曰 周大夫妻는 夫出治土로다 維戒無怠하고 勉爲父母로다 凡事遠(周)①〔害〕[81]는 爲親之在라 作詩魴魚하여 以勅君子로다

① 【校正】凡事遠(周)〔害〕: 王念孫이 상고해보건대, '周'는 응당 '害'가 되어야 하니, 上文에 '害'자가 모두 두 번 보이니, 이것이 바로 그 증거이다. 隸書로 '害'자를 혹 '[illegible]'로 쓰기도 하니, '周'와 서로 비슷하다. 또 上文의 '周南'과 연관되어 잘못된 것이다.
念孫案周當爲害, 上文害字凡兩見, 是其證. 隸書害字, 或作[illegible], 與周相似. 又涉上文周南而誤.

2-7 宋나라[82] 鮑蘇의 아내 女宗 宋鮑女宗

女宗은 宋나라 鮑蘇의 아내이다. 그녀는 매우 공경스럽게 시어머니를 봉양하였다. 포소가 衛나라에 벼슬한 지 3년 만에 外妻[83]를 얻었으나 여종은 시어머니를 더욱

81) (周)〔害〕: 저본에는 '周'로 되어 있으나, 王念孫의 校正에 의거하여 '害'로 바로잡았다.
82) 宋나라 : 子姓이다. 周나라 초기에 封한 諸侯國으로 開國 君主는 商나라 紂王의 庶兄 微子啓이다. 商丘에 도읍하였으니, 지금의 河南 東部와 山東, 江蘇, 安徽 사이에 있었다. 戰國時代에 齊나라에 멸망하였다.

공경스럽게 봉양하였다. 〈宋나라와 衛나라를〉 왕래하는 사람을 통해 그 남편의 안부를 물었더니 〈포소가〉 外妻에게 매우 후한 재물을 보내준다고 하였다. 여종의 맏동서가 말하기를 "이 집을 떠날 만하네."라고 하였다. 여종이 말하기를 "무슨 이유입니까?"라고 하니, 맏동서가 말하기를 "남편에게 이미 좋아하는 사람이 생겼으니, 그대가 무엇 때문에 남아 있겠는가."라고 하였다. 여종이 말하기를 "婦人은 한번 혼례를 올렸으면 改嫁하지 않으니, 남편이 죽어도 개가하지 않습니다. 삼과 숫삼을 잡고 누에고치를 다루며 비단을 짜고 둥근 끈을 짜서 의복을 장만해서 남편을 섬기고, 방을 깨끗이 청소하고 술을 담가서 덮으며[84] 음식을 마련하여 올려 시부모를 섬깁니다. 오로지 한결같은 마음을 가지는 것을 貞이라 하고 잘 따르는 것을 順이라 합니다. 貞順은 婦人의 지극한 행실인데, 어찌 남편의 사랑을 독차지하는 것을 좋다고 여기겠습니까. 만약 사악함을 마음에 품고서 남편이 좋아하는 바를 못하도록 막는다면 나는 그것이 좋은 것인지 모르겠습니다.

무릇 禮에 의거하면 天子는 12명의 여인을, 諸侯는 9명의 여인을, 卿・大夫는 3명의 여인을, 士는 2명의 여인을 둘 수 있습니다. 지금 내 남편은 실로 士의 신분이니, 2명의 여인을 두는 것이 또한 당연하지 않겠습니까. 또 婦人은 일곱 가지 내쫓기는 조목이 있고, 남편은 한 가지도 내쫓기는 조목이 없습니다. 일곱 가지 내쫓기는 조목 중에 질투가 정히 가장 으뜸이고, 음란함과 도둑질함과 말 많음과 교만함과 자식이 없는 것과 나쁜 병이 있는 것이 모두 그 뒤에 있습니다. 그런데 우리 맏동서께서 나에게 閨門의 貞順한 예의를 가르치지 않고 도리어 내가 내쫓기는 행실을 하기를 바라니, 장차 어찌 그 말을 듣겠습니까."라고 하고, 드디어 그 말을 듣지 않고 시어머니를 더욱 공경히 섬겼다. 宋나라 임금이 이를 듣고 그 門閭에 旌表하고 女宗이라는 尊號를 내렸다.

女宗者는 宋鮑蘇之妻也라 養姑甚謹이라 鮑蘇仕衛三年에 而娶外妻로되 女宗養姑愈敬하고 因往來者하여 請問其夫하니 賂遺外妻甚厚러라 女宗姒(사)①謂曰 可以去矣라 女宗曰 何故요 姒曰 夫人既有所好②하니 子何留乎아 女宗曰 婦人一醮不改③하니 夫死不嫁라 執麻枲하며 治絲繭(견)[85]하며

83) 外妻 : 곧 外婦로, 正妻 이외에 결혼을 하지 않고 함께 사는 사람이다.

84) 방을……덮으며 : 우선 王照圓의 注에 따라 '以事夫 室澈漠酒醴'로 句를 떼어 이렇게 번역하였다. ≪列女傳校注≫와 洪頤煊의 校正에는 '以事夫室 澈漠酒醴'로 句를 떼었으니, 이에 의거하여 번역하면 '남편을 섬기고, 술을 맑게 거른다.'가 된다.

織紝(임)組紃(순)④하여 以供衣服하여 以事夫하고 室澈⑤漠酒醴⑥⑦⑧하며 羞饋食⑨以事舅姑라 以專一爲貞하고 以善從爲順이라 〔貞順은 婦人之至行也니〕⑩[86] 豈以專夫室之愛爲善哉리오 若其以淫(意)〔慝〕[87]爲心하여 而扼夫室之好⑪면 吾未知其善也라 夫禮에 天子十二⑫요 諸侯九요 卿大夫三이요 士二⑬하나니 今吾夫誠士也니 有二가 不亦宜乎아 且婦人有七見去⑭하고 夫無一去義라 七去之道에 妒(투)正爲首하고 淫僻竊盜와 長舌驕侮와 無子惡病이 皆在其後⑮어늘 吾姒不教吾以居室之禮하고 而反欲使吾爲見棄之行하니 將安所用此리오하고 遂不聽하고 事姑愈謹이라 宋公聞之하고 表其閭하여 號曰女宗⑯이라하니라

① 女宗姒 : 婦人이 맏며느리를 일러 '姒'라고 하고, 또한 손위 누이를 일러 '姒'라고 한다.
婦人謂長婦爲姒, 亦謂姉爲姒也.

② 夫人旣有所好 : 夫人은 그 남편을 이르고, 좋아하는 바는 外妻를 이른다.
夫人, 謂其夫也. 所好, 謂外妻.

③ 一醮不改 : 醮는 술로 禮를 행하는 것이다.
醮, 以酒爲禮也.

④ 執麻枲……織紝組紃 : 3句는 본래 ≪禮記≫ 〈內則〉의 글이다. '璽'은 '繭'의 俗字이다. 紝은 繒帛을 짜는 것이고, 組는 綬의 등속이고, 紃은 條이니, 모두 부인이 일삼는 것들이다.
三句本內則文, 璽, 俗繭(견)字. 紝, 織繒帛者. 組, 綬屬也. 紃, 條(조)也. 皆婦人所有事.

⑤ 以事夫 室澈 : 이는 읽기를 응당 '事夫'로 句를 삼고 '室澈'로 구를 삼아야 한다. 澈은 淸潔함이니, 室內는 응당 부지런히 청소하여야 한다.
此讀當以事夫爲句, 室澈爲句. 澈, 潔淸也, 室內當須勤洒(쇄)掃.

⑥ 漠酒醴 : '漠'은 '羃'과 같다. 孟子의 어머니가 이르기를 "술과 장을 단가서 덮는 것이다."라고 하였다.[88]
漠與羃(멱)同. 孟子母云 "羃酒漿也."

⑦【校注】室澈漠酒醴 : '澈'은 ≪說文解字≫ 〈水部〉와 ≪周易≫ 〈繫辭傳〉의 이 구절을 인용한 곳에는 '澂'으로 되어 있다. ≪爾雅≫에 '漠'은 '淸'이라고 하였다.
澈, 說文水部・繫傳引作澂. 爾雅漠, 淸也.

85) 璽 : ≪列女傳校注≫에는 '繭'으로 되어 있다.

86) 〔貞順 婦人之至行也〕: 저본에는 '貞順 婦人之至行也'가 없으나, ≪列女傳校注≫에 의거하여 보충하였다.

87) (意)〔慝〕: 저본에는 '意'로 되어 있으나, 王照圓의 注에 의거하여 '慝'으로 바로잡았다.

88) 孟子의……하였다 : 孟子의 어머니가 말하기를 "대저 婦人의 禮는 오곡밥을 정갈하게 짓고 술과 漿을 담가서 덮으며, 시부모를 봉양하고 의복을 지을 뿐이다.〔夫婦人之禮 精五飯 羃酒漿 養舅姑 縫衣裳而已矣〕"라고 하였다. 본서 권1 〈鄒孟軻母〉 참조.

⑧【校正】以事夫 室澈漠酒醴 : 洪頤煊이 상고해보건대, 下文에 두 번 '夫室'을 말하였으니, 여기에서는 응당 '以事夫室'로 구두를 떼어야 한다. '澈'은 응당 '澂'이 되어야 하니, '澄' 자와 같다. '술을 맑게 거른다.'는 것은 그 맑음을 말한다. ≪예기≫ 〈禮運〉에 말하기를 "澄酒는 堂 아래에 진설한다."[89]라고 하였다.

頤煊案下文兩言夫室, 此當以以事夫室爲句, 澈當作澂, 與澄字同. 澄漠酒醴, 言其淸也. 禮運曰 "澄酒在下."

⑨ 羞饋食 : 羞는 올림이고, 饋食은 익힌 음식이다.

羞, 進也. 饋食, 熟食也.

⑩【校注】〔貞順 婦人之至行也〕: 8자는 舊本에 빠졌는데, ≪文選≫ 〈晉紀總論〉 注의 인용문에 따라 校勘 增補하였다.

八字舊脫, 從文選晉紀總論注引校增.

⑪ 若其以淫(意)〔慝〕爲心 而扼夫室之好 : '淫意'는 응당 '淫慝'이 되어야 한다. 扼은 억제함이다.

淫意, 當作淫慝, 扼, 把持也.

⑫ 天子十二 : 禮에 天子는 한 번에 12명의 여인에게 장가든다고 하였다. 이 구 위아래에 빠진 글이 있는 듯하다.

禮天子一娶十二女. 此句上下, 疑有闕脫.

⑬【校注】夫禮……士二 : ≪白虎通義≫ 〈嫁娶章〉에 "天子와 諸侯는 한 번에 9명의 여인에게 장가든다."라고 하였다. 혹자는 말하기를 "天子는 12명의 여인에게 장가들고, 卿·大夫는 一妻 二妾을 두고, 士는 一妻 一妾을 둔다."라고 하였다. ≪春秋公羊傳≫ 成公 10년 何休[90]의 注에 이르기를 "天子는 12명의 여인에게 장가든다."라고 하였다. ≪後漢書≫ 〈荀爽傳〉에 "많은 禮 가운데 昏禮가 으뜸이 되기 때문에 천자가 12명의 여인에게 장가드니, 이는 하늘의 數이다."라고 하였다. 모두 이 傳과 같다.

白虎通義嫁娶章 "天子·諸侯一娶九女." 或曰 "天子娶十二女, 卿·大夫一妻二妾, 士一妻一妾. 公羊成十年傳何休注云 "天子娶十二女." 後漢書荀爽傳 "衆禮之中, 昏禮爲首, 故天

89) 澄酒는……진설한다 : ≪禮記≫ 〈禮運〉에 "玄酒는 실내에 진설하고 醴醆은 지게문에 진설하고 粢醍는 당에 진설하고 澄酒는 당 아래에 진설한다.〔玄酒在室 醴醆在戶 粢醍在堂 澄酒在下〕"라고 하였다. 여기에서 玄酒는 물을 가리키며, 醴醆은 걸러내지 않은 단술을 가리키며, 粢醍는 붉은 빛을 띤 淸酒이고, 澄酒는 완전히 맑게 걸러 낸 술이다. 많이 익힌 술일수록 천하게 여겼으므로 바깥에다 진설한 것이다.

90) 何休 : 129~182. 後漢 말기의 학자로 자는 邵公이며 벼슬은 諫議大夫를 지냈다. 학문이 깊어 六經을 정밀히 연구하였으며 특히 ≪春秋公羊傳≫을 깊이 연구하고 ≪春秋公羊傳解詁≫를 저술하였다.

子娶十二, 天之數也." 竝與此同.

⑭ 婦人有七見去 : '去'는 남편에게 쫓겨나는 것이다. 일곱 가지 내쫓기는 조목은 ≪大戴禮記≫[91]에 보인다.
去爲夫所出也. 七去之條, 見大戴記.

⑮【校注】且婦人有七見去……皆在其後 : ≪대대례기≫ 〈本命篇〉에 이르기를 "부인은 일곱 가지 내쫓기는 조목이 있으니, 시부모에게 순종하지 않으면 내쫓기며, 자식이 없으면 내쫓기며, 음란하면 내쫓기며, 질투하면 내쫓기며, 나쁜 질병이 있으면 내쫓기며, 말이 많으면 내쫓기며, 도둑질하면 내쫓긴다."라고 하였다. ≪춘추공양전≫ 莊公 27년 何休의 注에 이르기를 "부인은 일곱 가지 내버려짐이 있으니, 자식이 없으면 내버려지고, 음탕하면 내버려지고, 시부모를 섬기지 않으면 내버려지고, 말이 많으면 내버려지고, 도둑질하면 내버려지고, 질투하면 내버려지고, 나쁜 질병이 있으면 내버려진다."라고 하였다. 모두 이 傳과 다르다.
大戴禮本命篇云 "婦有七去, 不順父母去, 無子去, 淫去, 妒去, 〔有〕[92]惡疾去, 多言去, 竊盜去." 公羊莊二十七年傳何休注云 "夫人有七棄, 無子棄, 淫佚棄, 不事舅姑棄, 口舌棄, 竊盜棄, 嫉妒棄, 惡疾棄." 竝與此異.

⑯ 號曰女宗 : 宗은 높임이다.
宗, 尊也.

君子가 이르기를 "女宗은 겸손하고 禮를 알았다."라고 하였다. ≪詩經≫에 이르기를 "威儀가 훌륭하고 안색이 훌륭하며, 조심하여 공경하고 공경하며, 옛 교훈을 이에 법 받으며, 威儀를 이에 힘썼다."[93]라고 하였으니, 이를 두고 이른 말이다.

君子謂女宗謙而知禮라하니라 **詩云 令儀令色**이며 **小心翼翼**하며 **故訓是式**①하며 **威儀是力**이라하니 **此之謂也**라

① 故訓是式 : '故'는 '古'이다. ≪毛詩≫에 '古'로 되어 있다.
故, 古也. 毛詩作古.

---

91) 大戴禮記 : 漢나라 때 戴德이 注解한 ≪儀禮≫를 이른다. 그의 조카 戴聖이 숙부인 대덕에게 예를 배웠으며 ≪禮記≫를 注解하였다. 이 때문에 대덕을 大戴, 대성을 小戴라 칭하고 ≪의례≫를 大戴禮記, ≪예기≫를 小戴禮記라 하였다. ≪儀禮≫와 ≪禮記≫를 모두 '戴記'라고도 칭하나 후대에는 주로 ≪禮記≫를 지칭하는 말로 쓰인다.

92) 〔有〕 : ≪列女傳校注≫에는 '有'가 없으나, ≪大戴禮記≫ 〈本命篇〉에 의거하여 보충하였다.

93) 威儀가……힘썼다 : ≪詩經≫ 〈大雅 烝民〉에 보인다.

宋鮑女宗

頌은 다음과 같다.

宋나라 鮑蘇의 아내 女宗은
禮를 좋아하고 도리를 알았도다
남편이 外妻를 두었으되
변치 않고 남편을 따랐도다
婦道를 끌어다 인증해서
맏동서의 말을 듣지 않았도다
宋나라 임금이 현명하게 여겨
그 門閭에 旌表하였도다

頌曰 宋鮑女宗은 好禮知理로다 夫有外妻로되 不爲變己로다 稱引婦道하여 不聽其姒로다 宋公賢之하여 表其閭里로다

2-8 晉나라 趙衰[94]의 아내 晉趙衰妻

晉나라 趙衰의 아내는 晉 文公[95]의 딸이니 趙姬라고 불렀다. 처음 문공이 公子로 있을 때 조최와 함께 狄 땅으로 도망을 가니, 狄人이 叔隗와 季隗라는 두 딸을 공자에게 바쳤는데, 공자가 叔隗를 조최의 아내로 삼게 하여 盾을 낳았다.[96]

晉趙衰妻者는 晉文公之女也니 號趙姬라 初文公爲公子時에 與趙衰奔狄하니 狄人入其二女叔隗(외)季隗於公子어늘 公〔子〕[97]以叔隗妻趙衰①하여 生盾(돈)이라

① 【校注】 公以叔隗妻趙衰 : ≪春秋左氏傳≫에는 '公' 아래에 '子'자가 있는데, 여기에는 빠졌다.
左傳公下有子字, 此脫.

〈본국인〉 晉나라로 돌아와서는 文公이 그의 딸 趙姬를 趙衰에게 아내로 주어 原同, 屛括, 樓嬰을 낳았다.

及反國하여 文公以其女趙姬妻趙衰하여 生原同屛括樓嬰하다

조희가 조최에게 狄 땅에 있는 盾과 그 어머니를 晉나라로 맞이해 오자고 청하였으나, 조최가 사양하면서 감히 그럴 수 없다고 하였다. 조희가 말하기를 "안 됩니다. 〈새로〉 사랑하는 사람을 얻었다 하여 옛사람을 잊는다면 義를 버리는 것이요, 새 사람을 좋아하여 옛사람을 경시하면 은혜가 없는 것이요, 곤궁한 처지에서 함께 애쓴

---

94) 趙衰 : 晉나라 趙夙의 손자이며 正卿인 趙成子로, 자는 子餘이다. 일찍이 公子 重耳 즉 후일의 文公을 따라 狄으로 갔던 다섯 賢臣 중의 한 사람이다.

95) 晉 文公 : 본서 권2 〈賢明傳 晉文齊姜〉에 상세히 보인다.

96) 狄人이……낳았다 : 趙盾은 趙宣子로, 자는 宣孟이다. 晉나라 正卿으로 실권을 잡아 晉六卿의 하나가 되었다. ≪春秋左氏傳≫ 僖公 23년 조에 "狄人이 廧咎如를 討伐하여 그 두 딸 叔隗와 季隗를 捕虜로 잡아와서 公子에게 바치니, 公子는 季隗를 취하여 伯鯈와 叔劉를 낳고, 叔隗를 趙衰의 아내로 주어 盾을 낳았다.〔狄人伐廧咎如 獲其二女叔隗季隗 納諸公子 公子取季隗 生伯鯈叔劉 以叔隗妻趙衰 生盾〕"라고 하였다. ≪史記≫ 〈晉世家〉에 "狄人이 咎如를 討伐하여 두 딸을 잡아와서 長女를 重耳의 아내로 주어 伯鯈와 叔劉를 낳고 少女를 趙衰의 아내로 주어 盾을 낳았다.〔狄伐咎如 狄伐咎如 得二女 以長女妻重耳 生伯鯈叔劉 以少女妻趙衰 生盾〕"라고 하였다. 두 책의 기록이 조금 다르다. 廧咎如는 赤狄의 別種으로 隗姓이다.

97) 〔子〕 : 저본에는 '子'가 없으나, ≪列女傳校注≫에 의거하여 보충하였다.

사람을 부귀해진 뒤에 돌아보지 않는다면 禮가 없는 것입니다. 그대가 이 세 가지를 버린다면 어떻게 사람을 부릴 수 있겠습니까. 비록 妾이라 하더라도 그대를 모시지 않을 것입니다. ≪詩經≫에 이르기를 '순무를 캐고 순무를 뜯음은, 뿌리 때문이 아니니, 德音이 어긋남이 없을진댄, 그대와 죽을 때까지 함께 할지니라.'[98]라고 하지 않았습니까. 추위와 고생을 함께 겪은 사람이라면 비록 작은 잘못이 있더라도 오히려 그와 더불어 죽을 때까지 함께하고 버리지 않는데, 더구나 새 사람을 편안히 여겨 옛사람을 잊을 수 있겠습니까. ≪시경≫에 또 '그대는 新婚과 즐겨, 나를 좋게 여기지 않누나.'[99]라고 하였으니, 대개 이를 상심한 것입니다. 그대는 그들을 맞이하여 새 사람 때문에 옛사람을 버리지 마십시오."라고 하였다. 조최가 허락하고 이에 叔隗와 盾을 맞이하여 오게 하였다.

趙姬請迎盾與其母而納之한대 趙衰辭而不敢이라하거늘 姬曰 不可하니이다 夫得寵而忘舊면 舍義요 好新而嫚(만)故면 無恩이요 與人勤於隘(애)(厄)①[100]라가 富貴而不顧면 無禮라 君棄此三者②면 何以使人이리오 雖妾이라도 亦無以侍執巾櫛(즐)이라 詩不云乎아 采葑采菲는 無以下體니 德音莫違인댄 及爾同死니라하니 與人同寒苦면 雖有小過라도 猶與之同死而不去어든 況於安新忘舊乎아 又曰 讌爾新婚③[101]하여 不我屑以로다하니 蓋傷之也라 君其逆之하여 無以新廢舊하소서 趙衰許諾하고 乃逆叔隗與盾來라

① 【校正】 與人勤於隘(厄) : 王念孫이 상고해보건대, 困·厄자는 古字에 통용하여 '隘'로 썼으니, 아마 이 글은 본래 '與人勤於隘'로 되어 있고 '厄'자는 없었을 것이다. 지금 '隘厄'으로 되어 있는 것은 後人이 곁에 '厄'자를 기록해서 인하여 잘못 正文에 들어갔을 뿐이다. 옛적에 隘·厄 2자를 連用하는 경우는 없었다.
念孫案困·厄字古通作隘, 疑此文本作與人勤於隘, 無厄字, 今作隘厄者, 後人旁記厄字, 因誤入正文耳. 古無以隘·厄二字連用者.

② 得寵而忘舊句……君棄此三者[102] : '三'자는 禮와 恩과 義를 이른다.

---

98) 순무를……할지니라 : ≪詩經≫ 〈邶風 谷風〉에 보인다.

99) 그대는……않누나 : ≪詩經≫ 〈邶風 谷風〉에 보인다.

100) (厄) : 저본에는 '厄'이 있으나, 王念孫의 校正에 의거하여 衍文으로 처리하였다.

101) 婚 : ≪詩經≫ 〈邶風 谷風〉에는 '昏'으로 되어 있다.

102) 得寵而忘舊句……君棄此三者 : 補注의 원 표제어는 得寵而忘舊句 舍義句 好新而嫚故句 無恩句 與人勤於隘厄句 富貴而不顧句 無禮句 君棄此三者이다. 여기서 小字로 쓰인 '句'자는 거기서 구를 끊어 읽어야 한다는 의미이다.

三字, 謂禮恩義.

③【校注】讌爾新婚 : '讌'은 ≪毛詩≫에 '宴'으로 되어 있다.
讌毛詩作宴.

趙姬는 盾을 어질게 여겨 嫡子로 세우기를 청하고서 세 아들로 하여금 그의 下位에 있게 하였으며, 叔隗를 內子[103]로 삼고서 조희 자신은 스스로 下位에 처하였다. 돈이 正卿이 되자, 조희가 자신에게 양보와 은혜를 베풀었음을 생각하여 조희의 둘째 아들인 屛括을 公族大夫[104]로 삼기를 청하면서 말하기를 "〈병괄은〉 君姬氏[105]께서 아끼는 아들입니다. 군희씨가 아니었다면 저는 狄人이 되었을 것이니, 어찌 여기

晉趙衰妻

103) 內子 : 卿의 嫡妻를 말한다.
104) 公族大夫 : 官名으로, 公族과 卿大夫 子弟의 사무를 관장하였다.
105) 君姬氏 : 趙盾이 趙姬를 嫡母로 여겼기 때문에 君姬氏라는 尊稱을 쓴 것이다.

에 이를 수 있었겠습니까."라고 하니, 成公[106]이 허락하였다. 병괄은 마침내 그 公族을 통솔하는 公族大夫가 되었다.

姬以盾爲賢하여 請立爲嫡子하고 使三子下之하고 以叔隗(외)爲內(婦)〔子〕①[107]하고 姬親下之라 及盾爲正卿하여 思趙姬之讓恩하여 請以姬之中子屛括爲公族大夫하여 曰君姬氏之愛子也라 微君姬氏면 則臣狄人也라 何以至此리오하니 成公許之라 屛括遂以其族爲公族大夫라

① 以叔隗爲內(婦)〔子〕: '婦'는 응당 '子'가 되어야 하니, ≪春秋左氏傳≫에 보인다.[108]
婦當作子. 見左傳.

君子가 이르기를 "趙姬는 공손하고 사양함이 있었도다."라고 하였다. ≪詩經≫에 말하기를 "온순하고 온순한 공손한 사람은 德의 기반이니라."[109]라고 하였으니, 조희를 두고 이른 말이다.

君子謂趙姬恭而有讓이라하니라 詩曰 溫溫恭人은 維德之基라하니 趙姬之謂也라

頌은 다음과 같다.

趙衰의 아내 趙姬는
禮法과 排行이 분명하였도다
자신은 비록 존귀하였으나
側室을 질투하지 않았도다
몸소 叔隗를 섬기고
그의 아들 盾을 후사로 삼았도다
君子가 이를 찬미하니

106) 成公 : 晉나라 27대 군주로, 이름은 黑臀(둔)이다. 文公의 막내아들이며 襄公의 아우이다.
107) (婦)〔子〕: 저본에는 '婦'로 되어 있으나, 王照圓의 注에 의거하여 '子'로 바로잡았다.
108) 婦는……보인다 : ≪春秋左氏傳≫ 僖公 24년 조에 "盾과 그 어미가 온 뒤에 趙姬는 盾이 재주가 있다고 여겨 文公에게 굳이 청하여 盾을 嫡子로 삼고서 자기의 세 아들을 그의 下位에 있게 하고, 叔隗를 內子로 삼고서 자기는 그의 下位가 되었다.〔來 以盾爲才 固請于公 以爲嫡子 而使其三子下之 以叔隗爲內子 而己下之〕"라고 하였다.
109) 온순하고……기반이니라 : ≪詩經≫ 〈大雅 抑〉에 보인다.

그 德行이 잘 갖추어졌도다

頌曰 趙衰姬氏는 制行分明이로다 身雖尊貴나 不妒偏房이로다 躬事叔隗하고 子盾爲嗣로다 君子美之하니 厥行孔備로다

2-9 陶邑[110] 大夫 荅子[111]의 아내 陶荅(답)子妻

陶邑의 大夫 荅子의 아내이다. 답자가 도읍을 다스린 지 3년 동안에 名譽는 높아지지 않고 집안은 3배나 부유해졌다. 아내가 자주 간하였으나 荅子는 그 말을 듣지 않았다. 답자가 도읍에 거처한 지 5년 만에 〈휴가를 청하여〉 뒤따르는 수레 百乘을 거느리고 집으로 돌아와 휴식하니, 宗人들은 소를 잡아 賀禮하였으나 그 아내만 홀로 아이를 안고 울었다.

시어머니가 노하여 말하기를 "어찌 이리 상서롭지 못하게 구는 것이냐."라고 하니, 답자의 부인이 말하기를 "남편은 능력은 없으면서 관직은 높으니 이를 일러 災難을 만난다고 하고, 功은 없으면서 집안은 번창하니 이를 일러 災殃이 쌓인다고 합니다. 옛날 楚나라 令尹 子文[112]이 나라를 다스릴 적에 집안은 가난하고 나라는 부유하며 임금은 공경하고 백성은 받들었습니다. 그러므로 福이 자손에게 이어지고 명예가 후세에 전하였는데, 지금 남편은 그렇지 않아서 부유함을 탐하고 높은 벼슬을 얻으려 힘쓰며 후일에 닥칠 재난은 돌아보지 않습니다. 妾이 들으니 '南山에 사는 검은 표범은 안개비 속에서 이레 동안이나 가만히 있으면서 산에서 내려와 먹을 것을 구하지 않는다.'고 합니다. 이는 무엇 때문이겠습니까? 그 털을 윤택하게 하여 문채를 이루려 하기 때문에 숨어서 해로움을 피하는 것입니다. 개나 돼지는 먹을 것을 가리지 않아 몸을 살찌우니 앉아서 죽기를 기다릴 뿐입니다. 지금 남편이 도읍을 다스림에 집안은 부유해지고 나라는 가난해지며 임금은 공경하지 않고 백성은 받들지 않습니다. 즐거움이 지극하면 반드시 슬픔이 오나니, 패망의 징조가 드러난 것입니다. 아이와 함께 집을 떠나기를 원합니다."라고 하였다.

---

110) 陶邑 : 陶丘로, 지금의 山東省 定陶 서북쪽에 있었다.

111) 荅子 : 陶邑의 대부로, '荅'은 '答'으로도 쓴다.

112) 令尹 子文 : 子文은 春秋時代 楚나라 鬪伯比의 아들 鬪穀於菟로, 楚 成王 때 令尹으로 기용되었다. 令尹은 楚나라의 관직명으로, 재상에 해당하는 직책이다.

시어머니가 노하여 마침내 며느리를 내쫓았다. 1년이 지나자 과연 公物을 도둑질한 죄로 답자의 집안 식구들이 誅殺을 당하고, 그의 어머니만 연로하다는 이유로 죽음을 면하였다. 이에 답자의 부인이 아이와 함께 돌아와 시어머니를 봉양하니, 끝내 천수를 마쳤다.

陶大夫荅子〔之〕[113]妻也라 荅子治陶三年①에 名譽不興하고 家富三倍어늘 其妻數諫不用②이라 居五年에 從車百乘歸休③하니 宗人擊牛而賀之나 其妻獨抱兒而泣이라 姑怒曰 何其不祥也오 婦曰 夫子能薄而官大하니 是謂嬰害④요 無功而家昌하니 是謂積殃이라 昔楚令尹子文之治國也에 家貧國富⑤하며 君敬民戴⑥라 故福結於子孫하고 名垂於後世러니 今夫子不然하여 貪富務大하며 不顧後害라 妾聞南山有元[114]豹하여 霧雨七日而不下食者는 何也⑦오 欲以澤其〔衣〕[115]毛⑧而成〔其〕[116]文章也⑨라 故藏而遠害⑩라 犬彘(체)不擇食以肥其身하니 坐而須死耳라 今夫子治陶에 家富國貧⑪하며 君不敬하고 民不戴⑫라 〔樂極必哀來하나니〕[117] 敗亡之徵見(현)矣라 願與少子俱脫이라 姑怒하여 遂棄之라 處期年에 荅子之家가 果以盜誅⑬하고 唯其母老以免이라 婦乃與少子歸養姑하니 (終卒)〔卒終〕[118]天年⑭이라

① 【校正】 荅子治陶三年 : 洪頤煊이 상고해보건대, 陶는 바로 定陶이다. ≪史記≫ 〈越世家〉에 "范蠡가 陶에 이르러 스스로 陶朱公이라 일컬었다."라고 하였는데, ≪史記集解≫에 徐廣이 말하기를 "〈陶는〉 지금의 濟陰 定陶이다."라고 하였다. ≪사기≫ 〈穰侯列傳〉에 "다시 陶를 더 封해주었다."라고 하였는데, ≪史記索隱≫에 말하기를 "陶는 바로 定陶이다."라고 하였다.
頤煊案, 陶卽定陶. 史記越世家"范蠡止于陶, 自謂陶朱公", 徐廣曰 "今之濟陰定陶." 穰侯列傳"復益封陶", 索隱曰 "陶, 卽定陶也."

② 【校注】 其妻數諫不用 : ≪太平御覽≫에는 "荅子가 노하여 말하기를 '네가 알 바가 아니다.'라고 하였다."로 되어 있다.
太平御覽作荅子怒曰非汝所知.

③ 歸休 : 休는 휴가이니, 휴가를 청하여 집에 돌아와 휴식함을 이른다.

---

113) 〔之〕 : 저본에는 '之'가 없으나, 본서 권1 〈魯季敬姜〉 등의 용례에 근거하여 보충하였다.
114) 元 : ≪列女傳校注≫와 ≪列女傳集注≫에는 모두 '玄'으로 되어 있다.
115) 〔衣〕 : 저본에는 '衣'가 없으나, 王照圓의 注에 의거하여 보충하였다.
116) 〔其〕 : 저본에는 '其'가 없으나, ≪列女傳集注≫에 의거하여 보충하였다.
117) 〔樂極必哀來〕 : 저본에는 '樂極必哀來'가 없으나, 王照圓의 注에 의거하여 보충하였다.
118) (終卒)〔卒終〕 : 저본에는 '終卒'로 되어 있으나, ≪列女傳校注≫에 의거하여 '卒終'으로 바로잡았다.

休, 假也, 謂請假歸而休沐也.

④ 是謂嬰害 : 嬰은 접촉함과 같다.

嬰, 猶觸也.

⑤ 家貧國富 : 令尹이 스스로 자기 집 財産을 덜어 내어 楚나라의 困難을 緩和시켰다. ≪春秋左氏傳≫에 보인다.

令尹自毁其家, 以紓楚國之難. 見左傳.

⑥【校注】君敬民戴 : ≪太平御覽≫에는 "임금이 그를 공경하였고, 백성들이 그를 받들었다."로 되어 있다.

太平御覽作君敬之民戴之.

⑦【校注】妾聞南山有元豹……何也 : ≪태평어람≫에는 이 아래에 "그 뜻을 채우고 그 배를 주린다."라는 6자가 있다.

太平御覽下有飽其志饑其腹六字.

⑧ 欲以澤其〔衣〕毛 : ≪文選≫ 注 및 ≪初學記≫의 이 구절을 인용한 곳에는 '毛' 위에 '衣' 자가 있는데, 여기에는 빠졌다. 衣毛라는 것은 〈표범〉 등 위의 털이 마치 사람이 옷을 입은 것과 같은 것이다.

文選注及初學記引毛上有衣字, 此脫去之. 衣毛者, 脊背上毛, 如人之有衣也.

⑨【集注】欲以澤其〔衣〕毛而成〔其〕文章也 : 梁端이 이르기를 "≪문선≫에 실린 謝玄暉의 〈宣城詩〉의 注와 ≪초학기≫ 〈天部〉와 ≪태평어람≫ 〈天部〉와 〈獸部〉에는 '毛' 위에 '衣' 자가 있고, ≪태평어람≫ 〈人事部〉에는 '毛衣'로 되어 있는데, 王照圓의 注는 다만 ≪문선≫ 注에만 의거하였다."라고 하였다. ≪초학기≫에 曹가 이르기를 "≪事文類聚≫[119] 〈賦霧篇〉 注의 이 구절을 인용한 곳에는 '成' 아래에 '其'자가 있다."라고 하였다.

梁云 "文選謝玄暉之宣城詩注, 初學記天部, 御覽天部・獸部, 毛上有衣字, 人事部作毛衣, 王注只據選注." 初學記曹云 "事類賦霧篇注引成下有其字."

⑩【校注】故藏而遠害 : ≪초학기≫에는 이 아래에 '지금 그대는 이와 반대로 하니 후환을 면치 못할 것이다.'라는 두 句가 있다. ≪태평어람≫ 〈天部 15〉에는 이 아래 句가 '후환이 없지 않을 것이다.'로 되어 있다.

初學記下有今君與此背, 不免後患二句. 太平御覽天部十五下句作不無後患乎.

⑪【校注】家富國貧 : ≪태평어람≫ 〈人事部〉에는 '집안은 날로 더욱 부유해지고 나라는 날

---

119) 事文類聚 : 宋나라 祝穆이 지은 책이다. 新集과 外集은 元나라의 富大用이 지었고 遺集은 元나라의 祝淵이 지었다. 全篇을 많은 細目으로 나누어 古今의 事實과 詩文을 類別하여 收錄하였다. 前集 60권, 後集 50권, 續集 28권, 別集 32권, 新集 36권, 外集 15권, 遺集 15권으로 이루어져 있다.

로 더욱 가난해진다.'로 되어 있다.

太平御覽人事部作家日益富而國日益貧.

⑫ 君不敬 民不戴 : 夫子(郝懿行)가 말하기를 "≪문선≫의 〈秋風辭〉 및 〈與朝歌令吳質書〉의 注에 모두 陶荅子의 아내의 말을 인용하여 '즐거움이 지극하면 반드시 슬픔이 온다.〔樂極必哀來〕'라고 하였는데, 한 곳에는 '來'자가 없다. 아마 이 아래에 있었을 듯한데 지금 빠졌다. 이 篇 안에 韻이 있는 글이 많으니, 戴와 來 또한 서로 운이 된다."라고 하였다.

夫子曰 "文選秋風辭及與朝歌令吳質書注竝引陶荅子妻曰'樂極必哀來', 一無來字, 疑在此下, 今脫去之. 此篇內, 多有韻之文, 戴來亦相韻也."

⑬ 荅子之家 果以盜誅 : 盜는 荅子를 이른다. ≪大學≫에 "차라리 도둑질하는 신하를 두라."[120]라고 하였으니, 대개 군주가 公物을 도둑질한 죄로 誅殺할 적에 그 집안 식구들까지 아울러 주살하는데, 오직 그 어머니만을 용서한 것은 연로하여 주살할 수 없었기 때문이다.

盜, 謂荅子也. 大學曰"寧有盜臣", 蓋君誅盜藏之罪, 竝及其家, 唯宥其母, 以其年老, 得不誅也.

⑭【校注】(終卒)〔卒終〕天年 : '終卒' 2자는 아마 잘못 도치된 듯하다. ≪태평어람≫에는 '이에 아이와 함께 돌아와 시어머니를 봉양하니, 끝내 시어머니가 천수를 누렸다.'로 되어 있다.

終卒二字疑誤倒. 太平御覽作乃與少子歸養, 終姑天年.

君子가 이르기를 "荅子의 아내는 의로움으로 이익을 바꾸어 비록 禮를 어기고 떠나기를 청하였으나 끝내 몸을 온전히 함으로써 禮를 회복하였으니, 식견이 원대하다고 이를 만하다."라고 하였다. ≪詩經≫에 말하기를 "그대들이 생각을 백방으로 하나, 내가 가는 것만 못하니라."[121]라고 하였으니, 이를 두고 이른 말이다.

君子謂荅子妻能以義易利하여 **雖違禮求去**나 **終以全身復**(복)**禮**하니 **可謂遠識矣**라하니라 **詩曰 百爾所思**하야도 **不如我所之**라하니 **此之謂也**라

---

120) 차라리……두라 : 孟獻子가 말하기를 "馬乘을 기르는 자는 닭과 돼지를 기름에 살피지 않고, 얼음을 쓰는 집안은 소와 양을 기르지 않고, 百乘의 집안은 聚斂하는 신하를 기르지 않으니, 聚斂하는 신하를 기를진댄 차라리 도둑질하는 신하를 두라.〔畜馬乘 不察於雞豚 伐冰之家 不畜牛羊 百乘之家 不畜聚斂之臣 與其有聚斂之臣 寧有盜臣〕"라고 하였다.(≪大學≫ 傳 10章)

121) 그대들이……못하니라 : ≪詩經≫ 〈鄘風 載馳〉에 보인다.

頌은 다음과 같다.

荅子가 陶邑을 다스림에
집안이 세 배나 부유해졌도다
아내가 간하였으나 듣지 않으니
그가 悔改하지 않을 줄 알았도다
홀로 울자 시어머니가 노하여
그 친정으로 보내 버렸도다
답자가 禍를 당하자
다시 돌아와 시어머니를 봉양하였도다

頌曰 荅子治陶에 家富三倍로다 妻諫不聽하니 知其不改로다 獨泣姑怒하여 送厥母家①로다 荅子逢禍어늘 復歸養姑로다

①【校注】送厥母家 :〈'家'의〉 古音은 姑이다.
古音姑.

2-10 柳下惠의 아내 柳下惠妻

魯나라 大夫 柳下惠의 아내이다. 유하혜가 노나라에 벼슬하면서 세 번 쫓겨났으나 노나라를 떠나지 않고[122] 백성을 걱정해서 위난을 구원하려 하였다. 아내가 말하기를 "스스로를 모욕하는 것이 아닙니까. 군자에게는 두 가지 恥辱이 있나니, 나라에 道가 없는데도 존귀한 자리에 있는 것이 치욕이요, 나라에 道가 있는데도 비천하게 사는 것이 치욕입니다. 지금 亂世를 만나 세 번 쫓겨나고도 노나라를 떠나지 않으니, 또한 치욕에 가깝습니다."라고 하니, 유하혜가 말하기를 "수많은 백성이 장차 재난에 빠지려 하는데, 내가 그만둘 수 있겠소. 또 저 사람은 저 사람이고 나는 나이

122) 유하혜가……않고 : 유하혜가 士師가 되어 세 번 내침을 당하자, 혹자가 말하기를 "그대는 아직 떠날 만하지 않은가?" 하니, 대답하기를 "道를 곧게 하여 사람을 섬기면 어디를 간들 세 번 내침을 당하지 않겠으며, 道를 굽혀 사람을 섬긴다면 어찌 굳이 父母의 나라를 떠나겠는가?〔柳下惠爲士師 三黜 人曰 子未可以去乎 曰 直道而事人 焉往而不三黜 枉道而事人 何必去父母之邦〕"라고 하였다.(≪論語≫ 〈微子〉)

니. 저 사람이 비록 옷을 벗어 몸을 드러낸들 어찌 나를 더럽힐 수 있으리오."라고 하고 태연히 어울려 살며 낮은 직위에서 벼슬하였다.[123)]

魯大夫柳下惠①**之妻也**라 **柳下惠處魯**하여 **三黜而不去**하고 **憂民救亂**이어늘 **妻曰 無乃瀆乎**②아 **君子有二恥**하나니 **國無道而貴**가 **恥也**오 **國有道而賤**이 **恥也**라 **今當亂世**하여 **三黜而不去**하니 **亦近恥也**라 **柳下惠曰 油油之民**③이 **將陷於害**니 **吾能已乎**아 **且彼爲彼**요 **我爲我**니 **彼雖裸裎**(정)인들 **安能汚我**리오하고 **油油然與之處**하여 **仕於下位**라

① 柳下惠 : 姓은 展, 이름은 獲, 字는 禽이다. 柳下에 거주하였고 시호는 惠이다.
姓展名獲字禽. 居柳下而謚惠也.

② 無乃瀆乎 : '瀆'은 黷과 같으니, 욕됨을 몸에 띠는 것이다. ≪周易≫에 말하기를 "재삼 물으면 번독하다."[124)]라고 하였다. 古文에 '黷'으로 되어 있다.
瀆與黷同, 握持垢(구)汚也. 易曰 "再三瀆." 古文作黷.

③ 油油之民 : 油油는 悠悠와 같다. 또 滔滔와 자형과 독음이 서로 비슷하다. ≪論語≫에 이르기를 "滔滔한 것이 天下가 모두 이러하다."라고 하였다. 이곳에 油油로 되어 있는 것은 혹 下文과 서로 관련이 되어 잘못된 듯하다.
油油猶悠悠也. 又與滔滔形聲相近. 論語云 "滔滔者天下皆是也." 此作油油, 或與下文相涉而誤.

柳下惠가 죽고 나서 門人이 장차 誄文을 지으려고 하자, 아내가 말하기를 "남편의 德行을 기리는 뇌문을 記述하려 하십니까? 그렇다면 당신들은 妾이 아는 만큼 남편

---

123) 저……벼슬하였다 : 孟子가 말하기를 "柳下惠는 더러운 군주를 섬김을 부끄러워하지 않으며, 작은 벼슬을 낮게 여기지 않아, 나감에 어짊을 숨기지 않아 반드시 그 도리를 다하였으며, 벼슬길에서 누락되어도 원망하지 않으며 곤액을 당하여도 근심하지 않았다. 그러므로 그는 말하기를 '너는 너이고 나는 나이니, 네 비록 내 곁에서 옷을 걷고 몸을 드러낸들 네 어찌 나를 더럽힐 수 있겠는가.' 하였다. 그러므로 태연히 그와 어울려 함께 있으면서도 스스로 올바름을 잃지 않아, 떠나려고 하다가도 잡아당겨 멈추게 하면 멈추었으니, 잡아당겨 멈추게 하면 멈춘 것은 이 또한 떠나감을 좋게 여기지 않은 것이다.〔柳下惠不羞汚君 不卑小官 進不隱賢 必以其道 遺佚而不怨 阨窮而不憫 故曰 爾爲爾 我爲我 雖袒裼裸裎於我側 爾焉能浼我哉 故由由然與之偕而不自失焉 援而止之而止 援而止之而止者 是亦不屑去已〕"라고 하였다.(≪孟子≫ 〈公孫丑 上〉)

124) 재삼……번독하다 : ≪周易≫ 蒙卦 〈彖傳〉에 "처음 묻거든 고해줌은 剛中하기 때문이요, 再三 물으면 번독함이니, 번독하면 고해주지 않음은 蒙을 번독하게 하기 때문이니, 어릴 때에 바름을 기름이 聖人이 되는 공부이다.〔初筮告 以剛中也 再三瀆 瀆則不告 瀆蒙也 蒙以養正 聖功也〕"라고 하였다.

을 알지 못할 것입니다."라고 하였다. 그리고는 뇌문을 짓기를 "선생은 功德을 자랑하지 않았으며, 선생의 德器는 다함이 없었도다. 선생은 진실로 성실하였고, 남에게 해를 끼치지 않았도다. 자신을 낮추어 유순하게 하여 세속을 따라 억지로 청결하게 하지 않았도다. 치욕을 무릅쓰고 백성을 구하였으니, 德이 더욱 크도다. 비록 세 번 쫓겨남을 만났으나 끝내 德行을 가릴 수 없었도다. 화락한 군자여! 영원히 행실을 가다듬었도다. 아아! 슬프도다. 이에 세상을 버렸도다. 오래 살기를 바랐더니 지금 드디어 떠나셨도다. 오호라! 슬프도다. 넋이 흩어져 떠나가셨도다. 선생의 시호는 의당 惠로 해야 하리라."라고 하였다. 문인들이 그대로 따라 뇌문을 삼고 한 글자도 고치지 못하였다.

柳下既死에 門人將誄(뢰)之①할새 妻曰 將(誄)〔述〕[125]夫子之德邪②인댄 則二三子不如妾知之也라하고 乃誄曰 夫子之不伐兮며 夫子之不竭兮③로다 夫子之信誠하고 而與人無害兮로다 屈柔從俗하여 不强察兮④로다 蒙耻救民하니 德彌大兮로다 雖遇三黜이나 終不蔽兮⑤로다 愷悌君子여 永能厲兮⑥로다 嗟乎惜哉⑦여 乃下世兮로다 庶幾遐年이러니 今遂逝兮로다 嗚呼哀哉라 魂神泄(예)兮⑧로다 夫子之謚는 宜爲惠兮로다하니 門人從之以爲誄하고 莫能竄一字⑨라

① 門人將誄之 : 誄는 나열함이니, 그 德行을 나열하여 시호를 삼는 것이다.
誄, 纍也. 纍列其德行而爲謚也.

② 【校注】 將(誄)〔述〕夫子之德邪 : 誄는 ≪太平御覽≫ 〈文部 12〉에 '述'로 되어 있다.
誄, 太平御覽文部十二作述.

③ 夫子之不伐兮 夫子之不竭兮 : 不伐은 그 스스로 겸손함을 말하고, 不竭은 그 德器가 깊음을 말한다.
不伐, 言其自謙下也. 不竭, 言其德器深也.

④ 屈柔從俗 不强察兮 : 察은 청결함이다. 자신을 낮추어 유순하게 하여 세속을 따라서 억지로 청결하게 하지 않음을 말한다. 그러므로 '저 사람이 어찌 나를 더럽히리오'라고 한 것이다.
察, 淸也. 言屈身和柔以從俗, 不强爲潔淸也. 故曰彼安能汚我.

⑤ 雖遇三黜 終不蔽兮 : 蔽는 가림이다. 德이 더욱 光大해져 비록 누차 쫓겨났으나 끝내 德을 가리지 못함을 말한 것이다.
蔽, 掩也. 言德彌光大, 雖屢被黜, 終不能掩蔽之.

⑥ 愷悌君子 永能厲兮 : 愷悌는 화락함이다. 厲는 갈고 닦음이다.

125) (誄)〔述〕: 저본에는 '誄'로 되어 있으나, ≪列女傳校注≫에 의거하여 '述'로 바로잡았다.

愷悌, 樂易(이)也. 厲, 摩厲也.

⑦【校注】嗟乎惜哉 : '嗟乎'는 ≪文選≫ 〈三良詩 東武吟〉 注의 이 구절을 인용한 곳에는 '吁嗟'로 되어 있다.

嗟乎, 文選三良詩東武吟注引作吁嗟.

⑧ 魂神泄兮 : '泄'는 또한 혹 '洩'로 되어 있기도 하다. ≪詩經≫에 이르기를 "그런대로 나의 넋을 즐겁게 하는도다."라고 하였는데, 魂은 神이다.[126] 魂氣가 흩어져 다시 부를 수 없음을 말한다. ≪禮記≫ 〈檀弓〉에 말하기를 "넋은 가지 못할 곳이 없다."[127]라고 하였다.

泄(예), 亦或作洩(예). 詩云 "聊樂我魂." 魂, 神也. 言魂氣泄越不可復招也. 檀弓曰 "若魂氣則無不之也."

⑨ 莫能竄一字 : 한 글자도 고칠 수 없음을 말한다.

言不能改易一字也.

君子가 이르기를 "柳下惠의 아내는 그 남편을 빛나게 하였다."라고 하였다. ≪詩經≫에 말하기를 "사람들은 그 한 가지만 알고 그 다른 것은 알지 못하도다."[128]라고 하였으니, 이를 두고 이른 말이다.

君子謂柳下惠妻能光其夫矣①라하니라 **詩曰 人知其一**하고 **莫知其他**라하니 **此之謂也**라

① 能光其夫矣 : 光은 채워서 넓힌다는 것이니, 남편의 덕을 칭송하여 더욱 광대하게 함을 말한다.

光充廣也. 言能稱揚夫德, 使之益廣大.

頌은 다음과 같다.

---

126) 詩經에……神이다 : 이 구절은 현전하는 ≪詩經≫인 ≪毛詩≫에 나오지 않고 ≪文選≫ 注에 인용된 ≪韓詩≫에 나오는 말이다. ≪詩經≫ 〈鄭風 出其東門〉에는 "흰 옷에 쑥색 수건을 쓴 女人이여, 그런대로 나를 즐겁게 하도다.〔縞衣綦巾 聊樂我員〕"라고 하였는데, 여기에서 '員'은 어조사로 '云'과 같다. ≪韓詩≫에 말하기를 "흰 옷에 쑥색 수건을 쓴 여인이여, 그런대로 나의 넋을 즐겁게 하도다.〔縞衣綦巾 聊樂我魂〕"라고 하였는데, 薛君이 말하기를 "魂은 神이다."라고 하였다.

127) 넋은……없다 : 延陵季子가 일찍이 齊나라에 갔다 돌아오는 길에 맏아들이 죽자, 齊나라의 嬴邑과 博邑의 중간 지점에 장사를 지내고 나서 세 번 부르짖어 哭하고 말하기를 "뼈와 살은 흙으로 돌아갔으니 운명이로다. 그러나 넋은 가지 못할 곳이 없다. 가지 못할 곳이 없다.〔骨肉歸復于土 命也 若魂氣則無不之也 無不之也〕"라고 하고 떠났다.(≪禮記≫ 〈檀弓 下〉)

128) 사람들은……못하도다 : ≪詩經≫ 〈小雅 小旻〉에 보인다.

柳下惠의 아내는
賢明하고 文才가 있었도다
유하혜가 이미 죽음에
門人들이 반드시 追悼하였을 터인데
유하혜의 誄文을 지으려 할 적에
아내가 남편 위하여 글을 지었도다
그 행실을 나열하여 기술하니
아무도 고칠 수 없었도다

頌曰 下惠之妻는 賢明有文이로다 柳下旣死에 門人必存①이언마는 將誄下惠할새 妻爲之辭로다 陳列其行하니 莫能易之로다

① 門人必存 : '存'은 있음이니, 살피고 위문함을 이룸을 말한다.
存, 在也. 言致其省察恤問之也.

2-11 魯나라 黔婁[129]의 아내 魯黔婁妻

魯나라 黔婁 先生의 아내이다. 선생이 돌아가시자 曾子가 門人들과 함께 가서 조문하였다. 그 아내가 門戶에서 나오자 증자가 조문을 하고 堂에 올라가 창문 아래에 누워 있는 선생의 시신을 보니, 벽돌을 베개로 삼고 볏짚으로 자리를 깔았으며 묵은 솜을 둔 옷은 겉옷과 한 벌을 이루지 못하였고[130] 삼베 이불로 덮었는데 머리와 발을 다 감싸지 못해서 머리를 덮으면 발이 나오고 발을 덮으면 머리가 나왔다. 증자가 말하기를 "삼베 이불을 비스듬히 당겨 덮으면 감쌀 수 있겠습니다."라고 하니, 검루 선생의 아내가 말하기를 "삼베 이불을 비스듬히 덮어 남음이 있는 것이 바르게 덮어 부족한 것만 못합니다. 선생은 일생의 행위가 邪曲하지 않았기 때문에 이러한

129) 黔婁 : 春秋時代의 著名한 隱士이다. 혹 戰國時代의 은사라고도 한다. 魯 恭公이 맞이하여 재상으로 삼으려 하였고, 齊나라에서도 卿으로 임명하려 하였는데 모두 사양하였으며, 齊 威王이 스승으로 삼아 극진히 존경하였다고 한다.

130) 묵은……못하였고 : ≪禮記≫ 〈喪大記〉에 말하기를 "袍에는 반드시 겉에 입는 다른 옷이 있어서 袍만 홑겹으로 입지 않고 上衣에는 반드시 下裳이 있으니, 이를 한 벌이라고 이른다.〔袍必有表 不襌 衣必有裳 謂之稱〕"라고 하였다.

데에 이른 것입니다. 살아 계실 때 사곡하지 않았는데 돌아가신 뒤에 사곡하게 한다면 선생의 뜻이 아닐 것입니다."라고 하였다.

魯黔婁先生①之妻也라 **先生死**에 **曾子與門人往弔之**라 **其妻出戶**어늘 **曾子弔之②**하고 **上堂**하여 **見先生之尸在牖下③**하니 **枕墼**(격)**席**(槀)〔藁〕④[131]하고 **緼袍不表⑤**하고 **覆**(부)**以布被**호되 (手)〔首〕[132] **足不盡斂**하여 **覆頭則足見**하고 **覆足則頭見**이라 **曾子曰 斜**[133]**引其被則斂矣⑥**라 **妻曰 斜而有餘**가 **不如正而不足也**라 **先生以不斜之故**로 **能至於此**라 **生時不邪**어늘 **死而邪之**면 **非先生意也**라

① 魯黔婁先生 : 黔婁는 성명이다. 동시대에 齊나라에 黔敖가 있었으니, 아마 그 族人인 듯하다. ≪文選≫ 張景陽[134]의 〈雜詩〉 注에 皇甫謐[135]의 ≪高士傳≫을 인용하여 말하기를 "黔婁 先生은 齊나라 사람이다."라고 하였다. 이 선생 또한 제나라 사람이니, 여기에 '魯'로 되어 있는 것은 오자인 듯하다.
黔婁, 姓名也. 同時齊有黔敖, 蓋其族人. 文選張景陽雜詩注引皇甫謐(밀)高士傳曰 "黔婁先生者, 齊人也." 是先生亦齊人, 此作魯或誤耳.

② 其妻出戶 曾子弔之 : 禮에 婦人은 餞送하거나 迎接할 때 문을 나가지 않고, 兄弟를 만나 볼 때에도 문지방을 넘지 않는다. 여기에서 戶를 나간 것은 조문을 받기 위해서이니, 조문은 살아있는 자에게 베푸는 것이기 때문이다. ≪太平御覽≫의 이 구절을 인용한 곳에는 '조용히 門으로 들어가 堂 아래에 서면 그 아내가 나와 褐袍를 입는다.〔隱門而入 立于堂下 其妻出 衣褐袍〕'라는 14글자가 '曾子가 조문하였다.〔曾子弔之〕'라는 구절 위에 있는데, 今本에는 없다.
禮婦人送迎不出門, 見兄弟不踰閾. 此出戶爲受弔也, 弔施於生者也. 太平御覽引有隱門而入, 立于堂下, 其妻出, 衣褐袍一十四字, 在曾子弔之句上, 爲今本所無.

③ 在牖下 : 禮에 처음 죽음에 시신을 북쪽 창 아래에 옮겨 놓는다.[136]

---

131) (槀)〔藁〕: 저본에는 '槀'로 되어 있으나, 王照圓의 注에 의거하여 '藁'로 바로잡았다.

132) (手)〔首〕: 저본에는 '手'로 되어 있으나, ≪列女傳校注≫와 ≪列女傳集注≫에 의거하여 '首'로 바로잡았다.

133) 斜 : ≪列女傳校注≫에는 '邪'로 되어 있다. 아래도 같다.

134) 張景陽 : 景陽은 西晉의 문인 張協의 자이다. 어려서부터 뛰어난 재주가 있어 형인 載와 아우인 亢과 함께 '三張'으로 불리었다. 벼슬은 河間內史에 이르렀다. 저서에 ≪張景陽集≫이 있다.

135) 皇甫謐 : 215~282. 後漢의 太尉 皇甫嵩의 증손으로, 자는 士安, 자호는 玄晏이다. 여러 전적과 諸子百家書에 널리 통달하였으며, 평생 벼슬하지 않고 저술에 전념하였다. 晉 武帝가 여러 차례 불렀으나 끝내 나아가지 않았다. 제자인 摯虞, 張軌, 牛綜, 席純 등은 모두 晉나라의 名臣이 되었다. 저서에 ≪帝王世紀≫, ≪年曆≫, ≪高士傳≫, ≪逸士傳≫, ≪玄晏春秋≫, ≪鬼谷子注≫, ≪針灸甲乙經≫ 등이 있다.

136) 禮에……놓는다 : ≪周禮注疏≫ 권30 〈夏 司馬 射人掌〉에는 "처음에 북쪽 창 아래에서 죽으

禮始死, 遷尸於北牖下也.

④ 枕墼席(稾)〔稾〕: 墼은 아직 굽지 않은 흙벽돌이다. '稾'는 응당 '稾'가 되어야 한다. 그 글자는 禾를 따르니, 볏짚이다.

墼, 土墼未燒也. 稾當作稾. 其字從禾, 禾稈也.

⑤ 緼袍不表 : 緼은 묵은 솜이다. 袍는 옷에 솜을 둔 것이다. 不表는 ≪태평어람≫의 이 구절을 인용한 곳에는 '無表'로 되어 있다.

緼, 舊絮(서)也. 袍, 衣之有著者也. 不表, 御覽引作無表.

⑥ 斜引其被則斂矣 : '斜'는 '邪'와 같다.

斜與邪同.

曾子가 응답을 하지 못하고, 드디어 哭하며 말하기를 "슬프다! 선생께서 돌아가심이여, 무엇으로 시호를 해야겠습니까?"라고 하니, 그 아내가 말하기를 "康으로 시호를 삼으십시오."라고 하였다. 증자가 말하기를 "선생께서 살아계실 때 음식은 허기를 채우지 못하고 의복은 몸을 가리지 못하였으며, 돌아가신 뒤에는 머리와 발을 다 감싸드리지 못하고 곁에는 술과 고기의 祭物도 없습니다. 살아서는 좋은 것을 갖지 못하고 죽어서는 영화를 보지 못하였는데 여기에 무슨 즐거움이 있다고 시호를 康이라 하겠습니까?"라고 하니, 그 아내가 말하기를 "옛날에 선생이 살아계실 때 임금이 일찍이 선생에게 정사를 맡겨 國相으로 삼고자 하였는데 사양하고 맡지 않았으니 이는 충분히 高貴한 것이고, 임금께서 일찍이 곡식 30鍾을 하사하였는데 선생이 사양하고 받지 않았으니 이는 충분히 富裕한 것입니다. 저 선생은 천하의 담백한 맛을 달게 여기고 천하의 낮은 지위를 편안히 여기며 貧賤에 걱정하지 않고 富貴에 기뻐하지 않으며 仁을 구하여 仁을 얻고[137] 義를 구하여 義를 얻었으니, 그 시호를 康이라 하는 것이 또한 마땅하지 않겠습니까?"라고 하였다. 증자가 말하기를 "그 사람에 그 부인이로다."라고 하였다.

면 시신을 남쪽 창 아래로 옮긴다.〔始死於北牖下 遷尸於南牖下〕"라고 하였으니, 王照圓의 注와 다르다.

137) 仁을……얻고 : ≪論語≫ 〈述而〉에 "子貢이 들어가서 '伯夷와 叔齊는 어떠한 사람입니까?' 하고 묻자, 공자께서는 '옛날의 현인이시다.' 하셨다. '후회하였습니까?' 하고 묻자, '仁을 구하여 인을 얻었으니, 다시 어찌 후회하였겠는가.'라고 대답하셨다.〔子貢入曰 伯夷叔齊何人也 曰古之賢人也 曰怨乎 曰求仁而得仁 又何怨〕"라고 하였다.

曾子不能應하고 遂哭之曰 嗟乎라 先生之終也여 何以爲謚리오 其妻曰 以康爲謚①②하소서 曾子曰 先生在時에 食不充(口)[138]〔虛〕③[139]하고 衣不蓋形하며 死則(手)〔首〕[140]足不斂④하고 旁無酒肉이라 生不得其美하고 死不得其榮하니 何樂於此而謚爲康乎아하니 其妻曰 昔先生은 君嘗欲授之政하여 以爲國相이어늘 辭而不爲하니 是有餘貴也오 君嘗賜之粟三十鍾⑤이어늘 先生辭而不受하니 是有餘富也라 彼先生者는 甘天下之淡味하고 安天下之卑位하며 不戚戚於貧賤하고 不欣欣於富貴⑥⑦하며 求仁而得仁하고 求義而得義하니 其謚爲康이 不亦宜乎아 曾子曰 唯斯人也而有斯婦라

① 以康爲謚 : 康은 즐거움이다.
康, 樂也.

② 【集注】 以康爲謚 : ≪逸周書≫[141]의 謚法에 "康은 편안함이다."라고 하였다.
逸周書謚法 "康, 安也."

③ 食不充(口)〔虛〕 : ≪文選≫ 注의 이 구절을 인용한 곳에는 '食不充虛'로 되어 있다.
文選注引作食不充虛.

④ 【校注】 死則(手)〔首〕足不斂 : '首'는 舊本에 '手'로 잘못되어 있었는데, 今本에는 ≪太平御覽≫에 따라 교정하였다. 首足은 바로 아래에 이른 '頭足'이다.
首, 舊誤手, 今依太平御覽校改. 首足, 卽下云頭足也.

⑤ 君嘗賜之粟三十鍾 : 鍾은 量器의 이름이다. 10釜가 1鍾이다. 1鍾은 6斛 4斗이다.
鍾, 量器名也. 釜十爲鍾. 鍾, 六斛四斗也.

⑥ 【校正】 不戚戚於貧賤 不欣欣於富貴 : 牟房이 상고해보건대, 陶潛의 〈五柳先生傳〉 贊의 이 구절을 인용한 곳에는 黔婁의 말로 되어 있다.[142]
房案陶潛五柳先生傳贊引作黔婁之言.

⑦ 【集注】 不戚戚於貧賤 不欣欣於富貴 : 牟房이 이르기를 "陶潛의 〈五柳先生傳〉 贊의 이 구절을 인용한 곳에는 黔婁의 말로 되어 있다."라고 하였다. 梁端이 이르기를 "'欣欣'은

---

138) 口 : ≪列女傳校注≫와 ≪列女傳集注≫에는 '虛'로 되어 있다.

139) (口)〔虛〕 : 저본에는 '口'로 되어 있으나, 王照圓의 注에 의거하여 '虛'로 바로잡았다.

140) (手)〔首〕 : 저본에는 '手'로 되어 있으나, ≪列女傳校注≫에 의거하여 '首'로 바로잡았다.

141) 逸周書 : 周 成王 때 周公이 攝政하여 천하가 태평해지자, 중국의 諸侯들과 중국 밖의 사방 나라와 부족에서 周나라에 朝會하러 오고 貢物을 바친 일을 기술한 책이다.

142) 陶潛의……있다 : 〈五柳先生傳〉의 贊에 "黔婁가 말하기를 '貧賤에 걱정하지 않고 富貴에 汲汲해 하지 않는다.' 하였으니, 그 말을 미루어 지극히 한다면 이 사람과 같은 무리일 것이다.〔黔婁有言 不戚戚於貧賤 不汲汲於富貴 極其言 玆若人之徒乎〕"라고 하였다. 이 사람은 五柳先生을 가리킨다.(≪陶淵明集≫ 권5)

≪태평어람≫에 '急急'으로 되어 있다."라고 하였다. 내(蕭道管)가 상고해보건대, ≪陶淵明集≫에는 '汲汲'으로 되어 있다.
牟云 "陶潛五柳先生傳贊引作黔婁之言." 梁云 "欣欣御覽作急急." 道管案陶淵明集作汲汲.

君子가 이르기를 "黔婁의 아내는 가난을 즐기고 道를 행하였도다."라고 하였다. ≪詩經≫에 말하기를 "저 아름다운 淑姬여, 더불어 말할 수 있도다."[143]라고 하였으니, 이를 두고 이른 말이다.

君子謂黔婁妻爲樂貧行道라하니라 詩曰 彼美淑姬여 可與寤言①이로다하니 此之謂也라

① 可與寤言 : 寤는 晤와 같다. 이미 위에 보였다.
寤與晤同. 已見上.

魯黔婁妻

143) 저……있도다 : ≪詩經≫ 〈東門之池〉에 보인다.

頌은 다음과 같다.

黔婁가 이미 세상을 떠나자
아내가 홀로 喪을 치렀도다
曾子가 조문을 갔더니
거친 삼베옷으로 덮어 놓았도다
빈천함을 편안히 여기고 담백함을 달게 여기며
자신을 후하게 봉양함을 추구하지 않았도다
시신을 덮어 가리지 못하였지만
오히려 시호를 康이라 하였도다

頌曰 黔婁旣死에 **妻獨主喪**이로다 **曾子弔焉**하니 **布衣褐(衾)〔裳〕**①[144]이로다 **安賤甘淡**하고 **不求豐(美)〔養〕**②③[145]이로다 **尸不揜蔽**로되 **猶謚曰康**이로다

① 布衣褐(衾)〔裳〕: '衾'자는 韻이 맞지 않으니, 아마 '裳'자의 오자인 듯하다.
衾字失韻, 蓋裳字之誤.

② 不求豐(美)〔養〕: '美'자는 韻이 맞지 않다.
美字失韻.

③ 【校正】 不求豐(美)〔養〕……美字失韻[146] : 王紹蘭[147]이 상고해보건대, '美'는 응당 '養'이 되어야 하니, 글자의 오류이다. 傳에 이르기를 "천하의 담백한 맛을 달게 여기고 천하의 낮은 지위를 편안히 여긴다."라고 하였다. 그러므로 頌에 이르기를 "빈천함을 편안히 여기고 담백함을 달게 여기며, 자신을 후하게 봉양함을 추구하지 않았다."라고 하였다. 傳에 또 이르기를 "선생께서 살아계실 때 음식은 허기를 채우지 못하고 의복은 몸을 가리지 못하였으며, 돌아가신 뒤에는 손발을 다 감싸드리지 못하고 곁에는 술과 고기의 祭物도 없습니다. 살아서는 좋은 것을 갖지 못하고 죽어서는 영화를 보지 못하였는데 여기에 무슨 즐거움이 있다고 시호를 康이라 하겠습니까."라고 하였다. '美'는 또한 응당 '養'이 되어야 하니, 形・榮・康과 韻이 된다.

---

144) (衾)〔裳〕: 저본에는 '衾'으로 되어 있으나, 王照圓의 注에 의거하여 '裳'으로 바로잡았다.

145) (美)〔養〕: 저본에는 '美'로 되어 있으나, 王紹蘭의 校正에 의거하여 '養'으로 바로잡았다.

146) 不求豐美……美字失韻 : 원 표제어는 "不求豐美 補注 美字失韻"으로, 원문 '不求豐美'에 대한 王照圓의 補注 '美字失韻'(원주 ②)에 대한 校正임을 의미한다.

147) 王紹蘭 : 淸나라 학자로, 자는 畹馨, 호는 南陔 또는 思維居士이다. 저서에 ≪儀禮圖≫, ≪周人禮說≫, ≪周人經說≫, ≪說文集注≫, ≪讀書雜記≫ 등이 있다.

王紹蘭案美當爲養, 字之誤也. 傳云"甘天下之淡味, 安天下之卑位." 故頌云"安賤甘淡, 不求豐養也." 傳又云 "先生在時, 食不充口, 衣不蓋形, 死則手足不斂, 旁無酒肉. 生不得其美, 死不得其榮, 何樂於此而諡爲康乎?" 美亦當爲養, 與形・榮・康爲韻.

2-12 齊나라 재상 마부의 아내 齊相御妻

齊나라 재상 晏子[148)]의 마부의 아내이니, 命婦라 불리었다. 안자가 장차 외출하려 할 때에 명부가 그 남편이 재상을 위하여 수레를 준비하는 모습을 엿보니, 수레에 커다란 덮개를 씌우고 네 필의 말을 채찍질하면서 意氣洋洋하여 매우 만족해하는 모습이었다.

齊相晏子僕御之妻也니 **號曰命婦**라 **晏子將出**할새 **命婦窺其夫爲相御**하니 **擁大蓋**하고 **策駟馬**하여 **意氣洋洋**①하여 **甚自得也**라

① 【校注】 意氣洋洋 : ≪史記≫ 〈管晏列傳〉과 ≪晏子春秋≫ 〈雜上〉에는 '揚揚'으로 되어 있고, ≪詩經≫ 〈王風〉의 疏에는 '陽陽'으로 되어 있다.
史記管晏列傳・晏子春秋雜上作揚揚, 王風疏作陽陽.

남편이 돌아오자 아내가 떠나기를 청하며 말하기를 "당신이 지위가 비천한 것이 마땅합니다."라고 하니, 남편이 말하기를 "무슨 뜻이오?"라고 하였다. 아내가 말하기를 "晏子는 키가 5尺도 안 되는데 齊나라의 재상이 되어 제후들 사이에 명성이 널리 알려졌습니다. 지금 제가 문틈으로 보니 그의 志氣가 恭順하여 스스로 낮추고 생각하는 것이 깊어 보였습니다. 당신은 키가 8尺이 되는 몸으로 안자의 마부 노릇을 하고 있습니다. 그러나 당신은 得意揚揚하여 스스로 만족해하는 듯한 모습이니, 妾이 이 때문에 떠나기를 요구하는 것입니다."라고 하였다. 그 남편이 사죄하며 말하기를 "스스로 고쳐보려 하니, 어떻게 해야 하오?"라고 하니, 아내가 말하기를 "안자의 지혜를 품고 8척의 키를 더하며 몸소 仁義를 실천하여 명철한 군주를 섬긴다면 명성이 반드시 널리 알려질 것입니다. 또 제가 들으니, 차라리 의로움으로 영예를 얻고

---

148) 晏子 : 春秋時代 齊나라의 재상 晏嬰으로, 자는 平仲이다. 靈公, 莊公, 景公을 두루 섬겼는데, 景公 때에 相臣이 되었으면서도 布衣에 鹿裘를 착용하고 조회할 정도로 節儉과 力行으로 유명하였다. 저서에 ≪晏子春秋≫가 있다.

齊相御妻

卑賤한 신분으로 살지언정 허세와 교만을 부려 富貴한 자리에 올라서는 안 된다고 하였습니다."라고 하였다. 이에 그 남편이 깊이 自責하고 道를 배워 겸손해져서 항상 부족한 듯이 행동하였다.

旣歸에 其妻①〔請去〕[149]曰 宜矣로다 子之卑且賤也여하니 夫曰 何也오 妻曰 晏子長不滿(三)〔五〕[150]尺②이로되 身相齊國하여 名顯諸侯라 今者吾從門間觀其志氣가 恂恂自下하고 思念深矣라 今子身長八尺으로 乃爲之僕御耳로되 然子之意洋洋하여 若自足者하니 妾是以〔求〕[151]去也로다 其夫謝曰 請自改하니 何如오 妻曰 是懷晏子之智하고 而加以八尺之長也하며 夫躬仁義하여 事明主면 其名必揚矣리라 且吾聞寧榮於義而賤이언정 不虛驕以貴라호라 於是其夫乃深自責하고 學道謙遜하여 常若不足이라

149) 〔請去〕: 저본에는 '請去'가 없으나, 王照圓의 注에 의거하여 보충하였다.
150) (三)〔五〕: 저본에는 '三'으로 되어 있으나, 王照圓의 注에 의거하여 '五'로 바로잡았다.
151) 〔求〕: 저본에는 '求'가 없으나, 王照圓의 注에 의거하여 보충하였다.

① 旣歸 其妻〔請去〕曰 : '曰' 위에 응당 '請去' 2자가 빠졌을 것이다. 아래에 이른 '妾是以去也'의 '去' 위에 또 '求'자가 빠졌다.
曰上當脫請去二字. 下云妾是以去也去上, 又脫求字.

② 晏子長不滿(三)〔五〕尺 : '三'은 응당 '五'가 되어야 한다. ≪晏子春秋≫에는 '六'으로 되어 있고, ≪史記≫에도 같다.
三當作五, 晏子春秋作六, 史記同.

晏子가 괴이하게 여겨 그 연고를 물었는데, 마부가 모두 사실로써 대답하였다. 이에 안자가, 마부가 아내의 유익한 말을 받아들여 스스로 잘못을 고친 것을 훌륭하게 여겨 景公[152]에게 천거하여 大夫로 삼고, 그 아내를 讚頌하여 命婦로 삼았다.

晏子怪而問其故한대 具以實對라 於是晏子賢其能納善自改하여 升諸景公하여 以爲大夫하고 顯其妻以爲命婦라

君子가 이르기를 "命婦는 善을 알았다."라고 하였다. 그러므로 어진 사람이 성공할 수 있는 길은 많으니 스승과 벗이 切磋琢磨하도록 돕는 것뿐만 아니라 배필의 권면 또한 큰 비중을 차지하는 것이다. ≪詩經≫에 말하기를 "높은 산처럼 우러르고, 큰 길처럼 따라간다."[153]라고 하였으니, 응당 항상 善을 향해야 함을 말한 것이다.

君子謂命婦知善이라하니라 故賢人之所以成者가 其道博矣니 非特師傅朋友相與切磋也라 妃(배)匹亦居多焉①이라 詩云 高山仰止하고 景行行止라하니 言當常嚮爲其善也니라

① 妃匹亦居多焉 : '妃'의 독음은 '配'이니, 어진 부인이 남편을 도와 德을 이룸을 말한다.
妃讀爲配, 言賢婦能助夫以成德.

頌은 다음과 같다.

齊나라 재상의 마부의 아내는
道로써 남편을 바로잡았도다
교만함과 공손함을 분명히 말하여

---

152) 景公 : 齊나라 23대 군주로, 58년간 在位하였다.
153) 높은……따라간다 : ≪詩經≫ 〈小雅 車舝〉에 보인다.

재상의 恭順함을 본받게 하였도다
남편이 잘못을 고치고 행실을 바꾸어
배우고 묻기를 그치지 않았도다
晏子가 그를 大夫로 천거하여
군자의 반열에 들게 하였도다

頌曰 齊相御妻는 匡夫以道로다 明言驕恭하여 恂恂自效로다 夫改易(역)行하여 學問靡已로다 晏子升之하여 列於君子로다

2-13 楚나라 接輿[154)]의 아내 楚接輿妻

楚나라 狂人 接輿의 아내이다. 접여는 몸소 농사를 지어 먹고 살았다. 楚나라 왕이 使者에게 金 100鎰과 말 4필이 끄는 수레 2대를 가지고 가서 접여를 초빙해오도록 하였다. 〈사자가〉 말하기를 "왕께서는 선생이 河南을 다스려주기를 원합니다."라고 하였다. 접여가 웃기만하고 응답하지 않으니, 사자는 결국 말을 나누지 못하고 떠났다.

楚狂接輿之妻也①라 接輿躬耕以爲食②이러니 楚王使使者持金百鎰③車二駟하여 往聘迎之라 曰王願請先生治(淮)〔河〕[155)]南④이러이다 接輿笑而不應하니 使者遂不得與語而去라

① 【校注】 楚狂接輿之妻也 : ≪高士傳≫에 "楚나라 사람 陸通의 字가 接輿이다."라고 하였다.
高士傳 "楚人陸通字接輿."

② 【校注】 接輿躬耕以爲食 : ≪水經≫ 〈潕水〉 注에 ≪尸子≫를 인용하여 "楚나라 狂人 接輿가 方城에서 경작하였다."라고 하였다.
水經潕水注引尸子曰 "楚狂接輿耕於方城."

③ 持金百鎰 : 20兩이 1鎰이다.
二十兩爲一鎰.

④ 【集注】 王願請先生治(淮)〔河〕南 : 梁端이 이르기를 "≪韓詩外傳≫에는 '河南'으로 되어

---

154) 接輿 : 春秋時代 楚나라의 隱者인 陸通의 자이다. 거짓으로 미친 척하고 벼슬하지 않아 당시 사람들이 '초나라 미치광이〔楚狂〕'라고 불렀다.

155) (淮)〔河〕 : 저본에는 '淮'로 되어 있으나, ≪列女傳集注≫에 의거하여 '河'로 바로잡았다. 아래도 같다.

있다. 아래도 같다."라고 하였다.
梁云 "韓詩外傳作河南. 下同."

아내가 시장에서 돌아와 말하기를 "선생은 젊어서는 義를 행하였는데 어찌 늙어가면서 그 義를 버리려 하십니까? 문밖에 수레바퀴 자국이 어찌 저리 깊게 패였습니까?"라고 하니, 接輿가 말하기를 "왕이 내가 不肖한 줄 모르고서 나에게 河南을 다스리게 하고자 하여 使者를 보내 금과 수레를 가지고 와서 초빙하게 하였소."라고 하였다. 그 아내가 말하기를 "허락하지 않았겠지요?"라고 하니, 접여가 말하기를 "무릇 부유하고 존귀한 것은 사람이면 누구나 원하는 것인데 그대는 어찌 그리 내가 허락하였을까 싫어하는 것이오?"[156]라고 하였다. 아내가 말하기를 "의로운 선비는 禮가 아니면 행동하지 않으며, 가난 때문에 지조를 바꾸지 않으며, 卑賤 때문에 행실을 고치지 않습니다. 妾이 선생을 섬김에 몸소 농사지어서 음식을 장만하고 손수 베를 짜서 옷을 지어 드렸으나 음식이 배부르고 옷이 따뜻하며 義에 의거하여 행동하였으니, 그 즐거움이 또한 스스로 만족스러웠습니다. 만약 다른 사람이 주는 후한 녹을 받고 다른 사람이 주는 튼튼하고 좋은 수레를 타고 다른 사람이 주는 맛난 음식을 먹는다면 장차 무엇으로 그에 보답하겠습니까."라고 하니, 접여가 말하기를 "내 허락하지 않았소."라고 하였다. 아내가 말하기를 "임금이 명하는데 따르지 않으면 不忠이요 명을 따르다가 또 어기면 不義니, 이곳을 떠나는 것만 못합니다."라고 하였다. 남편은 솥과 시루를 등에 지고 아내는 베틀을 머리에 이고 이름과 성을 바꾸고서 멀리 이사하였으니, 그 누구도 그들이 어디로 갔는지 알지 못하였다.

妻從市來曰 先生(以)〔少〕[157]而爲義①러니 豈將老而遺之哉아 門外車跡②이 何其深也오 接輿曰 王不知吾不肖也하여 欲使我治(淮)〔河〕南하여 遣使者持金駟來聘이라 其妻曰 得無許之乎아 接輿曰 夫富貴者는 人之所欲也어늘 子何惡我許之矣오 妻曰 義士非禮不動하고 不爲貧而易(역)操하며 不爲賤而改行하나니 妾事先生에 躬耕以爲食하고 親績以爲衣호되 食飽衣暖하고 據義而動하니 其樂亦自足矣어늘 若受人重祿하고 乘人堅良③하고 食人肥鮮이면 而將何以待之리오 接輿曰 吾不許也라 妻曰 君使不從이면 非忠也요 從之又違면 非義也④니 不如去之라하고 夫負

156) 그대는……것이오 : 이 구절은 '子何惡 我許之矣'로 구두를 떼어 '그대는 어찌 그리 싫어하는 것이오? 내 허락하였소.'라고 번역하여도 의미가 통한다.

157) (以)〔少〕 : 저본에는 '以'로 되어 있으나, 王照圓의 注에 의거하여 '少'로 바로잡았다.

釜甑(증)하며 **妻戴紝**(임)**器**하고 **變名易姓而遠徙**하니 **莫知所之**라

① 先生(以)〔少〕而爲義 : '以'는 응당 '少'자가 되어야 하니, 字形이 비슷해서 생긴 誤字이다. ≪韓詩外傳≫에 보인다.
以當作少, 字形之誤. 見韓詩外傳.

② 【校注】 門外車跡 : ≪한시외전≫에 '跡'이 '軼'로 되어 있으니, '轍'과 같다. '車軼'은 ≪莊子≫ 〈人間世〉에 보인다.[158]
韓詩外傳跡作軼(철), 與轍同. 車軼見莊子人間世.

③ 乘人堅良 : 수레가 견고하고 말이 좋은 것이다.
車堅馬良也.

④ 從之又違 非義也 : ≪한시외전≫에 '임금의 명을 따르면 이는 義를 버리는 것입니다.'로 되어 있으니, 여기에는 혹 잘못 衍文이 된 듯하다.
韓詩外傳作從之是遺義也, 此或誤衍.

君子가 이르기를 "接輿의 아내는 道를 즐기고 害를 멀리하였다."라고 하였다. 무릇 貧賤을 편안히 여기면서도 道에 게으르지 않는 것은 오직 지극한 德을 갖춘 자만이 할 수 있다. ≪詩經≫에 말하기를 "정돈된 토끼그물이여, 말뚝 치기를 丁丁히 하도다."[159]라고 하였으니, 道에 게으르지 않음을 말한 것이다.

君子謂接輿妻爲樂道而遠害로다하니라 **夫安貧賤而不怠於道者**는 **唯至德者能之**라 **詩曰 肅肅兎罝**(저)여 **椓之丁丁**이로다하니 **言不怠於道也**①라

① 肅肅兎罝……言不怠於道也 : 이 또한 貧賤을 편안히 여기면서 제 힘으로 먹고 사는 자이기 때문에 인용하여 비유한 것이다.
此亦安貧賤而自食其力者, 故引之以譬況.

頌은 다음과 같다.

---

158) 車轍은……보인다 : ≪莊子≫ 〈人間世〉에 "그대도 螳蜋의 일을 알고 있을 것이다. 螳蜋은 앞발을 들고 수레바퀴에 맞서 자신이 감당할 수 없음을 알지 못하니 이것은 자신의 재능이 뛰어나다고 생각하기 때문이다. 경계하고 삼가라.〔汝不知夫螳蜋乎 怒其臂 以當車軼 不知其不勝任也 是其才之美者也 戒之愼之〕"라고 하였다.

159) 정돈된……하도다 : ≪詩經≫ 〈周南 兎罝〉에 보인다.

接輿의 아내
또한 貧賤을 편안히 여겼도다
접여가 벼슬에 나아가고자 하였으나
시절이 혼란함을 알았도다
楚나라 왕이 접여를 초빙하거늘
아내는 살던 곳 떠나길 청하였도다
베틀을 머리에 이고 성을 바꾸어
끝내 환난을 만나지 않았도다

頌曰 接輿之妻도 亦安貧賤이로다 雖欲進仕나 見時暴亂이로다 楚聘接輿어늘 妻請避館이로다 戴紝易(역)姓하여 終不遭難이로다

2-14 楚나라 老萊子[160]의 아내 楚老萊妻

楚나라 老萊子의 아내이다. 노래자가 亂世를 피해 蒙山의 남쪽에서 농사를 지으며 살고 있었다. 갈대로 담장을 치고 쑥대를 엮어 집을 만들었으며 나무로 침상을 만들고 시초로 자리를 깔았으며 허름한 솜옷을 입고 변변찮은 음식을 먹으며 산을 개간하여 씨를 뿌렸다. 어떤 사람이 楚나라 왕에게 말하기를 "노래자는 어진 선비입니다."라고 하였다. 왕이 옥과 비단으로 초빙하고자 하였으나 오지 않을까 걱정하여 초나라 왕이 친히 수레를 타고 노래자의 문 앞에 이르렀는데, 노래자가 한창 삼태기를 짜고 있었다. 왕이 말하기를 "어리석고 식견이 좁은 寡人이 홀로 宗廟를 수호하고 있으니, 선생께서 부디 조정에 나와 정사를 맡아주시길 바랍니다."라고 하였다. 노래자가 말하기를 "저는 草野에 묻혀 사는 사람인지라 정사를 맡기에 부족합니다."라고 하였다. 왕이 다시 말하기를 "나라를 다스리는 과인은 선생이 뜻을 바꾸기를 바랍니다."라고 하였다. 노래자가 말하기를 "그리하겠습니다."라고 하였다. 왕이 그의 집을 떠났다.

楚老萊子之妻也라 萊子逃世하여 耕於蒙山之陽①할새 葭(가)牆蓬室하며 木床蓍席②하며 衣縕食菽하며 墾山播種이라 人或言之楚王曰 老萊는 賢士也니이다 王欲聘以璧帛호되 恐不來하여

160) 老萊子 : 春秋時代 楚나라의 隱士이다.

楚王駕至老萊之門하니 **老萊方織畚**(분)③이라 **王曰 寡人愚陋**가 **獨守宗廟**하니 **願先生幸臨之**어다 **老萊子曰 僕山野之人**이라 **不足守政**이니이다 **王復曰 守國之孤**는 **願變先生之志**어다 **老萊子曰 諾**이로소이다 **王去**하다

① 【校注】 耕於蒙山之陽 : ≪漢書≫ 〈地理志〉에 "蜀郡 青衣縣이 ≪書經≫ 〈禹貢〉의 蒙山이다."라고 하였다. ≪括地志≫에 蒙山은 "嚴道縣 남쪽 10리 지점에 있다."라고 하였다.
漢書地理志 "蜀郡青衣, 禹貢蒙山." 括地志 "蒙山, 在嚴道縣南十里."

② 木床蓍席 : ≪史記正義≫의 ≪列仙傳≫을 인용한 대목에는 "나뭇가지로 침상을 만들고, 시초와 쑥대로 자리를 깔았다."로 되어 있다.
史記正義引列仙傳作枝木爲牀, 蓍艾爲席.

③ 老萊方織畚 : '畚' 은 농기구이니, 부들을 짜서 만드는데 종자를 담는 것이다.
畚, 田器, 織蒲爲之, 所以盛種者也.

老萊子의 아내가 삼태기를 머리에 이고 땔감을 옆구리에 끼고 와서 말하기를 "어찌 이리 수레바퀴 자국이 많습니까?"라고 하니, 노래자가 말하기를 "楚나라 왕이 나에게 나라의 정사를 맡기고자 하였소."라고 하였다. 아내가 말하기를 "허락하였습니까?"라고 하니, 노래자가 말하기를 "그렇소."라고 하였다. 아내가 말하기를 "妾이 들으니, 술과 고기를 먹여줄 수 있는 자는 채찍으로 때릴 수 있고, 관직과 녹봉을 줄 수 있는 자는 형벌을 내릴 수 있다고 하였습니다. 지금 선생이 남이 주는 술과 고기를 먹고 남이 주는 관직과 녹봉을 받으면 亂世에 살면서 그 사람에게 제어를 당하게 될 것이니, 그러고도 환난에서 면할 수 있겠습니까? 妾은 다른 사람에게 제어를 당할 수 없습니다."라고 하고, 삼태기를 벗어 던지고 떠났다. 노래자가 말하기를 "그대는 돌아올지어다. 내 그대를 위해서 다시 생각하겠소."라고 하였지만, 그의 아내는 끝내 떠나 돌아보지 않고 江南에 이르러서야 멈춰서 말하기를 "鳥獸의 털을 짜서 입을 수 있고, 떨어진 이삭을 주어서 충분히 먹을 수 있습니다."라고 하였다. 노래자가 이에 그 아내를 따라 그곳에서 사니, 백성들이 따라서 집을 짓고 사는 자가 1년 만에 部落을 이루고 3년 만에 聚落을 이루었다.

其妻戴畚(萊)[161] **挾薪樵而來**①하여 **曰何車跡之衆也**오 **老萊子曰 楚王欲使吾守國之政**이러이다 **妻曰 許之乎**아 **曰然**하다 **妻曰 妾聞之**호니 **可食以酒肉者**는 **可隨以鞭捶**(추)요 **可授以官祿者**는

161) (萊) : 저본에는 '萊'가 있으나, 王照圓의 注에 의거하여 衍文으로 처리하였다. 아래도 같다.

可隨以鈇鉞②이라호라 今先生食人酒肉하며 (授)〔受〕[162] 人官祿③이면 〔居亂世하여〕[163] 爲人所制(也)[164]④니 能免於患乎아 妾不能爲人所制라하고 投其畚(萊)而去라 老萊子曰 子還이어다 吾爲子更慮호리라 遂行不顧하고 至江南而止하여 曰鳥獸之(解)[165]毛를 可績而衣(之)〔也〕⑤[166]오 (据)〔捃(군)〕[167]其遺粒하여 足(以)[168]食也⑥로이다하다 老萊子乃隨其妻而居之⑦하니 民從而家者一年成落하고 三年成聚⑧라

① 其妻戴畚(萊)挾薪樵而來 : 이미 땔감을 옆구리에 낀다고 말하였고 보면 '畚' 아래 '萊'자는 衍字이다. ≪文選≫ 注의 이 구절을 인용한 곳의 下文에 '그 삼태기를 벗어 던졌다.'라고 한 대목에도 '萊'자가 없으니, 이곳의 '萊'자가 衍字임을 알 수 있다.
既言挾薪樵, 則畚下萊字衍也. 文選注引下文投其畚, 亦無萊字, 知此衍.

② 可隨以鞭捶 : 捶는 지팡이로 때리는 것이다.
捶, 以杖擊也.

③【校注】(授)〔受〕人官祿 : '授'는 응당 '受'가 되어야 한다.
授當作受.

④ 爲人所制(也) : ≪문선≫ 注의 이 구절을 인용한 곳에는 '爲' 위에 '난세에 살면서〔居亂世〕'라는 3자가 있는데, 頌의 '아내가 세상이 혼란하다 하니〔妻曰世亂〕'라는 구절과 부합하니, 今本에는 빠졌다. 또 '制' 아래의 '也'자도 衍字이다.
文選注引爲上有居亂世三字, 與頌妻曰世亂句合, 今本脫. 又制下也字衍.

⑤ 鳥獸之(解)毛 可績而衣(之)〔也〕: ≪列仙傳≫에는 '毛' 위에 '解'자가 없고, '衣' 아래에 '之'자가 없다. ≪太平御覽≫의 ≪列女傳≫을 인용한 대목에도 이곳과 같고, 오직 '之'자만 '也'로 되어 있다.
列仙傳毛上無解字, 衣下無之字. 太平御覽引列女傳與此同, 唯之字作也.

⑥ (据)〔捃〕其遺粒 足(以)食也 : ≪열선전≫에는 '据', '以' 2자가 없다. 여기의 '据'는 아마 '捃'자인 듯하니, 字形이 비슷해서 생긴 誤字이다. 捃은 줍는다는 뜻이다.
列仙傳無据以二字, 此据疑捃字, 形誤. 捃, 拾也.

⑦【校注】乃隨其妻而居之 : ≪문선≫ 注에는 "이에 따라서 은거하였다."로 되어 있다.

---

162) (授)〔受〕: 저본에는 '授'로 되어 있으나, ≪列女傳校注≫에 의거하여 '受'로 바로잡았다.
163) 〔居亂世〕: 저본에는 '居亂世'가 없으나, 王照圓의 注에 의거하여 보충하였다.
164) (也) : 저본에는 '也'가 있으나, 王照圓의 注에 의거하여 衍文으로 처리하였다.
165) (解) : 저본에는 '解'가 있으나, 王照圓의 注에 의거하여 衍文으로 처리하였다.
166) (之)〔也〕: 저본에는 '之'로 되어 있으나, 王照圓의 注에 의거하여 '也'로 바로잡았다.
167) (据)〔捃〕: 저본에는 '据'로 되어 있으나, 王照圓의 注에 의거하여 '捃'으로 바로잡았다.
168) (以) : 저본에는 '以'가 있으나, 王照圓의 注에 의거하여 衍文으로 처리하였다.

文選注作乃隨而隱.

⑧ 一年成落 三年成聚 : 聚와 落은 모두 모여 거처하는 마을의 명칭이다.
聚·落, 皆邑居之名.

君子가 이르기를 "老萊子는 善을 따르는 데에 과감하였다."라고 하였다. ≪詩經≫에 말하기를 "衡門의 아래여, 쉬고 놀 수 있도다. 샘물이 졸졸 흐름이여, 굶주림을 치료할 수 있도다."[169]라고 하였으니, 이를 두고 이른 말이다.

君子謂老萊(妻)[170]**果於從善**①이라하니라 **詩曰 衡門之下**에 **可以棲遲**로다 **泌之洋洋**이여 **可以療饑**②③라하니 **此之謂也**라

①【集注】君子謂老萊妻果於從善 : 상고해보건대, 上文은 바로 老萊子가 그 아내의 말을 따른 것이지, 아내가 老萊子의 말을 따른 것이 아니니, '妻'자는 아마 衍字인 듯하다.
案上文乃老萊從其妻言, 非妻從老萊言, 妻字疑衍.

② 可以療饑 : 療는 치료함이다. 療는 본래 '藥'로 되어 있으니, 이는 아마 ≪魯詩≫인 듯하다. ≪毛詩≫에는 '樂'으로 되어 있다.
療, 治也. 療本作藥(료), 此蓋魯詩, 毛詩作樂.

③【校正】可以療饑 : 牟房이 상고해보건대, '療'는 ≪毛詩≫에 '樂'으로 되어 있다. 이곳에 인용된 것은 ≪韓詩外傳≫과 같다.
房案療毛詩作樂, 此與韓詩外傳同.

頌은 다음과 같다.

老萊子와 그의 아내는
亂世 피해 蒙山 남쪽에 살았도다
쑥대로 집을 짓고
갈대로 담장을 둘렀도다
楚나라 王이 초빙하니
노래자 장차 가려하다가

---

169) 衡門의……있도다 : ≪詩經≫ 〈陳風 衡門〉에 보이는데, '療'가 '樂'으로 되어 있다.
170) (妻) : 저본에는 '妻'가 있으나, ≪列女傳集注≫에 의거하여 衍文으로 처리하였다.

아내가 세상이 혼란하다 하니
드디어 아내 따라 도망하였도다

頌曰 老萊與妻로 **逃世山陽**이로다 **蓬蒿爲室**하고 **莞葭爲(蓋)〔牆〕**①[171]이로다 **楚王聘之**하니 **老萊將行**이라가 **妻曰世亂**이라하니 **乃遂逃亡**이로다

① 莞葭爲(蓋)〔牆〕: '蓋'는 응당 '牆'이 되어야 한다. ≪列仙傳≫에도 또한 이 句가 있다.
蓋當作牆, 列仙傳亦有此句.

*[172] ≪藝文類聚≫ 〈人部〉에 ≪列女傳≫을 인용하여 이르기를 "老萊子는 양친을 효성으로 봉양하였다. 그는 나이 70세에 아이들처럼 스스로 장난하여 五色의 채색 옷을 입었으며, 일찍이 물을 떠가지고 堂에 오르다가 넘어지자 그대로 땅에 엎어져 어린아이처럼 울었으며, 혹 부모 곁에서 까마귀를 희롱하였다."라고 하였다. 지금 상고해보건대, ≪예문유취≫에서 인용한 것과 이 ≪열녀전≫의 문장이 다르고 이 ≪열녀전≫ 안에 또한 이 내용을 붙일 만한 곳이 없다.

또 ≪史記正義≫에서 인용한 '列仙傳'의 '仙'자는 아마 오자인 듯하고, ≪太平御覽≫의 이 구절을 인용한 곳에 '列女傳'으로 되어 있는 것이 옳을 것이다.

藝文類聚人部引列女傳云"老萊子孝養二親, 行年七十, 嬰兒自娛, 著(착)五色采衣, 嘗取漿上堂, 跌仆, 因臥地爲小兒啼, 或弄烏鳥於親側." 今按所引與傳文異, 傳內亦無可附. 又史記正義所引列仙傳仙字蓋誤, 太平御覽引作列女傳是矣.

2-15 楚나라 於陵子終[173]의 아내 楚於(오)陵妻

齊나라 於陵子終의 아내이다. 楚나라 왕이 오릉자종이 어질다는 소문을 듣고 재상으로 삼고자 하여 使者에게 金 100鎰을 가지고 가서 초빙해오도록 하였다. 오릉자

171) (蓋)〔牆〕: 저본에는 '蓋'로 되어 있으나, 王照圓의 注에 의거하여 '牆'으로 바로잡았다.

172) *: 이 부분은 老萊子에 대한 부연설명을 위해 王照圓이 〈楚老萊妻傳〉의 補注 말미에 참조주 성격의 補注를 표제어 없이 덧붙인 것이다. 王照圓이 말하였듯이 이 傳안에 이 내용을 注로 달 만한 곳이 없기 때문에 말미에 덧붙인 것으로 보인다. 따라서 역자도 부득이하게 원주 번호와 원주 표제어를 부여하지 않고 *표를 달아 번역문 말미에 덧붙였다.

173) 於陵子終: 於陵은 지명으로, 지금의 山東省 長陽 남쪽에 있다. 子終은 戰國時代의 隱士로 田仲, 陳仲, 子仲 등으로 불린다. ≪孟子≫ 〈滕文公 下〉와 皇甫謐의 ≪高士傳≫에 의거하면, 陳仲子는 자는 子終이고 齊나라 사람으로, 兄 戴가 蓋 땅에서 받는 祿俸이 萬鍾이었는데 형의 녹봉을 不義한 녹봉으로 여기고 형의 집을 不義한 집으로 여겨 곧 齊나라를 떠나 楚나라로 가서 於陵에 거처하였다고 한다.

종이 말하기를 "저에게 키질하고 비질하는 아내가 있으니, 청컨대 방에 들어가 상의해보겠습니다."라고 하였다.

(楚)〔齊〕[174]於陵子終之妻也①라 楚王聞於陵子終賢하고 欲以爲相하여 使使者持金百鎰하여 往聘迎之한대 於陵子終曰 僕有箕帚(기추)之妾하니 請入與計之호리이다

① (楚)〔齊〕於陵子終之妻也 : '楚'는 아마 '齊'자의 誤字인 듯하다. 옛날의 於陵은 지금의 長山縣 濟南에 속하니, 於陵仲子의 묘소가 있다. '子終'은 ≪史記集解≫의 이 구절을 인용한 곳에 '子仲'으로 되어 있고, ≪戰國策≫ 또한 그러하다. 仲과 終은 독음이 같으니, 古字에 통용하였다.
楚, 蓋齊字之誤. 古之於陵, 今長山縣濟南所屬, 有於陵仲子墓. 子終, 史記集解引作子仲, 戰國策亦爾. 仲・終音同, 古字通也.

그리고 방에 들어가서 그 아내에게 말하기를 "楚나라 왕이 나를 재상으로 삼고자 하여 使者를 보내 金을 가지고 왔소. 오늘 재상이 되면 내일 4필 말이 끄는 높은 수레가 늘어서고, 진수성찬이 앞에 가득할 것이니, 좋지 않겠소."라고 하니, 아내가 말하기를 "당신은 신발을 만들어 양식을 마련하고 外物과 상관하지 않으며 왼쪽에는 거문고가 있고 오른쪽에는 서책이 있으니 즐거움이 또한 그 가운데에 있습니다. 4필 말이 끄는 높은 수레가 늘어서더라도 편안한 바는 무릎을 용납할 정도의 공간에 불과하고, 진수성찬이 앞에 가득하더라도 달게 먹는 바는 한 점 고기에 불과합니다. 그런데 지금 무릎을 용납할 정도의 편안함과 한 점 고기의 맛을 위해서 楚나라의 근심을 품어야 하는데 어찌 나아갈 수 있겠습니까. 亂世에는 화란이 많으니, 妾은 선생이 목숨을 보존하지 못할까 두렵습니다."라고 하였다. 이에 於陵子終이 방에서 나와서 使者에게 사례하고 허락하지 않았다. 드디어 아내와 함께 도망하여 남의 정원에 물을 대는 일을 하였다.

卽入하여 謂其妻曰 楚王欲以我爲相하여 遣使者持金來하니 今日爲相하면 明日結駟連騎하고 食方丈於前하리니 可乎아 妻曰 夫子織屨以爲食하고 (非)[175]與物無治也①하며 左琴右書하니 樂亦在其中矣라 夫結駟連騎라도 所安不過容膝이요 食方丈於前이라도 〔所〕[176]甘不過一肉②이어늘

174) (楚)〔齊〕: 저본에는 '楚'로 되어 있으나, 王照圓의 注에 의거하여 '齊'로 바로잡았다.
175) (非) : 저본에는 '非'가 있으나, ≪韓詩外傳≫에 의거하여 衍文으로 처리하였다.
176) 〔所〕: 저본에는 '所'가 없으나, ≪韓詩外傳≫에 의거하여 보충하였다.

今以容膝之安과 一肉之味로 而懷楚國之憂③니 其可乎아 亂世多害하니 妾恐先生之不保命也라하노이다 於是子終出謝使者而不許也④하고 遂相與逃하여 而爲人灌園이라

① (非)與物無治也 : ≪韓詩外傳≫에는 '非'자가 없고,[177] 또 北郭先生의 일로 되어 있다.
韓詩外傳無非字, 又作北郭先生事.

② 〔所〕甘不過一肉 : ≪한시외전≫에는 '甘' 위에 '所'자가 있다.
韓詩外傳甘上有所字.

③ 【集注】 而懷楚國之憂 : ≪한시외전≫에는 '懷'가 '殉'으로 되어 있다.
外傳懷作殉.

④ 【集注】 於是子終出謝使者而不許也 : '楚王'으로부터 여기에 이르기까지는 모두 ≪한시외전≫에 보인다.
自楚王至此, 皆見外傳.

君子가 이르기를 "於陵의 아내는 德行이 있었다."라고 하였다. ≪詩經≫에 이르기를 "점잖고 점잖은 良人이여, 德音이 질서정연하도다."[178]라고 하니, 이를 두고 이른 말이다.

君子謂於陵妻爲有德行이라하니라 詩云 愔(음)愔良人①이여 秩秩德音이라하니 此之謂也라

① 愔愔良人 : 이 또한 ≪魯詩≫이니, ≪毛詩≫에는 〈'愔愔'이〉 '厭厭'으로 되어 있다.
此亦魯詩, 毛詩作厭厭.

頌은 다음과 같다.

於陵이 楚나라에 거처할 적에
왕이 使者 보내 초빙하였도다
들어가 아내와 상의하니
세상이 혼란함을 두려워하였도다

---

177) 韓詩外傳에는……없고 : ≪한시외전≫ 권9 23장에는 부인이 "당신이 신발을 만들어 양식을 마련하여 비록 죽을 먹고 낡은 신발을 신고 살지만 조금도 마음 울적한 근심이 없는 것은 어째서이겠습니까? 外物과 상관하지 않기 때문입니다.〔婦人曰 夫子以織屨爲食 食粥毚履 無怵惕之憂者何哉 與物無治也〕"라고 하였다고 되어 있다.

178) 점잖고……질서정연하도다 : ≪詩經≫ 〈秦風 小戎〉에 보인다.

楚於陵妻

나아가면 해를 만날 것이니
몸이 편안함만 같지 못하도다
왼쪽에는 거문고 오른쪽에는 서책을 두고
남의 정원에 물대는 일을 하였도다

頌曰 於陵處楚에 王使聘焉이로다 入與妻謀하니 懼世亂煩이로다 進往遇害리니 不若身安이로다 左琴右書하고 爲人灌園이로다

列女傳補注 卷三

福山 王照圓

어질고 지혜로운 여인들에 대한 전 仁智傳

〈仁智傳〉은 어진 덕과 지혜를 갖춘 여인들의 전기로, 총 15편으로 구성되어 있다. 간략한 내용은 다음과 같다.

① 아들에게 聘禮도 치르지 않고 달려온 세 여자를 周 共王에게 바치게 한 密 康公의 어머니 隗氏. ② 屈瑕의 군대가 패하고 왕이 장차 薨御할 것을 안 楚 武王의 부인 鄧曼. ③ 자애로운 성품과 원대한 식견을 지닌 許 穆公의 부인. ④ 公子 重耳에게 음식을 보내어 화를 면하게 한 曹나라 僖負羈의 아내. ⑤ 어린 아들이 兩頭蛇를 죽이고 두려워하자 陰德을 베푼 자는 장수한다고 일깨워준 楚나라 孫叔敖의 어머니. ⑥ 남편이 직언과 말재주로 남을 능멸하기를 좋아하자 이를 경계하여 재앙을 면하게 한 晉나라 伯宗의 아내. ⑦ 밤중에 闕門을 지나가는 수레 소리를 듣고 賢臣 蘧伯玉이라는 것을 안 衛 靈公의 부인. ⑧ 자신의 아들을 대자로 삼자 재앙의 싹이라고 하며 죽기를 무릅쓰고 간쟁한 齊 靈公의 부인 仲子. ⑨ 아들로 하여금 널리 은혜를 베풀어 화를 면하게 한 魯나라 臧文仲의 어머니. ⑩ 밝은 지혜로 성정을 살피고 운명을 꿰뚫은 晉나라 羊舌子의 아내이자 叔向과 叔魚의 어머니인 叔姬. ⑪ 거짓으로 백성을 대하면 반드시 멸망한다는 것을 안 晉나라 范氏의 어머니. ⑫ 일로 인하여 동생이 화를 만날 것을 알았으며, 禮를 기다린 뒤에 움직이고 구차히 情欲에 동요되지 않은 魯나라 公乘子皮의 누나. ⑬ 나라가 장차 어지러울까 염려하여 기둥에 기대어 휘파람을 분 魯나라 漆室의 노처녀. ⑭ 임금이 太子의 妃를 자신의 후궁으로 삼으려 하자 闕門에 나아가 간쟁한 魏나라 曲沃 땅의 노파. ⑮ 임금이 자신의 아들을 장수로 삼자 아비만 못하다고 반대한 趙나라 將帥 馬服君 趙奢의 아내이자 趙括의 어머니에 대한 이야기이다.

【小序】 어질고 지혜로운 이들로 말하면, 어려움과 쉬움을 미리 알았나니, 천도를 미루어

헤아려, 화복에 따라 옮겨갔다네. 의에 돌아감을 편안함을 따르듯 하고, 위험은 반드시 피하였으니, 오로지 조심하여, 길이 두려워하고 나태하지 않았다네. 부인이 이를 살피면, 영화로운 이름 반드시 넉넉하리라.

惟若仁智, 豫識難易. 原度(탁)天道, 禍福所移. 歸義從安, 危險必避. 專專小心, 永懼匪懈. 夫人省玆, 榮名必利.

3-1 密 康公[1]의 어머니 密康公母

密 康公의 어머니는 성이 隗氏이다. 周 共王[2]이 涇水[3] 가에서 유람할 때 康公이 수행하였는데, 聘禮도 치르지 않고 그에게 달려온 세 여자가 있었다. 그 어머니가 말하기를 "반드시 저 여자들을 왕에게 바쳐라. 짐승 세 마리가 群이고, 사람 세 명이 衆이고, 여자 세 명이 粲이다. 天子가 사냥할 때 세 마리를 잡으면 다 취하지 않고, 諸侯가 행차할 때 세 사람을 만나면 수레에서 내리고, 천자가 御妻[4]를 취할 때 一族에서 세 여자를 취하지 않는다. 粲은 아름다운 여자이니, 너에게 歸附하였으나 무슨 덕이 있어서 그들을 감당하겠느냐. 천자도 오히려 감당하지 못하는데 하물며 너 같은 소인배야 말할 것이 있겠느냐." 하였다. 강공이 바치지 않으니, 공왕이 밀나라를 멸망시켰다.

密康公之母는 姓(魏)〔隗(외)〕[5]氏①라 周共王遊於涇上할새 康公從이러니 有三女奔之②어늘 其母曰 必致之王하라 夫獸三爲群이요 人三爲衆이요 女三爲粲이니 王田不取群하고 公行下衆③④[6]하고

---

1) 密 康公 : 西周시대 密나라 임금으로, 성은 姬이다. 밀나라는 지금의 甘肅省 靈臺縣 서쪽에 있었다.

2) 周 共王 : 西周의 왕으로, 穆王의 아들이다. 성은 姬이고, 이름은 緊(예)扈 혹은 伊扈이다.

3) 涇水 : 陝西省 중부를 흐르는 黃河의 지류로, 물이 매우 탁한 것으로 알려져 있다.

4) 御妻 : 고대 궁중의 女官 명칭으로, 女御, 御女라고도 한다. ≪禮記≫ 〈昏義〉에 "옛날에 天子의 后는 6宮, 3夫人, 9嬪, 27世婦, 81御妻를 세워서 천하의 內治를 다스렸다.〔古者天子后立六宮 三夫人 九嬪 二十七世婦 八十一御妻 以聽天下之內治〕"라고 하였다.

5) (魏)〔隗〕: 저본에는 '魏'로 되어 있으나, ≪史記集解≫ 〈周本紀〉에 의거하여 '隗'로 바로잡았다.

6) 公行下衆 : ≪史記≫에는 '公行不下衆'으로 되어 있다. ≪國語≫ 권1 〈周語 上〉의 韋昭의 주에는 "'公'은 제후이다. '下衆'은 감히 무리를 업신여기지 않는 것이니, 禮에 國君은 卿의 자리에 있는 사람에게는 수레에서 내리고 무리를 만나면 수레에서 내려 경례를 표한다.〔公 諸侯也 下衆 不敢誣衆也 禮國君下卿位 遇衆則式禮之也〕"라고 하였다. 이 구절은 ≪列女傳補注≫의 曹大家의

王御不參(삼)一族⑤이라 夫粲은 美之物이니 歸汝⑥나 而何德以堪之아 王猶不堪이온 況爾小醜乎[7]아하여늘 康公不獻[8]하니 王滅密하다

① 密康公之母 姓(魏)〔隗〕氏 : ≪史記集解≫ 〈周本紀〉의 이 구절을 인용한 곳에는 '魏'가 '隗'로 되어 있다.[9]
史記周本紀集解引魏作隗.

② 有三女奔之 : 聘禮를 치르지 않은 것을 '奔'이라 한다.[10] 세 여자는 아마 동성인 듯하다.
不娉爲奔. 三女, 蓋同姓.

③ 夫獸三爲群……公行下衆 : ≪史記正義≫에 曹大家[11]의 注를 인용하여 "群・衆・粲은 많은 것의 명칭이다. 전렵에서 세 마리의 짐승을 잡으면 왕이 다 취하지 않는 것은 그 폐해가 심하기 때문이다. 公은 제후이니, 공이 행하는 일은 여러 사람들과 함께 의논한다."라고 하였다.
史記正義引曹大家云 "群・衆・粲, 蓋多之名也. 田獵得三獸, 王不盡取,[12] 以其害深也. 公, 諸侯也. 公之所〔行〕,[13] 與衆人共議也."

④ 【校注】 公行下衆 : ≪說苑≫ 〈敬愼篇〉에 이르기를 "수레를 타고 가다가 세 사람을 만나면 내린다."[14]라고 하였다.
說苑敬愼篇云 "升輿而遇三人則下."

⑤ 王御不參一族 : '參'은 셋이라는 뜻이니, 세 여자를 같은 일족에서 취하지 않는 것이다.

설을 따르지 않고 ≪國語≫, ≪說苑≫ 등에 의거하여 번역하였다.

7) 乎 : ≪史記≫와 ≪國語≫에는 모두 이 뒤에 '小醜備物終必亡'이 더 있다.

8) 獻 : ≪史記≫와 ≪國語≫에는 모두 이 뒤에 '一年'이 더 있다.

9) 魏가……있다 : ≪史記集解≫ 권4 〈周本紀 第4〉의 집주에서 "≪열녀전≫에 이르기를 '강공의 어머니는 성이 隗氏이다.' 하였다.〔列女傳曰 康公母姓隗氏〕"라고 인용한 것을 가리킨다.

10) 聘禮를……한다 : ≪禮記≫ 〈內則〉에 "聘禮를 갖추면 아내가 되고, 그대로 달려오면 妾이 된다.〔聘則爲妻 奔則爲妾〕"라고 하였다.

11) 曹大家 : 後漢의 班昭를 가리킨다. 班彪의 딸이자 班固・班超의 누이로, 자는 惠班이다. 曹世叔에게 시집갔으나 일찍 과부가 되었다. 여러 차례 궁에 들어가 황후와 귀인들을 가르쳤으므로 '大家'라는 칭호를 받았다. 大家는 여자의 존칭이다.

12) 取 : ≪史記正義≫, ≪列女傳校注≫, ≪列女傳集注≫에는 모두 '收'로 되어 있다.

13) 〔行〕 : 저본에는 '行'이 없으나, ≪史記正義≫ 曹大家 注에 의거하여 보충하였다.

14) 수레를……내린다 : 漢나라 劉向의 ≪說苑≫ 권10 〈敬愼〉에 이르기를 "해는 중천에 있으면 기울고 달은 차면 먹히니, 천지의 盈虛도 때에 따라 소식한다. 이 때문에 성인은 감히 盛滿에 자처하지 않으니, 수레를 타고 가다가 세 사람을 만나면 내리고 두 사람을 만나면 경례를 표하여 그 영허를 조절한다. 그러므로 능히 오래갈 수 있는 것이다.〔日中則昃 月盈則食 天地盈虛 與時消息 是以聖人不敢當盛 升輿而遇三人則下 二人則軾 調其盈虛 故能長久也〕"라고 하였다.

參, 三也, 不三人同一族.

⑥【校注】夫粲……歸汝 : '物' 아래에 ≪國語≫에는 '也衆以美物' 5자가 있다. 아마도 여기에는 빠진 듯하다.

物下國語有"也衆以美物"五字, 疑此脫.

君子가 말하기를 "밀 강공의 어머니는 능히 기미를 알아차렸다."라고 하였다. ≪詩經≫에 이르기를 "너무 편안하지 않겠는가. 직분에 걱정할 것을 생각하라."[15]라고 하였으니, 이를 두고 한 말이다.

君子謂[16] 密母爲能識微라하니라 詩云 無已太康가 職思其憂니라하니 此之謂也라

密康公母

15) 너무……생각하라 : ≪詩經≫ 〈唐風 蟋蟀〉에 보인다.

16) 君子謂 : '君子曰'로 쓰기도 한다. ≪列女傳≫의 일종의 평론 형식으로, 전편의 내용을 간추려 총평을 가하는 것이다. 이러한 형식은 ≪春秋左氏傳≫에 근원하였는데, 후에 史官의 일종의 論贊 형식이 되었다.

頌은 다음과 같다.

밀나라 강공의 어머니는
성쇠를 미리 알아차렸도다
강공을 비판하고 풍자하였나니
여자들을 받아들이고 돌려보내지 않아서라오
제후가 행차할 때 무리를 만나면 내리니
만물은 가득차면 덜어내야 해서라오
바치게 하였으나 듣지 않더니
밀나라는 과연 멸망하고 말았도다

頌曰 密康之母는 先識盛衰로다 非刺康公하니 受粲不歸로다 公行下衆하니 物滿則損이라 俾獻不聽이러니 密果滅殞이로다

3-2 楚 武王[17]의 부인 鄧曼　楚武鄧曼

鄧曼은 楚 武王의 부인이다. 왕이 屈瑕[18]를 장수로 삼아 羅나라[19]를 정벌하게 하였다. 굴하의 官號는 莫敖이니, 여러 장수와 함께 초나라의 모든 군사를 동원하여 출정하였다. 鬪伯比[20]가 자신의 수레를 모는 자에게 말하기를 "막오는 반드시 패할 것이다. 그가 발을 높이 들어 걸으니 마음이 견고하지 못한 것이다."[21] 하고서, 왕을 뵙고 "반드시 군사를 더 보내주소서."라고 하였다.

鄧曼者는 〔楚〕[22]武王之夫人也①라 王使屈瑕로 爲將하여 伐羅라 屈瑕號莫敖니 與群帥로 悉楚

17) 楚 武王 : 楚나라 임금으로, 성은 芈(미)이고 이름은 通이다.

18) 屈瑕 : 莫敖屈瑕라고도 한다. 막오는 楚나라의 관명으로, 司馬에 해당한다.

19) 羅나라 : 雄姓으로, 지금의 湖北省 宜城縣에 있던 작은 나라이다.

20) 鬪伯比 : 楚나라의 大夫로, 令尹 子文 즉 鬪穀於菟의 아버지이다.

21) 발을……것이다 : ≪春秋左氏傳≫ 桓公 13년 10월 조의 林堯叟의 附注에 "대체로 사람은 뜻을 이루어 마음이 흡족하면 발을 높이 들어 걷는다. 지금 막오가 발을 높이 들어 걸으니, 이는 교만이 심하여 적을 대비하려는 마음이 이미 견고하지 못한 것이다.〔凡人志氣揚揚 則擧足高蹈 今莫敖擧趾高 蓋驕甚 備敵之心 已不固矣〕"라고 하였다.

22) 〔楚〕 : 저본에는 '楚'가 없으나, 王照圓의 注에 의거하여 보충하였다.

師以行이라 **鬪伯比謂其御曰 莫敖必敗**하리라 **擧趾高**하니 **心不固矣**로다 **見王曰 必濟師**하소서

① 鄧曼者〔楚〕武王之夫人也 : '武' 위에 '楚'자가 빠졌다. '鄧'은 나라 이름이고, '曼'은 그 성이다. ≪國語≫ 〈周語 中〉에 "鄧나라가 망한 것은 楚曼 때문이다."[23]라고 하였다.
武上脫楚字. 鄧, 國名, 曼, 其姓. 國語曰 "鄧由楚曼."

왕이 그 사실을 부인 등만에게 고하자, 등만이 말하기를 "대부 투백비의 말은 군대를 더 보내라는 뜻이 아니라 君께서 신의로 백성을 安撫하고 仁德으로 百官을 訓戒하고 刑罰로 막오에게 위엄을 보이라는 뜻입니다. 막오는 蒲騷의 전쟁에서 거둔 승리[24]에 도취되어 장차 자기 뜻대로 하고 반드시 羅나라를 경시할 것이니, 君께서 그를 억제하여 어루만지지 않으시면 아마도 대비책을 세우지 않을 것입니다." 하였다. 이에 왕이 賴人[25]을 시켜서 막오를 뒤쫓게 하였으나 미치지 못하였다.

王以告夫人鄧曼①하니 〔**鄧曼**〕[26]**曰大夫非衆之謂也**라 **其謂君撫小民以信**하고 **訓諸司以德**하고 **而威莫敖以刑也**니이다 **莫敖狃**(뉴)**於蒲騷之役**하여 **將自用也**하고 **必小羅**하리니 **君若不鎭撫**면 **其不設備乎**[27]인저 **於是**에 **王使賴人追之**나 **不及**하다

① 【校注】 王以告夫人鄧曼 : 응당 ≪春秋左氏傳≫에 의거하여 '鄧曼' 두 글자를 중복해야 한다.

---

23) 鄧나라가……때문이다 : 鄧은 曼氏 姓의 諸侯國으로, 지금의 湖北省 襄樊市 부근에 도읍하였는데, 춘추시대에 楚나라에 멸망당하였다. 楚曼은 鄧君의 딸이다. ≪國語≫ 권2 〈周語 中〉의 韋昭의 주에 "楚曼은 鄧君의 딸로 楚 武王의 부인이 되어 文王을 낳았다. 문왕이 등나라를 방문했다가 그 나라를 탐내어 마침내 등나라를 멸하고 겸병하였다.〔楚曼 鄧女 爲楚武王夫人 生文王 過鄧而利其國 遂滅鄧而兼之〕"라고 하였다.

24) 蒲騷의……승리 : 楚 武王 40년에 屈瑕가 楚軍을 거느리고 鄖國의 군대를 蒲騷에서 크게 패퇴시킨 일을 말한다. 이 일은 ≪春秋左氏傳≫ 桓公 11년 조에 보인다. 포소는 운국의 城邑으로 지금의 湖北省 應城縣 서북에 있었고, 鄖國은 지금의 호북성 安陸에 있었다. 일설에는 호북성 鄖縣에 있었다고 한다.

25) 賴人 : 賴나라 사람으로 楚나라에 와서 벼슬한 자이다. 賴國은 지금의 湖北省 隨縣 동북쪽에 있었다.

26) 〔鄧曼〕 : 저본에는 '鄧曼'이 없으나, ≪列女傳校注≫에 의거하여 보충하였다.

27) 其不設備乎 : ≪春秋左氏傳≫에는 이 뒤에 "저 투백비의 말은 진실로 군께서 대중을 훈계하여 잘 억제해 어루만지고 백관을 불러 아름다운 덕으로 권면하여서 그들이 막오를 만나거든 하늘은 남을 경시하는 자를 용서하지 않는다고 고하게 하라는 뜻입니다. 그렇지 않다면 저 투백비가 어찌 초나라 군대가 다 간 것을 모르겠습니까.〔夫固謂君訓衆而好鎭撫之 召諸司而勸之以令德 見莫敖而告諸天之不假易也 不然 夫豈不知楚師之盡行也〕"라는 구절이 더 있다.

當依左傳, 重鄧曼二字.

막오가 軍中에 명령을 내리기를 "諫하는 자는 형벌을 받을 것이다." 하고, 鄢水[28]에 이르러 무질서하게 물을 건너 羅나라에 이르니, 羅나라와 盧戎[29]의 군대가 양쪽에서 협공하여 楚軍을 大敗시켰다. 막오는 荒谷[30]에서 목매 죽고, 장수들은 冶父[31]에서 갇혀 형벌을 기다리니, 왕이 "나의 죄이다."라고 하고 장수들을 모두 사면하였다.

莫敖令於軍中曰 諫者有刑하리라 及鄢하여 師次亂濟①하여 至羅하니 羅與盧戎擊之②하여 大敗하다 莫敖自經荒谷하고 群師囚於冶父以待刑이러니 王曰 孤之罪也라하고 皆免之하다

① 師次亂濟 : ≪春秋左氏傳≫에는 "무질서하게 물을 건넜다."로 되어 있으니, 아마도 여기에는 빠지거나 잘못된 글자가 있는 듯하다.
左傳作"亂次以濟", 疑此有脫誤.

② 羅與盧戎擊之 : 羅와 盧는 모두 나라 이름이다. ≪國語≫에 "羅나라는 季姬 때문에 망하였고,[32] 盧나라는 荊嬀 때문에 망하였다.[33]"라고 하였다.
羅・盧, 俱國名. 國語曰"羅由季姬, 盧由荊嬀(규)."

군자가 말하기를 "鄧曼은 사람을 알았다."라고 하였다. ≪시경≫에 이르기를 "마침내 들어주지 않는지라, 대명이 이 때문에 기울어지도다."[34]라고 하였으니, 이를 두고 한 말이다.

君子謂 鄧曼爲知人이라하니라 詩云 曾是莫聽이라 大命以傾이라하니 此之謂也라

---

28) 鄢水 : 지금의 이름은 蠻河이다. 호북성 保康縣 서남쪽에서 발원하여 南漳, 宜城을 거쳐 漢水로 흘러 들어간다.

29) 盧戎 : 嬀姓으로, 지금의 호북성 南漳縣 동북에 있던 작은 나라이다.

30) 荒谷 : 지명으로, 지금의 호북성 江陵縣 서쪽에 있었다.

31) 冶父 : 지명으로, 지금의 호북성 강릉현 남쪽에 있었다.

32) 羅나라는……망하였고 : 羅나라는 熊氏 姓의 제후국으로, 지금의 湖北省 宜城 부근에 도읍하였는데, 楚나라에 멸망당하였다. 季姬는 姬氏의 딸로 羅君의 부인이 된 여자이다.

33) 盧나라는……망하였다 : 廬나라는 嬀氏 姓의 제후국으로, 지금의 湖北省 襄樊市 서남쪽에 도읍하였는데, 楚나라에 멸망당하였다. 荊嬀는 廬君의 딸로 荊君(楚君)의 부인이 된 여자이다.

34) 마침내……기울어지도다 : ≪詩經≫ 〈大雅 蕩〉에 보인다.

楚武鄧曼

왕이 隨나라[35]를 정벌하였다. 장차 출정하려 할 적에 등만에게 말하기를 "내 마음이 흔들리니 무엇 때문이오?" 하였다. 등만이 말하기를 "왕께서는 덕은 박한데 녹은 후하고 베푸는 것은 적은데 얻는 것은 많습니다. 세상만사 흥하면 반드시 쇠하고, 해가 중천에 이르면 반드시 옮겨가기 마련입니다. 가득차면 동요하는 것은 하늘의 도리이니, 선왕께서 이러한 도리를 알고 계셨습니다. 그러므로 출정에 임하여 중대한 명을 내리려 할 때 왕의 마음을 동요시킨 것이니, 만약 군대는 손실이 없고 왕께서만 행군 중에 薨御하신다면 이는 나라의 복입니다." 하였다. 武王이 마침내 출정하여 樠木[36] 아래에서 졸하였다.

王伐隨하다 且行[37]할새 告鄧曼曰 余心蕩①하니 何也오하니 鄧曼曰 王德薄而祿厚하고 施鮮而得

---

35) 隨나라 : 姬姓이다. 일설에는 姜姓이라고도 한다. 지금의 湖北省 隨縣 남쪽에 있었다.

36) 樠木 : 松心木이다. 일설에는 地名이라고도 한다. 지금의 湖北省 鍾祥 동쪽에 樠木山이 있다. 楚 武王이 여기에서 죽었으므로 武陵이라고도 한다.

多라 物盛必衰하고 日中必移라 盈而蕩은 天之道也니 先王知之矣로이다 故臨武事하여 將發大命에 而蕩王心焉이니 若師徒毋虧하고 王薨於行이면 國之福也로이다 王遂行하여 卒於樠木之下[38]하다

① 余心蕩 : 蕩은 동요한다는 뜻이다.
蕩, 動搖也.

군자가 말하기를 "鄧曼은 天道를 알았다."라고 하였다. ≪周易≫에 이르기를 "해는 중천에 있으면 기울고 달은 차면 먹히니, 천지의 盈虛도 때에 따라 消息한다."[39]라고 하였으니, 이를 두고 한 말이다.

君子謂 鄧曼爲知天道라하니라 易曰 日中則昃(측)하며 月盈則(虧)〔食〕[40]하나니 天地盈虛도 與時消息이라하니 此之謂也라

頌은 다음과 같다.

초 무왕의 부인 등만은
일이 일어나는 원인을 알았도다
굴하의 군대가 패하리라 하였고
왕이 장차 薨御할 줄 알았으니
저 하늘의 이치가
성하면 반드시 쇠함을 안 것이라오

---

37) 且行 : ≪春秋左氏傳≫ 莊公 4년 조에는 '장차 재계하려고 할 적에〔將齊〕'로 되어 있다.

38) 卒於樠木之下 : ≪春秋左氏傳≫에는 이 뒤에 "令尹 鬪祈와 莫敖 屈重이 길을 닦고 溠水에 다리를 놓고서 군대를 거느리고 전진하여 隨나라 가까이에 진지를 구축하니, 隨人이 두려워 화평을 요구하였다. 그러자 막오 굴중이 왕명으로 수나라에 들어가서 隨侯와 결맹하고, 또 수후와 漢汭에서 회합하기를 요청하여 회합한 뒤에 환군하였다. 漢水를 건넌 뒤에 무왕의 사망을 발표하였다.〔令尹鬪祈莫敖屈重除道梁溠 營軍臨隨 隨人懼行成 莫敖以王命入盟隨侯 且請爲會於漢汭而還 濟漢而後發喪〕"라는 구절이 더 있다.

39) 해는……消息한다 : ≪周易≫ 豐卦 〈彖傳〉에 보이는 말로, "해는 중천에 있으면 기울고 달은 차면 먹히니, 천지의 영허도 때에 따라 소식하는데, 하물며 사람에 있어서이며 하물며 귀신에 있어서랴.〔日中則昃 月盈則食 天地盈虛 與時消息 而況於人乎 況於鬼神乎〕"라고 하였다. '盈虛'는 盛衰를 뜻하고, '消息'은 進退를 뜻한다.

40) (虧)〔食〕 : 저본에는 '虧'로 되어 있으나, ≪주역≫ 豐卦 〈彖傳〉에 의거하여 '食'으로 바로잡았다.

마침내 그의 말대로 되었으니
군자가 지혜롭다 찬양하였다네

頌曰 楚武鄧曼은 見事所興이로다 謂瑕軍敗하고 知王將薨하니 識彼天道가 盛而必衰①로다 終如其言하니 君子揚稱이라

① 盛而必衰 : '衰'자는 韻이 맞지 않으니, 아마 잘못되었을 듯하다.
衰字失韻, 蓋誤.

3-3 許 穆公[41]의 夫人[42] 許穆夫人

許穆夫人은 衛 懿公[43]의 딸이자 許 穆公의 부인이다. 처음 허나라에서 그녀에게 구혼하였을 때 齊나라에서도 그녀에게 구혼하였다. 의공이 장차 허나라에 시집보내려 하자, 딸이 그 傅母[44]를 통해 말하기를 "옛날에 제후에게 딸이 있으면 뇌물이나 노리개 감으로 삼아 대국에 의지하거나 원조를 받았습니다. 그런데 지금 허나라는 작고 멀리 있으며 제나라는 크고 가까이 있습니다. 지금 같은 세상에는 강한 자가 영웅이니, 만약 변경에 적군이 침범하는 일이 벌어진다면 사방 이웃나라와의 관계를 유지하면서 대국에 달려가 고해야 하는데, 첩이 있으면 오히려 낫지 않겠습니까. 지금 가까운 나라를 버리고 먼 나라를 따르며 큰 나라를 떠나고 작은 나라에 붙으면 하루아침에 전쟁의 재난이 생길 경우 누구와 더불어 사직을 염려할 수 있겠습니까." 하였다. 그러나 衛侯는 듣지 않고 딸을 허나라에 시집보냈다.

許穆夫人者는 衛懿公之女①②요 許穆公之夫人也라 初에 許求之할새 齊亦求之어늘 懿公將與許하니 女因其傅母而言曰 古者諸侯之有女子也에 所以苞苴(저)玩弄③하여 繫援於大國也니이다 言今者엔 許小而遠④⑤하고 齊大而近하나니이다 若今之世엔 强者爲雄이니 如使邊境有寇戎之事면 維是四方之故호대 赴告大國이니 妾在면 不猶愈乎잇가 今舍近而就遠하고 離大而附小면 一旦有車

41) 許 穆公 : 許나라 임금으로, 성은 姜이고 이름은 新臣이다.

42) 夫人 : ≪禮記≫ 〈曲禮 下〉에 "天子의 妃를 '后'라 하고, 諸侯의 아내를 '夫人'이라 하고, 大夫의 아내를 '孺人'이라 하고, 士의 아내를 '婦人'이라 하고, 庶人의 아내를 '妻'라 한다.〔天子之妃曰后 諸侯曰夫人 大夫曰孺人 士曰婦人 庶人曰妻〕"라고 하였다.

43) 衛 懿公 : 衛나라 임금으로, 성은 姬이고 이름은 赤이다.

44) 傅母 : 옛날에 귀족의 자녀를 보육하는 연로한 여인으로, 保母를 가리킨다.

馳之難에 **孰可與慮社稷**이니잇가하여늘 **衛侯不聽**하고 **而嫁之於許**하다

① 衛懿公之女 : ≪春秋左氏傳≫을 의거해보면 허목부인은 懿公의 누이이다. 여기에서는 그의 딸이라 하고, 또 의공이 翟人의 難에 죽지 않았다고 하였는데, 모두 ≪춘추좌씨전≫과 맞지 않으니, 아마도 ≪魯詩≫[45]의 설에 근본한 듯하다.

据左傳, 是懿公之妹. 此言是其女, 又言懿公不死於翟難, 俱與左傳不合, 疑亦本於魯詩說也.

②【校注】衛懿公之女 : ≪춘추좌씨전≫에는 허목부인은 公子 頑의 소생으로,[46] 여기와 같지 않다. 아마도 '女' 아래에 '弟'자가 빠진 듯하다.

左傳許穆夫人, 公子頑所生, 與此不同. 或女下脫弟字.

③ 所以苞苴玩弄 : '苞苴'는 생선이나 고기를 싸는 꾸러미이고,[47] '玩好'는 진주와 옥을 이른다. '所以' 아래에 응당 '爲'자가 빠졌을 것이다. 〈楚昭越姬傳〉에는 '爲'자가 있고, '弄'은 '好'로 되어 있다.[48]

苞苴, 裹魚肉. 玩好, 謂珠玉. 所以下, 當脫爲字. 楚昭越姬傳, 有爲字, 弄作好.

④ 言今者許小而遠 : '言'자는 衍字이다.

言字, 衍也.

⑤【校注】言今者許小而遠 : 大父(梁玉繩)가 말하기를 "'言'자는 아마 '意'자의 잘못인 듯하다."라고 하였다. 상고해보건대, '意'와 '抑'은 옛날에 통용하였다.

大父曰 "言, 疑意之譌(와)." 案意・抑, 古通.

---

45) 魯詩 : 漢나라 초기에 魯나라 사람 申培가 전한 ≪詩經≫으로, 西晉 때 망실되었다. 참고로 한나라 초기에 전해진 ≪시경≫에는 ≪魯詩≫와 齊나라 사람 轅固가 전한 ≪齊詩≫, 燕나라 사람 韓嬰이 전한 ≪韓詩≫가 있었는데, 모두 망실되고 지금은 ≪韓詩≫ 가운데 ≪外傳≫만 남아 있다. 또 魯나라 사람 毛亨과 毛萇이 전한 ≪毛詩≫가 있는데, 이것이 지금의 ≪시경≫이다.

46) 춘추좌씨전에는……소생으로 : ≪春秋左氏傳≫ 閔公 2년 조에 "당초 衛 惠公이 즉위하였을 때 나이가 어리니, 齊人이 昭伯을 시켜 宣姜과 姦通하게 하였다. 昭伯이 반대하였으나 강제로 간통시켜 齊子・戴公・文公・宋桓夫人・許穆夫人을 낳았다.〔初 惠公之卽位也少 齊人使昭伯烝於宣姜 不可 强之 生齊子戴公文公宋桓夫人許穆夫人〕"라고 하였다. '昭伯'은 惠公의 庶兄으로, 宣公의 庶子 頑이다.

47) 苞苴는……꾸러미이고 : '苞'는 생선이나 고기를 포장하는 부들로 만든 꾸러미〔蒲包〕를 뜻하고, '苴'는 물건을 담는 풀로 짠 고리〔草藉〕를 말한다. 후에 뇌물을 줄 때는 반드시 포장해야 하므로 뇌물을 뜻하게 되었다.

48) 楚昭越姬傳에는……있다 : 본서 권5 〈節義傳 楚昭越姬〉에 "그러므로 소첩의 몸을 뇌물이나 노리개 감으로 삼았습니다.〔故以婢子之身 爲苞苴玩好〕"라고 하였는데, 이를 가리킨다.

許穆夫人

그 뒤 翟人[49]이 위나라를 공격하여 크게 격파하였는데,[50] 허나라가 구원해주지 못하였다. 衛侯가 마침내 달아나 河水를 건너 남쪽으로 가서 楚邱[51]에 이르렀는데,

49) 翟人 : 고대 북방에 있던 민족으로, '翟'은 '狄'과 통용한다.

50) 그……격파하였는데 : 참고로 ≪春秋左氏傳≫ 閔公 2년 조에 "겨울 12월에 狄人이 위나라를 침벌하였다. 衛 懿公은 鶴을 좋아하여 학 중에는 大夫의 지위에 올라 軒을 타는 학까지 있었다. 적인과 전쟁하려 할 때 갑옷을 받은 國人들이 모두 '학에게 싸우게 하라. 학은 실로 대부의 祿과 地位가 있지만 우리는 아무 지위도 없으니 어찌 싸울 수 있겠는가.'라고 하였다. 의공이 石祁子에게 玦을 주고 甯莊子에게 화살을 주어 도성을 지키게 하며 말하기를 '이것으로 나라를 도와 이로운 쪽을 선택해 일을 처리하라.' 하고, 부인에게 수놓은 옷을 주면서 '저 두 사람의 명을 따르라.'고 하였다. 그런 뒤에 渠孔을 戎車의 御로 삼고, 子伯을 車右로, 黃夷를 前驅로, 孔嬰齊를 後軍으로 삼아 적인과 熒澤에서 전쟁하다가 衛나라 군사가 大敗하니 적인이 드디어 위나라를 멸망시켰다.〔冬十二月 狄人伐衛 衛懿公好鶴 鶴有乘軒者 將戰 國人受甲者皆曰 使鶴 鶴實有祿位 余焉能戰 公與石祁子玦 與甯莊子矢 使守曰 以此贊國 擇利而爲之 與夫人繡衣曰 聽於二子 渠孔御戎 子伯爲右 黃夷前驅 孔嬰齊殿 及狄人戰于熒澤 衛師敗績 遂滅衛〕"라고 하였다.

51) 楚邱 : 지명으로, 지금의 河南省 滑縣의 동쪽에 있었다.

齊 桓公[52]이 가서 위후를 보전시켜주고 마침내 초구에 성을 쌓아 거처하게 하였다. 위후는 이에 딸의 말을 듣지 않은 것을 후회하였다.

其後翟人攻衛하여 大破之로되 而許不能救라 衛侯遂奔走하여 涉河而南하여 至楚邱하니 齊桓往而存之하고 遂城楚邱以居하다 衛侯於是에 悔不用其言이라

위나라가 패망할 때를 당하여 허목부인은 말을 몰고 달려가 위후를 위문하였다. 이어 이를 원망하면서 시를 지어 이르기를 "말 달리고 수레 몰아, 돌아가 위후를 위문하리라. 말 몰기를 멀리하여, 漕邑에 이르려 하였는데, 대부들이 跋涉하고 뒤쫓아 오는지라, 내 마음에 근심하노라. 이미 나를 아름답게 여기지 않는지라, 곧바로 돌아가지 못하노라. 너에게 좋지 않게 여김을 당하나, 내 그리움은 잊을 수 없노라."라고 하니,[53] 군자가 그 자애로운 성품과 원대한 식견을 훌륭하게 여겼다.

當敗之時하여 許夫人馳驅而弔唁(언)衛侯하고 因疾之而作詩云① 載馳載驅하여 歸唁衛侯호리라 驅馬悠悠하여 言至于漕러니 大夫跋涉이라 我心則憂호라 旣不我嘉일새 不能旋反호라 視爾不臧이나 我思不遠②[54]호라 君子善其慈惠而遠識也라

① 因疾之而作詩云 : '疾'은 원망한다는 뜻이니, 이전에 자기 말을 듣지 않다가 오늘날 허나라가 과연 위나라를 구원하지 못함을 원망함이다.
疾, 怨也. 怨先時不用其言, 今日許果不能救衛也.

② 旣不我嘉……我思不遠 : '嘉'는 아름답다는 뜻이고, '臧'은 좋다는 뜻이다. "許나라 사람들에게 이미 환란을 구제하고 재해를 분담하는[55] 아름다움이 없기 때문에 衛나라가

52) 齊 桓公 : 제나라 임금으로, 姜姓 呂氏이고 이름은 小白이다. 釐公의 아들이고, 襄公의 동생으로, 즉위한 후 管仲을 중용하여 제나라를 부강하게 만들어 春秋五霸의 하나가 되었다.

53) 시를……하니 : ≪詩經≫ 〈鄘風 載馳〉에 보인다. 참고로 〈毛序〉에 "〈載馳〉는 許穆夫人이 지은 것이니, 宗國이 전복됨을 민망히 여기고 구원하지 못함을 스스로 서글퍼한 것이다. 衛 懿公이 狄人에게 멸망당하여 國人이 분산되어 漕邑에 노숙하고 있으니, 허목부인이 위나라의 멸망을 안타까워하고 허나라가 힘이 적어 구원하지 못함을 슬퍼하여 위나라로 돌아가 그 오라비인 戴公을 위문하려 하였으나 또 의리상 할 수가 없었다. 그러므로 이 시를 읊은 것이다.〔載馳 許穆夫人作也 閔其宗國顚覆 自傷不能救也 衛懿公 爲狄人所滅 國人分散 露於漕邑 許穆夫人 閔衛之亡 傷許之小力不能救 思歸唁其兄 又義不得 故賦是詩也〕"라고 하였다.

54) 我思不遠 : ≪詩經集傳≫ 〈鄘風 載馳〉 朱熹의 註에 "遠은 忘과 같다.〔遠猶忘也〕"라고 하였다.

55) 환란을……분담하는 : ≪春秋左氏傳≫ 僖公 元年 조에 "侯伯이 환란을 구제하고 재해를 분담하고 죄 있는 자를 토벌하는 것이 예이다.〔凡侯伯救患分灾討罪禮也〕"라고 하였다.

그 國都를 회복할 수 없으니, 지난 날 출가하였을 때 진실로 너에게 좋지 않게 여김을 당하였으나, 나의 사려가 어찌 원대하지 않겠는가."라고 말한 것이다. 또 "허나라가 위나라를 구원하지 못하였기 때문에 위나라가 河水를 건너 북쪽으로 가지 못하였으니, 지난날의 사려가 어찌 매우 신묘하지 않았겠는가."라고 말한 것이다. 3章에서는 또 "여자의 성품은 본디 근심을 잘하기는 하지만 그러나 역시 각기 도리가 있거늘, 허나라 사람들이 알지 못하고 나를 허물하고 책망하니, 이는 바로 사람들이 나이가 어리고 또 狂簡하여 일을 겪어보지 못해서일 뿐이다."라고 말하였다.[56] 4章에서는 또 "허나라 사람들은 이미 믿을 수 없으니, 반드시 큰 나라에 구원을 청해야 한다. 이 당시 큰 나라는 진실로 齊나라 만한 나라가 없거늘 신하들 가운데 忠信하여 맡기고 부릴만한 자가 없으니, 과연 누구를 의지하고 누구를 가게 하겠는가. 반복해서 생각해도 내가 제나라로 가서 구원을 청하는 것만 못하다."라고 말하였다.[57] 齊 桓公이 위나라를 보전해준 것은 許夫人의 힘이다. 禮에 夫人은 大故가 있지 않으면 국경을 넘어 覲親하러 갈 수 없으니, 본디 제나라에 가는 것은 禮의 바름이 아니나 의리상 부득이해서이다. 그러므로 "大夫와 君子들아. 나를 허물하지 말라."라고 한 것이다.

嘉, 美也. 臧, 善也. 言許人既無救患分災之美, 故衛不能復反其國都, 前日行嫁時, 固視爾不善矣, 我之思慮, 豈不遠乎? 又言許不救衛, 故衛不能濟河而北. 前日之思慮, 豈不甚神乎? 三章又言女子之性, 固善憂思. 然亦各有道理, 許人不知而過責我, 是乃衆幼穉且狂簡, 不更歷於事耳. 四章又言許人既不足恃, 必須求援於大邦. 當時大邦, 固莫如齊矣, 而臣無忠信可任使者, 果誰可依乎? 誰使至乎? 反覆思維, 莫如我身往齊國求救耳. 蓋齊桓之存衛, 許夫人之力也. 禮夫人非有大故, 不越境而覲, 自如齊非禮之正, 義不得已. 故云大夫君子, 無我有尤也.

頌은 다음과 같다.

위후의 딸이 출가하기 전에

56) 3章에서는……말하였다 : ≪詩經≫ 〈鄘風 載馳〉 3章에 "저 阿丘에 올라가 貝母를 캐노라. 여자가 근심을 잘하는 것은 또한 각기 道가 있거늘, 허나라 사람들은 이를 허물하니 저 사람들은 어리고 또 미쳤도다.〔陟彼阿丘 言采其蝱 女子善懷 亦各有行 許人尤之 衆穉且狂〕"라고 하였는데, 이를 두고 한 말이다.

57) 4章에서는……말하였다 : ≪詩經≫ 〈鄘風 載馳〉 4章에 "내 들판을 걸어가니 우북한 보리로다. 큰 나라에 하소연하고프나 누구를 통하며 누구에게 가야 하나. 大夫와 君子들아 나를 허물하지 말지어다. 그대들이 생각을 백방으로 하나 내가 가는 것만 못하니라.〔我行其野 芃芃其麥 控于大邦 誰因誰極 大夫君子 無我有尤 百爾所思 不如我所之〕"라고 하였는데, 이를 두고 한 말이다.

허나라와 제나라를 가늠질하였네
딸이 보모를 통해 풍간하기를
제나라가 대국이라 의지할만하다 했지
위나라 군주가 듣지 않더니만
뒤에 과연 도망하게 되었도다
허나라가 구원하지 못하니
부인은 〈載馳〉 시를 지었다네

頌曰 衛女未嫁에 謀許與齊로다 女諷母曰 齊大可依로다 衛君不聽이러니 後果逋逃로다 許不能救하니 女作載馳로다

① 後果逋逃 : '逃'자는 韻이 맞지 않으니, 아마 잘못되었을 듯하다.
逃字失韻, 蓋誤.

3-4 曹나라 僖氏의 아내 曹僖氏妻

曹나라 大夫 僖負羈[58]의 아내이다. 晉나라 公子 重耳[59]가 망명할 적에 조나라를 방문하였는데, 恭公[60]이 중이를 예로 대우하지 않았다. 중이의 갈비뼈가 하나로 붙었다는 소문을 듣고는 그의 숙소에 접근하여 목욕하는 것을 엿보려고 발을 치고 구경하였다.

曹大夫僖負羈之妻也라 晉公子重耳亡에 過曹어늘 恭公不禮焉이라 聞其騈脅①하고 近其舍하여 伺其將浴하여 設微薄而觀之②하다

① 聞其騈脅 : '騈'은 骿과 같다. ≪國語≫의 注에 이르기를 "骿은 갈비뼈가 나란히 붙은 것이다."라고 하였다.[61]

58) 僖負羈 : 曹나라 大夫로, 지금의 山東省 菏澤 사람이다. 釐負羈라고도 한다.

59) 重耳 : 春秋五霸의 하나인 晉 文公의 이름으로, 성은 姬이다. 晉 獻公의 둘째 아들로 헌공이 驪姬의 참소를 믿고 태자 申生을 죽게 하자, 19년 동안이나 국외를 떠돌며 망명 생활을 했다. 惠公이 죽고 懷公이 뒤를 이었지만 국내의 정세가 불안하였는데 秦 穆公의 도움을 받아 귀국하여 즉위하였다.

60) 恭公 : 曹나라 임금으로, 이름은 襄이다. 共公이라고도 한다.

61) 國語의……하였다 : ≪國語≫ 권10 〈晉語 4〉 韋昭의 注에 보인다.

騈與骿(변)同. 國語注云 "骿, 幷幹."

② 設微薄而觀之 : '微'는 은폐함이고, '薄'은 발이다.
微, 隱蔽也. 薄, 簾也.

부기의 아내가 남편에게 말하기를 "제가 晉나라의 公子를 보건대, 그 從者 세 사람[62]이 모두 나라의 재상감이었습니다. 이러한 세 사람이 모두 제대로 힘을 다해 한 사람을 보좌하고 있으니, 틀림없이 晉나라를 차지할 것입니다. 만약 자기 나라로 돌아가게 된다면 반드시 제후 중에 覇者가 될 것이며, 패자가 되어 무례한 나라를 토벌하면 曹나라가 반드시 가장 먼저 토벌될 것입니다. 만약 조나라에 난이 생기면 당신도 틀림없이 화를 면할 수 없을 터인데, 당신은 어찌하여 일찌감치 스스로 두 마음을 품지 않습니까. 그리고 제가 들으니 '그 자식을 알지 못할 경우에는 그 아비를 보고, 그 임금을 알지 못할 경우에는 그 부리는 자를 보라.'[63] 하였습니다. 지금 그 종자들이 모두 卿相의 재능을 갖춘 종복이니, 그렇다면 그 임금은 반드시 霸王이 될 만한 주군일 것입니다. 만약 그에게 예를 더하여 대우한다면 틀림없이 보답할 것이지만, 만약 그에게 죄를 짓는다면 틀림없이 토벌할 것입니다. 당신이 일찌감치 도모하지 않으면 화가 닥칠 날이 머지않을 것입니다." 하였다.

負羈之妻言於夫曰 吾觀晉公子컨대 **其從者三人**이 **皆國相也**니이다 **以此三人者**로 **皆善戮力以輔〔一〕**[64] **人**①하니 **必得晉國**이리이다 **若得反國**이면 **必霸諸侯**요 **而討無禮**면 **曹必爲首**리이다 **若曹**

62) 從者……사람 : 公子 重耳를 시종하여 망명에 나섰던 사람들로, 누구를 가리키는지는 자세하지 않다. ≪國語≫ 권10 〈晉語 4〉에는 "狐偃을 아버지로 섬기고 趙衰를 스승으로 섬기고 賈它를 형으로 섬기니, 狐偃은 그의 외삼촌으로 은혜로우면서도 계모가 있고, 趙衰는 그 先君의 戎御이자 趙夙의 아우로 文하면서도 忠誠 堅貞하며, 賈它는 公族으로 식견이 많으면서도 恭敬스러우니 이 세 사람이 그를 돕고 있다.〔父事狐偃 師事趙衰 而長事賈它 狐偃其舅也 而惠以有謀 趙衰其先君之戎御 趙夙之弟也 而文以忠貞 賈它公族也 而多識以恭敬 此三人者實左右之〕"라고 하였고, ≪春秋左氏傳≫ 僖公 23년 조에는 "侍從한 사람은 狐偃, 趙衰, 顚頡, 魏武子, 司空季子였다.〔從者狐偃 趙衰 顚頡 魏武子 司空季子〕"라고 하였으며, ≪史記≫ 권39 〈晉世家〉에는 "晉 文公 重耳는 晉 獻公의 아들로, 어려서부터 선비를 좋아하여 나이 열일곱에 賢士 다섯 사람이 있었으니 趙衰와 文公의 외삼촌인 狐偃 咎犯과 賈佗와 先軫과 魏武子이다.〔晉文公重耳 晉獻公之子也 自少好士 年十七有賢士五人 曰趙衰 狐偃咎犯文公舅也 賈佗 先軫 魏武子〕"라고 하였다.

63) 그……보라 : ≪孔子家語≫ 권4 〈六本〉에 "그 자식을 알지 못하면 그 아비를 보고, 그 사람을 알지 못하면 그 벗을 보고, 그 임금을 알지 못하면 그 부리는 자를 보고, 그 땅을 알지 못하면 그 초목을 보라.〔不知其子 視其父 不知其人 視其友 不知其君 視其所使 不知其地 視其草木〕"라고 하였다.

有難이면 子必不免하리니 子胡不早自貳焉이니잇가 且吾聞之호니 不知其子者는 視其父하고 不知其君者는 視其所使라하니 今其從者皆卿相之僕也니 則其君必霸王之主也니이다 若加禮焉이면 必能報施矣어니와 若有罪焉이면 必能討過리니 子不早圖면 禍至不久矣리이다

① 皆善戮力以輔〔一〕人 : ≪國語≫에 이르기를 "한 사람을 돕는다."65)라고 하였으니, 여기에는 '人' 위에 '一'자가 빠졌다.
國語云 "以相一人." 此人上脫一字.

부기가 이에 그에게 호로병에 담은 음식을 보내주면서 그 위에다 옥을 얹었는데, 公子가 음식만 받고 옥은 돌려보냈다. 公子가 본국으로 돌아간 뒤 曹나라를 토벌할

曹僖氏妻

64) 〔一〕: 저본에는 '一'이 없으나, 王照圓의 注에 의거하여 보충하였다.
65) 한……돕는다 : ≪國語≫ 권10 〈晉語4〉에 "제가 보건대, 晉나라의 公子는 賢人이고, 그 從者들은 모두 나라의 재상감입니다. 이러한 사람들로써 한 사람을 돕는다면 반드시 진나라를 차지할 것이며, 진나라를 차지한 뒤 無禮한 나라를 토벌한다면 曹나라가 첫 번째로 주벌을 당할 것입니다.〔吾觀晉公子 賢人也 其從者 皆國相也 以相一人 必得晉國 得晉國而討無禮 曹其首誅也〕"라고 하였다.

때, 마침내 부기가 사는 마을을 지목하여 병사들로 하여금 감히 들어가지 못하게 하니, 노인을 부축하고 어린아이를 이끌며 부기의 마을로 달려오는 士民들로 문 밖이 시장을 이룰 정도였다.

負羈乃遺之壺飧(손)[66]호대 加璧其上하니 公子受飧反璧하다 及公子反國하여 伐曹할새 乃表負羈之閭하여 令兵士無敢入하니 士民之扶老攜(휴)弱而赴其閭者로 門外成市러라

군자가 말하기를 "僖氏의 아내는 멀리 내다보는 식견이 있었다."라고 하였다. ≪시경≫에 이르기를 "이미 현명하고 또 명철하여 그 몸을 보전한다."[67]라고 하였으니, 이를 두고 한 말이다.

君子謂 僖氏之妻能遠識이라하니라 詩云 旣明且哲하여 以保其身이라하니 此之謂也라

頌은 다음과 같다.

僖氏의 아내는
그 지혜가 매우 밝도다
晉나라 公子를 보고는
크게 일어날 줄 알았다오
남편에게 음식을 보내게 한 것은
장차 스스로 의탁하려 해서라오
文公이 曹나라를 토벌하였을 때
끝내 홀로 난에서 벗어났다네

頌曰 僖氏之妻는 厥智孔白이로다 見晉公子하고 知其興作이로다 使夫饋飧은 且以自託이로다 文伐曹國에 卒獨見釋이로다

66) 飧 : ≪列女傳校注≫와 ≪列女傳集注≫에는 모두 '飡'으로 되어 있다. 아래도 같다.
67) 이미……보전한다 : ≪詩經≫ 〈大雅 烝民〉에 보인다.

3-5 孫叔敖[68]의 어머니 孫叔敖母

楚나라 令尹 孫叔敖의 어머니이다. 숙오가 어린아이일 적에 밖에 나가 놀다가 머리가 둘이 달린 뱀을 보고는 그 뱀을 죽여 땅에 파묻은 뒤, 집으로 돌아와 그 어머니를 보고 울었다. 어머니가 그 까닭을 묻자, 대답하기를 "제가 듣건대 머리가 둘이 달린 뱀을 본 사람은 죽는다고 하였습니다. 지금 밖에 나가 놀다가 그런 뱀을 보았습니다." 하였다. 그 어머니가 말하기를 "뱀이 지금 어디 있느냐?" 하자, 대답하기를 "제가 다른 사람이 다시 그 뱀을 볼까 두려워 죽여서 땅에 파묻었습니다." 하였다. 이에 그 어머니가 말하기를 "너는 죽지 않을 것이다. 무릇 숨은 덕행을 베푼 자는 드러난 보답을 받으며, 德은 상서롭지 못한 것을 이기고[69] 仁은 온갖 재앙을 쓸어버리며, 하늘은 높이 있지만 낮은 곳의 말을 듣기 마련이다.[70] ≪書經≫에 이르지 않았더냐. '皇天은 특별히 친애함이 없고, 오직 덕 있는 자를 돕는다.'[71]라고 하였다. 너는 말하지 말거라. 반드시 楚나라에서 큰일을 할 것이다." 하였다. 그 뒤 숙오는 장성하여 令尹이 되었다.

楚令尹孫叔敖之母也라 叔敖爲嬰兒之時에 出遊라가 見兩頭蛇하고 殺而埋之하고 歸見其母而泣焉이라 母問其故하니 對曰 吾聞見兩頭蛇者死①라하니 今者出遊見之니이다 其母曰 蛇今安在오 對曰 吾恐他人復(부)見之하여 殺而埋之矣니이다 其母曰 汝不死矣리라 夫有陰德者는 陽報之②하며 德勝不祥하고 仁除百禍하며 天之處高而聽卑하나니라 書不云乎아 皇天無親이요 惟德是輔③라하니라 爾嘿(묵)矣어다 必興於楚하리라하다 及叔敖長하야 爲令尹이라

---

68) 孫叔敖 : 春秋時代 楚나라 재상으로, 羋姓 蔿氏이고 이름이 敖, 자가 孫叔이다. 莊王을 도와 霸業을 이루었으나, 천성이 매우 청렴하였으므로 그가 죽은 뒤 妻子가 땔나무를 팔아 생활할 정도로 가난하였다.

69) 德은……이기고 : ≪漢書≫ 권30 〈藝文志〉에 "德은 상서롭지 못한 것을 이기고, 義는 순하지 못한 것을 싫어한다.〔德勝不祥 義厭不惠〕"라고 하였다.

70) 하늘은……마련이다 : ≪三國志≫ 〈蜀志〉에 "張溫이 묻기를 '하늘에도 귀가 있는가?' 하자, 秦宓이 대답하기를 '하늘은 높이 있어도 낮은 곳의 말을 듣는다. ≪시경≫에 「학이 九皐에서 울면, 소리가 하늘에 들린다.」 하였으니, 만약 귀가 없다면 어떻게 그것을 듣겠는가.' 하였다.〔溫曰天有耳乎 宓曰天處高而聽卑 詩云鶴鳴九皐 聲聞于天 若其無耳 何以聽之〕"라고 하였다.

71) 皇天은……돕는다 : ≪書經≫ 〈蔡仲之命〉에 "皇天은 친애하는 사람이 없어 오직 德 있는 사람을 도와주시며, 民心은 일정함이 없어 은혜롭게 하는 이를 그리워한다.〔皇天無親 惟德是輔 民心無常 惟惠之懷〕"라고 하였다.

① 吾聞見兩頭蛇者死 : 夫子[72]가 말하기를 "兩頭蛇는 嶺外에 매우 많으니, 사람들이 보고 보통으로 여기고 이상하게 여기지 않는다."라고 하였다. 唐나라 劉恂의 ≪嶺表錄≫에 보인다. 그러므로 ≪爾雅≫에 이르기를 "중앙에 枳首蛇가 있다."[73] 하였는데, 枳首는 곧 岐首이다. 무릇 뱀 가운데 머리가 갈라진 뱀이 있는 것은 물고기 가운데 눈이 나란히 붙은 물고기가 있는 것과 정말이지 서로 똑같다. 比目魚도 어디에든 있는데, 兩頭蛇를 본 자는 죽는다고 하였으니, 이는 流俗의 근거 없는 말일 따름이다.

夫子曰 "兩頭蛇, 嶺外極多, 人視爲常, 不以爲異." 見劉恂嶺表錄. 故爾雅云"中有枳首蛇", 枳首, 卽岐首也. 夫蛇有岐首, 與魚有比目, 正復相同. 比目魚所在皆有, 而云兩頭蛇見之者死, 此流俗妄談耳.

② 【集注】 有陰德者陽報之 : ≪說苑≫에는 '숨은 덕이 있는 자는 반드시 드러난 보답이 있다.'로 되어 있고, ≪新序≫에는 '숨은 덕이 있는 자는 하늘이 복으로 보답한다.'로 되어 있다. ≪新書≫도 같다.

說苑作"有陰德者, 必有陽報", 新序作"有陰德者, 天報以福". 同新書.

③ 書不云乎……惟德是輔 : ≪春秋左氏傳≫의 이 구절을 인용한 곳에는 '〈周書〉'로 되어 있고,[74] 〈杜預의〉 注에 이르기를 "〈주서〉는 逸書이다."라고 하였다.

左傳引作周書, 注云 "周書, 逸書."

---

72) 夫子 : 王照圓의 남편인 郝懿行(1757~1825)으로, 자는 恂九, 호는 蘭皐이며 山東 棲霞 사람이다. 淸나라 때의 저명한 經學家이자 訓詁學家로, 벼슬은 戶部 主事를 역임하였으며, 저서에 ≪爾雅義疏≫, ≪山海經箋疏≫, ≪易說≫, ≪書說≫, ≪春秋說略≫, ≪竹書紀年校正≫ 등이 있다.

73) 중앙에……있다 : ≪爾雅≫ 〈釋地〉에 "東方에 比目魚가 있는데 짝하지 않으면 가지 않으니, 그 이름을 鰈이라 한다. 南方에 比翼鳥가 있는데 짝하지 않으면 날지 않으니, 그 이름을 鶼鶼이라 한다. 西方에 比肩獸가 있는데 邛邛岠虛와 짝하여 다니면서 邛邛岠虛를 위해 甘艸를 씹어 먹여주고, 어려움이 있으면 邛邛岠虛가 업고 달리니, 그 이름을 蟨이라 한다. 北方에 比肩民이 있는데 번갈아 먹고 번갈아 바라본다. 중앙에는 軹首蛇가 있다. 이것이 四方 中國의 異氣이다.〔東方有比目魚焉 不比不行 其名謂之鰈 南方有比翼鳥焉 不比不飛 其名謂之鶼鶼 西方有比肩獸焉 與邛邛岠虛比 爲邛邛岠虛齧甘艸 卽有難 邛邛岠虛負而走 其名謂之蟨 北方有比肩民焉 迭食而迭望 中有軹首蛇焉 此四方中國之異氣也〕"라고 하였다.

74) 春秋左氏傳의……있고 : ≪春秋左氏傳≫ 僖公 5년 조에 "臣이 듣건대 귀신은 사람을 친애하는 것이 아니라 오직 덕 있는 사람에게 의지한다고 합니다. 그러므로 〈周書〉에 '하늘은 특별히 친애함이 없고 오직 덕 있는 사람을 돕는다.' 하고, 또 '黍稷이 향기로운 것이 아니라 밝은 덕이 향기로운 것이다.' 하고, 또 '백성이 祭物을 바꾸지 않아도 오직 덕이 제물이다.' 하였습니다.〔臣聞之鬼神非人實親 惟德是依 故周書曰 皇天無親 惟德是輔 又曰黍稷非馨 明德惟馨 又曰民不易物 惟德繄物〕"라고 하였다.

군자가 말하기를 "叔敖의 어머니는 道德의 차례를 알았다."라고 하였다. ≪시경≫에 이르기를 "母氏께서는 성스럽고 선하시다."75)라고 하였으니, 이를 두고 한 말이다.

君子謂 叔敖之母는 知道德之次①라하니라 詩云 母氏聖善이라하니 此之謂也라

① 知道德之次 : 次는 차서이다.
次, 敍也.

孫叔敖母

頌은 다음과 같다.

숙오의 어머니는
천도를 깊이 알았도다

75) 母氏께서는……선하시다 : ≪詩經≫ 〈邶風 凱風〉에 보인다.

숙오가 뱀을 보았는데
머리가 갈라진 양두사였다오
죽여서 땅에다 파묻고는
울면서 오래 살지 못할까 두려워하였다네
어머니가 말하기를 음덕을 베푼 자는
죽지 않고 반드시 장수한다 하였다네

頌曰 叔敖之母는 深知天道로다 叔敖見蛇에 兩頭岐首라 殺而埋之하고 泣恐不(及)〔久〕①[76)]라 母曰陰德은 不死必壽라하니라

① 泣恐不及 : '及'자는 韻이 맞지 않는다. 혹자가 말하기를 "응당 '久'가 되어야 한다."라고 하였다.
及字失韻. 或曰"當作久."

3-6 晉나라 伯宗[77)]의 아내 晉伯宗妻

晉나라 大夫 伯宗의 아내이다. 백종은 사람이 어질면서도 직언과 말재주로 남을 능멸하기를 좋아하였다. 조정에 나아갈 때마다 그의 아내가 늘 경계하기를 "도적은 주인을 미워하고 백성은 그 윗사람을 싫어합니다. 남을 아끼고 좋아하는 사람이 있으면 반드시 남을 미워하고 시기하는 사람도 있습니다. 당신은 직언하기를 좋아하니, 부정한 자가 당신을 미워하여 화가 반드시 몸에 미칠 것입니다." 하였다.

晉大夫伯宗之妻也라 伯宗賢而好以直辯淩人이라 每朝에 其妻常戒之曰 盜憎主人하고 民(愛)〔惡(오)〕[78)]其上①하며 有愛好人者인댄 必有憎妬人者니이다 夫子好直言하니 枉者惡之하여 禍必及身矣리이다

① 盜憎主人 民愛其上 : '愛'는 응당 '惡'가 되어야 한다. ≪春秋左氏傳≫에 보이니,[79)] 여기

76) (及)〔久〕: 저본에는 '及'으로 되어 있으나, 王照圓의 注에 의거하여 '久'로 바로잡았다.
77) 伯宗 : 春秋時代 晉나라 大夫로, 성은 姬이다.
78) (愛)〔惡〕: 저본에는 '愛'로 되어 있으나, 王照圓의 注에 의거하여 '惡'로 바로잡았다.
79) 春秋左氏傳에 보이니 : ≪春秋左氏傳≫ 成公 15년 조에 "도적은 주인을 미워하고 백성은 그 윗사람을 싫어합니다. 그런데 당신은 직언하기를 좋아하니 반드시 禍難에 미칠 것입니다.〔盜憎主人 民惡其上 子好直言 必及於難〕"라고 하였다.

는 誤字이다.
愛, 當作惡. 見左傳, 此誤.

백종이 듣지 않고 조정에 나아갔다가 기뻐하는 낯빛으로 돌아왔다. 그 아내가 "당신 얼굴에 희색이 가득하니, 무엇 때문입니까?" 하니, 백종이 "내가 조정에서 말을 하였더니, 여러 대부들이 모두 나더러 지혜가 陽子[80]와 같다고 하였네." 하였다. 아내가 "열매를 맺는 곡식은 꽃이 화려하지 않고 지극한 말은 수식하지 않습니다. 지금 양자의 말은 화려하기만 하고 진실하지 않으며 말만 〈숭상〉하고 계모가 없습니다. 이 때문에 화가 그 몸에 미쳤는데, 당신은 어째서 기뻐한단 말입니까." 하니, 백종이 "내가 여러 대부들과 술을 마시면서 그들과 토론을 할 테니, 당신이 한 번 들어 보시구려." 하였다. 그 아내가 "예." 하였다.

伯宗不聽하고 **朝而以喜色歸**하니 **其妻曰 子貌有喜色**하니 **何也**잇가 **伯宗曰 吾言於朝**하니 **諸大夫皆謂我知似陽子**라하더이다 **妻曰 實穀不華**①하고 **至言不飾**이니이다 **今陽子**②는 **華而不實**하고 **言而無謀**③라 **是以禍及其身**이어늘 **子何喜焉**이니잇고 **伯宗曰 吾欲飮諸大夫酒而與之語**호리니 **爾試聽之**어다 **其妻曰 諾**다하다

① 實穀不華 : 穀은 五穀이다. 곡식의 열매가 있는 것은 꽃이 화려하지 않고, 말의 지극한 것은 꾸밈이 화려하지 않다.
穀, 五穀也. 穀之實者華不繁, 言之至者文不燿.

② 【集注】 今陽子 : ≪國語≫에는 '今'자가 없다. 응당 衍字일 것이다. 이 당시 陽子는 죽은 지가 이미 오래이다.
國語無今字, 當衍. 此時陽子死已久.

③ 【校注】 言而無謀 : ≪國語≫에는 '言' 위에 '主'자가 있다.[81]
國語言上有主字.

이에 성대한 연회를 열어 여러 대부들과 술을 마셨다. 술자리가 끝난 뒤 아내에게 묻기를 "어떻소?" 하니, 대답하기를 "여러 대부들이 당신만 못하였습니다. 그렇지만

---

80) 陽子 : 春秋時代 晉나라 大夫 陽處父로, 襄公 때 太傅를 지냈다.

81) 國語에는……있다 : ≪國語≫ 권11 〈晉語 5〉에 "陽子는 화려하기만 하고 진실하지 않으며 말만 숭상하고 계모가 없다.〔華而不實 主言而無謀〕"라고 하였고, 이에 대한 韋昭의 注에 "主는 숭상함이다.〔主 尙也〕"라고 하였다.

사람들이 훌륭한 사람을 떠받들지 않은 지가 오래되었으니, 禍難이 반드시 당신에게 미칠 것입니다. 당신의 성품은 참으로 바꿀 수 없고, 또 나라에는 두 마음을 품은 자가 많으니, 그 위험이 눈앞에 닥쳤습니다. 당신은 어찌하여 미리 어진 대부들과 교제를 맺어 〈우리 아들〉 州犁를 의탁하지 않는단 말입니까." 하였다. 백종이 "알았소." 하고는, 마침내 畢羊[82]을 찾아 교제를 하였다. 그 뒤 欒不忌[83]의 난이 일어나자 세 郤氏[84]가 백종을 모해하여 참소하여 그를 죽였는데,[85] 필양이 주리를 荊 땅으로 보내 마침내 화를 면할 수 있었다.[86]

於是에 爲大會하여 與諸大夫飮하다 旣飮而問妻曰 何若고 對曰 諸大夫莫[87]子若也니이다 然而民之不能戴其上이 久矣①니 難必及子하리이다 子之(仕)〔性〕[88]은 固不可易(역)也요 且國家多貳하니 其危可立待也니이다 子何不預結賢大夫하여 以託州犁焉이니잇고 伯宗曰 諾다하고 乃得畢羊而交[89]之②하다 及欒不[90]忌之難하여 〔三〕[91]郤(극)[92]害伯宗③하여 譖而殺之어늘 畢羊乃送州犁於荊하여 遂得免焉하다

① 【校注】 民之不能戴其上久矣 : ≪國語≫ 韋昭의 注에 이르기를 "'上'은 훌륭하다는 뜻으로, 재능이 남의 위에 있는 것이다."라고 하였다.
國語韋昭注云 "上, 賢也, 才在人上也."

② 乃得畢羊而交之 : ≪國語≫에는 '畢陽'으로 되어 있다.
國語作畢陽.

---

82) 畢羊 : 晉나라 선비로, 畢陽이라고도 한다.

83) 欒不忌 : 晉나라 大夫로, 欒弗忌라고도 한다.

84) 세 郤氏 : 晉나라 大夫 郤錡, 郤犫, 郤至를 가리킨다.

85) 세……죽였는데 : ≪春秋左氏傳≫ 成公 15년 조에는 "晉나라의 세 郤氏가 伯宗을 謀害하여 참소해 죽이고서 欒弗忌까지 連累시켜 죽였다.〔晉三郤害伯宗 譖而殺之 及欒弗忌〕"라고 하였다.

86) 필양이……있었다 : ≪國語≫ 권11 〈晉語 5〉에 "畢陽이 실로 州犁를 荊 땅으로 보냈다.〔畢陽實送州犁于荊〕"라고 하였고, 이에 대한 韋昭의 注에 "'형'은 초나라이다. 주리는 초나라로 도망하여 태재가 되었다.〔荊 楚也 犁奔楚爲大宰〕"라고 하였다.

87) 莫 : ≪古列女傳≫에는 '慕'로 되어 있다.

88) (仕)〔性〕 : 저본에는 '仕'로 되어 있으나, ≪列女傳校注≫, ≪列女傳集注≫, ≪太平御覽≫ 등에 의거하여 '性'으로 바로잡았다.

89) 交 : ≪太平御覽≫에는 '友'로 되어 있다.

90) 不 : ≪春秋左氏傳≫과 ≪國語≫에는 모두 '弗'로 되어 있다.

91) 〔三〕 : 저본에는 '三'이 없으나, 王照圓의 注에 의거하여 보충하였다.

92) 郤 : ≪列女傳校注≫, ≪列女傳集注≫, ≪太平御覽≫에는 모두 이 앞에 '三'이 더 있다.

③ 及欒不忌之難 郤害伯宗 : '郤' 위에 '三'자가 빠졌다. ≪國語≫ 韋昭의 注에 "欒弗忌는 伯宗의 黨與이다. 세 郤氏가 弗忌를 모해하였기 때문에 伯宗을 참소하여 함께 죽였다."라고 하였다. 郤上脫三字. 國語注 "欒弗忌, 伯宗之黨. 三郤害弗忌, 故譖伯宗, 幷殺之."

군자가 말하기를 "伯宗의 아내는 天道를 알았다."라고 하였다. ≪시경≫에 이르기를 "근심스러운 일이 많으면 장차 熾盛해서 구원하고 치료할 수 없으리라."[93]라고 하였으니, 백종을 두고 한 말이다.

君子謂 伯宗之妻는 知天道①라하니라 詩云 多將熇(학)熇하여 不可救藥이라하니 伯宗之謂也라

① 君子謂……知天道 : 무릇 天道는 가득 찬 것을 이지러지게 하고 겸손한 것을 더해주는 법이다.[94]

晉伯宗妻

93) 근심스러운……없으리라 : ≪詩經≫ 〈大雅 板〉에 보인다.

94) 天道는……법이다 : ≪周易≫ 謙卦 〈彖傳〉에 "天道는 가득 찬 것을 이지러지게 하고 겸손한 것을 더해주며, 地道는 가득 찬 것을 변하게 하고 겸손한 데로 흐르며, 鬼神은 가득 찬 것을 해치고 겸손한 것에 복을 주며, 人道는 가득 찬 것을 싫어하고 겸손한 것을 좋아한다.〔天道虧盈而益謙 地道變盈而流謙 鬼神害盈而福謙 人道惡盈而好謙〕"라고 하였다.

그런데 伯宗이 이미 남을 능멸하기를 좋아하고 또 스스로 그 지혜를 기뻐하였으니, 가득 차서 반드시 이지러질 것이다. 그 아내가 이를 알았기 때문에 이름이 드러난 것일 뿐이다.

夫天道, 虧盈而益謙. 伯宗既好淩人, 又自喜其智, 盈而必虧. 其妻知之, 故著名焉爾.

頌은 다음과 같다.

백종이 남을 능멸하니
아내는 장차 그가 죽을 줄 알았다네
백종에게 자주 경계하여
필양과 두터운 교분을 맺게 하니
아들 주리를 그에게 부탁하여
재앙을 면하기 위해서였다오
백종은 화를 당하였으나
주리는 형 땅으로 달아났다네

頌曰 伯宗淩人하니 妻知且亡이로다 數(삭)諫伯宗하여 厚許畢羊하니 屬(촉)以州犁하여 以免咎殃이로다 伯宗遇禍나 州犁奔荊이로다

3-7 衛 靈公[95]의 夫人 衛靈夫人

衛 靈公의 부인이다. 영공이 부인과 함께 밤중에 앉아 있었는데, 수레 소리가 덜커덩 덜커덩거리며 闕門에 이르러 그쳤다가 궐문을 지나 다시 소리가 나는 것이 들렸다. 영공이 부인에게 묻기를 "이 사람이 누구인지 아시오?" 하니, 부인이 말하기를 "이 사람은 틀림없이 蘧伯玉[96]일 것입니다." 하였다. 영공이 말하기를 "어떻게 아시오?" 하니, 부인이 말하기를 "제가 들으니, 禮에 '公門에서는 수레에서 내리며 路

95) 衛 靈公 : 衛나라 임금으로, 성은 姬이고 이름은 元이다.

96) 蘧伯玉 : 위나라의 어진 대부로, 이름은 瑗이다. 孔子가 위나라에 있을 때 일찍이 그의 집에 머물러 그를 主人으로 삼은 적이 있으며, 또 "군자답다, 거백옥이여. 나라에 도가 있으면 벼슬하고, 나라에 도가 없으면 거두어 감추어두는구나.〔君子哉 蘧伯玉 邦有道則仕 邦無道則可卷而懷之〕"라고 칭찬하기도 하였다.(≪論語≫ 〈憲問〉, 〈衛靈公〉)

馬를 보면 경례를 한다.'[97] 하였으니, 이는 공경을 넓히는 것입니다. 무릇 忠臣과 孝子는 밝다고 하여 절개를 드러내지 않고, 어둡다고 하여 행실을 태만히 하지 않습니다. 거백옥은 위나라의 어진 대부입니다. 어질면서도 지혜가 있고, 윗사람을 섬김에 공경하니, 이것으로 볼 때 그 사람은 반드시 어둡다고 하여 예를 폐하지는 않을 것입니다. 이 때문에 아는 것입니다." 하였다. 영공이 사람을 시켜 살펴보게 하였더니, 과연 거백옥이었다.

衛靈公之夫人也①라 **靈公**이 **與夫人夜坐**러니 **聞車聲轔**(린)**轔**하여 **至闕而止**②라가 **過闕復有聲**이라 **公問夫人曰 知此(謂)〔爲〕**[98]**誰**③오 **夫人曰 此〔必〕**[99]**蘧伯玉也**로이다 **公曰 何以知之**오 **夫人曰 妾聞**하니 **禮**에 **下公門**하고 **式路馬**라하니 **所以廣敬也**니이다 **夫忠臣與孝子**는 **不爲昭昭(變)〔信〕**[100]**節**하고 **不爲冥冥惰**[101]**行**하나니 **蘧伯玉**은 **衛之賢大夫也**라 **仁而有智**하고 **敬於事上**하니 **此其人必不以闇昧廢禮**라 **是以知之**니이다 **公使視之**하니 **果伯玉也**러라

① **【校注】** 衛靈公之夫人也 : 馬驌의 ≪繹史≫에 이르기를 "≪列女傳≫에서 이를 〈仁智傳〉에 편차하고 따로 〈孼嬖傳〉의 〈衛二亂女〉에 南子[102]를 기록하였으니, 여기의 夫人은 아마 南子 이전에 있던 부인인 듯하다."라고 하였다.[103]
馬驌繹史云 "列女傳列此於仁智, 而別記南子於孼嬖(얼폐), 此夫人, 蓋在南子前."

② 至闕而止 : '闕'은 두 望樓로, 宮門 앞 〈양쪽 편〉에 한 쌍의 망루가 있다.
闕, 兩觀也, 宮門有雙闕.

③ 知此(謂)〔爲〕誰 : '謂'는 응당 '爲'가 되어야 한다.
謂, 當作爲.

영공이 거짓으로 부인을 놀리며 말하기를 "아니었소." 하니, 부인이 잔에다 술을

---

97) 公門에서는……한다 : ≪禮記≫ 〈曲禮〉에 보인다. '公門'은 대궐문이고, '路馬'는 임금의 수레를 끄는 말이다.

98) (謂)〔爲〕: 저본에는 '謂'로 되어 있으나, 王照圓의 注에 의거하여 '爲'로 바로잡았다.

99) 〔必〕: 저본에는 '必'이 없으나, ≪列女傳校注≫, ≪列女傳集注≫, ≪太平御覽≫ 등에 의거하여 보충하였다.

100) (變)〔信〕: 저본에는 '變'으로 되어 있으나, ≪列女傳校注≫, ≪列女傳集注≫, ≪太平御覽≫, ≪小學≫ 등에 의거하여 '信'으로 바로잡았다.

101) 惰 : ≪列女傳校注≫, ≪列女傳集注≫, ≪太平御覽≫에는 모두 '墮'로 되어 있다.

102) 南子 : 衛 靈公의 부인으로, 용모가 빼어나고 淫行이 있었다.

103) 馬驌의……하였다 : 淸나라 馬驌이 편찬한 ≪繹史≫ 권75 〈衛靈公之立〉에 보인다.

가득 따라 올리고 再拜하며 영공을 축하하였다. 영공이 "당신은 어째서 寡人에게 축하를 하는 것이오?" 하니, 부인이 말하기를 "처음에 저는 위나라에 〈賢臣이〉 거백옥만 있는 줄 알았는데, 지금 위나라에 그와 같은 사람이 또 있으니, 이는 임금에게 두 현신이 있는 것입니다. 나라에 현신이 많은 것은 나라의 복입니다. 저는 이 때문에 축하드리는 것입니다." 하였다. 영공이 깜짝 놀라며 "좋구나!" 하고는, 마침내 부인에게 사실대로 말해주었다.

公反之①**以戲夫人曰 非也**라하니 **夫人酌**[104]**觴**하고 **再拜賀公**하다 **公曰 子何以賀寡人**고 **夫人曰 始妾獨以衛爲有蘧伯玉爾**러니 **今衛復有與之齊者**하니 **是君有二**[105]**臣也**니이다 **國多賢臣**은 **國之福也**라 **妾是以賀**로이다 **公驚曰 善哉**라하고 **遂語夫人其實焉**하다

① 公反之 : '反之'는 사실대로 고하지 않음을 이른다.
反之, 謂不以實告也.

군자가 말하기를 "위 영공의 부인은 사람을 아는 도에 밝았다."라고 하였다. 무릇 이치가 있는 말로는 속일 수 있으나 터무니없는 말로는 속일 수 없는 것이니,[106] 밝은 지혜인 것이다. ≪시경≫에 이르기를 "내 그 소리만 듣고, 그 사람은 보지 못하였다."[107]라고 하였으니, 이를 두고 한 말이다.

君子謂 衛夫人은 **明於知人道**①②라하니라 **夫可欺而不可罔者**니 **其明智乎**인저 **詩云 我聞其聲**이요 **不見其人**[108]호라하니 **此之謂也**라

① 君子謂……明於知人道 : '道'자는 아마도 衍字인 듯하다. 또 ≪시경≫을 인용하면서 '不

---

104) 酌 : ≪太平御覽≫에는 '進'으로 되어 있다.

105) 二 : ≪列女傳校注≫, ≪列女傳集注≫, ≪太平御覽≫에는 모두 이 뒤에 '賢'이 더 있다.

106) 이치가……것이니 : ≪論語≫ 〈雍也〉에 "宰我가 묻기를 '仁者는 비록 우물에 사람이 빠졌다고 말해주더라도 우물에 따라 들어가겠습니다.' 하자, 孔子가 '어찌 그렇게 하겠는가. 군자는 우물까지 가게 할 수는 있으나 빠지게 할 수는 없으며, 이치에 있는 말로 속일 수는 있으나 터무니없는 말로 속일 수는 없는 것이다.' 하였다.〔宰我問曰 仁者 雖告之曰 井有仁焉 其從之也 子曰 何爲其然也 君子可逝也 不可陷也 可欺也 不可罔也〕"라고 하였다. 이에 대한 朱熹의 註에 "欺는 이치가 있는 것으로 속임을 말하고, 罔은 이치가 없는 것으로 속임을 말한다.〔欺謂誑之以理之所有 罔謂昧之以理之所無〕"라고 하였다.

107) 내……못하였다 : ≪詩經≫ 〈小雅 何人斯〉에 보인다.

108) 人 : ≪詩經≫에는 '身'으로 되어 있다.

衛靈夫人

見其人'이라 하였는데, '人'은 ≪毛詩≫에 '身'으로 되어 있다.
道字疑衍. 又引詩, 不見其人, 人毛詩作身.

② 【校注】 衛夫人 明於知人道 : '道' 위에 아마 '之'자가 빠진 듯하다.
道上疑脫之字.

頌은 다음과 같다.

위 영공이 밤중에 앉아 있을 때
부인이 함께 앉아 있었다네
수레 소리 덜커덩 덜커덩거리다가
중도에 궐문에서 멈추니
부인이 이를 알고는
틀림없이 거백옥일 것이라 하였다네

지혜가 현인을 알았나니
물어보자 과연 그러하였다오

頌曰 衛靈夜坐에 夫人與存이라 有車轔轔이라가 中止闕門이로다 夫人知之하고 必伯玉焉이로다 維知識賢하나니 問之信然이로다

3-8 齊 靈公[109]의 부인 仲子 齊靈仲子

齊靈仲子는 宋나라 임금의 딸이자 齊 靈公의 부인이다. 처음에 영공은 魯나라에서 아내를 맞이하였는데, 聲姬가 아들 光을 낳자 그를 太子로 삼았다. 부인 仲子와 그 여동생 戎子가 모두 영공에게 총애를 받았다. 중자가 아들 牙를 낳자 융자가 光 대신 牙를 태자로 삼기를 청하니, 영공이 이를 허락하였다.[110]

齊靈仲子者는 宋(侯)〔公〕[111]之女①요 齊靈公之夫人也라 初에 靈公娶於魯러니 聲姬生子光하니 以爲太子②③하다 夫人仲子與其娣戎子가 皆嬖於公이라 仲子生子牙에 戎子請以牙爲太子代光하니 公許之하다

① 宋(侯)〔公〕之女 : '侯'는 응당 '公'이 되어야 한다. 송나라는 성이 子이고 爵位가 公이다.
侯當作公. 宋國子姓公爵也.

② 娶於魯……以爲太子 : 聲姬는 顔懿姬의 질녀이다. 懿姬에게 아들이 없었기 때문에 성희의 아들을 태자로 삼은 것이다.
聲姬, 顔懿姬之姪也. 懿姬無子, 故以聲姬子爲太子.

③ 【校注】 娶於魯……以爲太子 : ≪春秋左氏傳≫에는 "齊侯가 魯나라에서 아내를 맞이하였으니, 이름이 顔懿姬로 아들을 낳지 못하였다. 그 조카딸 鬷聲姬가 光을 낳으니, 그를 太子로 삼았다."라고 하였다.[112] 여기에서는 그 문장을 刪節하였는데 誤脫이 있다.

---

109) 齊 靈公 : 春秋時代 齊나라 임금으로, 姜姓 呂氏이고 이름은 环이다.

110) 부인……하였다 : ≪春秋左氏傳≫ 襄公 19년 조에는 "子姓을 가진 여러 첩들 중에 仲子와 戎子가 있었는데 융자가 총애를 받으니, 중자는 아들 牙를 낳자 융자에게 맡겼다. 융자가 齊侯에게 牙를 태자로 삼기를 청하니 이를 허락하였다.〔諸子仲子戎子 戎子嬖 仲子生牙 屬諸戎子 戎子請以爲大子 許之〕"라고 하였다.

111) (侯)〔公〕: 저본에는 '侯'로 되어 있으나, 王照圓의 注에 의거하여 '公'으로 바로잡았다.

112) 春秋左氏傳에는……하였다 : ≪春秋左氏傳≫ 襄公 19년 조에 보인다. 이에 대한 杜預의 注에 "兄의 자식을 姪이라 한다. 顔과 鬷은 모두 두 姬女의 母姓이므로 인하여 호로 삼은 것이다. 懿와 聲은 모두 諡이다.〔兄子曰姪 顔鬷皆二姬母姓 因以爲號 懿聲皆諡〕"라고 하였다.

左傳 "齊侯娶于魯, 曰顔懿姬, 無子. 其姪鬷(종)聲姬生光, 以爲大子." 此節其文而有誤脫.

그러자 중자가 말하기를 "안 됩니다. 常道를 폐하는 것이니 상서롭지 못하고, 제후를 범하는 어려운 일이니 잘못된 계책입니다. 무릇 光이 이미 太子가 되어 諸侯의 會盟에 참여하였는데, 지금 까닭 없이 그를 폐한다면 이는 멋대로 행동하여 諸侯들을 멸시하는 것이고, 이루기 어려운 일로 상서롭지 못함을 범하는 것이니, 주군께서는 반드시 후회하실 것입니다." 하였으나, 영공은 "나에게 달렸을 따름이오."라고 하였다. 이에 중자가 "妾이 책임을 미루려는 것이 아니라, 재앙의 싹임을 알아서입니다."라고 하며 죽기를 무릅쓰고 간쟁하였으나, 영공은 끝내 듣지 않고 마침내 태자 光을 축출하고 牙를 세워 태자로 삼고 高厚[113]를 그의 太傅로 삼았다.[114]

仲子曰 不可하나이다 **夫廢常**[115]이니 **不祥**이요 **(聞)〔間〕**[116]**諸侯之難**①이니 **失謀**니이다 **夫光之立也**하여 **列於諸侯矣**어늘 **今無故而廢之**면 **是專絀**(출)**諸侯**②요 **而以難犯不祥也**니 **君(心)〔必〕**[117] **悔之**리이다 **〔公曰〕**[118] **在我而已**③라 **仲子曰 妾非讓也**요 **(誠)〔識〕**[119]**禍之萌也**④일새니이다하고 **以死爭之**나 **公終不聽**[120]하고 **遂逐太子光**하고 **而立牙爲太子**하고 **高厚爲傅**하다

① (聞)〔間〕諸侯之難 : '聞'은 응당 '間'이 되어야 하니, 字形이 비슷해서 생긴 오자이다. ≪春秋左氏傳≫에 보인다.[121]
聞當作間, 字形之誤. 見左傳.

② 是專絀諸侯 : '絀'은 ≪春秋左氏傳≫에 '黜'로 되어 있다. 古字에 통용하였다.

---

113) 高厚 : 齊나라의 卿相이다.

114) 마침내……삼았다 : ≪春秋左氏傳≫ 襄公 19년 조에는 "마침내 태자 光을 동쪽 邊邑으로 보내고, 牙를 태자로 삼고서 高厚를 牙의 太傅로, 夙沙衛를 少傅로 삼았다.〔遂東大子光 使高厚傅牙以爲大子 夙沙衛爲少傅〕"라고 하였다.

115) 廢常 : ≪春秋左氏傳≫ 襄公 19년 조의 杜預의 注에 "嫡子를 세우는 常道를 폐기하는 것이다.〔廢立嫡之常〕"라고 하였다.

116) (聞)〔間〕: 저본에는 '聞'으로 되어 있으나, 王照圓의 注에 의거하여 '間'으로 바로잡았다.

117) (心)〔必〕: 저본에는 '心'으로 되어 있으나, 王照圓의 注에 의거하여 '必'로 바로잡았다.

118) 〔公曰〕: 저본에는 '公曰'이 없으나, 王照圓의 注에 의거하여 보충하였다.

119) (誠)〔識〕: 저본에는 '誠'으로 되어 있으나, 王照圓의 注에 의거하여 '識'으로 바로잡았다.

120) 仲子曰……公終不聽 : ≪春秋左氏傳≫에는 없다.

121) 春秋左氏傳에 보인다 : ≪春秋左氏傳≫ 襄公 19년 조에 "제후를 범하는 것이니 성공하기 어렵습니다.〔間諸侯 難〕"라고 하였다.

齊靈仲子

紬左傳作黜, 古字通也.

③ 君(心)〔必〕悔之……在我而已 : '心'은 응당 '必'이 되어야 한다. '悔之' 아래에 '公曰' 두 글자가 빠졌다. ≪春秋左氏傳≫에 보인다.
心當作必. 悔之下脫公曰二字. 見左傳.

④ (誠)〔識〕禍之萌也 : '誠'은 응당 '識'이 되어야 한다. 혹 '諴'로 되어 있기도 하는데, 모두 字形이 비슷해서 생긴 오자이다.
誠當作識. 或作諴, 俱字形之誤.

영공이 병이 들자 崔杼[122]가 몰래 光을 맞이해 왔으며, 영공이 죽자 최저가 光을 임금으로 세우고 高厚를 죽였으니,[123] 중자의 말을 듣지 않았기 때문에 화가 이 지

122) 崔杼 : 齊나라의 大夫로, 姜姓 崔氏이고 이름이 杼이다. 崔子 또는 崔武子라고도 한다.
123) 영공이……죽였으니 : ≪春秋左氏傳≫ 襄公 19년 조에는 "齊侯가 病을 앓자, 崔杼가 은밀히 光을 맞이해 와서 齊侯의 병이 위독하자 그를 다시 태자로 세웠다. 光이 戎子를 죽여 그 시체

경까지 이른 것이다.

靈公疾에 **(高厚)〔崔杼**(저)**〕**[124]**微迎**[125]**光**①하고 **及公薨**하야 **崔杼立光而殺高厚**하니 **以不用仲子之言**으로 **禍至於此**라

① (高厚)〔崔杼〕微迎光 : '高厚'는 응당 '崔杼'의 오류로 봐야 한다. ≪春秋左氏傳≫에 보인다. 高厚當作崔杼之誤. 見左傳.

군자가 말하기를 "仲子는 사리에 밝았다."라고 하였다. ≪시경≫에 이르기를 "내 계책을 들어 쓴다면 거의 큰 후회가 없으리라."[126]라고 하였으니, 중자를 두고 한 말이다.

君子謂 仲子明於事理라하니라 **詩云 聽用我謀**면 **庶無大悔**리라하니 **仲子之謂也**라

頌은 다음과 같다.

제나라 영공의 부인 중자는
어질고 지혜로우며 현명하였도다
영공이 牙를 세우고
성희의 아들 光을 폐하려 하자
중자는 힘을 다해 간하여
적자를 폐하면 상서롭지 못하다 하였다오

를 조정에 진열하였으니 禮가 아니다. 부인에게는 시행하는 刑律이 없고, 비록 死刑에 처한다 하더라도 그 시체를 시장이나 조정에 진열하지 않는다. 여름 5월 그믐 임진일에 齊 靈公이 졸하니, 莊公(光)이 즉위하였다. 句瀆의 언덕에서 公子 牙를 逮捕하였다. 장공이 夙沙衛가 자기를 廢黜되게 하였다고 여기니, 숙사위는 高唐으로 달아나 배반하였다.……가을 8월에 제나라 최저가 灑藍에서 高厚를 죽이고서 그의 家産을 겸병하였다. 經에 '제나라가 그 대부를 죽였다.'고 기록하였으니, 이는 고후가 임금의 昏謬한 명을 따랐기 때문이다.〔齊侯疾 崔杼微逆光 疾病而立之 光殺戎子 尸諸朝 非禮也 婦人無刑 雖有刑 不在朝市 夏五月壬辰晦 齊靈公卒 莊公卽位 執公子牙於句瀆之丘 以夙沙衛易己 衛奔高唐以叛……秋八月 齊崔杼殺高厚於灑藍 而兼其室 書曰齊殺其大夫 從君於昏也〕"라고 하였다.

124) (高厚)〔崔杼〕: 저본에는 '高厚'로 되어 있으나, 王照圓의 注에 의거하여 '崔杼'로 바로잡았다.

125) 迎 : ≪春秋左氏傳≫에는 '逆'으로 되어 있다.

126) 내……없으리라 : ≪詩經≫ 〈大雅 抑〉에 보인다.

영공이 말을 듣지 않더니
과연 재앙을 만나고 말았도다

頌曰 齊靈仲子는 仁智顯明이로다 靈公立牙하고 廢姬子光하니 仲子强諫하야 棄適不祥이라 公旣不聽이러니 果有禍殃이로다

3-9 魯나라 臧孫[127]의 어머니 魯臧孫母

臧孫의 어머니는 魯나라 大夫 臧文仲의 어머니이다. 장문중이 장차 魯나라 사신이 되어 齊나라로 가려할 때, 그 어머니가 그를 전송하며 말하기를 "너는 성품이 각박하고 恩情이 없으며 사람들이 힘을 다 쓰는 것을 좋아하며 위엄으로 끝까지 남을 몰아붙이니, 노나라가 너를 용납할 수 없어서 너로 하여금 제나라로 가게 하는 것이다. 무릇 간사한 일을 일으키려할 적엔 반드시 變亂의 시기에 할 것이니, 너를 해치려는 자들은 이 기회에 일을 터뜨릴 것이다. 너는 이를 경계해야 한다. 노나라와 제나라는 경계를 접하고 있으니, 벽 하나를 사이에 둔 이웃 나라이다. 노나라의 총애받는 신하들 가운데 너를 원망하는 자들이 많고, 또 모두 제나라의 高子와 國子[128]와 통하고 있다. 이들은 틀림없이 제나라로 하여금 노나라를 도모하게 하면서 너를 잡아 가두게 할 것이니, 이를 면하기 어려울 것이다. 너는 반드시 널리 은혜를 베풀고 난 뒤에야 도움을 구할 수 있을 것이다." 하였다.

臧孫母者는 魯大夫臧文仲之母也라 文仲將爲魯使至齊할새 其母送之曰 汝刻而無恩하고 好盡人力하고 窮人以威하니 魯國不容子矣하여 而使子之齊라 凡奸將作엔 必於變動이니 害子者其於斯發事乎인저 汝其戒之어다 魯與齊通壁하니 壁隣之國也①라 魯之寵臣多怨汝者요 又皆通於齊高子國子하니 是必使齊圖魯而拘汝留之하리니 難乎其免也라 汝必施恩布惠而後에 出以求助焉이라

---

127) 臧孫 : 春秋時代 魯나라 大夫인 臧孫辰으로, 姬姓 臧氏이고 이름은 辰, 시호는 文이다. 死後에 臧文仲으로 일컬어졌다. 참고로 ≪論語≫ 〈公冶長〉에 "臧文仲이 큰 거북의 껍질을 보관하되, 斗栱에다 산 모양을 조각하고 동자기둥에다 水草를 그렸으니, 어찌 그를 지혜롭다 하겠는가.〔臧文仲居蔡 山節藻梲 何如其知也〕"라고 한 孔子의 말이 보인다.

128) 高子와 國子 : 이 당시 齊나라의 실권을 장악하고 있던 高氏와 國氏 집안의 아무개로, 누구를 가리키는지는 자세하지 않다. 高氏와 國氏는 天子의 命을 받아 대대로 제나라의 上卿을 지내면서 실권을 장악하고 있었다.

① 魯與齊通壁 壁鄰之國也 : '通壁'은 屋廬가 서로 맞닿은 것을 말하고, '壁鄰'은 가까움을 말한다.
通壁, 言屋廬相接, 壁鄰, 言近.

이에 장문중은 노나라의 三家[129]에 의탁하여 士大夫들과 두터이 교분을 맺은 뒤에 제나라로 갔는데, 제나라가 과연 그를 잡아 가두고 군대를 일으켜 노나라를 습격하려 하였다. 장문중은 몰래 사람을 시켜 노나라 임금에게 서신을 보냈는데, 그 서신이 다른 사람 손에 들어갈까 두려워하여 마침내 그 내용을 隱語로 바꾸어 말하기를 "작은 그릇을 거두어 옹기[130] 안에 넣으시고, 사냥개를 먹이고 양가죽 옷을 짜소서. 琴曲의 合奏가 너무도 그립습니다. 착한 나의 양이여, 양에게는 어미가 있습니다. 나에게 銅魚를 먹여주소서. 갓끈은 모자라지만 腰帶는 넉넉합니다."라고 하였다.

於是에 文仲託於三家하여 厚士大夫而後之齊어늘 齊果拘之하고 而興兵欲襲魯라 文仲微使人遺公書①호대 恐得其書[131]하여 乃謬其辭曰 斂小器하여 投諸台(이)②③하고 食(사)獵犬하고 組羊裘하소서 琴之合이 甚思之니이다 臧我羊이여 羊有母④니이다 食(사)我以同[132]魚⑤하소서 冠纓不足이나 帶有餘니이다

① 文仲微使人遺公書 : '微'는 숨긴다는 뜻이니, 비밀스럽게 하여 남들이 보지 못하게 하려는 것이다.
微, 隱匿也, 秘不欲人見.

② 斂小器 投諸台 : '台'는 지명이다. ≪春秋≫ 襄公 12년 조에 "莒나라가 台를 포위하였다."[133] 하였는데, 杜預의 注에 "琅邪 費縣 남쪽에 台亭이 있다."라고 하였으니, 바로 이것이다. 또 臧文仲의 어머니가 이를 풀이하여 "성곽 밖의 백성들을 모아 성 안으로 데려오라는 말이다."라고 하였으니, 성곽이 있는 이상 지명이라는 것을 알 수 있다.

---

129) 三家 : 春秋時代 魯나라 大夫인 孟孫氏, 叔孫氏, 季孫氏로, 이 당시 魯나라의 정권을 장악하고 있었다.

130) 옹기 : 원문의 '台'는 ≪列女傳補注≫에는 지명으로 보았으나, 여기에서는 ≪列女傳校注≫ 등에 의거하여 '옹기'로 번역하였다.

131) 恐得其書 : ≪太平御覽≫에는 '恐人得之'로 되어 있다.

132) 同 : ≪太平御覽≫에는 '銅'으로 되어 있다.

133) 莒나라가……포위하였다 : ≪春秋≫ 襄公 12년 조의 經文에 "12년 봄 周王 三月에 莒人이 우리나라의 동쪽 邊邑을 侵伐하여 台邑을 포위하였다.〔十有二年春王三月 莒人伐我東鄙 圍台〕"라고 하였다.

台, 地名也. 春秋襄十二年, 莒圍台, 注云"琅邪(야)費懸南有台亭", 卽此. 又臧母說云"取郭外萌, 內(납)之城中", 旣有城郭, 可知爲地名矣.

③【校注】斂小器 投諸台 : 段玉裁[134]의 校注에 말하기를 "'台'는 곧 '瓵'자이다."라고 하였고, 孫炎[135]의 ≪尒疋≫[136] 〈釋器〉의 注에 이르기를 "瓵는 瓦器이니, 1斗 6升을 담는다."라고 하였다.

段校曰"台卽瓵(이)字." 孫炎尒疋(이아)注云"瓵, 瓦器, 受斗六升."

④ 臧我羊 羊有母 : '臧'은 착하다[善]는 뜻이고, '羊'은 상서롭다[祥]는 뜻이며, 祥 또한 착하다는 뜻이다. 羊은 성품이 효성스러워 어미를 잘 봉양한다. 그러므로 '美'와 '善'자가 모두 羊을 따른 것이다.

臧, 善也, 羊, 祥也, 祥, 亦善也. 羊性孝, 善養母, 故美・善字俱從羊.

⑤ 食我以同魚 : '同'과 '銅'은 古字에 통용하였다. 銅魚는 죽은 이를 葬送하는 기구로, 이것으로 棺을 장식하지 먹을 수 있는 물건이 아니니, 이는 구금을 당하여 굶주려서 죽고 싶을 정도라는 말이다.

同與銅, 古字通. 銅魚, 送死之具, 以飾棺, 非可食之物. 言被拘囚, 飢餓欲死也.

노나라 임금과 대부들이 서로 의논하였으나 아무도 이 뜻을 알지 못하였다. 어떤 이가 말하기를 "臧孫의 어머니는 世家의 자손이니, 임금께서는 어찌하여 시험 삼아 불러 물어보지 않으십니까." 하였다. 이에 그 어머니를 불러 말하기를 "내가 臧子를 제나라에 사신으로 파견하였는데, 지금 이러한 서신을 보내왔으니 무슨 뜻이오?" 하니, 장손의 어머니가 눈물을 옷깃에 적시며 말하기를 "제 아들이 잡혀서 형틀에 묶여있습니다." 하였다. 임금이 "그것을 어떻게 아시오?" 하니, 대답하기를 "'작은 그릇을 거두어 옹기 안에 넣으라'는 것은 성곽 밖의 백성들을 모아 성 안으로 들이라는 말입니다. '사냥개를 먹이고 양가죽 옷을 짜라'는 것은 서둘러 전투에 나갈 군사들을 잘 먹이고 갑옷과 병기를 잘 정비하라는 말입니다. '琴曲의 합주가 너무도 그립다'는

134) 段玉裁 : 淸代의 訓詁學家이자 經學家로, 자는 若膺, 호는 懋堂이다. 文字學에 특히 뛰어났으며 校勘에 정심하였다. 저서에 ≪說文解字注≫, ≪六書音韻表≫, ≪古文尙書撰異≫, ≪毛詩故訓傳定本≫, ≪經韻樓集≫ 등이 있다.

135) 孫炎 : 三國時代 經學家로, 자는 叔然이다. 鄭玄의 문하에서 수학하였으며, '東州大儒'로 일컬어졌다. ≪毛詩≫, ≪禮記≫, ≪春秋三傳≫, ≪國語≫, ≪爾雅≫, ≪尙書≫ 등의 주석을 달았으며, 저서에 ≪爾雅音義≫와 ≪周易春秋例≫가 있다.

136) 尒疋 : '尒'는 '爾'와 同字이고, '疋'는 '雅'의 古字로, 곧 ≪爾雅≫를 가리킨다.

것은 아내가 그립다는 말입니다. '착한 나의 양이여, 양에게는 어미가 있다'는 것은 아내에게 어머니를 잘 봉양하라고 고하는 말입니다. '나에게 銅魚를 먹이라'는 것은 銅魚는 그 무늬가 줄〔錯〕 같으니 줄은 톱〔鋸〕을 다스리는 것이고, 톱은 나무〔木〕를 다스리는 것이니, 이는 감옥에서 형틀에 묶여 있다는 것입니다. '갓끈은 모자라지만 요대는 넉넉하다'는 것은 머리털이 헝클어졌는데도 빗을 수 없고 주린데도 먹을 수 없다는 말입니다. 그러므로 우리 아들이 잡혀서 형틀에 묶여있다는 것을 아는 것입니다." 하였다.

公及大夫相與議之나 莫能知之라 人有言臧孫母者는 世家子也니 君何不試召而問焉이니잇고 於是에 召而語之曰 吾使臧子之齊러니 今持書來云爾하니 何也오 臧孫母泣下〔霑(점)〕[137)]襟曰① 吾子拘有木治[138)]矣니이다 公曰 何以知之오 對曰 斂小器投諸台者는 言取郭外萌하여 內(납)之於城中也②③요 食(사)獵犬組羊裘者는 言趣饗戰鬪之士而繕甲兵也니이다 琴之合甚思之者는 言思妻也요 臧我羊羊有母(是)〔者〕[139)]는 (善)[140)]告妻善養母也④⑤[141)]니이다 食我以同魚는 同者는 其文錯하니 錯者는 所以治鋸요 鋸者는 所以治木也니 是[142)]有木治係於獄矣니이다 冠纓不足帶有餘者는 頭亂不得梳(소)하고 飢不得食也니이다 故로 知吾子拘而有木治矣니이다

① 臧孫母泣下〔霑〕襟曰 : '襟' 위에 '霑'자가 빠졌다. '襟'은 '衿'과 같으니, ≪顏氏家訓≫ 卷下 〈書證篇 第17〉에 曹大家의 注를 인용하여 "'衿'은 양쪽으로 포개진 옷깃이다."라고 하였다.
襟上脫霑字. 襟與衿同. 顏氏家訓引曹大家注云"衿, 交領也."

② 言取郭外萌 內之於城中也 : '萌'은 싹이니, 疏材[143)] 같은 따위를 쌓아 모아놓는 것이다. 이는 거두어 쌓고 모아서 敵에게 밑천을 삼게 하지 말라는 말이다. 굳이 '萌'이라 한 것

137) 〔霑〕 : 저본에는 '霑'이 없으나, 王照圓의 注에 의거하여 보충하였다.

138) 木治 : 고대에 죄인의 손과 발에 채우는 나무로 만든 刑具이다.

139) (是)〔者〕 : 저본에는 '是'로 되어 있으나, ≪列女傳校注≫와 ≪列女傳集注≫에 의거하여 '者'로 바로잡았다.

140) (善) : 저본에는 '善'이 있으나, ≪列女傳校注≫와 ≪列女傳集注≫에 의거하여 연문으로 처리하였다.

141) 臧我羊羊有母(是)〔者〕 (善)告妻善養母也 : ≪古列女傳≫과 ≪古今列女傳≫에는 '臧我羊羊有母 是蓋告妻善養母也'로, ≪太平御覽≫에는 '臧我羊者 臧善也 羊者有母 告妻善養母'로, ≪列女傳校注≫와 ≪列女傳集注≫에는 '臧我羊羊有母者 告妻善養母也'로 되어 있다.

142) 是 : ≪太平御覽≫에는 이 뒤에 '以知'가 더 있다.

143) 疏材 : 초목의 뿌리나 열매 중에서 먹을 수 있는 것을 가리킨다.

은 어리고 작은 것을 두고 한 말이니, 서신에 '작은 그릇을 거두라'고 말하였기 때문이다.
萌, 萌芽也, 蓄聚疏材之屬也. 言收斂蓄聚, 勿以資敵人. 必言萌者, 幼少之稱, 以書言斂小器也.

③【校正】言取郭外萌 內之於城中也 : 王紹蘭[144]이 상고해보건대, '萌'은 백성을 뜻한다. ≪書經≫ 〈周書〉와 〈秦書〉에 백성〔民〕을 일러 '萌'이라 한 곳이 많다. '성곽 밖의 백성들을 모아 성 안으로 들이라'는 것은 '四鄙의 백성들이 城堡로 들어와 산다.'[145]는 말과 같다. 補注의 '蓄聚疏材'의 설은 迂闊한 듯하다.
紹蘭按萌者, 民也. 周・秦書多謂民爲萌. 取郭外民內城中, 猶言四鄙入保也. 補注蓄聚疏材之說似迂.

④【校注】臧我羊羊有母(是)〔者〕(善)告妻善養母也 : '者'는 舊本에는 '是'로 잘못되어 있고, '告' 위에 '善'자가 더 들어가 있다. ≪太平御覽≫을 따라 교감 개정하였다.
者舊誤是, 告上衍善字. 從太平御覽校改.

⑤【校正】(是)〔者〕(善)告妻善養母也 : 牟房[146]이 상고해보건대, 위의 '善'자는 衍文이니, 아래 '善'자와 연관되어 잘못 들어간 것이다.
房案上善字衍文, 涉下善字而誤.

이에 장손 어머니의 말에 따라 국경에 군사를 주둔시켰다. 제나라가 바야흐로 군대를 일으켜 노나라를 습격하려 하다가 노나라 군대가 국경에 있다는 소식을 듣고는 마침내 장문중을 돌려보내고 노나라를 정벌하지 않았다.

於是에 **以臧孫母之言**으로 **軍於境上**하니 **齊方發兵**하여 **將以襲魯**라가 **聞兵在境上**하고 **乃還文仲而不伐魯**하다

---

144) 王紹蘭 : 清나라 학자로, 자는 畹馨, 호는 南陔 또는 思維居士이다. 저서에 ≪儀禮圖≫, ≪周人禮說≫, ≪周人經說≫, ≪說文集注≫, ≪讀書雜記≫ 등이 있다.

145) 四鄙의……산다 : ≪禮記≫ 〈月令〉에 "孟夏에 가을의 政令을 행하면 괴로운 비가 자주 와서 五穀이 자라지 못하고 四鄙의 백성들이 城堡로 들어와 산다.……겨울의 政令을 행하면 바람과 추위가 제때에 맞지 않고 매가 일찍 사나워지고 갑자기 추워져 四鄙의 백성들이 城堡로 들어와 산다.……季冬에 가을의 政令을 행하면 白露가 일찍 내리며 介蟲이 요망한 재변이 되고 四鄙의 백성들이 城堡로 들어와 산다.〔孟夏 行秋令 則苦雨數來 五穀不滋 四鄙入保……行冬令 則風寒不時 鷹隼蚤鷙 四鄙入保……季冬 行秋令 則白露蚤降 介蟲爲妖 四鄙入保〕"라고 하였다. '四鄙'는 四方 邊境에 있는 백성들을 가리킨다. '保'는 '堡'와 같은 뜻으로, 작은 城을 말한다.

146) 牟房 : 清나라 학자로, 原名은 廷相, 자는 陌人, 호는 默人이다. 山東 棲霞 사람으로, 저서에 ≪周公年表≫, ≪投壺算草≫, ≪詩切≫, ≪改定崔氏易林≫, ≪同文尙書≫ 등이 있다.

魯臧孫母

군자가 말하기를 "臧孫의 어머니는 기미를 알고 멀리 내다보았다."라고 하였다. ≪시경≫에 이르기를 "저 우거진 산에 올라가 어머니 계신 곳을 바라보노라."[147]라고 하였으니, 이를 두고 한 말이다.

君子謂 臧孫母識微見遠이라하니라 詩云 陟彼屺(기)兮하여 瞻望母兮호라하니 此之謂也라

頌은 다음과 같다.

장손의 어머니는
위세를 좋아한다고 아들을 나무라며
틀림없이 장차 재앙을 만날 터
의지할 곳을 구하게 하였도다

147) 저……바라보노라 : ≪詩經≫ 〈魏風 陟岵〉에 보인다.

三家와 교분을 두터이 맺더니
과연 제나라에 구금되었다오
어머니가 그 서신을 풀이하여
아들이 마침내 돌아올 수 있었다네

頌曰 臧孫之母는 刺子好威호대 必且遇害하리니 使援所依로다 旣厚三家러니 果拘於齊로다 母說其書하여 子遂得歸로다

3-10 晉나라 羊舌子[148]의 아내 叔姬 晉羊叔姬

叔姬는 羊舌子의 아내이자 叔向[149]과 叔魚의 어머니이니, 일설에 姓이 楊氏라고도 한다. 숙향은 이름이 肸이고 숙어는 이름이 鮒이다. 양설자는 성품이 정직함을 좋아하여 晉나라에 용납받지 못하였기 때문에 떠나서 三廟가 있는 고을로 옮겨가 살았다. 그 고을 사람들이 서로 더불어 남의 양을 훔쳐 먹다가 그에게 주자 양설자가 받지 않았다. 숙희가 말하기를 "당신은 진나라에 살 때 용납받지 못하여 그곳을 떠나 이 三廟가 있는 고을로 왔는데, 또 이 고을 사람들에게 용납받지 못한다면 이는 당

148) 羊舌子 : 春秋時代 晉나라 大夫 羊舌職으로, '羊舌'은 複姓이다. 羊舌突의 아들로, 네 아들을 낳았는데, 長子는 羊舌赤으로 자가 伯華이고, 둘째는 羊舌肸로 자가 叔向이며, 셋째는 羊舌鮒로 자가 叔魚이고, 넷째는 羊舌虎로 별칭이 叔虎인데, 이 4형제가 일찍이 조정의 요직에 있었기 때문에 당시 사람들이 '羊舌四族'이라 일컬었다. 참고로 西晉 杜預의 ≪春秋釋例≫ 권9 〈世族譜 第45下 羊舌氏〉에 "羊舌氏는 晉나라의 公族으로, 羊舌은 그 食邑이다. 혹자는 말하기를 '양설씨는 성은 李이고 이름은 果이다. 어떤 사람이 양을 훔쳐서 그 머리를 주었는데, 감히 받지 않을 수가 없어서 이를 받아 땅에 묻었다. 뒤에 양을 훔친 일이 발각되어 죄인의 진술에 이씨가 연루되었다. 이씨는 양 머리를 파내 보여주어서 자신은 먹지 않음을 밝혔는데, 오직 그 혓바닥만 식별할 수 있었으며, 혓바닥이 남아 있었기 때문에 화를 면할 수 있었다. 이 때문에 호를 양설씨라 한 것이다.' 하였다.〔羊舌氏 晉之公族 羊舌 其所食邑也 或曰羊舌氏 姓李名果 有人盜羊而遺其頭 不敢不受 受而埋之 後盜羊事發 辭連李氏 李氏掘羊頭而示之 以明己不食 唯識其舌 舌存因得免 號曰羊舌氏〕"라고 하였다.

149) 叔向 : 춘추시대 晉나라 大夫 羊舌肸로, 자가 숙향이다. 叔肸이라고도 하며, 食邑이 楊에 있었기 때문에 楊肸이라고도 한다. 학식이 풍부하고 특히 외교문서를 잘 만들었다. 齊나라의 晏嬰, 吳나라의 季札, 鄭나라의 子産과 함께 당대의 대표적인 賢人으로 불렸으며, 孔子가 그를 두고 "叔向은 古人의 遺風이 있는 直臣이다.〔叔向 古之遺直也〕"라고 평하기도 하였다.(≪春秋左氏傳≫ 昭公 14년)

신에게 용납받을 곳이 없는 것이니, 이를 받는 것만 못합니다." 하였다. 양설자가 양 고기를 받고 말하기를 "힐과 부를 위해 삶아주시오." 하니, 숙희가 말하기를 "안 됩니다. 南方에 새가 있는데 이름이 乾吉입니다. 그 새끼를 먹일 때 고기를 가리지 않으므로 새끼가 늘 제대로 성장하지 못합니다. 지금 힐과 부는 어린아이입니다. 당신을 따라 변화될 것이니, 의롭지 못한 고기를 먹여서는 안 됩니다. 이를 파묻어 양을 훔치는 일에 참여하지 않음을 밝히는 것만 못합니다." 하였다. 이에 마침내 양 고기를 단지에 담아 집 뒤에다 묻어두었다.

叔姬者는 **羊舌子之妻也**①요 **叔向叔魚之母也**니 **一姓楊氏**②라 **叔向**은 **名**(肹(힐))〔肸(힐)〕③[150]이요 **叔魚**는 **名鮒**(부)라 **羊舌子好正**하여 **不容於晉**일새 **去而之三室之邑**[151]이라 **三室之邑人**이 **相與攘羊而遺之**어늘 **羊舌子不受**하다 **叔姬曰 夫子居晉不容**하여 **去之三室之邑**이어늘 **又不容於三室之邑**이면 **是於夫子不容也**④니 **不如受之**로이다 **羊舌子受之曰 爲**(肹)〔肸〕**與鮒亨之**하라 **叔姬曰 不可**하니이다 **南方有鳥**하니 **名曰乾吉**이라 **食**(사)**其子**에 **不擇肉**일새 **子常不遂**⑤니이다 **今**(肹)〔肸〕**與鮒**는 **童子也**라 **隨大夫而化者**니 **不可食以不義之肉**이니이다 **不若埋之**하여 **以明不與**(예)니이다 **於是**에 **乃盛以甕**하여 **埋壚**(로)**陰**⑥하다

① 羊舌子之妻也 : 晉 獻公 때 羊舌大夫가 있었으니, 이 사람은 그의 자손이다. ≪春秋左氏傳≫에 보인다.[152]
晉獻公時, 有羊舌大夫, 此其子孫也. 見左傳.

② 一姓楊氏 : ≪國語≫의 注에 이르기를 "'楊'은 叔向의 食邑이다."라고 하였다.[153]
國語注云 "楊, 叔向邑."

---

150) (肹)〔肸〕: 저본에는 '肹'로 되어 있으나, 王照圓의 注에 의거하여 '肸'로 바로잡았다. 아래도 같다.

151) 三室之邑 : 朝宗의 三廟가 있는 고을을 가리킨다.

152) 春秋左氏傳에 보인다 : ≪춘추좌씨전≫ 閔公 2년 조에 "태자가 군대를 거느리고 출정하려 할 때에 獻公이 태자에게 偏衣를 입히고 金玦을 채워 주었다. 狐突이 戎車를 몰고 先友가 車右가 되고, 梁餘子養이 罕夷의 수레를 몰고 先丹木이 車右가 되고, 羊舌大夫가 尉가 되었다.〔大子帥師 公衣之偏衣 佩之金玦 狐突御戎 先友爲右 梁餘子養御罕夷 先丹木爲右 羊舌大夫爲尉〕"라고 하였다. 참고로 이에 대한 杜預의 注에 "양설대부는 叔向의 祖父이다. 尉는 軍尉이다.〔羊舌大夫 叔向祖父也 尉 軍尉〕"라고 하였다.

153) 國語의……하였다 : ≪國語≫ 권14 〈晉語 8〉에 "楊食(사)我가 태어났다.〔楊食我生〕"라고 하였는데, 이에 대한 韋昭의 주에 보인다. '楊食我'는 叔向의 아들 羊舌食我로, 숙향의 食邑이 楊이기 때문에 그 아들을 楊食我라 칭한 것이다.

③ 叔向名肹 : '肹'은 '肸'이 되어야 한다.
肹當作肸.

④ 是於夫子不容也 : '於'자는 오자이다. 아마 '彰'이 되어야 할 듯하다.
於字誤. 疑當作彰.

⑤ 食其子……子常不遂 : '食'는 음이 '嗣'이고, '遂'는 자란다는 뜻이니, 그 새끼를 먹일 때 고기를 가리지도 않고 먹였기 때문에 그 새끼가 제대로 성장하지 못하였음을 말한 것이다.
食音嗣. 遂, 長也. 言飼哺其子, 不擇肉而啖之, 故其子不能遂長.

⑥ 於是……埋壚陰 : '壚'는 '廬'와 같으니, '廬陰'은 집 뒤쪽이다.
壚與廬同. 廬陰, 屋後也.

2년 뒤 양을 훔친 일이 발각되어 都邑의 관리가 나왔는데, 양설자가 말하기를 "내가 그것을 받았으나 감히 먹지는 않았다."라고 하며 꺼내어 보여주니, 그 뼈가 남아 있었다. 도읍의 관리가 말하기를 "군자로다. 양설자여! 양을 훔친 일에 참여하지 않았도다." 하였다.

後二年에 攘羊之事發하여 都吏至①어늘 羊舌子曰 吾受之나 不敢食也라하고 發而視之하니 則其骨存焉이라 都吏曰 君子哉라 羊舌子여 不與攘羊之事矣로다

① 都吏至 : '都吏'는 都邑의 관리이다.
都吏, 都邑之吏也.

군자가 말하기를 "叔姬는 화를 방비하고 혐의를 멀리하였다."라고 하였다. ≪시경≫에 이르기를 "밝지 않은지라 나를 보는 이가 없다고 말하지 말라."[154]라고 하였으니, 이를 두고 한 말이다.

君子謂 叔姬爲能防害遠疑라하니라 詩曰 無曰不顯이라 莫予云覯(구)라하니 此之謂也라

叔向이 申公 巫臣氏[155]와 夏姬[156] 사이에 난 딸에게 장가들고자 하니, 아름답고

154) 밝지……말라 : ≪詩經≫ 〈大雅 抑〉에 보인다.

155) 申公 巫臣氏 : 春秋時代 楚나라 大臣인 屈巫로, 자는 子靈이다. 일찍이 초나라 申縣의 尹을 지냈기 때문에 '申公'이라 부르고, 또 다른 이름이 '巫臣'인데, 夏姬의 미색에 빠져 晉나라로 도

晉羊叔姬

姿色이 있었다. 그러나 叔姬는 자기 親族의 딸에게 장가들기를 원하였다. 숙향이 말하기를 "우리 어머니의 친족은 고귀하기는 하지만 庶子가 없으니, 저는 외삼촌 집안의 여인들을 경계합니다."[157] 하였다. 그러자 숙희가 말하기를 "子靈의 아내 夏姬는 세 남편과 한 임금과 한 자식을 죽이고 한 나라와 두 卿을 망하게 하였는데,[158] 너

망갔다.

156) 夏姬 : 鄭 穆公의 딸로, 陳나라 大夫 御叔에게 出嫁하였는데, 御叔이 죽은 뒤 여러 차례 改嫁하였고, 숱하게 淫行을 저지른 淫婦이다. 자세한 내용은 본서 권7 〈孼嬖傳 陳女夏姬〉에 보인다.

157) 우리……경계합니다 : 外家 쪽 여인들은 妬忌가 심하여 妾媵의 侍寢을 막았기 때문에 결과적으로 庶子가 적으니, 자신은 그러한 家風이 있는 外家의 여인, 곧 외삼촌의 딸을 아내로 맞이하기 싫다는 말이다.

158) 하희는……하였는데 : '세 남편'은 첫 번째 남편 子蠻과, 두 번째 남편 御叔과 세 번째 남편 申公 巫臣으로, 이 당시 무신은 이미 죽었다. '한 임금'은 夏姬와 私通한 陳 靈公으로, 하희와 어숙 사이에 난 아들 夏徵舒에게 살해되었다. '한 자식'은 하징서로, 楚 莊王에게 임금을 시해

는 이를 경계하지 않고 도리어 내 친족을 경계하는 것은 어째서이냐? 그리고 내 듣건대, 기이한 福이 있는 자는 반드시 기이한 禍가 있으며, 지나친 미색이 있는 자는 반드시 지나친 악독함이 있다 하였다. 지금 이 하희는 鄭 穆公의 少妃인 姚子의 딸이자 子貉(鄭 靈公)의 누이이다. 자학이 일찍 죽어 後嗣가 없자 하늘이 이 하희에게 아름다움을 모아주었으니,[159] 장차 틀림없이 이 여자 때문에 크게 敗亡함이 있을 것이다. 옛날에 有仍氏[160]가 딸을 낳았는데, 머리카락이 새까맣고 매우 아름다워 광택이 사람을 비출 정도였으므로 이름을 '玄妻'라 하였다. 뒤에 樂正 夔[161]가 이 여자를 아내로 취하여 伯封을 낳았는데, 실로 돼지 같은 심보가 있어 탐욕이 법도가 없고 포학이 만족이 없었으므로 그를 '封豕'[162]라 하였다. 결국 有窮后 羿[163]가 그를 멸망시켰으니, 夔는 이 때문에 祭祀가 끊겼다.[164] 또 三代가 멸망한 것과 恭太子가 廢黜된 것도 모두 이러한 美物 때문이었는데,[165] 너는 어찌하여 이러한 여자를 아내로 취하려 하느냐. 무릇 美物은 충분히 사람의 마음을 흔들 수 있는 법이니, 진실로 德義로 〈自制하지〉 않으면 반드시 화가 있을 것이다."[166] 하였다.

한 逆賊으로 토벌당해 죽었다. '한 나라'는 陳나라를 가리킨다. '두 卿'은 하희와 私通한 陳나라 卿인 孔寧과 儀行父를 가리킨다. 자세한 내용은 본서 권7 〈孼嬖傳 陳女夏姬〉와 ≪春秋左氏傳≫에 보인다.

159) 자학이……모아주었으니 : ≪春秋左傳注疏≫ 권52 昭公 28년 조의 孔穎達의 疏에 "이는 鄭靈公이 일찍 요절하고 夏姬가 아름다웠으므로 이를 미루어 이렇게 말한 것일 뿐이고, 오라비가 일찍 죽으면 누이가 반드시 아름답다는 것은 아니다.〔此因鄭靈早夭而夏姬美 推之爲此言耳 不是兄早死而妹必美也〕"라고 하였다.

160) 有仍氏 : 堯舜 때의 제후이다.

161) 夔 : 舜임금 때 음악을 관장하던 신하 이름이다. 참고로 ≪書經≫ 〈舜典〉에 "夔야, 너를 명하여 典樂으로 삼으니, 冑子를 가르치되 곧으면서도 온화하며 너그러우면서도 엄하며 강하되 사나움이 없으며 간략하되 오만함이 없게 할 것이다.〔夔 命汝典樂 敎冑子 直而溫 寬而栗 剛而無虐 簡而無傲〕"라고 하였다.

162) 封豕 : 큰 돼지라는 뜻으로, 탐욕스럽고 포학한 자를 비유한다.

163) 羿 : 夏나라 때 有窮 땅의 임금 이름으로, 활을 잘 쏘았다.

164) 祭祀가 끊겼다 : 자손이 끊어졌다는 말이다.

165) 三代가……때문이었는데 : ≪春秋左氏傳≫ 昭公 28년 조의 杜預의 注에 "夏나라는 妺喜로 인해, 殷나라는 妲己로 인해, 周나라는 褒姒로 인해 망하였으니, 三代가 망한 이유는 모두 미녀 때문이었다. 共子는 晉나라 太子 申生인데, 역시 驪姬로 인해 廢黜되었다.〔夏以妺喜 殷以妲己 周以褒姒 三代所由亡也 共子 晉申生 以驪姬廢〕"라고 하였다.

166) 무릇……것이다 : ≪春秋左氏傳≫ 昭公 28년 조의 朱申의 附註에 "뛰어난 美女는 충분히 사

叔向이 欲娶於申公巫臣氏夏姬之女하니 美而有色이라 叔姬(不)[167]欲娶其族①하니 叔向曰 吾母之族은 貴而無庶하니 吾懲舅氏矣[168]니이다 叔姬曰 子靈之妻는 殺三夫一君一子하고 而亡一國兩卿矣어늘 爾不懲此하고 而反懲吾族은 何也오 且吾聞之하니 有奇福者는 必有奇禍하고 有甚美者는 必有甚惡이라하니라 今是鄭穆少妃姚子之子요 子貉(학)之妹也라 子貉早死無後에 而天鍾美於是하니 將必以是大有敗也라 昔有仍氏生女에 髮[169]黑而甚美하여 光可監人②일새 名曰(元)〔玄〕[170]妻라 樂正夔(기)娶之하여 生伯封하니 (宕(탕))〔實〕[171]有豕心③④하여 貪惏(람)毋期⑤하고 忿戾毋饜[172]일새 謂之封豕라 有窮后羿(예)滅之하니 夔是用不祀⑥라 且三代之亡과 及恭太子[173]之廢⑦가 皆是物也어늘 汝何以爲哉아 夫有美[174]物足以移人이니 苟非德義면 則必有禍也리라

① 叔姬(不)欲娶其族 : '不'자는 衍字이다. ≪春秋左氏傳≫에 보인다.[175]
不字衍, 見左傳.

② 光可監人 : '監'은 ≪春秋左氏傳≫에 '鑑'으로 되어 있다.
監, 左傳作鑑.

③ (宕)〔實〕有豕心 : '宕'은 ≪春秋左氏傳≫에 '實'로 되어 있다. 이는 字形이 비슷해서 생긴 오자이다.

람의 마음을 흔들 수 있으니, 만약 德義로 그 마음을 자제하지 않으면 그 美色에 蠱惑되어 禍에 빠져든다.〔有尤異之物 足以動人之心 苟不以德義自制其心 則爲其蠱惑而流禍矣〕"라고 하였다.

167) (不) : 저본에는 '不'이 있으나, 王照圓의 注에 의거하여 衍文으로 처리하였다.

168) 吾母之族……吾懲舅氏矣 : ≪春秋左氏傳≫ 昭公 28년 조에는 "저에게는 庶母가 많았으나 庶兄弟가 적으니 저는 외삼촌 집안의 여인들을 경계합니다.〔吾母多而庶鮮 吾懲舅氏矣〕"라고 하였고, 이에 대한 杜預의 注에 "아버지에게 妾媵이 많았으나 庶子가 적은 것은 어머니의 성품이 너그럽지 못해서 그런 것으로 의심된다는 말이다.〔言父多妾媵 而庶子鮮少 嫌母氏性不曠〕"라고 하였다.

169) 髮 : ≪春秋左氏傳≫에는 '鬒'으로 되어 있다.

170) (元)〔玄〕: 저본에는 '元'으로 되어 있으나, 淸나라 康熙帝의 성명 愛新覺羅 玄燁의 '玄'자를 避諱한 것이므로 원글자인 '玄'으로 돌려놓았다.

171) (宕)〔實〕: 저본에는 '宕'으로 되어 있으나, 王照圓의 注에 의거하여 '實'로 바로잡았다.

172) 貪惏毋期 忿戾毋饜 : ≪春秋左氏傳≫에는 '貪惏無饜 忿纇無期'로 되어 있다.

173) 恭太子 : ≪春秋左氏傳≫에는 '共子'로 되어 있다.

174) 美 : ≪春秋左氏傳≫에는 '尤'로 되어 있다.

175) 春秋左氏傳에 보인다 : ≪春秋左氏傳≫ 昭公 28년 조에 "당초에 叔向이 申公 巫臣氏의 딸에게 장가들려 하니, 그 어머니는 자기 親黨의 딸에게 장가들기를 원하였다.〔初 叔向欲娶於申公巫臣氏 其母欲娶其黨〕"라고 하였다.

宕, 左傳作實, 此字形之誤.

④【校注】(宕)〔實〕有豕心 : '宕'은 아마도 '寔'의 오류인 듯하다. ≪春秋左氏傳≫에는 '實'로 되어 있는데, '實'과 '寔'은 古字에 통용하였다.

宕, 疑寔之譌(와). 左傳作實, 實・寔古通用.

⑤【校正】貪惏毋期 : 胡承珙[176]이 상고해보건대, '期'는 법도이다. ≪呂氏春秋≫ 권7 〈懷寵〉에 "부세를 징수함이 법도가 없다.〔徵斂無期〕"라고 하였는데, 이에 대한 漢나라 高誘의 注에 이르기를 "'期'는 법도이다."라고 하였다. ≪說文解字≫ 〈又部〉에 "'度'는 法制이다."라고 하였다.

承珙案期, 度也. 呂氏春秋懷寵篇"徵斂無期", 高誘注云 "期, 度." 說文 "度, 法制也."

⑥ 夔是用不祀 : '是用'은 '是以'라는 말과 같다.

是用, 猶言是以.

⑦ 及恭太子之廢 : '恭太子'는 申生의 시호이다. 驪姬가 참소하여 죽였다.[177]

恭太子, 申生謚也. 驪姬譖殺之.

숙향이 두려워 감히 장가들지 않았는데, 平公[178]이 강제로 장가들게 하여 楊食我를 낳았다. 食我는 '伯碩'이라 불렸다. 백석이 태어날 때 시중들던 이가 숙희에게 아뢰기를 "큰 동서가 사내아기를 낳았습니다." 하자, 숙희가 보러 가다가 마루에 이르러 아이의 울음소리를 듣고는 되돌아와 말하기를 "이리의 소리이다. 이리 새끼는 野心이 있으니, 이제 장차 羊舌氏를 멸망시킬 자는 틀림없이 이 아이일 것이다."라고 하고는, 끝내 보려하지 않았다. 사아가 장성한 뒤 祁勝과 함께 난을 일으켜 晉나라 사람이 사아를 죽였으니, 양설씨는 이로 말미암아 마침내 멸망하였다.[179]

---

176) 胡承珙 : 淸나라 학자로, 자는 景孟, 호는 墨莊, 安徽省 涇縣 사람이다. 저서에 ≪永是堂詩文集≫, ≪毛詩後箋≫, ≪小爾雅義證≫, ≪儀禮古今文疏義≫, ≪爾雅古義≫ 등이 있다.

177) 驪姬가……죽였다 : '驪姬'는 晉 獻公의 애첩이다. 자세한 내용은 본서 권7 〈孼嬖傳 晉獻驪姬〉에 보인다.

178) 平公 : 晉나라 임금으로, 성은 姬, 이름은 彪이다.

179) 祁勝과……멸망하였다 : '祁勝'은 晉나라 大夫 祁盈의 家臣이다. 참고로 ≪春秋左氏傳≫ 昭公 28년 조에 "晉나라 祁勝과 鄔臧이 서로 아내를 바꾸어 情을 通하였다. 祁盈이 그들을 체포하려고 司馬 叔游에게 의견을 묻자, 숙유가 말하기를 '鄭書에 「정직한 사람을 미워하는 무리가 실로 많다.」라는 말이 있소. 지금 無道한 자가 높은 지위에 있으니 그대가 화를 면하지 못할까 두렵소. ≪시경≫에 「백성들이 邪辟함이 많으니 스스로 법을 세우지 말라.」 하였으니, 우선

叔向懼而不敢娶[180]어늘 平公强使娶[181]之하여 生楊食(사)我하다 食我號曰伯碩①이라 伯碩生時에 侍者謁之叔姬曰 長姒產男[182]이라하니 叔姬往視之라가 及堂하여 聞其號也而還曰 豺狼之聲也라 狼子野心[183]하니 今將滅羊舌氏者는 必是子也라하고 遂不肯見하다 及長에 與祁(기)勝爲亂하여 晉人殺食我하니 羊舌氏由是遂滅이라

① 食我號曰伯碩 : '食'는 음이 '嗣'이다. '碩'은 ≪春秋左氏傳≫에는 '石'으로 되어 있다. 食音嗣. 碩左傳作石.

군자가 말하기를 "叔姬는 능히 일을 유추하여 알았다."라고 하였다. ≪시경≫에 이르기를 "저 흐르는 물과 같아서 서로 이끌고 빠져서 패망하지 아니할까."[184]라고 하였으니, 이를 두고 한 말이다.

君子謂 叔姬爲能推類라하니라 詩云 如彼泉流하여 無淪胥以敗아하니 此之謂也라

叔姬가 처음 叔魚를 낳았을 때, 아이를 살펴보고 말하기를 "이 아이는 호랑이 눈

그들을 놓아두는 것이 어떻겠소.'라고 하니, 기영이 말하기를 '이는 우리 祁氏 家門이 사사로이 토벌하는 것이니 국가와 무슨 관계가 있겠습니까?'라고 하고서 드디어 두 사람을 체포하였다. 祁勝이 荀躒(知文子)에게 뇌물을 바치니, 순력은 기승을 위해 진후에게 잘 말하였다. 그러자 진후는 기영을 체포하였다. 기영의 가신이 말하기를 '장차 모두 죽음을 당하기는 마찬가지이니, 차라리 우리 주군으로 하여금 勝과 臧이 죽었다는 말을 듣고 속이 시원하게 해드리겠다.' 하고서 祈勝과 鄔臧을 죽였다. 여름 6월에 晉侯가 祁盈과 楊食我를 죽였다. 사아는 기영의 黨으로 기영을 도와 난을 일으켰기 때문에 죽인 것이다. 드디어 祁氏와 羊舌氏를 멸망시켰다.〔晉祁勝與鄔臧通室 祁盈將執之 訪於司馬叔游 叔游曰 鄭書有之 惡直醜正 實蕃有徒 無道立矣 子懼不免 詩曰 民之多辟 無自立辟 姑已若何 盈曰 祁氏私有討 國何有焉 遂執之 祁勝賂荀躒 荀躒爲之言於晉侯 晉侯執祁盈 祁盈之臣曰 鈞將皆死 憖使吾君聞勝與臧之死也以爲快 乃殺之 夏六月 晉殺祁盈及楊食我 食我 祁盈之黨也而助亂 故殺之 遂滅祁氏羊舌氏〕"라고 하였다.

180) 娶 : ≪春秋左氏傳≫에는 '取'로 되어 있다.

181) 娶 : ≪春秋左氏傳≫에는 '取'로 되어 있다.

182) 侍者謁之叔姬曰 長姒產男 : ≪春秋左氏傳≫ 昭公 28년 조에는 "子容의 어머니가 달려가 시어머니에게 고하기를 '큰 시숙(叔向)의 동서가 사내아이를 낳았습니다.〔子容之母走謁諸姑曰 長叔姒生男〕"라고 하였고, 이에 대한 杜預의 주에 "子容의 어머니는 叔向의 兄嫂이니, 伯華(羊舌赤)의 아내이다. 姑는 叔向의 어머니이다.〔子容母 叔向嫂 伯華妻也 姑 叔向母〕"라고 하였다.

183) 狼子野心 : ≪春秋左氏傳≫ 昭公 28년 조의 林堯叟의 附注에 "豺狼의 새끼는 山野의 마음이 있기 때문에 길들여 복종시킬 수 없다는 말이다.〔豺狼之子 山野之心 不可馴服〕"라고 하였다.

184) 저……아니할까 : ≪詩經≫ 〈小雅 小旻〉에 보인다.

에다 돼지 입을 가졌으며 솔개처럼 두 어깨가 솟아 있고 소처럼 옆구리가 불룩하니, 골짜기는 매울 수 있을지언정 이 아이는 만족시킬 수 없을 것이다. 틀림없이 뇌물 때문에 죽을 것이다." 하고는, 마침내 보살피지 않았다. 숙어가 장성한 뒤 나라의 士官(법관) 업무를 代理하게 되었을 때, 邢侯[185]와 雍子[186]가 토지를 다투다가 옹자가 자기 딸을 숙어에게 주어 勝訴하기를 구하니, 형후가 숙어와 옹자를 조정에서 죽여 버렸다. 韓宣子[187]가 이를 근심하자, 叔向이 말하기를 "세 명의 간악한 자가 죄가 똑같으니, 청컨대 그 살아 있는 자는 죽이고 그 죽은 자는 戮尸하십시오." 하니, 마침내 형후씨에게 형을 시행해 죽이고 숙어와 옹자의 시체를 저자에 늘어놓았다.[188]

---

185) 邢侯 : 申公 巫臣의 아들이다.

186) 雍子 : 본래 楚나라 大夫인데, 뒤에 晉나라로 도망하였다.

187) 韓宣子 : 晉나라 大夫 韓起로, 시호가 '宣'이다.

188) 숙어가……늘어놓았다 : ≪春秋左氏傳≫ 昭公 14년 조에는 "晉나라 邢侯와 雍子가 鄐邑의 土地를 다투었는데, 오래도록 是非가 가려지지 않았다. 이때 法官 士景伯이 楚나라에 가고 없으니 숙어가 그 직무를 代理하였다. 韓宣子가 숙어에게 명하여 이전에 심리한 文案으로 판결하게 하니 옹자에게 죄가 있었다. 옹자가 자기 딸을 숙어에게 주니 숙어는 형후에게 죄가 있는 것으로 판결하였다. 형후는 노하여 숙어와 옹자를 조정에서 죽였다. 宣子가 叔向에게 이들의 죄에 대해 묻자, 숙향이 말하기를 '세 사람의 죄가 같으니 산 자는 사형에 처하여 陳尸하고 죽은 자들은 戮尸하는 것이 옳습니다. 옹자는 자기에게 죄가 있는 줄을 알면서도 딸을 뇌물로 주어 勝訴하였고, 鮒(叔魚)는 뇌물을 받고서 부당하게 판결하였고, 형후는 멋대로 사람을 죽였으니 그 죄가 똑같습니다. 자신은 邪惡하면서 남의 美行을 가로채는 것이 昏이고, 재물을 탐하여 職務를 폐기하는 것이 墨이고, 기탄없이 사람을 죽이는 것이 賊입니다. 〈夏書〉에 昏·墨·賊은 誅殺한다고 하였습니다. 이는 皐陶의 法이니 이 법을 따르소서.'라고 하였다. 이에 형후를 죽여 陳尸하고 옹자와 숙어를 저잣거리에 戮尸하였다.〔晉邢侯與雍子爭鄐田 久而無成 士景伯如楚 叔魚攝理 韓宣子命斷舊獄 罪在雍子 雍子納其女於叔魚 叔魚蔽罪邢侯 邢侯怒 殺叔魚與雍子於朝 宣子問其罪於叔向 叔向曰 三人同罪 施生戮死可也 雍子自知其罪而賂以買直 鮒也鬻獄 邢侯專殺 其罪一也 己惡而掠美爲昏 貪以敗官爲墨 殺人不忌爲賊 夏書曰 昏墨賊殺 皐陶之刑也 請從之 乃施邢侯而屍雍子與叔魚於市〕"라고 하였으며, 叔向의 이러한 處事에 대해 孔子가 "숙향은 古人의 遺風이 있는 直臣이다. 나라를 다스리고 형벌을 제정함에 있어 친족의 죄를 은폐하지 않았도다. 세 차례 叔魚의 죄악을 거론하여 刑을 경감하지 않았으니, 義에는 未安하지만 正直하다고 이를 만하다. 平丘의 會盟 때 숙어가 재물을 탐한 것을 거론하여 衛나라를 너그럽게 대우하니 晉나라가 포악한 나라가 되는 데 이르지 않았고, 季孫을 돌려보낼 때 그가 거짓말 잘하는 것을 칭찬하여 魯나라를 너그럽게 대우하니, 晉나라가 모진 나라가 되는 데 이르지 않았고, 邢侯의 獄事에 叔魚의 탐욕을 말하여 법을 바르게 집행하니, 晉나라가 편파적인 나라가 되는 데 이르지 않았다. 세 차례 말하여 세 가지 사악을 제거하고 세 가지 이익을 보탰도다. 친족을 죽였으나 영예가 더욱 드러났으니, 이는 그 처사가 오히려 의에 맞았기 때문이다.〔叔向 古之

숙어는 결국 탐욕 때문에 죽었으니, 숙희는 지혜롭다고 이를 만할 것이다. ≪시경≫에 이르기를 "탐욕스러운 사람들이 族類를 패망하게 하도다."[189]라고 하였으니, 이를 두고 한 말이다.

叔姬之始生叔魚也에 而視之曰① 是虎目而豕啄(주)②요 鳶(연)肩而牛腹이니 谿壑可盈이어니와 是不可饜也라 必以賂死라하고 遂不見③하다 及叔魚長하여 爲國贊理④에 邢侯與雍子爭田이라가 雍子入其女於叔魚以求直하니 邢侯殺叔魚與雍子於朝하다 韓宣子患之하니 叔向曰 三姦同罪하니 請殺其生者而戮其死者하라 遂(族)〔施〕[190]邢侯氏⑤[191]하고 而尸叔魚與雍子於市하다 叔魚卒以貪死하니 叔姬可謂智矣로다 詩云貪人敗類라하니 此之謂也라

① 而視之曰 : '視'는 그 모습을 관찰하는 것이다.
視, 相察其形貌也.

② 是虎目而豕啄 : '啄'는 ≪國語≫에 '喙'로 되어 있다.
啄, 國語作喙.

③ 遂不見 : '見'은 ≪국어≫에 '視'로 되어 있고, 韋昭의 注에 이르기를 "스스로 양육하고 보살피지 않은 것이다."라고 하였다.
見, 國語作視. 注云 "不自養視."

④ 爲國贊理 : '理'는 士官이고, '贊'은 돕는다는 뜻이다. ≪春秋左氏傳≫에는 "叔魚가 직무를 代理하였다."라고 하였다.
理, 士官也, 贊, 佐也. 左傳曰 "叔魚攝理."

⑤ 遂(族)〔施〕邢侯氏 : '族'은 ≪춘추좌씨전≫과 ≪국어≫에 모두 '施'로 되어 있으니, 여기는 字形이 비슷해서 생긴 오자일 뿐이다. ≪국어≫에 말하기를 "邢侯가 이를 듣고 도망가거늘 마침내 형후씨에게 법을 시행하였다."라고 하였고, 韋昭의 注에 이르기를 "施는 조사 체포하는 법을 시행함이다."라고 하였다.
族, 左傳・國語俱作施, 此字形之誤耳. 國語曰 "邢侯聞之, 逃, 遂施邢侯氏." 注云 "施,

遺直也 治國制刑 不隱於親 三數叔魚之惡 不爲末減 曰義也夫 可謂直矣 平丘之會 數其賄也 以寬衛國 晉不爲暴 歸魯季孫 稱其詐也 以寬魯國 晉不爲虐 邢侯之獄 言其貪也 以正刑書 晉不爲頗 三言而除三惡加三利 殺親益榮 猶義也夫〕"라고 평하였다.

189) 탐욕스러운……하도다 : ≪詩經≫ 〈大雅 桑柔〉에 보인다.

190) (族)〔施〕: 저본에는 '族'으로 되어 있으나, 王照圓의 注에 의거하여 '施'로 바로잡았다.

191) 遂(族)〔施〕邢侯氏 : ≪春秋左氏傳≫ 昭公 14년 조의 朱申의 附註에 "이에 邢侯에게 刑을 施行해 죽였으니, 이것이 이른바 〈산 자는 사형에 처하여 陳尸한다는〉 '施生'이다.〔乃施罪於邢侯而殺之 所謂施生也〕"라고 하였다. '陳尸'는 죽은 자의 屍身을 사람들이 많이 다니는 길가에 늘어놓아 恥辱을 보이는 것이다.

〔施〕[192]効捕也."

頌은 다음과 같다.

숙향의 어머니는
성정을 살필 줄 알았나니
사람의 출생을 미루어
그 운명을 끝까지 알았다네
숙어와 사아가
모두 탐욕스럽고 바르지 못하므로
필시 뇌물 때문에 죽을 것이라 하더니
과연 끝내 분쟁에 걸려들었다오

頌曰 叔向之母는 察於情性이로다 推人之生하여 以窮其命이로다 叔魚食我가 皆貪不正이라 必以貨死라하더니 果卒分爭이로다

3-11 晉나라 范氏의 어머니 晉范氏母

晉나라 范氏의 어머니는 范獻子[193]의 아내이다. 그 세 아들이 趙氏의 집에서 놀 적에 마침 趙簡子[194]가 정원에서 말을 타고 있었는데, 정원에 땅 위로 솟아나온 나무뿌리가 많았다. 세 아들에게 묻기를 "어떻게 할까?" 하니, 맏이는 "明君은 묻지 않으면 행하지 아니하고, 亂君은 묻지도 않고 멋대로 행합니다."라고 하고, 둘째는 "말의 발을 아낀다면 民力을 아끼지 말고, 民力을 아낀다면 말의 발을 아끼지 마십시오."라고 하였으며, 막내는 "세 가지 덕으로 백성을 부릴 수 있습니다. 가령 산에 올라가 나무를 베게 하여 장차 일을 하게 한 다음 이어서 정원을 개방하여 나무를 보여주어 베게 하면, 산은 멀고 정원은 가까우니 이는 백성들의 첫 번째 기쁨일 것이요, 험한 산을 버려두고 평지의 나무를 벨 수 있으니 백성들의 두 번째 기쁨일 것이

192) 〔施〕: 저본에는 '施'가 없으나, ≪國語≫ 권15 〈晉語 9〉의 韋昭의 注에 의거하여 보충하였다.
193) 范獻子 : 春秋時代 晉나라 大夫 范鞅으로, 시호가 '獻'이다. 士鞅이라고도 한다.
194) 趙簡子 : 春秋時代 晉나라 卿 趙鞅으로, 시호가 '簡'이다. 趙孟이라고도 한다.

요, 다 벤 뒤에 헐값에 팔면 백성들의 세 번째 기쁨일 것입니다."라고 하였다. 이에 조간자가 막내의 의견을 따르니, 백성들이 과연 세 가지로 기뻐하였다.

晉范氏母者는 范獻子之妻也①라 其三子遊於趙氏할새 趙簡子乘馬園中이러니 園中多株②어늘 問三子曰 柰何오 長者曰 明君은 不問不爲하고 亂君은 不問而爲니이다 中者曰 愛馬足則無愛民力하고 愛民力則無愛馬足하소서 少者曰 可以三德使民③이니 設令伐株於山하여 將有(馬)[195]爲也④하고 已而開囿하여 示之株면 夫山遠而囿近하니 是民一悅矣요 (夫)〔去〕[196]險阻之山⑤하고 而伐平地之株하니 民二悅矣요 旣畢而賤賣면 民三悅矣니이다 簡子從之하니 民果三悅이러라

① 范獻子之妻也 : '獻子'는 宣子의 아들 范鞅이다.
獻子, 宣子之子范鞅也.

② 園中多株 : '株'는 나무뿌리이다.
株, 木根也.

③ 可以三德使民 : '德'은 은혜이다.
德, 恩惠也.

④ 將有(馬)爲也 : '馬'자는 衍字이니, 아마 上文과 연관되어 잘못 첨가된 듯하다.
馬字衍, 蓋涉上文而誤加之.

⑤ (夫)〔去〕險阻之山 : '夫'는 응당 '去'가 되어야 한다.
夫當作去.

막내아들이 자신의 계책을 뽐내며 돌아와 어머니에게 고하니, 어머니가 喟然히 탄식하며 말하기를 "끝내 范氏를 멸망시킬 자는 틀림없이 이 아이일 것이다. 공을 자랑하고 수고를 과시하는 자로서 능히 仁을 베푸는 자는 드물고, 거짓을 틈타 사기를 행하는 자로서 능히 오래가는 자는 없는 법이다." 하였다. 그 뒤 智伯[197]이 范氏를 멸망시켰다.

少子伐其謀하고 歸以告母하니 母喟然歎曰 終滅范氏者는 必是子也라 夫伐功施勞는 鮮能布仁이요 乘僞行詐는 莫能久長이라 其後智伯滅范氏하다

---

195) (馬) : 저본에는 '馬'가 있으나, 王照圓의 注에 의거하여 衍文으로 처리하였다.

196) (夫)〔去〕: 저본에는 '夫'로 되어 있으나, 王照圓의 注에 의거하여 '去'로 바로잡았다.

197) 智伯 : 春秋時代 晉나라 大夫 荀瑤로, 智伯은 별칭이다. 智襄子, 智伯瑤라고도 한다. 그는 出公 15년에 趙, 韓, 魏 3家와 함께 范氏와 中行氏를 공격하여 멸망시켰다.

晉范氏母

군자가 말하기를 "范氏의 어머니는 난의 근본을 알았다."라고 하였다. ≪시경≫에 이르기를 "너의 선조를 욕되게 하지 않으면 너의 후손을 구원해주리라."[198]라고 하였으니, 이를 두고 한 말이다.

君子謂 范氏母爲知難本이라하니라 **詩曰 無忝爾**[199]**祖**면 **式救爾(訛(와))〔後〕**[①200]리라하니 **此之謂也**라

① 無忝爾祖 式救爾(訛)〔後〕 : ≪毛詩≫에 위의 '爾'는 '皇'으로 되어 있고, '訛'는 '後'로 되어 있다. 여기에 '訛'로 되어 있는 것은 誤字이다.
毛詩上爾作皇, 訛作後. 此作訛, 誤也.

---

198) 너의……구원해주리라 : ≪詩經≫ 〈大雅 瞻卬〉에 보인다.

199) 爾 : ≪詩經≫에는 '皇'으로 되어 있다.

200) (訛)〔後〕 : 저본에는 '訛'로 되어 있으나, 王照圓의 注에 의거하여 '後'로 바로잡았다.

頌은 다음과 같다.

범씨의 어머니는
덕을 귀하게 여기고 신의를 숭상하였도다
막내아들이 말한 세 가지 덕은
거짓으로 백성을 대하는 것이니
틀림없이 멸망할 줄 알았던 것은
그런 자는 어진 이가 드물기 때문이라오
후에 과연 재앙을 만나
몸이 죽고 封地가 분할되었다네

頌曰 范氏之母는 貴德尙信이로다 小子三德은 以詐與民이니 知其必滅은 鮮能有仁일새니라 後果逢禍하여 身死國分[201)]이로다

3-12 魯나라 公乘子皮[202)]의 누나 魯公乘姒

魯公乘姒는 魯나라 公乘子皮의 누나이다. 그 남편이 죽자 누나가 매우 슬프게 곡을 하니, 자피가 누나를 말리면서 말하기를 "진정하시오. 제가 당장 누나를 改嫁시켜드리겠소." 하더니, 喪期가 지난 뒤에도 자피는 다시 언급하지 않았다.

魯公乘姒는 魯公乘子皮之姒也①라 其(族人)〔夫〕[203)]死②에 姒哭之甚悲한대 子皮止姒曰 安之하소서 吾今嫁姊矣로이다하더니 已過時호대 子皮不復言也러라

① 魯公乘子皮之姒也 : '公乘'은 姓이고, '子皮'는 이름이다. '姒'는 누나이다.
公乘, 姓也. 子皮, 名. 姒, 姊也.

② 【校注】 其(族人)〔夫〕死 : 盧文弨[204)]의 校注에 '其夫死'로 개정하였다.
盧校改其夫死.

---

201) 國分 : 智伯과 趙・韓・魏 3家에 의해 范氏의 封地가 분할된 것을 말한다. '國'은 范氏의 封地를 가리킨다. 지금의 河南省 范縣 一帶이다.

202) 公乘子皮 : '公乘'은 複姓이고, '子皮'는 이름이다.

203) (族人)〔夫〕: 저본에는 '族人'으로 되어 있으나, ≪列女傳校注≫에 의거하여 '夫'로 바로잡았다.

204) 盧文弨 : 淸代 經學家로, 자는 召弓, 호는 磯漁 또는 檠齋, 抱經, 弓父이다.

魯나라 군주가 자피를 재상으로 삼으려 하자, 자피가 누나에게 묻기를 "노나라 군주가 저를 재상으로 삼으려 하니, 할까요?" 하니, 누나가 말하기를 "하지 말거라." 하였다. 자피가 말하기를 "어째서입니까?" 하니, 누나가 말하기를 "초상에 임하여 改嫁를 말하니, 어쩌면 그리도 禮에 익숙하지 못하느냐. 喪期가 지난 뒤에도 언급하지 않으니, 어쩌면 그리도 人事에 환하지 못하느냐. 너는 안으로는 예에 익숙하지 못하고 밖으로는 인사에 환하지 못하니, 너는 재상이 되어서는 안 된다." 하였다. 자피가 말하기를 "누님이 개가하고 싶다면 왜 진작 말하지 않았습니까?" 하니, 누나가 말하기를 "婦人의 일은 〈남자가〉 먼저 말을 하면 뒤에 화답하는 법이니, 내 어찌 개가하고자 하는 일로 너를 꾸짖겠느냐.[205] 너는 정말이지 예에 익숙하지 못하고 인사에 환하지 못하니, 이러한 너로써 한 나라의 재상이 되어 대중들을 차지하게 한다면 어떻게 정사를 다스리겠느냐. 이는 비유하자면 눈을 가리고 흑백을 분별하는 것과 같다. 눈을 가리고 흑백을 분별하는 것은 그래도 후환이 없지만, 人事에 통달하지도 못하면서 나라에 재상이 되면 하늘의 징벌이 있지 않으면 반드시 사람의 앙화가 있을 것이다. 너는 재상이 될 생각을 하지 말거라." 하였다. 그러나 자피는 듣지 않고 끝내 수락하여 재상이 되었는데, 재상이 된 지 일 년도 못되어 과연 주벌을 당해 죽고 말았다.

魯君欲以子皮爲相하니 **子皮問姒曰 魯君欲以我爲相**하니 **爲之乎**아 **姒曰 勿爲也**어다 **子皮曰 何也**오 **姒曰 夫臨喪而言嫁**하니 **一何不習禮也**오 **後過時而不言**하니 **一何不達人事也**오 **子內不習禮**하고 **而外不達人事**하니 **子不可以爲相**이라 **子皮曰 姒欲嫁**인댄 **何不早言**가 **姒曰 婦人之事**는 **唱而後和**니 **吾豈以欲嫁之故**로 **數子乎**①②아 **子誠不習於禮**하고 **不達於人事**하니 **以此相一國**하여 **據大衆**③이면 **何以理之**리오 **譬猶揜目而別黑白也**니 **揜目而別黑白**은 **猶無患也**어니와 **不達人事而相國**이면 **非有天咎**면 **必有人禍**라 **子其勿爲也**어다 **子皮不聽**하고 **卒受爲相**이러니 **居未期年**하여 **果誅而死**하다

① 吾豈以欲嫁之故數子乎 : '數'은 재촉한다는 速과 같다. 婦人의 일은 모름지기 남자가 먼저 말을 한 뒤에 화답하는 법이니, 네가 이미 개가에 대해 다시 언급하지 않았는데, 내가 어찌 굳이 너에게 개가를 요구하고 재촉하겠느냐는 말이다.
數(삭), 猶速也. 言婦人之事, 須唱而後和, 子既不復言嫁矣, 我寧必求速嫁於子乎?

② 【校正】 吾豈以欲嫁之故數子乎 : 牟房이 상고해보건대, '數'는 그를 꾸짖음을 이른다. ≪漢

205) 내……꾸짖겠느냐 : 이 부분은 王照圓의 注를 따르지 않고 牟房의 校正에 따라 번역하였다.

書≫ 〈項籍傳〉의 注에 "'數'는 꾸짖는다는 뜻이다."라고 하였고,[206] ≪戰國策≫ 〈秦策〉의 注에도 "'數'는 꾸짖는다는 뜻이다."라고 하였으니, 그 예에 익숙하지 못하고 인사에 환하지 못함을 꾸짖음을 이른다. 子皮가 그 改嫁하고자 하는 일로 저를 꾸짖는다고 의심하였기 때문에 누나가 이러한 일 때문이 아니라고 스스로 말한 것이다.

房案數(수)謂責讓之也. 漢書項籍傳注曰"數, 責也." 國策秦策注曰"數, 責." 謂數其不習於禮, 不達於人事也. 子皮疑其以欲嫁之故而數之, 姒自言非此之故也.

② 【校注】 衆 : 어떤 판본에는 '政'으로 되어 있다.

一作政.

군자가 말하기를 "公乘의 누나는 일로 인하여 동생이 화를 만날 것을 알았으니, 지혜롭다고 이를 만하겠다. 禮를 기다린 뒤에 움직이고 구차히 情欲에 동요되지 않았으니, 堅貞하다고 이를 만하겠다."라고 하였다. ≪시경≫에 이르기를 "잎이 떨어지려 함이여 잎이 떨어지려 함이여, 바람이 너를 불어 떨어뜨리리라. 叔이여 伯이여, 나를 부르면 내 너에게 화답하리라."[207]라고 하였고, 또 "그대들이 생각을 백방으로 하나, 내가 가는 것만 못하니라."[208]라고 하였으니, 이를 두고 한 말이다.

君子謂 公乘姒緣事而知弟之遇禍也하니 可謂智矣라 待禮然後動하고 不苟觸情하니 可謂貞矣라하니라 詩云 蘀(탁)兮蘀兮여 風其吹汝리라 叔兮伯兮여 唱予和汝호리라하고 又曰 百爾所思나 不如我所之니라하니 此之謂也라

頌은 다음과 같다.

子皮의 누나는
일로 인해 이치를 분별하였도다
자피가 노나라 재상이 되면
화가 일어날 줄 미리 알았다오
누나가 자피에게 간하되

---

206) 漢書……하였고 : ≪漢書≫ 권31 〈項籍傳〉에 "漢王이 項羽의 열 가지 죄를 꾸짖었다.〔漢王數羽十罪〕"라고 하였는데, 이에 대한 顔師古의 주에 보인다.

207) 잎이……화답하리라 : ≪詩經≫ 〈鄭風 蘀兮〉에 보인다.

208) 그대들이……못하니라 : ≪詩經≫ 〈鄘風 載馳〉에 보인다.

아니함만 못하다고 하였는데
자피가 듣지 않더니
끝내 가문의 수치가 되었다네

頌曰 子皮之姊는 緣事分理①로다 子皮相魯인댄 知其禍起로다 姊諫子皮호대 殆不如止라하여늘 子皮不聽이러니 卒爲宗恥로다

① 【校注】 理 : 어떤 판본에는 '禮'로 되어 있다.
一作禮.

3-13 魯나라 漆室의 노처녀 魯漆室女

漆室女는 魯나라 漆室[209] 고을의 여자이니, 婚期가 지나도록 시집을 가지 못하였다. 穆公[210] 때를 당하여 임금은 늙고 태자는 어렸는데, 이 노처녀가 기둥에 기대어 휘파람을 불자 곁에 있던 사람들이 이를 듣고는 이 때문에 시름하지 않는 이가 없었다. 그 이웃 부인이 그를 따라 노닐다가 말하기를 "어쩌면 그리도 휘파람소리가 슬픕니까? 그대가 시집을 가고 싶어서입니까? 내가 그대를 위해 짝을 구해주겠습니다." 하니, 칠실의 노처녀가 말하기를 "아! 처음에 나는 그대가 식견이 있다고 여겼는데 이제 보니 식견이 없군요. 내 어찌 시집을 가지 못해 즐겁지 아니하여 슬퍼하는 것이겠습니까. 나는 노나라 임금은 늙었고 태자는 어린 것을 근심하는 것입니다." 하였다.

漆室女者는 魯漆室邑之女也①니 過時未適人이러라 當穆公時하여 君老하고 太子幼한대 女倚柱而嘯②하니 旁人聞之하고 莫不爲之慘者③라 其鄰人婦從之遊라가 謂曰 何嘯之悲也오 子欲嫁邪아 吾爲子求偶호리라 漆室女曰 嗟乎라 始吾以子爲有知러니 今無識也로다 吾豈爲不嫁不樂而悲哉리오 吾憂魯君老하고 太子幼하노라

① 魯漆室邑之女也 : ≪後漢書≫ 권31 〈郡國志〉에 "東海郡 蘭陵에 次室亭이 있다." 하였는데, 劉昭의 注에 이르기를 "〈地道記〉에 '〈漆室邑은〉 옛날 노나라의 次室邑이다.'라고 하였고, ≪열녀전≫에 '漆室의 여자'가 있는데, 어떤 곳에는 '次室'로 되어 있다."라고 하였다.

---

209) 漆室 : 戰國時代 魯나라 고을 이름으로, '次室'이라고도 한다.
210) 穆公 : 戰國時代 魯나라 임금으로, 성은 姬이고, 이름은 顯이다.

後漢郡國志, 東海郡蘭陵有次室亭, 注云 "地道記曰'故魯次室邑'. 列女傳有'漆室之女', 或作次室."

② 女倚柱而嘯 : '嘯'는 입을 모아 불어서 소리를 내는 것이다.
嘯, 吹口作聲也.

③ 莫不爲之慘者 : ≪後漢書≫ 注의 이 구절을 인용한 곳에는 '마음이 시름겹지 않는 자가 없었다.'로 되어 있다.[211] 살펴보건대, '慘'은 '懆'와 같으니, '懆懆'는 시름겨워 불안한 모양이다. ≪시경≫에 이르기를 "그대 생각에 시름겨워 불안하다."[212]라고 하였다.
後漢書注引作"心莫不慘慘者". 案慘與懆同. 懆懆, 愁不安也. 詩曰 "念子懆懆."

그러자 이웃 부인이 웃으며 말하기를 "이는 노나라 大夫들이 근심할 일이니, 여자가 어찌 관여할 일이겠습니까." 하니, 칠실의 노처녀가 말하기를 "그렇지 않습니다. 이는 그대가 알 수 있는 일이 아닙니다. 예전에 晉나라에서 온 손님이 우리 집에 머물 적에 정원에다 말을 매어두었는데, 말이 달아나 치달리며 우리 아욱을 짓밟아 저로 하여금 한 해가 다가도록 아욱을 못 먹게 하였습니다. 그리고 이웃집 딸이 어떤 사내를 따라 도망갔을 때 그 집에서 우리 오라버니에게 부탁하여 좇아가도록 하였는데, 장마를 만나 물이 불어나 급류에 빠져 죽어서 저로 하여금 종신토록 오라버니가 없게 하였습니다.

제가 들으니 河水는 9리의 땅을 적셔주지만 진창이 300보라 하였습니다. 지금 노나라는 임금은 늙고 혼미하며 태자는 어리고 무지하여 어리석고 거짓된 일들이 날로 일어나고 있습니다. 노나라에 우환이 생길 경우 君臣과 父子가 모두 그 치욕을 당해 화가 뭇 백성들에게까지 미칠 것이니, 여자들만 유독 어찌 피할 수 있는 일이겠습니까. 저는 이를 매우 걱정하고 있는데, 그대는 도리어 여자와는 상관이 없다는 것은 어째서입니까?" 하였다. 그러자 이웃 부인이 사과하며 말하기를 "그대가 우려하는 것은 저로서는 미칠 수 있는 것이 아니군요." 하였다. 3년 만에 노나라에 과연 亂이 일어나 齊나라와 楚나라가 노나라를 치니, 노나라는 연이어 침략을 당하여 남자들은 전장에서 싸우고 여자들은 군량을 나르느라 쉬지를 못하였다.

隣婦笑曰 此乃魯大夫之憂니 **婦人何與焉**이리오 **漆室女曰 不然**하다 **非子所知也**라 **昔晉客舍吾**

211) 後漢書……있다 : ≪後漢書≫ 권87 〈劉陶列傳〉의 唐나라 章懷太子 李賢의 注에 보인다.
212) 그대……불안하다 : ≪詩經≫ 〈小雅 白華〉에 보인다.

家에 繫馬園中이어늘 馬佚①馳走하여 踐吾葵하여 使我終歲不食葵하고 鄰人女奔隨人亡에 其家倩(청)吾兄行追之②어늘 逢霖水出하여 溺流而死하여 (今)〔令〕[213]吾終身無兄③이라 吾聞河潤九里나 漸洳三百步라하니 今魯君老悖하고 太子少愚하여 愚僞日起④라 夫魯國有患者인댄 君臣父子皆被其辱하여 禍及衆庶하리니 婦人獨安所避乎리오 吾甚憂之어늘 子乃曰婦人無與者는 何哉오 鄰婦謝曰 子之所慮는 非妾所及이라 三年에 魯果亂하여 齊楚攻之하니 魯連有寇하여 男子戰鬪하고 婦人轉輸⑤라 不得休息이러라

① 馬佚 : '佚'은 '逸'과 같으니, 달아났다는 말이다.
   佚與逸同, 言走失也.
② 其家倩吾兄行追之 : '倩'은 빌린다는 뜻이다.
   倩, 借也.
③ (今)〔令〕吾終身無兄 : '今'은 응당 '令'이 되어야 한다.
   今當作令.
④【校注】今魯君老悖……愚僞日起 : ≪太平御覽≫ 〈皇親部〉의 이 구절을 인용한 곳에는 "지금 노나라는 임금은 늙었으니 늙으면 필시 혼미하게 될 것이고 태자는 어리니 어리면 필시 우매할 것이다. 우매하고 혼미한 사이에 간사하고 거짓된 일들이 번갈아 일어날 것이다."라고 하였으니, 文義가 비교적 완전하다.
   太平御覽皇親部引 "今魯君老, 老必將悖, 太子少, 少必愚, 愚悖之間, 姦僞互起", 文義較完足.
⑤ 婦人轉輸 : '轉'은 나른다는 뜻이고, '輸'는 '納'과 같으니, 부인이 군량과 마초를 수송한다는 말이다.
   轉, 運也, 輸, 猶納也. 言婦人輓運糧芻.

군자가 말하기를 "심원하도다, 漆室 노처녀의 생각이여."라고 하였다. ≪시경≫에 이르기를 "내 마음을 아는 자는 나더러 마음에 근심한다 하거늘, 내 마음을 알지 못하는 자는 나더러 무엇을 구하냐고 하는구나."[214]라고 하였으니, 이를 두고 한 말이다.

君子曰 遠矣라 漆室女之思也여 詩云 知我者는 謂我心憂어늘 不知我者는 謂我何求오라하니 此之謂也라

---

213) (今)〔令〕: 저본에는 '今'으로 되어 있으나, 王照圓의 注에 의거하여 '令'으로 바로잡았다.
214) 내……하는구나 : ≪詩經≫ 〈王風 黍離〉에 보인다.

魯漆室女

頌은 다음과 같다.

漆室의 노처녀는
계책과 사려가 매우 신묘하였도다
노나라가 장차 어지러울까 염려하여
기둥에 기대어 휘파람을 불었다네
임금은 늙고 태자는 어리기에
우매하고 혼미하여 간사한 일 생기리라 하더니
노나라가 과연 혼란해지자
제나라가 그 성을 침벌하였다오

頌曰 漆室之女는 計慮甚妙로다 維魯且亂하여 倚柱而嘯로다 君老嗣幼라 愚悖姦生이라하더니 魯果擾亂에 齊伐其城이로다

3-14 魏나라 曲沃 땅의 노파 魏曲沃負

曲沃[215] 땅의 노파는 魏나라 大夫 如耳의 어머니이다. 秦나라가 魏나라 公子 政을 세워 위나라 太子로 삼자, 위나라 哀王이 使者로 하여금 태자를 위해 妃를 맞아 오게 하였는데 매우 아름다우니 왕이 장차 자신의 후궁으로 맞으려 하였다. 곡옥의 노파가 그 아들 여이에게 일러 말하기를 "왕이 어지러워 분별이 없는데 너는 어찌하여 왕을 바로잡지 않느냐. 지금 같은 戰國時代에는 강한 자가 영웅이 되고 의로운 자가 드러나는 법이다. 지금 위나라는 강하지도 못하고 왕은 또 의로움도 없으니, 어떻게 나라를 지탱할 수 있겠느냐. 왕은 中等 정도의 인물이므로 자신의 행위가 화가 된다는 것을 알지 못한다. 네가 말하지 않으면 위나라에 반드시 화가 있을 것이고, 〈위나라에〉 화가 있으면 반드시 우리 집안에까지 미칠 것이다. 너는 말을 함으로써 충성을 다하고 충성을 함으로써 화를 제거하도록 해라. 때를 놓쳐서는 안 된다." 하였다.

曲沃負者①는 **魏大夫如耳母也**라 **秦立魏公子政**하여 **爲魏太子**하니 **魏哀王**이 **使使者爲太子納妃**로대 **而美**어늘 **王將自納焉**하다 **曲沃負謂其子如耳曰 王亂於無別**②③이어늘 **汝胡不匡之**오 **方今戰國**하여는 **强者爲雄**이요 **義者顯焉**이라 **今魏不能强**하고 **王又無義**하니 **何以持國乎**리오 **王**은 **中人也**라 **不知其爲禍耳**라 **汝不言**이면 **則魏必有禍矣**요 **有禍**면 **必及吾家**하리니 **汝言以盡忠**하고 **忠以除禍**어다 **不可失也**니라

① 曲沃負者 : '負'는 노파에 대한 칭호이다. ≪漢書≫의 注에 이르기를 "세속에서 늙은 할머니를 일러 阿負라 한다."라고 하였다.[216]
負, 老嫗(구)之稱. 漢書注曰"俗謂老大母爲阿負."

② 王亂於無別 : '於'자는 誤字인 듯하다. 혹 '亂' 위에 脫字가 있는 듯하니, 下文에 "왕이 어지러움을 좇아 분별이 없다."라고 한 것이 이것이다.
於字疑誤. 或亂上有脫字, 下文云"王從亂無別"是也.

③【校正】王亂於無別 : 王紹蘭이 상고해보건대, '於'는 응당 '從'이 되어야 하니, 글자의 오류이다. '亂從'은 '順理를 어지럽힘'을 말한다. ≪春秋左氏傳≫ 昭公 5년 조 傳文에 "중대한 順理를 어지럽히다."[217]라고 하였는데, 이에 대한 孔穎達의 疏에 服虔[218]의 注를

215) 曲沃 : 戰國時代 魏나라 고을 이름으로, 지금의 河南省 靈寶縣 東北이다.

216) 漢書의……하였다 : ≪漢書≫ 권1 〈高帝紀上〉의 三國時代 魏나라 如淳의 말을 인용한 顔師古의 주에 보인다.

217) 중대한……어지럽히다 : ≪春秋左氏傳≫ 昭公 5년 조에 "昭子가 後繼者의 자리에 올라 그

인용하여 "중대한 和順의 道理를 어지럽게 하였다는 뜻이다."라고 하였다. ≪春秋左氏傳≫ 哀公 2년 조 傳文에 "鄭나라 勝이 順理를 어지럽히다."[219]라고 하였는데, 이 또한 '순리를 어지럽힘'을 말한다. 이것이 바로 ≪列女傳≫에서 말한 이 구절의 근원이니 아래에서 말한 '從亂無別'의 '從'자는 오류가 아니고, 또 그 문장이 잘못 도치되었으나 '亂於'가 본래 '亂從'이라는 증거로 삼을 만하다.

紹蘭按於當爲從, 字之誤也. 亂從, 謂亂順. 左氏昭五年傳"使亂大從", 孔疏引服虔注云 "使亂大和順之道." 哀二年傳"鄭勝亂從", 亦謂亂順. 是列女傳所本. 下云"從亂無別", 從字未譌, 而又誤倒其文. 然可爲亂於本作亂從之證.

如耳가 말할 기회를 만나기도 전에 마침 齊나라로 사신을 가게 되자, 노파가 궁궐 문을 두드리며 글을 올리기를 "곡옥에 사는 늙은 여자입니다. 마음속에 품은 생각이 있어 왕께 아뢰고자 합니다." 하였다. 왕이 불러들이자, 노파가 말하기를 "제가 듣건대, 남녀의 분별은 국가의 大節이라 합니다. 여자는 뜻이 무르고 마음이 게으르니, 사특한 길로 인도해서는 안 됩니다. 이 때문에 반드시 15세에 笄禮[220]를 올리고 20세에 시집을 보내서 일찌감치 그 伯·仲·叔·季의 호칭을 정해주니, 이는 그 心志를 끝까지 전일하게 하고자 해서입니다. 聘禮를 갖추면 아내가 되고 야합

家衆의 朝見을 받으며 말하기를 '豎牛가 叔孫氏에게 禍亂을 끼쳐 重大한 順理를 어지럽혀 適子를 죽이고서 庶子를 세웠고, 또 우리의 封邑을 쪼개어 南遺에게 주어 罪를 용서받고자 하였으니, 이보다 큰 罪가 없다. 반드시 속히 그를 죽이라.' 하니, 豎牛가 겁이 나서 齊나라로 도망가자, 孟丙과 仲壬의 아들들이 塞關 밖에서 그를 죽여 그 머리를 寧風의 가시나무 위에 버렸다.〔昭子卽位 朝其家衆曰 豎牛禍叔孫氏 使亂大從 殺適立庶 又披其邑 將以赦罪 罪莫大焉 必速殺之 豎牛懼 奔齊 孟仲之子殺諸塞關之外 投其首於寧風之棘上〕"라고 하였다.

218) 服虔 : 後漢의 학자로, 初名은 重, 자는 子愼이다. 河南 滎陽 사람으로 九江太守를 역임하였다. ≪漢書≫ 등을 주석하고, ≪春秋左氏傳解≫를 찬술하였으며, 古文의 經學에 밝았다.

219) 鄭나라……어지럽히다 : ≪春秋左氏傳≫ 哀公 2년 조에 "衛太子가 祈禱하기를 '曾孫 蒯聵는 감히 皇祖文王과 烈祖康叔과 文祖襄公께 밝게 고하나이다. 鄭나라 勝이 順理를 어지럽히니 晉나라 午는 禍難 중에 있어 亂人을 다스리지 못하고, 趙鞅을 보내어 亂人을 토벌하게 하였습니다. 저 蒯聵도 감히 스스로 편안히 있을 수 없어서 창을 드는 車右가 되었으니, 감히 고하건대 힘줄이 끊기거나 뼈가 부러지거나 얼굴을 다치거나 하는 禍가 없이 大事를 성공하여 세 할아버님의 수치가 되지 않게 하소서. 生命은 감히 청하지 않겠습니다만 佩玉은 감히 아끼지 않겠나이다.' 하였다.〔衛大子禱曰 曾孫蒯聵 敢昭告皇祖文王烈祖康叔文祖襄公 鄭勝亂從 晉午在難 不能治亂 使鞅討之 蒯聵不敢自佚 備持矛焉 敢告無絶筋 無折骨 無面傷 以集大事 無作三祖羞 大命不敢請 佩玉不敢愛〕"라고 하였다.

220) 笄禮 : 머리를 올리고 비녀를 꽂는 여자의 成人 儀式으로, 남자의 冠禮에 해당한다.

하면 妾이 되니,[221] 이는 善으로 인도하고 음란함을 막고자 해서입니다. 뼈마디가 장성한 뒤에 出嫁를 허락하고 親迎[222]을 행한 뒤에 따라가는 것이 貞女의 의로운 길입니다. 그런데 지금 대왕께서는 태자를 위해 妃를 구하다가 스스로 그녀를 後宮으로 맞으려 하시니, 이는 貞女의 행실을 훼손하고 男女의 분별을 어지럽히는 일입니다.

예로부터 聖王은 반드시 配匹을 바르게 하였으니, 배필이 바르면 나라가 흥하고 바르지 못하면 나라가 어지러운 법입니다. 夏나라가 흥한 것은 塗山[223] 때문이고 망한 것은 末喜[224] 때문이며, 殷나라가 흥한 것은 有㜪[225] 때문이고 망한 것은 妲己[226] 때문이며, 周나라가 흥한 것은 太姒[227] 때문이고 망한 것은 褒姒[228] 때문이었습니다. 周 康王[229]의 부인이 늦게 나오자 詩人이 〈關雎〉[230]라는 시를 지어 미리 일러주었으니, 이는 淑女를 얻어 君子의 좋은 배필이 되기를 생각해서입니다. 무릇 雎鳩라는 새도 오히려 암수 두 마리가 짝을 지어 거처하는 것을 본 적이 없다고 합니다. 남녀가 장성한 뒤 禮로써 합하면 父子가 생기고 君臣이 이루어지니, 이 때문에 〈夫婦가〉 만물의 시초가 되는 것입니다. 君臣, 父子, 夫婦 이 세 가지는 천하의 큰 綱紀이니, 이 세 가지가 잘 다스려지면 나라가 잘 다스려지고, 어지러우면 나라가 어지러워지는 법인데, 지금 대왕께서는 人道의 시초를 어지럽히고 綱紀의 중대한 일을 버리려 하십니다.

---

221) 15세에……되니 : ≪禮記≫ 〈內則〉에 "15세가 되면 비녀를 꽂고, 20세가 되면 시집을 가되 부모의 喪이 있으면 23세에 시집을 간다. 聘禮를 갖추면 아내가 되고 야합하면 妾이 되니, 무릇 女子는 절할 때 오른손을 위로 한다.〔十有五年而笄 二十而嫁 有故 二十三年而嫁 聘則爲妻 奔則爲妾 凡女拜尙右手〕"라고 하였다.

222) 親迎 : 婚禮의 六禮 가운데 하나이다. 定婚한 다음 納采, 問名, 納吉, 納徵, 請期를 행한 뒤의 마지막 절차로서, 신랑이 몸소 신부의 집으로 가서 신부를 맞아오는 의식이다.

223) 塗山 : 본서 권1 〈母儀傳 啓母塗山〉에 자세히 보인다.

224) 末喜 : 본서 권7 〈孼嬖傳 夏桀末喜〉에 자세히 보인다.

225) 有㜪 : 본서 권1 〈母儀傳 湯妃有㜪〉에 자세히 보인다.

226) 妲己 : 본서 권7 〈孼嬖傳 殷紂妲己〉에 자세히 보인다.

227) 太姒 : 본서 권1 〈母儀傳 周室三母〉에 자세히 보인다.

228) 褒姒 : 본서 권7 〈孼嬖傳 周幽褒姒〉에 자세히 보인다.

229) 周 康王 : 周나라의 제3대 왕으로, 성은 姬이고 이름은 釗이다. 成王의 아들로, 鬼方 및 동남쪽의 여러 부족을 정벌하면서 영토를 개척하였다. 아버지 成王과 함께 文王과 武王의 치적을 계승하여 국가를 안정기에 들도록 하였으므로, 이 시기를 '成康之治'라 부르기도 한다.

230) 關雎 : 周 文王과 后妃의 盛德을 노래한 시로, ≪詩經≫ 〈周南〉의 首篇이다.

당금 천하에 대등한 강대국이 대여섯 나라인데, 남쪽에는 방종한 楚나라가 있고 서쪽에는 횡포한 秦나라가 있으며 魏나라는 그 사이에 끼어 있으니, 겨우 존립하고 있다 할 만합니다. 그런데 왕께서는 이를 근심하지 않고 어지러움을 좇아 분별없이 아비와 아들이 한 여자를 똑같이 차지하려 하시니, 저는 대왕의 나라 정사가 위태로울까 두렵습니다." 하였다. 왕이 말하기를 "그러하다. 寡人이 알지 못하였다." 하고는, 마침내 태자에게 妃를 돌려주고 노파에게는 곡식 30鍾을 하사하고, 如耳가 돌아오자 爵位를 내려주었다. 왕이 행실을 부지런히 닦고 나랏일에 부지런히 힘쓰니, 齊나라, 楚나라와 강한 秦나라가 감히 무력을 가하지 못하였다.

如耳未遇間①에 會使於齊어늘 負因款[231]王門而上書②[232]曰 曲沃之老婦也니이다 心有所懷일새 願以聞於王하노이다 王召入하니 負曰 妾聞男女之別은 國之大節也라하니이다 婦人은 脆(취)於志하고 窳(유)於心③하니 不可以邪開也니이다 是故로 必十五而笄(계)하고 二十而嫁하여 早成其號謚[233]는 所以就之也④요 聘則爲妻요 奔則爲妾은 所以開善遏淫也며 節成然後에 許嫁⑤하고 親迎然後에 隨從은 貞女之義也니이다 今大王爲太子求妃라가 而自納之於後宮하니 此毁貞女之行이요 而亂男女之別也니이다 自古聖王은 必正妃匹[234]하나니 妃匹正則興하고 不正則亂하니 夏之興也以塗山이요 亡也以末喜며 殷之興也以有㜪(신)이요 亡也以妲(달)己며 周之興也以太姒요 亡也以褒(포)姒니이다 周之康王夫人晏出(朝)⑥[235]이어늘 關雎(起興)〔預見〕⑦⑧[236]하니 思得淑女以配君子니이다 夫雎鳩(저구)之鳥도 猶未嘗見乘居而匹處也⑨⑩니 夫男女之盛에 合之以禮면 則父子生焉하고 君臣成焉이라 故爲萬物始니이다 君臣父子夫婦三者는 天下之大綱紀也니 三者治則治하고 亂則亂이어늘 今大王은 亂人道之始하고 棄綱紀之務하니이다 敵國五六에 南有從楚하고 西有橫秦하며 而魏國居其間하니 可謂僅存矣어늘 王不憂此而從亂無別하여 父子同女하니 妾恐大王之國政[237]危矣로소이다 王曰 然하다 寡人不知也로라하고 遂與太子妃하고 而賜負〔粟〕[238]三十

231) 款 : ≪太平御覽≫에는 '詣'로 되어 있다.

232) 上書 : ≪太平御覽≫에는 '請見'으로 되어 있다.

233) 號謚 : 참고로 ≪太平御覽≫ 권455 〈人事部 96 諫諍 5〉의 注에는 "號謚는 笄禮와 出嫁에 대한 명칭이다.〔號謚笄嫁之名〕"라고 하였다.

234) 妃匹 : '妃'는 '配'와 통용하는 글자로, 곧 配匹을 뜻한다.

235) (朝) : 저본에는 '朝'가 있으나, 牟房의 校正에 의거하여 衍文으로 처리하였다.

236) (起興)〔預見〕 : 저본에는 '起興'으로 되어 있으나, 王照圓의 注, ≪列女傳校注≫, ≪列女傳集注≫ 등에 의거하여 '預見'으로 바로잡았다.

237) 政 : ≪太平御覽≫에는 없다.

238) 〔粟〕 : 저본에는 '粟'이 없으나, ≪列女傳校注≫, ≪列女傳集注≫, ≪太平御覽≫ 등에 의거하

鍾[239]하며 **如耳還而爵之**하다 **王勤行自脩**하고 **勞來國家**⑪하니 **而齊楚强秦**이 **不敢加兵焉**이러라

① 如耳未遇間 : '間'은 틈이라는 뜻이니, 말할 만한 때를 만나지 못했다는 말이다.
間, 隙也. 言未逢可言之時.

② 負因款王門而上書 : '款'은 두드린다는 뜻이다.
款, 叩也.

③ 婦人脆於志 窳於心 : '脆'는 무르다는 뜻이니, 글자가 응당 '脃'자가 되어야 한다. '窳'는 게으르다는 뜻이니, ≪商子≫에 말하기를 "게으른 농부가 농사에 힘쓴다."라고 하였다.[240]
脆, 耎(연)也. 字當作脃(취). 窳, 惰也. 商子曰 "窳惰之農勉疾."

④ 早成其號諡 所以就之也 : 여자에게는 諡號가 없다. 예컨대 ≪春秋≫의 紀나라로 시집간 伯姬와 叔姬[241] 같은 따위는 살았을 때 이미 이름이 되었다가 죽으면 곧 시호가 되는 것이니, 따로 시호가 있었던 것은 아니다. '就'는 마친다는 뜻이다. 伯·仲의 호칭은 그 태어날 때부터 이미 그 죽을 때의 시호를 정하는 것이니, 그 心志를 전일하게 하기 위한다는 뜻을 말한다.
婦人無諡. 如春秋"紀伯姬·叔姬"之類, 生旣爲號, 死便爲諡, 非別有諡也. 就, 終也. 言伯仲之號, 自其生時已定其終卒, 所以專一其心志之義也.

⑤ 節成然後許嫁 : '節成'은 뼈마디가 장성함을 말한다.
節成, 言骨節成壯也.

⑥【校正】周之康王夫人晏出(朝) : 牟房이 상고해보건대, '夫人' 두 글자가 衍字가 아니고, '朝'자가 衍字이다. 禮에 夫人은 닭이 울면 佩玉을 차고 임금의 처소에서 떠나니,[242] 조회에 나가는 것이 아니다. 虞貞節의 注와 ≪漢書≫ 〈杜欽傳〉을 살펴보면 알 수 있다.
房案夫人二字不衍, 朝字衍也. 禮夫人雞鳴佩玉去君所, 非出朝也. 觀虞貞節注及漢杜欽傳, 可知.

여 보충하였다.

239) 鍾 : 古代의 容量 單位로, 6斛 4斗이다.

240) 商子에……하였다 : 秦나라 公孫鞅의 ≪商子≫ 권1 〈墾令 第2〉에 보인다.

241) 春秋의……叔姬 : 伯姬와 叔姬는 紀나라로 시집간 魯나라 자매로, ≪春秋≫ 隱公 2년, 7년 조 등에 보인다.

242) 夫人은……떠나니 : ≪漢書≫ 권60 〈杜欽傳〉에 "禍敗가 어찌 늘 女德에서 말미암지 않았겠는가. 이 때문에 패옥소리가 늦게 울리자 〈關雎〉로 탄식한 것이다.〔禍敗曷常不由女德 是以佩玉晏鳴 關雎歎之〕"라고 하였는데, 이에 대한 李奇의 注에 "后夫人은 닭이 울면 패옥을 차고 임금의 처소에서 떠나는 법인데, 周 康王의 后妃는 그렇게 하지 않았다. 이 때문에 詩人이 탄식하며 이를 상심한 것이다.〔后夫人鷄鳴珮玉去君所 周康王后不然 故詩人歎而傷之〕"라고 하였다.

⑦ 周之康王夫人晏出(朝) 關雎(起興)〔預見〕: '夫人' 두 글자는 衍字이다. ≪文選≫ 注의 이 구절을 인용한 곳에는 이 두 글자가 없고, '起興'은 '預見'으로 되어 있다. 또 虞貞節[243]의 말을 인용하여 "그 부인이 늦게 나왔기 때문에 〈關雎〉의 노래를 지어서 감화시키고 인도하였다."라고 하였다.[244] ≪한서≫ 권60 〈두흠전〉에 이르기를 "佩玉 소리 늦게 울리자, 〈관저〉로 탄식하였다."라고 하였고, ≪藝文類聚≫ 晉나라 張超의 〈誚靑衣賦〉에 이르기를 "周나라가 점차 쇠퇴해지려하자, 康王이 늦게 일어났다."라고 하였으니, 이는 모두 〈관저〉를 풍자한 시로 여긴 것이다. ≪한서≫ 권60 〈두흠전〉의 臣瓚[245]의 注에 이르기를 "이는 魯詩[246]이다."라고 하였다.

夫人二字, 衍也. 文選注引無之, 起興作預見. 又引虞貞節曰 "其夫人晏出, 故作關雎之歌, 以感誨之." 漢書杜欽傳云"佩玉晏鳴, 關雎嘆之", 藝文類聚張超賦云"周漸將衰, 康王晏起", 是皆以關雎爲刺詩. 漢書注云 "此魯詩也."

⑧ 【校正】 關雎(起興)〔預見〕: 王念孫[247]이 상고해보건대, ≪문선≫ 注에 이 구절을 인용하였는데 '起興'이 '預見'으로 되어 있으니, 옳다. ≪한서≫ 〈두흠전〉의 贊에는 "거의 〈관저〉 詩가 기미를 본 것에 가깝다.〔庶幾乎關雎之見微〕"라고 하고, ≪後漢書≫ 권54 〈楊賜傳〉에는 "강왕이 어느 날 아침에 늦게 일어나자 관저가 기미를 보고 일어났다.〔康王一朝晏起 關雎見幾而作〕"라고 하여 '見微'라 하고 '見幾'라 하였는데, 이것이 곧 이른바 '預見'이라는 것이다. 지금 '起興'으로 된 것은 後人이 ≪노시≫의 뜻을 알지도 못한 채 함부로 고친 것일 따름이다. 王伯厚[248]의 ≪詩考≫에서도 이 구절을 인용하였는데, 오히려 '預見'으로 되어 있다.

---

243) 虞貞節: 三國時代 吳나라 趙姬로, 세상에서 趙母라 일컬었다. 虞韙의 아내로, 才思가 민첩하고 박학다식하였다. 虞韙가 죽은 뒤, 吳大帝가 그녀의 文才를 敬愛하여 宮庭의 女官으로 삼았다. ≪列女傳≫을 註解하였는데, 이를 ≪趙母注≫라 하였다.

244) 文選……하였다: ≪文選≫ 권49 〈後漢書皇后紀論〉에 "그러므로 康王이 조회에 늦자 〈關雎〉를 지어 풍간하였고, 宣后가 宣王과 함께 늦잠을 자고 일어나자, 姜氏가 자신의 잘못을 사죄했던 것이다.〔故康王晩朝 關雎作諷 宣后晏起 姜氏請愆〕"라고 하였는데, 이에 대한 唐나라 李善의 注에 보인다.

245) 臣瓚: 西晉의 학자로, 姓氏와 貫籍 등 자세한 이력은 미상이다. 저서에 ≪漢書集解音義≫ 등이 있다.

246) 魯詩: 漢나라 초기에 魯나라 사람 申培가 전한 ≪詩經≫으로, 西晉 때 망실되었다.

247) 王念孫: 淸나라 經學家로, 자는 懷祖, 호는 石臞, 江蘇 高郵 사람이다. 어려서부터 총명하여 8세 때 十三經을 독파하였으며, 翰林院庶吉士, 工部主事 등을 역임하였다. 저서에 ≪讀書雜志≫, ≪釋大≫, ≪王石臞先生遺文≫ 등이 있다.

248) 王伯厚: 宋나라 학자 王應麟으로, 자가 伯厚이고, 호는 深寧居士 또는 厚齋이다. 宋나라 理宗 때 博學宏詞科에 급제하여 禮部尙書兼給事中에 올랐다. 저서에 ≪困學記聞≫, ≪玉海≫, ≪三字經≫, ≪漢藝文志考證≫, ≪詩考≫ 등이 있다.

念孫案文選注引此，起興作預見，是也．漢書杜欽傳贊曰“庶幾乎關雎之見微”，後漢書楊賜傳曰“康王一朝晏起，關雎見幾而作”，曰“見微”，曰“見幾”，卽此所謂預見也．今作起興者，後人不曉魯詩之義而妄改之耳．王伯厚詩考引此，尙作預見．

⑨ 雎鳩之鳥 猶未嘗見乘居而匹處也 : ‘乘’은 네 마리이고, ‘匹’은 두 마리이다. ≪禮記≫ 〈少儀〉에 “乘壺酒”라 하였는데,[249] 네 병의 술이라는 말이다. ‘匹處’는 암수가 함께 거처함이다. 雎鳩는 정이 두터우면서도 분별이 있다. 이 때문에 張超의 〈誚靑衣賦〉에 이르기를 “저 關雎의 덕성이 쌍쌍이 짝하지 않는 것에 감동하였다.”라고 한 것이다. ≪文選≫ 注의 이 구절을 인용한 곳에는 ‘處’자가 ‘游’로 되어 있다.[250]
乘，四也．匹，二也．少儀曰“乘壺酒”，言四壺酒也．匹處，雌雄同處也．雎鳩摯而有別，故張超賦云“感彼關雎，德不雙侶．” 文選注引處字作游．

⑩ 【校正】 乘居匹處 : 王念孫이 상고해보건대, ‘乘居’의 뜻은 經傳에서 말하는 ‘乘馬’·‘乘禽’·‘乘矢’·‘乘壺’ 등속과는 조금 차이가 있으니, 經傳의 ‘乘’은 넷을 말하고 여기의 ‘乘’은 둘을 말한다. ≪方言≫에 이르기를 “飛鳥를 ‘雙’이라 하고, 鴈을 ‘乘’이라 한다.”[251]라고 하였고, ≪廣雅≫에 “匹과 乘은 둘이다.”[252]라고 하였으니, ‘乘居’는 ‘匹處’와 같을 따름이다. ≪淮南鴻烈≫ 〈泰族訓〉에 이르기를 “〈關雎〉는 새에서 기흥하였는데, 군자가 이를 아름답게 여긴 것은 그 암수가 짝지어 거처하지 않기 때문이다.”라고 하였으니, 뜻이 이것과 똑같다. 지금 전하는 ≪회남홍렬≫에는 ‘乘’이 ‘乖’로 잘못되어 있고,[253]

---

249) 禮記……하였는데 : ≪禮記≫ 〈少義〉에 “그 네 병의 술과 束脩와 개 한 마리를 남에게 바치게 되면 술을 진열하고 束脩를 잡고서 명을 전달하되 또한 ‘네 병의 술과 束脩와 개 한 마리입니다.’라고 말한다.〔其以乘壺酒束脩一犬 賜人 若獻人 則陳酒執脩以將命 亦曰乘壺酒束脩一犬〕”라고 하였다.

250) 文選……있다 : ≪文選≫ 권13 〈鸚鵡賦〉에 “동족을 번식시켜 네 마리가 함께 거처하고 두 마리가 함께 논다.〔繁滋族類 乘居匹游〕”라고 하였는데, 이에 대한 唐나라 李善의 注에 보인다.

251) 飛鳥를……한다 : 漢나라 揚雄의 ≪方言≫ 〈輶軒使者絶代語釋別國方言 6〉에 “동물이 짝이 없는 것을 ‘特’이라 하고 짐승이 짝이 없는 것을 ‘介’라 하며, 飛鳥를 ‘雙’이라 하고, 鴈을 ‘乘’이라 한다.〔物無耦曰特 獸無耦曰介 飛鳥曰雙 鴈曰乘〕”라고 하였다.

252) 匹과……둘이다 : 魏나라 張揖의 ≪廣雅≫ 권4 〈釋詁〉에 “雙·耦·匹·乘은 둘이다.〔雙耦匹乘 二也〕”라고 하였다.

253) 지금……있고 : ≪淮南子≫ 권20 〈泰族訓〉에 “〈關雎〉는 새에서 기흥하였는데 군자가 이를 아름답게 여기는 것은 그 암수가 떨어져서〔乖〕 거처하지 않기 때문이고, 〈鹿鳴〉은 짐승에서 기흥하였는데 군자가 이를 훌륭하게 여기는 것은 그 먹을 것을 보고 서로 부르는 것을 취해서이다.〔關雎興於鳥 而君子美之 爲其雌雄之不乖居也 鹿鳴興於獸 君子大之 取其見食而相呼也〕”라고 하였는데, 이 구절의 ‘乖居’가 ‘乘居’의 오류라는 말이다. ≪淮南鴻烈≫은 ≪淮南子≫의 별칭이다. 참고로 王念孫의 ≪讀書雜志≫ 〈淮南子 20〉 ‘乖居’에 “‘乖’는 응당 ‘乘’이 되어야 하니, 글자의 오류이다. 乘은 한 짝이라는 뜻이니, 암수가 분별이 있어 짝지어 거처하지 않는다는 말이다.〔乖

≪爾雅翼≫에서 이 구절을 인용한 것도 이미 잘못되었다.[254]

念孫案乘居之義, 與經言乘馬・乘禽・乘矢・乘壺之屬, 小有不同. 彼謂四, 此謂二也. 方言曰 "飛鳥曰雙, 鴈曰乘." 廣雅曰 "匹・乘, 二也", 乘居猶匹處耳. 鴻烈泰族篇云 "關雎興於鳥, 而君子美之, 爲其雌雄之不乘居也." 義與此同. 今本乘誤作乖, 爾雅翼引此已誤.

⑪ 勞來國家 : '勞來'는 政事에 부지런함이다. '來'는 음이 '賚〔lài〕'이다.[255]

勞來, 勤於事也. 來音賚(뢰).

군자가 말하기를 "위나라 노파는 예를 알았다."라고 하였다. ≪시경≫에 이르기를 "공경하고 공경할지어다. 하늘의 道는 매우 밝도다."[256]라고 하였으니, 이를 두고 한 말이다.

君子謂 魏負知禮라하니라 詩云 敬之敬之어다 天維顯思라하니 此之謂也라

頌은 다음과 같다.

위나라 노파는 총명하고 통달하였나니
애왕을 비판하고 풍자하였다오
왕이 태자의 비를 맞이함은
예로 분별함이 밝지 못한 것이라오
노파가 궐문을 두드리고 나아가
기강을 자세히 진달하고 나열하니
왕이 고치고 스스로 행실을 닦아
마침내 적국의 침범이 없었다네

頌曰 魏負聽達하니 非刺哀王이로다 王(子納)〔納子〕①[257]妃는 禮別不明이로다 負款王門하여 陳

當爲乘 字之誤也 乘者 匹也 言雌雄有別 不匹居也]"라고 하였다.

254) 爾雅翼에서……잘못되었다 : 宋나라 羅願의 ≪爾雅翼≫ 권14 〈釋鳥 雎鳩〉에서도 ≪淮南子≫의 이 구절을 인용하면서 '淮南子曰關雎興於鳥而君子美之爲其雌雄之不乖也'라 하여 '乘居'가 '乖居'로 잘못 인용되어 있다는 말이다.

255) 來는……賚이다 : 平聲으로 보지 말고, 勤勉을 뜻하는 去聲으로 봐야 한다는 말이다.

256) 공경하고……밝도다 : ≪詩經≫ 〈周頌 敬之〉에 보인다.

257) (子納)〔納子〕: 저본에는 '子納'으로 되어 있으나, ≪列女傳校注≫에 의거하여 '納子'로 바로

列紀綱하니 王改自脩하여 卒無敵兵이로다

① 【校注】(子納)〔納子〕: '子納' 두 글자는 잘못 도치되었다.
子納二字誤倒.

3-15 趙나라 將帥 趙括[258]의 어머니 趙將括母

趙나라 將帥 馬服君 趙奢[259]의 아내이자 趙括의 어머니이다. 秦나라가 조나라를 공격하자 孝成王[260]이 조괄로 하여금 廉頗[261]를 대신하여 장수가 되게 하였는데, 장차 출행하려 할 때 조괄의 어머니가 글을 올려 왕에게 말하기를 "조괄을 장수로 삼게 해서는 안 됩니다." 하였다. 왕이 "어째서인가?" 하니, 말하기를 "처음에 제가 조괄의 아비를 섬길 때 그는 당시 장수였는데, 몸소 밥을 받들어 올리는 자가 수십을 헤아리고 벗하는 자가 수백을 헤아렸으며, 大王과 宗室들이 하사한 幣帛은 모두 軍吏와 士大夫[262]들에게 나누어주었으며, 명을 받드는 날에는 집안일을 묻지 않았습니다. 그런데 지금 조괄은 하루아침에 장수가 되어 東向하여 軍吏들에게 조회를 받는데, 軍吏들이 감히 우러러 보는 자가 없으며, 왕께서 하사한 金帛은 가지고 돌아와 모두 감추어 둔 채 날마다 사들일 만한 알맞은 田地와 집이나 살피고 있으니, 왕께서는 제 아비와 같다고 여기십니까? 아비와 아들이 같지 아니하여 마음가짐이 각기 다르니, 원컨대 파견하지 마소서!" 하였다.

잡았다.

258) 趙括 : 戰國時代 趙나라의 名將인 趙奢의 아들로, 젊어서 兵法을 배워 조금 알게 되자 천하에 자기를 당할 자가 없을 것이라고 늘 자부하였다. 이에 조사가 조괄을 두고 평가하기를 "전쟁터란 死地인데 조괄이 쉽게 말하니, 조나라에서 만약 조괄을 장수로 삼는다면 반드시 조나라 군사를 망칠 것이다." 하였다. 또 藺相如로부터는 "조괄은 한갓 그의 아비가 지은 책만 읽어서 임기응변할 줄을 모른다."라는 평가를 받았다.

259) 馬服君 趙奢 : 戰國時代 趙나라의 名將으로, 馬服君은 封號이다.

260) 孝成王 : 戰國時代 趙나라 임금으로, 이름은 丹이다.

261) 廉頗 : 戰國時代 趙나라의 名將으로, 惠文王 때 齊나라를 쳐서 上卿에 임명되고, 孝成王 때는 秦나라의 공격으로부터 성을 굳게 지켰으나, 진나라의 이간으로 趙括과 교체되었다. 조괄이 진나라 장군 白起에게 죽음을 당한 후 燕나라의 공격을 받자 다시 기용되어 연나라를 대파하고 平信君에 봉해졌다.

262) 士大夫 : 여기서는 軍中의 幕僚들을 가리킨다.

趙將馬服君趙奢之妻요 趙括之母也라 秦攻趙에 孝成王이 使括代廉頗爲將이어늘 將行에 括母上書言於王曰 括不可使將이니이다 王曰 何以오 曰 始妾事其父할새 父時爲將이어늘 身所奉飯[263)]者以十數①하고 所友者以百數하며 大王及宗室所賜幣者②는 盡以與軍吏士大夫하고 受命之日엔 不問家事러니이다 今括은 一旦爲將하여 東向而朝軍吏③로대 吏無敢仰視之者하며 王所賜金帛은 歸盡臧之④하고 乃日視便利田宅可買者[264)]하니 王以爲若[265)]其父乎잇가 父子不同하여 執心各異하니 願勿遣하소서

① 身所奉飯者以十數 : '奉'은 손으로 잡는 것이다. 그 사람을 존경하기 때문에 몸소 밥을 받들어 올리는 것이니, ≪禮記≫에서 말한 "醬을 잡고서 음식을 먹인다."[266)]는 것과 같은 의미이다.
奉, 手持也. 尊敬其人, 故親以飯奉之. 若記云"執醬而饋"然也.

② 【校注】 大王及宗室所賜幣者 : '者'는 '帛'의 誤字인 듯하다. ≪史記≫ 권81 〈趙奢列傳〉에는 '所賞賜者'로 되어 있다.
者疑帛之誤. 史記趙奢傳作"所賞賜者".

③ 東向而朝軍吏 : '東向'은 높은 자리에 있는 것이다.[267)]
東向, 居尊位也.

④ 王所賜金帛 歸盡臧之 : '臧'은 감춘다는 뜻이니, 古書에는 '藏'이 모두 '臧'으로 되어 있다.
臧, 藏也. 古書藏俱作臧.

왕이 말하기를 "모친은 신경 쓰지 마시오. 내 계책이 이미 결정되었소." 하니, 조괄의 어머니가 말하기를 "왕께서 끝내 그를 파견하신다면 잘못이 있더라도 저는 連坐되지 않을 수 있겠습니까?" 하였다. 왕이 말하기를 "연좌시키지 않겠소." 하였다. 조괄이 출행한 뒤 廉頗를 대신하여 지휘한 지 30여 일 만에 趙나라 군사가 과연 패

---

263) 飯 : ≪史記≫에는 이 뒤에 '飮而進食'이 더 있다.

264) 者 : ≪史記≫에는 이 뒤에 '買之'가 더 있다.

265) 若 : ≪史記≫에는 '何如'로 되어 있다.

266) 醬을……먹인다 : ≪禮記≫ 〈樂記〉에 "三老와 五更을 太學에서 음식을 먹이되 天子가 웃옷을 벗고 犧牲을 가르고 醬을 잡고서 음식을 먹이고 술잔을 잡고서 술을 따라 마시게 하고 면류관을 쓰고 방패를 잡으니 이는 諸侯들에게 孝悌를 가르치는 것이다.〔食三老 五更於大學 天子袒而割牲 執醬而饋 執爵而酳 冕而總干 所以教諸侯之弟也〕"라고 하였다.

267) 東向은……것이다 : 참고로 옛날에 帝王은 북쪽에 앉아 남쪽을 향하였고, 公侯 大臣은 서쪽에 앉아 동쪽을 향하였다.

하여 조괄이 죽고 全軍이 몰살하고 말았는데,[268] 왕은 조괄의 어머니와 미리 언약을 하였기 때문에 끝내 주벌을 가하지 못하였다.

王曰 母置之어다 吾計已決矣니라 括母曰 王終遣之인댄 卽有不稱이라도 妾得無隨[269]乎①잇가 王曰 不也라 括旣行하여 代廉頗三十餘日에 趙兵果敗하여 括死軍覆(복)이로되 王以括母先言이라 故로 卒不加誅하다

① 妾得無隨乎 : '隨'는 따른다는 뜻이니, 趙括에게 만약 죄가 있다 하더라도 連坐되지 않을 수 있겠냐는 말이다.
隨, 從也. 言括若有罪, 得不從坐乎.

군자가 말하기를 "조괄의 어머니는 어질고 지혜로웠다."라고 하였다. ≪시경≫에 이르기를 "늙은 아비는 정성을 다하거늘 어린 아들은 교만하고 교만하도다. 내 말이 老妄해서 하는 말이 아니거늘 너는 걱정할 일을 농담으로 여기는구나."[270]라고 하였으니, 이를 두고 한 말이다.

君子謂 括母爲仁智라하니라 詩曰 老夫灌灌이어늘 小子蹻蹻로다 匪我言耄(모)어늘 爾用憂謔하나다하니 此之謂也라

頌은 다음과 같다.

孝成王이 조괄을 등용하여
廉頗를 대신해 秦을 막게 하였도다
조괄의 어머니가 글을 올리니
아들이 全軍을 몰살시킬 줄 알았다오

---

268) 조괄이……말았는데 : 조괄은 병법의 이론에만 밝았지 실제로 군사를 부릴 재능이 없었는데, 趙 孝成王이 秦나라의 反間計에 넘어가 그동안 잘 싸우고 있던 廉頗를 파면하고 그 자리에 조괄을 임명하였다. 조괄은 조나라의 대군을 이끌고 長平에서 무모하게 진나라 진영으로 돌격했다가 진나라의 명장 白起가 쏜 화살에 맞아 죽었다. 그가 이끌던 40만에 달하는 조나라 군졸은 진나라에 항복했는데 백기가 이 40만의 降卒을 구덩이에 파묻어 몰살시킴으로써 조나라는 결국 멸망에 이르게 되었다. ≪史記≫ 권43 〈趙世家〉, 권73 〈白起列傳〉, 권81 〈趙奢列傳〉

269) 隨 : ≪史記≫에는 이 뒤에 '坐'가 더 있다.

270) 늙은……여기는구나 : ≪詩經≫ 〈大雅 板〉에 보인다.

趙將括母

중지하기를 바랐으나 허락받지 못하자
죄가 아들에게만 그치기를 청하였도다
조괄은 長平의 전장에서 죽었으나
처자식은 목숨을 보존할 수 있었다오

頌曰 孝成用括하여 代頗距秦이로다 括母獻書하니 知其覆軍이로다 願止不得하니 請罪止身이로다 括死長平이나 妻子得存이로다

列女傳補注 卷四

福山 王照圓

堅貞하고 柔順한 여인들에 대한 전 貞順傳

〈貞順傳〉은 굳은 절개와 유순한 성품을 지닌 여인들의 전기로, 총 15편으로 구성되어 있다. 간략한 내용은 다음과 같다.

①신랑 집에서 예를 갖추지 않고 자신을 맞이하려고 하자 節義를 지키며 죽기를 기필하고 가지 않은 申나라 사람의 딸. ②밤중에 궁에서 불이 났으나 保母와 傅母가 없다하여 堂에서 내려오지 않고 끝내 불에 타 죽은 宋 恭公의 부인 伯姬. ③혼례를 치르기도 전에 신랑이 죽었으나 三年喪을 치르고 수절한 衛나라의 과부. ④남편에게 惡疾이 있었으나 끝내 改嫁하지 않은 蔡나라 사람의 아내. ⑤뜻이 맞지 아니하여 버림을 받았는데도 떠나지 않고 절조를 지킨 黎 莊公의 부인. ⑥禮 없이 사는 것은 죽느니만 못하다 하며 죽기를 기필하고 절조를 지킨 齊 孝公의 부인 孟姬. ⑦나라가 멸망하자 스스로 목숨을 끊어 절개를 지킨 息나라 임금의 부인. ⑧남편이 전장에서 죽자 시신을 수습하여 장례를 치른 뒤 淄水에 뛰어들어 죽은 齊나라 杞梁 殖의 아내. ⑨吳王 闔閭가 楚나라를 정벌한 뒤 자신을 겁탈하려 하자 죽기를 기필하고 정절을 지킨 楚 平王의 부인 伯嬴. ⑩강물이 불어났으나 符信이 없다하여 끝내 漸臺에서 내려오지 않고 물에 떠내려가 죽은 楚 昭王의 부인 貞姜. ⑪남편이 죽자 길쌈을 하며 수절한 楚나라 白公의 아내 貞姬. ⑫남편이 죽은 뒤에도 서로가 절개와 행실을 지킨 衛나라 宗室 靈氏의 夫人과 侍妾. ⑬젊어서 과부가 되어 길쌈으로 어린 자식을 기르며 종신토록 개가하지 않은 魯나라 과부 陶嬰. ⑭과부가 된 뒤 貴人들이 다투어 구혼하자 자신의 코를 베어 절개를 지킨 梁나라 과부 高行. ⑮어린 나이에 자식도 없이 과부가 되었으나 시어머니를 봉양하며 종신토록 개가하지 않은 陳縣의 어린 孝婦에 대한 이야기이다.

【小序】貞操가 굳고 성품이 유순한 이들로 말하면, 어진 도를 닦고 나아가기를 바르게 하였다네. 혐의를 피하고 분별을 엄하게 하되, 반드시 미덥게 하여, 끝내 두 남편을 섬기지 않았으니, 천하의 으뜸가는 여인이라오. 정도에 힘쓰고 행실을 깨끗이 하여, 정순하고 전일하게 삼가고 조심하였으니, 모든 여인들은 이를 보고서, 본보기로 삼아야 할 것이라네.

惟若貞順, 修道正進. 避嫌遠別, 爲必可信. 終不更二, 天下之俊. 勤[1]正潔行, 精專謹愼. 諸姬觀之, 以爲法訓.

4-1 召南 지방 申[2]나라 사람의 딸　召南申女

召南申女는 申나라 사람의 딸이다. 이미 酆 땅 사람에게 시집가기로 허락하였는데, 신랑 집에서 예를 갖추지 않고 그를 맞이하고자 하니, 딸이 중매쟁이와 말하기를 "夫婦는 人倫의 시초이니, 바르게 하지 않아서는 안 됩니다. 傳에 이르기를 '그 근본을 바루면 만물이 다스려지고, 털끝만큼이라도 그릇되면 千里나 어긋난다.' 하였습니다. 이 때문에 근본이 서면 道가 생기고 근원이 다스려지면 末流가 맑은 법입니다. 그러므로 혼인이라는 것은 重責을 전하고 基業을 계승하여 先祖를 이어 宗廟의 주인이 되는 것입니다. 신랑 집에서 예를 가벼이 여기고 법제를 어기니, 시집을 갈 수 없습니다." 하고는, 마침내 가려하지 않았다.

召南申女者는 申人之女也라 旣許嫁於酆에 夫家禮不備而欲迎之하니 女與其人[3]言호대 以爲夫婦者는 人倫之始也니 不可不正이라 傳曰 正其本이면 則萬物理하고 失之豪氂면 差之千里①라하니라 是以로 本立而道生하고 源治而流淸라 故로 嫁娶者는 所以傳重[4]承業하여 繼續先祖하여 爲宗廟主也②라 夫家輕禮違制③하니 不可以行이로다하고 遂不肯往하다

---

1) 勤 : 諺解本 ≪古列女傳≫에는 '順'으로 되어 있다.

2) 申 : 나라 이름으로, 姜姓이다. 伯夷의 후예로 전해지며, 周 宣王 때 謝 땅에 分封되었다가 春秋 初期 楚나라에 멸망되었다.

3) 其人 : 媒氏를 가리킨다.

4) 傳重 : 喪禮나 祭禮 같은 중한 책임을 孫子에게 전하는 것을 말한다. 옛날에는 宗法에 있어 嫡庶의 구별이 아주 엄하여 嫡子, 즉 맏아들이 죽었을 경우 庶子, 즉 다른 아들에게 종통을 전하지 않고 바로 長孫에게 전하였는데, 이를 할아버지의 입장에서는 傳重이라 하고 손자의 입장에서는 承重이라 하였다.

① 傳曰……差之千里 : 이는 ≪易傳≫의 글이다.[5] ≪禮記≫ 〈經解〉에는 아래의 두 구절을 인용하였고,[6] ≪漢書≫와 ≪越絶書≫에는 위의 두 구절을 인용하였으며,[7] ≪說苑≫에는 온전히 인용하였는데,[8] 모두 '易曰'이라고 일컬었다.

此易傳文也. 禮記經解引下二句, 漢書・越絶引上二句, 說苑全引之, 而俱稱易曰.

②【集注】所以傳重承業……爲宗廟主也 : ≪예기≫ 〈哀公問〉에 "두 姓의 友好를 합하여 先聖의 뒤를 이어서 天地와 宗廟와 社稷의 주인이 되게 한다."라고 하였다.

禮記哀公問, 合二姓之好, 以繼先聖之後, 以爲天地宗廟社稷之主.

③ 夫家輕禮違制 : ≪北堂書鈔≫의 이 구절을 인용한 곳에는 '신랑 집에서 나를 경시하여'로 되어 있다.[9]

---

5) 이는……글이다 : ≪易緯通卦驗≫ 卷上에 보이고, 현재 전하는 ≪易傳≫에는 보이지 않는다. 참고로 ≪古周易≫의 注에 "또 漢儒들이 '正其本萬事理'와 '差之毫釐失之千里'를 많이 인용하면서 ≪易傳≫이라고 하였는데 지금 ≪周易≫에는 없다. 아마 이 글 또한 빠지거나 망실됨이 있는 듯하다.〔又漢儒多引正其本萬事理與差之毫釐失之千里爲易傳 而今無之 或者其書 亦有脫亡歟〕"라고 하였다.

6) 禮記……인용하였고 : ≪禮記≫ 〈經解〉에 "그러므로 昏姻의 禮가 폐해지면 夫婦의 道가 고달파져서 음탕하고 邪辟한 죄가 많아지고, 鄕飮酒의 禮가 폐해지면 長幼의 차례가 잘못되어서 다투고 싸우는 獄事가 많아지고, 喪禮와 祭禮가 폐해지면 臣子의 은혜가 薄해져서 죽은 사람을 저버리고 산 부모를 잊는 자가 많아지고, 聘問하고 朝覲하는 禮가 폐해지면 君臣간의 지위가 잘못되고 諸侯의 행실이 나빠져서 배반하고 침해하고 능멸하는 패란이 일어난다. 그러므로 禮의 교화가 은미하니, 간사함이 아직 나타나지 않았을 때에 막아서 사람들로 하여금 날마다 善으로 옮겨가고 죄에서 멀어지게 하면서도 스스로 알지 못하게 한다. 이 때문에 先王이 禮를 높이신 것이다. ≪易≫에 이르기를 '君子가 처음을 삼가니, 처음의 차이는 털끝만하나 끝에 가서 어긋남은 천 리나 멀다.' 하였으니, 이것을 말한 것이다.〔故昏姻之禮廢 則夫婦之道苦 而淫辟之罪多矣 鄕飮酒之禮廢 則長幼之序失 而爭鬪之獄繁矣 喪祭之禮廢 則臣子之恩薄 而倍死忘生者衆矣 聘覲之禮廢 則君臣之位失 諸侯之行惡 而倍畔侵陵之敗起矣 故禮之敎化也微 其止邪也於未形 使人日徙善遠罪而不自知也 是以先王隆之也 易曰君子愼始 差若豪氂 繆以千里 此之謂也〕"라고 하였다.

7) 漢書와……인용하였으며 : ≪漢書≫ 권60 〈杜周傳〉 顔師古 注에 "≪易≫에 말하기를 '그 근본을 바르게 하면 만물이 다스려진다.〔易曰正其本萬物理〕"라는 구절이 보이며, ≪越絶書≫는 미상이다.

8) 說苑에는……인용하였는데 : ≪說苑≫ 권3 〈建本〉에 "≪易≫에 말하기를 '그 근본을 세우면 만물이 다스려지고 털끝만큼이라도 그릇되면 천 리나 어긋난다.'라고 하였다. 그러므로 君子는 근본을 세우는 것을 귀하게 여기고 처음을 세우는 것을 중하게 여긴다.〔易曰建其本而萬物理 失之毫釐 差以千里 是故君子貴建本而重立始〕"라고 하였다.

9) 北堂書鈔의……있다 : 唐나라 虞世南의 ≪北堂書鈔≫ 권84 〈禮儀部 5 婚姻 11〉에 "일과 예가 갖추어지지 않으면 죽기를 기필하고 가지 않는다.〔物禮不備 必死不往〕"라고 하였는데, 이에 대한 明나라 陳禹謨의 補註에 "≪列女傳≫에 말하기를 '召南 지방 申나라 사람의 딸이 혼인을 허

北堂書鈔引作"夫家輕我".

그러자 신랑 집에서 獄官에게 訟事하여 〈신나라 사람의〉 딸을 옥에 가두었는데, 딸은 한 가지 일도 갖추지 않고 한 가지 예도 갖추지 않았다는 이유로 끝내 節義를 굳게 지키며 죽기를 기필하고 가지 않았다. 그리고 시를 지어 말하기를 "비록 나를 獄事에 불러들였으나, 室家의 禮는 부족하다."[10]라고 하였으니, 이는 신랑 집에서 예를 갖추지 않았음을 말한 것이다.

夫家訟之於理하여 致之於獄이어늘 女終以一物不具하고 一禮不備라하여 守節持義하여 必死不往①하고 而作詩曰② 雖速我獄이나 室家不足이라하니 言夫家之禮不備足也라

① 【集注】 女終以一物不具……必死不往 : ≪韓詩外傳≫에는 "〈行露〉를 지은 사람이 혼인을 허락하였으나 가지 않았다. 한 가지 일도 갖추지 않고 한 가지 예도 갖추지 않은 것을 보고는 절의를 굳게 지키며 목숨 걸고 가지 않았으니, 군자는 婦道의 마땅함을 얻었다고 여겼다. 그러므로 들어서 전하고 기려서 노래하여 無道하게 맞이하는 것을 끊고 삿된 도리가 행해지는 것을 막은 것이다. 詩에 이르기를 '비록 나를 訟事에 불러들였으나, 또한 너를 따르지 않으리라.'라고 하였다.〔夫行露之人許嫁矣 然而未往也 見一物不具 一禮不備 守節貞理 守死不往 君子以爲得婦道之宜 故擧而傳之 揚而歌之 以絶無道之求 防汚(오)道之行乎 詩曰雖速我訟 亦不爾從〕"라고 하였다.
韓詩外傳 "夫行露之人許嫁矣, 然而未往也. 見一物不具, 一禮不備, 守節貞理, 守死不往, 君子以爲得婦道之宜. 故擧而傳之, 揚而歌之, 以絶無道之求, 防汚道之行乎. 詩曰雖速我訟, 亦不爾從."

② 而作詩曰 : 이는 ≪魯詩≫의 說이다. ≪한시외전≫도 똑같다.[11]
此魯詩說也. 韓詩外傳同.

락하였는데, 신랑 집에서 예를 갖추지 않고 그를 맞이하고자 하니, 딸이 「신랑 집에서 나를 경시하여 한 가지 일도 갖추지 않고 한 가지 예도 갖추지 않았다.」라고 하고는 절의를 굳게 지키며 죽기를 기필하고 가지 않았다.' 하였다.〔列女傳曰 召南申女許嫁 而夫家禮不備而欲迎之 女曰 夫家輕我 一物不備 一禮不具 守節持義 必死不往〕"라고 하였다.

10) 비록……부족하다 : ≪詩經≫ 〈召南 行露〉에 보인다.

11) 이는……똑같다 : ≪毛詩≫에서는 申女의 일을 언급하지 않았으나, ≪魯詩≫와 ≪韓詩外傳≫에서는 모두 申女가 〈行露〉를 지은 것으로 보았다는 말이다. 참고로 이와 관련한 내용은 淸나라 范家相의 ≪三家詩拾遺≫ 권3 〈行露〉에 자세히 보인다.

召南申女

군자는 〈신나라 사람의〉 딸이 婦道의 마땅함을 얻었다고 여겼다. 그러므로 행실을 들어 선양하고 후세에 전하여 본받게 하여 無禮하게 신부를 맞이하는 것을 끊고 淫慾의 행실을 막은 것이다. 또 말하기를 "비록 나를 訟事에 불러들였으나, 또한 너를 따르지 않으리라."[12]라고 하였으니, 이를 두고 한 말이다.

君子以爲得婦道之儀①라 故로 擧而揚之하고 傳而法之하여 以絶無禮之求하고 防淫慾之行焉이니라 又曰 雖速我訟이나 亦不女從호리라하니 此之謂也라

① 君子以爲得婦道之儀 : '儀'는 마땅하다는 뜻이다. ≪韓詩外傳≫에는 '宜'로 되어 있다. 儀, 宜也. 韓詩外傳作宜.

頌은 다음과 같다.

소남 지방 신나라 사람의 딸은
곧고 전일하게 몸가짐을 닦았다네
신랑 집이 예를 갖추지 않자
끝내 따라가지 않으려 하였도다
죽어도 가지 않으리라 작정하여
마침내 옥에 갇히기까지 하였으나
시를 지어 자신의 뜻을 밝히니
후세에도 이를 칭송한다오

頌曰 召南申女는 貞一修容이로다 夫禮不備하니 終不肯從이로다 要以必死하여 遂至獄訟이나 作詩明意하니 後世稱誦이로다

12) 비록……않으리라 : ≪詩經≫ 〈召南 行露〉에 보인다.

4-2 宋 恭公[13]의 부인 伯姬　宋恭伯姬

伯姬는 魯 宣公[14]의 딸이자 成公[15]의 누이이다. 그 어머니는 繆姜[16]이니, 백희를 宋나라 恭公에게 시집보낼 때 공공이 親迎[17]을 행하지 않았으나, 백희는 부모의 명에 못 이겨 시집을 갔다. 송나라에 들어간 뒤 3개월 만에 사당에 알현까지 마치게 되어[18] 응당 夫婦의 道를 행해야 했으나, 백희는 공공이 친영을 행하지 않았다는 이유로 명을 들으려 하지 않았다.

伯姬者는 魯宣公之女요 成公之妹也라 其母曰繆姜이니 嫁伯姬於宋恭公에 恭公不親迎이로대 伯姬迫於父母之命而行하다 旣入宋에 三月廟見하여 當行夫婦之道로대 伯姬以恭公不親迎이라 故로 不肯聽命하다

宋恭伯姬

송나라 사람이 노나라에 고하자, 노나라에서는 大夫 季文子를 송나라에 보내어 백희에게 부모의 명을 전하였다. 계문자가 돌아와 復命하자 成公이 그에게 宴會를 베

13) 宋 恭公 : 春秋時代 宋나라 임금으로, 성은 子, 이름은 固이다. '共公'이라고도 한다.

14) 魯 宣公 : 春秋時代 魯나라 임금으로, 성의 姬, 이름은 倭이다.

15) 成公 : 魯 宣公의 아들로, 이름은 黑肱이다.

16) 繆姜 : 齊侯의 딸로, '穆姜'이라고도 한다. 자세한 내용은 본서 권7 〈孽嬖傳 魯宣繆姜〉에 보인다.

17) 親迎 : 婚禮의 六禮 가운데 하나이다. 定婚한 다음 納采, 問名, 納吉, 納徵, 請期를 행한 뒤의 마지막 절차로서, 신랑이 몸소 신부의 집으로 가서 신부를 맞아오는 의식이다.

18) 3개월……되어 : ≪禮記≫ 〈曾子問〉에 "딸을 시집보내는 집이 사흘 밤을 촛불을 끄지 않는 것은 서로 이별할 것을 생각해서이고, 며느리를 취하는 집이 3일 동안 音樂을 연주하지 않는 것은 어버이를 이을 것을 생각해서이다. 3개월 만에 사당에서 알현할 때 '來婦'라 칭하고 날을 가려서 아버지 사당에서 제사지내니, 며느리의 義를 이루는 것이다.〔嫁女之家 三夜不息燭 思相離也 取婦之家 三日不擧樂 思嗣親也 三月而廟見 稱來婦也 擇日而祭於禰 成婦之義也〕"라고 하였다. '來婦'는 祝辭에서 新婦를 지칭하는 말이다.

풀어주었는데, 繆姜이 방에서 나와 再拜하고 말하기를 "대부께서 먼 길에 수고하면서 욕되이 어린 자식에게 명을 전해주었으니, 이는 先君[19]을 잊지 아니하여 後嗣[20]에까지 미친 것입니다. 가령 地下에 있는 사람이 知覺이 있다면 선군께서도 오히려 바랐을 것이니, 감히 대부의 욕된 수고에 再拜드립니다." 하였다.

宋人告魯하니 魯使大夫季文子於[21]宋하여 致命於伯姬①하다 還復命에 公享之한대 繆姜出于房하여 再拜曰 大夫勤勞於遠道하여 辱送小子하니 不忘先君하여 以及後嗣라 使〔地〕[22]下而有知②③④인댄 先君猶有望也라 敢再拜大夫之辱하노라

① 魯使大夫季文子於宋 致命於伯姬 : ≪春秋≫에 기록하기를 "季孫行父가 宋나라에 가서 致女하였다."[23]라고 하였다.
春秋書曰 "季孫行父如宋致女."

② 使〔地〕下而有知 : 이 구절은 이해하기 어렵다. ≪春秋左氏傳≫에는 '施及未亡人' 5자로 되어 있다.[24]
此句難曉. 左傳作"施(이)及未亡人"五字.

③ 【校注】 使〔地〕下而有知 : '下' 위에 아마도 '地'자가 빠진 듯하다.
下上疑脫地字.

④ 【校正】 使〔地〕下而有知 : 臧庸[25]이 상고해보건대, '下'는 응당 '死'가 되어야 하니, 글자

---

19) 先君 : 宣公을 가리킨다.

20) 後嗣 : 成公과 伯姬를 가리킨다.

21) 於 : 諺解本 ≪古列女傳≫에는 '如'로 되어 있다.

22) 〔地〕 : 저본에는 '地'가 없으나, ≪列女傳校注≫에 의거하여 보충하였다.

23) 季孫行父가……致女하였다 : ≪春秋≫ 成公 9년 조의 經文에 보인다. 이에 대한 杜預의 注에 "딸이 出嫁한 지 3개월 만에 또 大夫를 보내어 聘問하는 것을 '致女'라 하는데, 이는 婦人이 되는 禮를 이룬 것을 致賀하고 婚姻의 友好를 敦篤히 하기 위함이다.〔女嫁三月 又使大夫隨加聘問 謂之致女 所以致成婦禮 篤昏姻之好〕"라고 하였다.

24) 春秋左氏傳에는……있다 : ≪春秋左氏傳≫ 成公 9년 조에 "여름에 季文子가 宋나라에 가서 致女하고 돌아와 復命하니, 成公이 宴會를 열어 그를 待接하였다. 宴會 자리에서 季文子가 〈韓奕篇〉의 제5章을 읊으니, 穆姜이 방에서 나와 再拜하며 말하기를, '대부는 수고하고 욕보셨소. 先君을 잊지 아니하여 嗣君에게 미치고, 이 未亡人에게까지 뻗쳐 미쳤으니, 先君께서도 오히려 바랐을 것이오. 감히 大夫께서 거듭 수고한 것에 拜謝하오.'라고 하고서, 또 〈綠衣篇〉의 卒章을 읊고서 들어갔다.〔夏 季文子如宋致女 復命 公享之 賦韓奕之五章 穆姜出于房 再拜曰 大夫勤辱 不忘先君 以及嗣君 施及未亡人 先君猶有望也 敢拜大夫之重勤 又賦綠衣之卒章而入〕"라고 하였다.

25) 臧庸 : 淸나라 학자로, 본명은 鏞堂, 字는 在東, 號는 拜經이다. 저서에 ≪拜經日記≫, ≪拜經堂文集≫, ≪說詩考異≫, ≪孝經考異≫ 등이 있다.

의 오류이다. 先君인 宣公을 이른다.
庸按下當爲死, 字之譌(와). 謂先君宣公也.

백희가 恭公에게 시집간 뒤 7년 만에 공공이 세상을 떠났는데, 백희는 寡婦로 지냈다. 宋 平公 때에 이르러 어느 날 밤 백희의 처소에 불이 나자, 좌우에서 모시던 이들이 "부인은 잠시 불을 피하소서." 하였는데, 백희가 말하기를 "婦人의 義는 保母와 傅母[26]가 함께하지 않으면 밤중에 堂에서 내려가지 않는 법이니, 保母와 傅母가 오기를 기다리겠다." 하였다. 잠시 후 保母는 왔으나 傅母가 오지 못하였는데, 좌우에서 모시던 이들이 다시 "부인은 잠시 불을 피하소서." 하니, 백희가 말하기를 "婦人의 義는 傅母가 오지 않았으면 밤중에 堂에서 내려갈 수 없는 법이니, 義를 어기면서 살길을 구하는 것이 의를 지키다가 죽는 것만 못하다."라고 하고는, 마침내 불에 타 죽고 말았다.

伯姬旣嫁於恭公하여 (十)〔七〕[27]年에 恭公卒이어늘 伯姬寡러라 至(景)〔平〕[28]公時①하여 伯姬嘗遇夜失火하니 左右曰 夫人少避火하소서 伯姬曰 婦人之義는 保傅不俱어든 夜不下堂이니 待保傅來也라 保母至矣나 傅母未至也한대 左右又曰 夫人少避火하소서 伯姬曰 婦人之義는 傅母不至어든 夜不可下堂이니 越義求生이 不如守義而死라하고 遂逮於火而死하다

① (十)〔七〕年……至(景)〔平〕公時 : 설명하는 자들이 "'十'은 응당 '七'이 되어야 하고 '景'은 응당 '平'이 되어야 하니, 모두 글자의 오류이다."라고 하였으니, 옳다.
說者言"十當作七, 景當作平, 俱字之誤", 是也.

≪春秋≫에 그 일을 자세히 기록한 것은 백희를 어질게 여겼기 때문이니, "婦人이란 곧은 節操로 행실을 삼는 자이니, 백희의 婦道는 극진하다 하겠다."[29]라고 하였다. 이때를 당하여 제후들이 이를 듣고 애통해하지 않는 이가 없어서 "죽은 사람은 살릴 수 없지만 재물은 오히려 다시 모을 수 있다."[30]라고 하고는, 서로 더불어 澶

---

26) 保母와 傅母 : 고대에 궁중이나 귀족의 집에서 자녀들을 보살피고 가르치던 여자로, 곧 保姆를 가리킨다. ≪大戴禮記≫ 권3 〈保傅〉에 "保는 그 신체를 보호하고, 傅는 그 德義를 펴고, 師는 敎訓으로 인도한다.〔保保其身體 傅傅其德義 師道之教訓〕"라고 하였다.
27) (十)〔七〕 : 저본에는 '十'으로 되어 있으나, 王照圓의 注에 의거하여 '七'로 바로잡았다.
28) (景)〔平〕 : 저본에는 '景'으로 되어 있으나, 王照圓의 注에 의거하여 '平'으로 바로잡았다.
29) 婦人이란……하겠다 : ≪春秋穀梁傳≫ 襄公 30년 조에 보인다.

淵에서 會合하여 송나라의 燒失된 재물을 보상해주니, ≪春秋≫에서 이를 훌륭하게 여겼다.

春秋詳錄其事는 爲賢伯姬니 以爲婦人以貞爲行者也니 伯姬之婦道盡矣①라하다 當此之時하여 諸侯聞之하고 莫不悼痛하여 以爲死者不可以生이어니와 財物猶可復(복)이라 故로 相與聚會於澶(선)淵하여 償宋之所喪하니 春秋善之②③하다

① 伯姬之婦道盡矣 : 이상의 4구절은 ≪春秋穀梁傳≫에 근본한 말이다.[31]
此上四句, 本穀梁傳.

② 償宋之所喪 春秋善之 : ≪春秋穀梁傳≫에 말하기를 "宋나라의 소실된 재물을 보상해준 것이다."라고 하였고, 또 말하기를 "이를 훌륭하게 여긴 것이다."라고 하였다.[32]

---

30) 죽은……있다 : ≪春秋公羊傳≫에 보이는 말로, "제후들이 서로 모여 宋나라의 燒失된 재물을 보상해주며 말하기를 '죽은 사람은 다시 살릴 수 없지만 그 재물은 다시 모을 수 있을 것이다.' 하였다.〔諸侯相聚而更宋之所喪 曰死者不可復生 爾財復矣〕"라고 하였다.

31) 이상의……말이다 : 伯姬가 불에 타 죽은 것을 어질게 여긴 것은 ≪春秋穀梁傳≫을 기준으로 한 말이라는 뜻이다. ≪春秋≫ 襄公 30년 조 經文에 "5월 甲午日에 宋나라에 火災가 發生하여 宋伯姬가 卒하였다.〔五月甲午 宋災 宋伯姬卒〕"라고 하였는데, 이에 대해 ≪春秋左氏傳≫에서는 "甲午日에 宋나라에 큰 火災가 發生하여 宋 伯姬가 불에 타 죽었으니, 保姆를 기다렸기 때문이다. 君子는 이에 대해 논평하기를 '宋共姬는 處女의 道理만을 알고 婦人의 道理는 알지 못하였다. 處女라면 保姆의 시중을 기다려야 하지만 婦人은 事理의 마땅함을 헤아려 행해야 한다.' 하였다.〔甲午 宋大災 宋伯姬卒 待姆也 君子謂 宋共姬 女而不婦 女待人 婦義事也〕"라고 하였으나, ≪春秋穀梁傳≫에서는 "卒한 날짜를 火災 위에다 쓴 것은 불에 타 죽은 것을 나타낸 것이다. 그 불에 타 죽은 내막은 다음과 같다. 伯姬의 집에 불이 나자, 좌우에서 모시던 이들이 '夫人은 잠시 불을 피하소서.' 하니, 백희가 말하기를 '婦人의 義는 傅母가 있지 않으면 밤중에 당에서 내려가지 않는 법이다.' 하였다. 좌우에서 모시던 이들이 또 '부인은 잠시 불을 피하소서.' 하니, 백희가 말하기를 '婦人의 義는 保母가 있지 않으면 밤중에 당에서 내려가지 않는 법이다.'라고 하고는, 마침내 불에 타서 죽었다. 婦人이란 곧은 節操로 행실을 삼는 자이니, 백희의 婦道는 극진하다 하겠다. 그 일을 상세히 기록한 것은 백희를 어질게 여긴 것이다.〔取卒之日加之災上者 見以災卒也 其見以災卒奈何 伯姬之舍失火 左右曰 夫人少辟火乎 伯姬曰 婦人之義 傅母不在 宵不下堂 左右又曰 夫人少辟火乎 伯姬曰 婦人之義 保母不在 宵不下堂 遂逮乎火而死 婦人以貞爲行者也 伯姬之婦道盡矣 詳其事 賢伯姬也〕"라고 하였다.

32) 春秋穀梁傳에……하였다 : ≪春秋≫ 襄公 30년 조 經文에 "晉人·齊人·宋人·衛人·鄭人·曹人·莒人·邾人·滕人·薛人·杞人·小邾人이 澶淵에서 會合하였으니, 宋나라의 火災 때문이었다.〔晉人齊人宋人衛人鄭人曹人莒人邾人滕人薛人杞人小邾人 會于澶淵 宋災故〕"라고 하였는데, 이에 대해 ≪春秋左氏傳≫에서는 "宋나라가 火災를 당한 일로 諸侯의 大夫들이 모여 宋나라에 財物을 보내줄 것을 商議하였다. 겨울 10월에 叔孫豹가 晉나라 趙武·齊나라 公孫 蠆·宋나라 向戌·衛나라 北宮佗·鄭나라 罕虎 및 小邾나라 大夫와 會合하여 澶淵에서 會議하였으나, 회합

穀梁傳曰 "更(경)宋之所喪財也." 又曰 "善之也."

③【校注】償宋之所喪 春秋善之 : 이 또한 ≪春秋穀梁傳≫에 근본한 말이다.
亦本穀梁傳.

군자가 말하기를 "禮에 婦人은 傅母가 없으면 밤에 당에서 내려가지 않으며 다닐 때는 반드시 촛불을 켜야 한다고 하였는데, 백희를 두고 한 말이다."라고 하였다. ≪詩經≫에 이르기를 "네 몸가짐을 선하게 하고 조심하여, 威儀에 어긋남이 없도록 하라."[33)]라고 하였으니, 백희는 威儀를 잃지 않았다고 이를 만하다.

君子曰 禮에 婦人不得傅母어든 夜不下堂하고 行必以燭이라하니 伯姬之謂也라하니라 詩云 淑愼爾止하여 不愆于儀어다하니 伯姬는 可謂不失儀矣로다

頌은 다음과 같다.

백희는 마음이 전일하여
예를 지켜 뜻이 한결같았네
궁에서 밤중에 불이 났는데
保母와 傅母가 있지 않았다오
끝내 불에 타 죽었으나
그 마음에 후회가 없었도다
≪춘추≫에서 이를 어질게 여겨

이 끝난 뒤에 宋나라에 財物을 보내주지 않았다. 그러므로 회합에 참여한 卿들의 이름을 기록하지 않은 것이다.〔爲宋災故 諸侯之大夫會 以謀歸宋財 冬十月 叔孫豹會晉趙武齊公孫蠆宋向戌衛北宮佗鄭罕虎及小邾之大夫 會于澶淵 旣而無歸於宋 故不書其人〕"라고 하였으나, ≪春秋穀梁傳≫에서는 "회합에 그 행한 바를 말하지 않고 '송나라 火災 때문이었다'고 한 것은 어째서인가? 火災를 말하지 않으면 그 훌륭함을 드러내지 못해서이다. 그 '人'이라고 한 것은 어째서인가? 화재를 구원하기를 여러 사람들이 했기 때문이다. 어떻게 구원하였는가? 송나라의 燒失된 재물을 보상해 준 것이다. 澶淵의 회합으로 인해 中國이 夷狄을 侵伐하지 않고 夷狄이 中國을 侵入하지 아니하여 8년간이나 침벌이 없었으므로 이를 훌륭하게 여긴 것이다.〔會不言其所爲 其曰宋災故何也 不言災故 則無以見其善也 其曰人何也 救災以衆 何救焉 更宋之所喪財也 澶淵之會 中國不侵伐夷狄 夷狄不入中國 無侵伐八年 善之也〕"라고 하였다.

33) 네……하라 : ≪詩經≫ 〈大雅 抑〉에 보인다.

그 일을 상세히 기록하였다네

頌曰 伯姬心專하여 守禮一意로다 宮夜失火에 保傅不備로다 逮火而死나 厥心靡悔로다 春秋賢之하여 詳錄其事로다

4-3 衛나라의 과부가 된 부인 衛(宣)〔寡〕[34]夫人①

① 衛(宣)〔寡〕夫人 : ≪太平御覽≫의 이 구절을 인용한 곳에는 '衛寡夫人'으로 되어 있다.[35] ≪列女傳≫의 '魯寡陶嬰', '梁寡高行', '陳寡孝婦'[36]와 같다. 지금 판본에 '寡'가 '宣'으로 되어 있는 것은 字形이 비슷해서 생긴 오자일 뿐이다. ≪周易≫ 說卦에 '宣髮'이 '寡髮'로 되어 있는 것[37] 또한 같은 例이다.
太平御覽引作"衛寡夫人". 與本傳魯寡陶嬰・梁寡高行・陳寡孝婦同. 今本寡作宣, 字形之誤耳. 易說卦宣髮作寡髮, 亦其例.

부인은 齊나라 임금의 딸이다. 衛나라로 혼례를 치르러 갈 때 城門에 이르러 신랑인 위나라 임금이 죽고 말았다. 保母가 "돌아가야 할 것입니다."라고 하였으나, 부인은 듣지 않고 마침내 위나라로 들어가 三年喪을 치렀다. 喪期가 끝난 뒤, 죽은 신랑의 동생이 즉위하여 청하기를 "위나라는 작은 나라라서 부엌을 둘로 할 수 없습니다. 청컨대 부엌을 함께하기를 원합니다."라고 하니, 부인은 "오직 夫婦만이 부엌을 함께하는 법입니다."라고 하고는, 끝내 듣지 않았다.

夫人者는 齊侯之女也라 嫁於衛에 至城門而衛君死어늘 保母曰 可以還矣라호대 女不聽하고 遂入하여 持三年之喪①하다 畢에 弟立請曰 衛는 小國也라 不容二庖니 請願[38]同庖②하노이다 〔夫人

34) (宣)〔寡〕: 저본에는 '宣'으로 되어 있으나, 王照圓의 注에 의거하여 '寡'로 바로잡았다.

35) 太平御覽의……있다 : ≪太平御覽≫ 권441 〈人事部 82 貞女下〉에 보인다.

36) 魯寡陶嬰……陳寡孝婦 : 본서 권4 〈貞順傳〉에 자세히 보인다.

37) 周易……것 : '宣髮'은 黑白이 뒤섞인 머리털을 말하고, '寡髮'은 숫자가 적은 머리털을 말한다. ≪周易≫ 說卦에 "巽은……그 사람에게 있어서는 머리털이 적음이 되고, 이마가 넓음이 되고, 눈에 흰자위가 많음이 되고, 이익을 가까이하여 세 배의 폭리를 남김이 되며, 궁극에는 조급한 卦가 된다.〔巽……其於人也 爲寡髮 爲廣顙 爲多白眼 爲近利市三倍 其究爲躁卦〕"라고 하였는데, 唐나라 李鼎祚의 ≪周易集解≫와 宋나라 王應麟의 ≪周易鄭康成注≫ 등에는 '寡髮'이 '宣髮'로 되어 있다.

38) 請願 : ≪列女傳校注≫와 ≪列女傳集注≫에는 '願請'으로 되어 있다.

衛寡夫人

曰 唯夫婦同庖로이다하고〕③39) 終不聽하다

① 遂入 持三年之喪 : 마침내 위나라로 들어간 것은 禮가 아니며, 喪 또한 三年喪을 행해서는 안 되었다. ≪禮記≫ 〈曾子問〉에 "曾子가 묻기를 '女子를 취하되 吉日을 정했는데 여자가 죽으면 어떻게 합니까?' 하니, 孔子가 '신랑 될 사람은 齊衰服을 입고 가서 弔問하고 葬禮를 지낸 뒤 服을 벗으니, 신랑이 될 사람이 죽으면 〈신부 될 사람도〉 이와 같이 한다.' 하였다."라고 하였는데, 이에 대한 鄭玄의 注에 "〈葬禮를 지낸 뒤 服을 벗는 이유는〉 期年이나 三年의 은혜가 있지 않아서이다. 여자의 경우에는 斬衰服을 입는다." 라고 하였다. 그렇다면 이를 기준으로 논해보건대, 齊나라 임금의 딸이 혼례를 치르러 가서 비록 衛나라 城門에 도착했더라도 이미 위나라 임금이 죽은 이상 의리로 볼 때 응당 돌아가서 참최복을 입고 조문하고 장례를 지낸 뒤 服을 벗어야 하니, 이와 같을 뿐이다. 그런데 제나라 임금의 딸은 三年喪을 단행하여 喪을 치름에 지나치게 슬퍼하

39) 〔夫人曰 唯夫婦同庖〕: 저본에는 '夫人曰唯夫婦同庖'가 없으나, ≪列女傳校注≫와 ≪列女傳集注≫에 의거하여 보충하였다.

고 情을 표함에 지나치게 禮를 차렸으니,[40] 이는 狂者나 狷者 같은 행실로 中道에 맞지 않는다.[41] 孔子의 말씀을 가지고 미루어 살펴보면 대개 신랑과 신부가 될 사람이 혼례 전에 일찍 죽으면 夫婦라 할 수 없기 때문에 정해진 服을 입고 禮를 갖추어서는 안 된다. 鄭玄은 經文의 '자최'는 곧 신랑을 기준으로 말한 것이고 신부가 남편을 위해 입는 服은 오히려 드러내 밝히지 않았기 때문에 經文의 뜻을 보충하여 "여자의 경우에는 참최복을 입는다."고 하였다. 실로 經文에서 언급한 '吉日'에 이미 부부가 될 단서가 있기 때문에 각각 그 본래의 服을 입게 한 것이다. 禮라는 것은 義로써 일으킬 수 있으니,[42] 실제로는 아직 부부가 되지 않았기 때문에 禮를 義로써 끝마친 것이다. 자최와 참최로 弔服을 입게 하여 權道를 행하기를 은혜로써 하고, 장례를 지낸 뒤 복을 벗게 하여 마침내 예로써 끊었다. 그리고 여자는 시집간 뒤에 남편을 따르는데,[43] 지금 아직 혼례를 치르지 않았으니 누구를 위주로 하여 따르단 말인가. 살아서 함께 음식을 먹지〔同牢〕[44]도 않은 남을 위해 참최복을 입고 삼년상을 치를 일이 어디에 있단 말인가. 설령 행할 수 있다 하더라도 이미 부부가 된 자와 또 무엇으로 구별하겠는가. 삼가 經文의 뜻에 따라 이 傳의 글을 해석해보면 齊나라 임금의 딸의 행위는 거의 賢者의 過誤를 면치 못할 것이다.

遂入, 非禮也. 喪又不應三年也. 曾子問曰 "取女有吉日而女死, 如之何?" 孔子曰 "壻齊衰而弔, 旣葬而除之. 夫死亦如之." 鄭注 "未有期・三年之恩也. 女服斬衰." 然則準斯以論,

40) 喪을……차렸으니 : 참고로 ≪周易≫ 小過卦 〈象傳〉에 "산 위에 우레가 있는 것이 '小過'이니, 군자가 보고서 행실은 공손함을 과하게 하며 喪事는 슬픔을 과하게 하며 씀은 검소함을 과하게 한다.〔山上有雷小過 君子以 行過乎恭 喪過乎哀 用過乎儉〕"라고 하였다.

41) 狂者나……않는다 : '狂者'는 뜻은 지극히 높으나 행동이 말에 미치지 못하는 자를 가리키고, '狷者'는 지식은 미치지 못하나 지킴이 매우 확고한 자를 가리킨다. ≪論語≫ 〈子路〉에 孔子가 "中道의 선비를 얻어서 함께할 수 없다면 반드시 狂者나 狷者와 함께할 것이다. 광자는 진취적이고 견자는 하지 않는 바가 있다.〔不得中行而與之 必也狂狷乎 狂者進取 狷者有所不爲也〕"라고 하였다.

42) 禮라는……있으니 : ≪禮記≫ 〈禮運〉에 "禮라는 것은 義의 실제이니, 義에 맞추어서 맞으면 禮가 비록 先王 때 없는 것이라도 義로써 일으킬 수 있는 것이다.〔禮也者 義之實也 協諸義而協 則禮雖先王未之有 可以義起〕"라고 하였다. 이는 곧 禮文에 없더라도 이치를 참작하여 새로운 예를 만들 수 있다는 말이다.

43) 여자는……따르는데 : 이른바 '三從之道'에서 온 말로, ≪儀禮≫ 〈喪服〉에 "부인은 세 가지를 따르는 義가 있고 자기 마음대로 하는 道가 없다. 시집가기 전에는 아버지를 따르고, 시집간 뒤에는 남편을 따르고, 남편이 죽으면 자식을 따른다.〔婦人有三從之義 無專用之道 故未嫁從父 旣嫁從夫 夫死從子〕"라고 하였다.

44) 同牢 : 원래는 婚禮 때 신랑과 신부가 交拜를 마치고 나서 처음으로 한자리에 앉아 한 마리의 犧牲을 함께 먹는 儀節을 말하는데, 후에는 신혼부부가 한자리에 앉아 함께 음식을 먹는 뜻으로 쓰였다.

齊女行嫁, 雖至城門, 旣衛君死, 於義當還, 斬衰而弔, 旣葬遂除, 如斯而已. 齊女斷以三年, 喪過乎哀, 情過乎禮, 狂狷之行, 未爲中道. 尋繹聖言. 蓋因壻女夭殂(조), 未爲夫婦, 故不容成服備禮. 鄭以經文齊衰, 乃是蒙壻而言, 猶未顯女爲夫之服, 故補足經文, 以爲女服斬衰. 良由經言吉日, 已有爲夫婦之漸, 故各服其本服. 禮緣義起, 實則未爲夫婦, 故禮以義終. 弔服齊斬, 爲權以恩, 葬而除服, 遂斷以禮. 且女嫁從夫, 今未成嫁, 誰適爲從? 安有生未同牢之人, 可服斬衰而持三年喪者乎? 假令可行, 卽與已爲夫婦者, 又何以別焉? 謹依經義, 詮釋傳文, 齊女之行, 殆未免賢者之過與!

② 請願同庖 : ≪太平御覽≫의 이 구절을 인용한 곳에는 이 아래에 '唯夫妻爲同庖' 6자가 있는데, 이는 주석의 글을 인용한 것인 듯하다.
御覽引此下有"唯夫妻爲同庖"六字, 蓋引注文也.

③ 【校注】〔夫人日 唯夫婦同庖〕: 이 8자는 舊本에는 빠졌는데, ≪逸齋詩補傳≫의 인용문[45]을 따라 校勘 增補하였다. ≪太平御覽≫에는 '唯夫婦爲同庖' 6자가 있는데, 거기에서도 〈'夫人曰'〉 3글자가 빠졌다.
八字舊脫. 從逸齋詩補傳引校增. 太平御覽有"唯夫婦爲同庖"六字, 亦脫三字.

衛나라 임금이 사람을 보내 齊나라에 있는 부인의 오빠와 동생들에게 간청하니, 제나라의 오빠와 동생들이 모두 뒤를 이은 임금과 친하게 지내고자 하여 사람을 시켜 부인에게 고하였으나, 부인은 끝내 듣지 않고 마침내 시를 지어 이르기를 "내 마음이 돌이 아니라서 굴릴 수 없으며, 내 마음이 자리가 아니라서 말 수도 없도다."[46]라고

45) 逸齋詩補傳의 인용문 : ≪逸齋詩補傳≫은 南宋의 학자 范處義가 지은 책으로, ≪詩補傳≫이라고도 한다. 范處義는 자는 子由, 호가 逸齋이다. 저서에 ≪詩學≫, ≪解頤新語≫, ≪詩補傳≫ 등이 있다. 인용문은 ≪試補傳≫ 〈詩補傳篇目 柏舟〉에 보인다.

46) 내……없도다 : ≪詩經≫ 〈邶風 柏舟〉 3章에 보이는 구절로, 제1章에 "두둥실 떠있는 저 잣나무배여 또한 흐르는 물에 떠있도다. 耿耿히 잠을 이루지 못하여 비통과 근심이 있는 듯하노라. 내가 술이 없어 즐기고 놀 수 없는 것은 아니니라.〔汎彼柏舟 亦汎其流 耿耿不寐 如有隱憂 微我無酒 以敖以遊〕"라고 하였고, 제2章에 "내 마음 거울이 아니니 헤아릴 수 없으며, 또한 형제가 있으나 依據할 수가 없으니, 잠깐 가서 하소연하다가 저의 노여움만 만났노라.〔我心匪鑒 不可以茹 亦有兄弟 不可以據 薄言往愬 逢彼之怒〕"라고 하였고, 제3章에 "내 마음 돌이 아니라 굴릴 수 없으며, 내 마음 자리가 아니라 말아둘 수도 없도다. 威儀가 성대하고 익숙하나 가려 쓸 수가 없도다.〔我心匪石 不可轉也 我心匪席 不可卷也 威儀棣棣 不可選也〕"라고 하였고, 제4장에 "마음에 근심하기를 심히 하거늘 여러 小人들에게 노여움을 받노라. 폐해를 당한 것이 이미 많거늘 모욕을 받은 것도 적지 않노라. 고요히 이를 생각하고 잠을 깨어 가슴을 치노라.〔憂心悄悄 慍于羣小 覯閔既多 受侮不少 靜言思之 寤辟有摽〕"라고 하였고, 제5장에 "해와 달이여 어찌 뒤바뀌어 이지러지는가. 마음의 근심함이여 빨지 않은 옷을 입은 듯하노라. 고요히 이를 생각하고 떨치고 일어나

하였다. 어렵고 궁하여도 서러워하지 않고 수고롭고 욕되어도 구차하게 굴지 않은 뒤에야 능히 스스로 이룩할 수 있으니, 자신의 지조를 잃지 않은 뒤에야 어려움을 극복할 수 있음을 말한 것이다.[47] ≪시경≫에 말하기를 "威儀가 성대하고 의젓하나 가려 쓸 수가 없도다."[48]라고 하였으니, 그 左右에 어진 신하가 없어서 모두 그 임금의 뜻에 순종함을 말한 것이다. 군자가 그 곧고 한결같은 節操를 아름답게 여겼다. 그러므로 이를 들어다가 ≪시경≫에 올린 것이다.

衛君使人愬(소)**於齊兄弟**하니 **齊兄弟皆欲與〔後〕**[49]**君**하여 **使人告女**로대 **女終不聽**하고 **乃作詩曰**① **我心匪石**이라 **不可轉也**며 **我心匪席**이라 **不可卷也**로다하니라 **厄窮而不閔**하고 **勞辱而不苟**② **然後**에 **能自致也**니 **言不失(也)〔己〕**③[50]**然後**에 **可以濟難矣**라 **詩曰 威儀棣**(태)**棣**라 **不可選也**④로다하니 **言其左右無賢臣**하여 **皆順其君之意也**라 **君子美其貞壹**이라 **故**로 **擧而列之於詩也**라

① 乃作詩曰 : 이 또한 ≪魯詩≫의 설이다.[51] 그렇다면 부인이 부엌을 함께 쓰자는 말을

날아가지 못함을 한하노라.〔日居月諸 胡迭而微 心之憂矣 如匪澣衣 靜言思之 不能奮飛〕"라고 하였다.

47) 어렵고……것이다 : 참고로 국립한글박물관 소장 諺解本 ≪古列女傳≫에는 이 구절을 "어렵고 궁하여도 민망히 여기지 아니하며 가쁘고 욕되어도 구차히 아니하여 허물이 없는 데 이르며 말을 그릇되게 아니하여 어려운 일을 이루었다."라고 풀이하였고, 국회도서관소장 諺解本 ≪고열녀전≫에는 앞 구절의 詩와 연결하여 "궁액하여도 서러워하지 아니하고 수고롭고 욕되어도 구차하지 아니한 후에야 능히 스스로 이루리라 하니, 스스로 잃지 아니한 후에야 가히 어려운 일을 건너리라함을 이른 것이다."라고 풀이하였으며, 劉向의 ≪說苑≫ 권4 〈立節〉에는 "공자가 말하기를 '富를 만약 구해서 될 수 있다면 비록 말채찍을 잡는 자의 짓이라도 내가 또한 그것을 하겠으나, 만약 구하여 될 수 없는 것이라면 내가 좋아하는 바를 따르겠다.'라고 하였으니, 이는 大聖의 節操이다. ≪詩經≫에 이르기를 '내 마음이 돌이 아니라서 굴릴 수 없으며, 내 마음이 자리가 아니라서 말 수도 없도다.'라고 하였으니, 자신의 지조를 잃지 않음을 말한 것이다. 능히 자신의 지조를 잃지 않은 연후에야 더불어 어려움을 구제할 수 있으니, 이것이 士君子가 衆人들보다 뛰어난 이유이다.〔孔子曰 富而可求 雖執鞭之士 吾亦爲之 而不可求 從吾所好 大聖之操也 詩云 我心匪石 不可轉也 我心匪席 不可卷也 言不失已也 能不失已 然後可與濟難矣 此士君子之所以越衆也〕"라고 하였다.

48) 威儀가……없도다 : ≪詩經≫ 〈邶風〉에 보인다.

49) 〔後〕 : 저본에는 '後'가 없으나, ≪列女傳校注≫, ≪列女傳集注≫, ≪太平御覽≫ 등에 의거하여 보충하였다.

50) (也)〔己〕 : 저본에는 '也'로 되어 있으나, 王照圓의 注에 의거하여 '己'로 바로잡았다.

51) 魯詩의 설이다 : 齊侯의 딸이 〈柏舟〉를 지었다는 것은 ≪魯詩≫를 근거로 한 말이라는 뜻으로, 이와 관련한 자세한 내용은 淸나라 范家相의 ≪三家詩拾遺≫ 권4 〈柏舟〉에 보인다. 참고로 〈毛序〉에서는 "〈柏舟〉는 仁하면서도 不遇함을 읊은 시이다. 衛 頃公 때 仁人이 不遇하고 小人이 군주의 측근에 있었다.〔柏舟言仁而不遇也 衛頃公之時 仁人不遇 小人在側〕"라고 하였고, ≪詩經

듣지 않아 兄弟들에게 노여움을 당하고 小人들에게 모욕을 당하여 돌과 자리로 마음에 맹세하고 가슴을 치며 슬피 읊조리기까지 한 것이다. 그 구사한 문장을 살펴보면 끝내 떨치고 날아가고 싶은 심정을 의탁했으니,[52] 이 부인이 결국 衛나라에서 일생을 마치고 다시 돌아가지 못했다는 것을 알 수 있겠다. 참으로 비통해할 만하다.

此亦魯詩說也. 然則女不聽同庖之言, 至於兄弟觀怒, 羣小見侮, 石席盟心, 摽辟(벽)悲吟. 觀其摛(리)詞, 終託奮飛, 乃知此女遂終於衛而不復歸, 良足悕已.

② 勞辱而不苟 : '苟'자는 誤字인 듯하다.

苟字疑誤.

③ 言不失(也)〔已〕: '也'는 '已'자의 오자인 듯하다.

也疑已字之誤.

④ 威儀棣棣 不可選也 : 左右의 사람들이 威儀가 비록 아름다우나 가려 쓸 만하지 못함을 말한다.[53] 저들은 모두 여러 소인들일 뿐이라서 늘 나를 모욕하여 나로 하여금 衛나라에서 편안하게 있지 못하게 하였던 것이다.

言左右之人, 威儀雖美, 而無可選用. 彼皆羣小耳, 常侮辱我, 使之不安於衛.

頌은 다음과 같다.

제나라 임금의 딸이 위나라로 출가하여
위나라 성문에 도착하였다네
임금이 죽었으나 돌아가지 않고
마침내 들어가 삼년상을 지냈다오
뒤의 임금이 함께 살고자 하였으나
부인은 끝까지 섞이지 않았도다
시를 지어 잘못을 풍자하고

集傳≫에서 朱熹는 "≪列女傳≫에 이것을 婦人의 시라 하였으니, 지금 그 말한 내용을 상고해 보면 卑順하고 柔弱하며 또한 變風의 첫머리에 있어 下篇과 서로 유사하니, 아마도 莊姜의 詩인 듯하다.〔列女傳以此爲婦人之詩 今考其辭氣 卑順柔弱 且居變風之首 而與下篇相類 豈亦莊姜之詩也歟〕"라고 하였다.

52) 兄弟들에게……의탁했으니 : 286쪽 주 46) 참조.

53) 左右의……말한다 : 참고로 ≪詩經集傳≫에서 朱熹는 "威儀가 하나도 나쁜 것이 없어서 또 選擇하고 取捨할 것이 없다.〔威儀無一不善 又不可得而簡擇取舍〕"라고 풀이하여, 作者의 威儀로 보았다.

끝내 죽은 임금을 위해 수절하였다네

頌曰 齊女嫁衛하여 厥至城門이로다 公薨不返하고 遂入三年이로다 後君欲同이나 女終不渾이로다 作詩譏刺하고 卒守死君이로다

4-4 蔡나라 사람의 아내 蔡人之妻

蔡나라 사람의 아내는 宋나라 사람의 딸이다. 蔡나라에 시집을 갔는데 남편에게 惡疾이 있었다. 그 어머니가 딸을 改嫁시키려고 하니, 딸이 말하기를 "남편의 불행은 곧 저의 불행이니, 어떻게 떠날 수 있겠습니까. 남에게 시집간 여자의 도리는 한 번 더불어 醮禮[54]를 행하면 終身토록 바꾸지 않는 법이니, 불행하게도 악질을 만났으나 제 뜻을 바꾸지는 않을 것입니다. 그리고 '캐고 캐는 질경이〔芣苢〕'라는 풀도 비록 그 냄새가 고약하지만 오히려 처음에는 씨를 훑고 뿌리를 캐다가 나중에는 옷자락에 품고 옷깃을 꽂아 점점 더욱 가까이하니, 하물며 夫婦의 道야 말할 것이 있겠습니까. 저 사람에게 큰 罪惡이 없고 또 저를 보내지도 않으니, 어떻게 떠날 수 있겠습니까." 하고는, 끝내 그 어머니의 말을 듣지 않고 마침내 〈芣苢〉[55]라는 시를 지었다.

蔡人之妻者는 宋人之女也라 旣嫁於蔡에 而夫有惡疾이어늘 其母將改嫁之러니 女曰 夫[56]不幸은 乃妾之不幸也니 柰何去之리잇가 適人之道는 壹與之醮(초)하면 終身不改하나니 不幸遇惡疾이나 不改其意니이다 且夫采采[57]芣苢(부이)之草도 雖其[58]臭惡①이나 猶始於捋(랄)采之하고 終於懷

54) 醮禮 : 婚禮를 가리킨다. 술을 따라주기만 하고 酬酢이 없는 것을 '醮'라 하는데, 婚禮에서는 贊者가 신랑과 신부에게 세 번 술을 따르기만 하고 酬酌하지 않는다.

55) 芣苢 : ≪詩經≫ 〈周南〉에 보인다. 제1章에 "캐고 캐는 부이를 잠깐 뜯노라. 캐고 캐는 부이를 잠깐 소유하노라.〔采采芣苢 薄言采之 采采芣苢 薄言有之〕"라고 하였고, 제2장에 "캐고 캐는 부이를 잠깐 줍노라. 캐고 캐는 부이를 잠깐 훑노라.〔采采芣苢 薄言掇之 采采芣苢 薄言捋之〕"라고 하였고, 제3장에 "캐고 캐는 부이를 잠깐 옷소매에 담노라. 캐고 캐는 부이를 잠깐 옷깃에 꽂노라.〔采采芣苢 薄言袺之 采采芣苢 薄言襭之〕"라고 하였다. '捋'은 그 씨를 취하는 것이고, '襭'은 옷에 넣고 그 옷깃을 띠 사이에 꽂아두는 것을 말한다.

56) 夫 : ≪太平御覽≫과 ≪小學集註≫에는 모두 이 뒤에 '之'가 더 있다.

57) 采采 : ≪太平御覽≫에는 '采'로 되어 있다.

58) 其 : ≪太平御覽≫에는 '甚'으로 되어 있다.

擷(힐)之하여 浸以益親이어든 況於夫婦之道乎잇가 彼無大故[59]하고 又不遣妾하니 何以得去리잇가하고 終不聽其母하고 乃作芣苢之詩하다

① 芣苢之草 雖其臭惡 : 薛漢의 ≪韓詩章句≫에 말하기를 "〈芣苢〉는 남편에게 惡疾이 있는 것을 傷心한 시이다. '芣苢'는 澤瀉이다. '芣苢'는 냄새가 고약한 풀이니, 詩人이 芣苢가 비록 냄새가 고약하지만 내가 그래도 캐고 캐서 그만두지 않는다는 것으로 君子가 비록 惡疾이 있더라도 나는 오히려 지키고 떠나가지 않음을 興하였다."라고 하였다. ≪文選≫ 注에 보인다.[60] 이는 ≪魯詩≫와 ≪韓詩≫가 뜻이 똑같다.[61]

韓詩章句曰 "(采)〔芣〕[62]苢, 傷夫有惡疾也. 芣苢, 澤瀉(사)也. 芣苢, 臭惡之草, 詩人以芣苢雖臭惡乎, 我猶采采而不已, 興君子雖有惡疾, 我猶守而不離去也." 見文選注. 是魯·韓義同.

蔡人之妻

59) 彼無大故 : '大故'는 중대한 過失이나 罪惡을 가리킨다. ≪論語≫ 〈微子〉에 "군자는 그 친척을 버리지 아니하며, 大臣으로 하여금 써주지 않는 것을 원망하지 않게 하며, 옛 친구나 선임자가 큰 罪惡이 없으면 버리지 않으며, 한 사람에게 完備하기를 요구하지 않는다.〔君子不施其親 不使大臣怨乎不以 故舊無大故 則不棄也 無求備於一人〕"라고 하였다.

60) 文選……보인다 : ≪文選≫ 권53 〈辯命論〉에 "顔回는 난초가 시들 듯 일찍 죽었고, 冉伯牛는 惡疾에 걸려 〈芣苢〉를 노래하였다.〔顔回敗其叢蘭 冉耕歌其芣苢〕"라고 하였는데, 이에 대한 唐나라 李善의 注에 보인다.

61) 魯詩와……똑같다 : ≪魯詩≫와 ≪韓詩≫에서는 모두 宋人의 딸이 〈芣苢〉를 지은 것으로 보았다는 말이다. 이와 관련한 자세한 내용은 淸나라 范家相의 ≪三家詩拾遺≫ 권3 〈芣苢〉에 보인다. 참고로 〈毛序〉에서는 "〈芣苢〉는 后妃의 아름다움을 읊은 것이니, 천하가 화평해지면 婦人들이 자식을 둠을 즐거워하게 된다.〔芣苢后妃之美也 天下和平 則婦人樂有子矣〕"라고 하였다.

62) (采)〔芣〕 : 저본과 ≪文選≫에는 모두 '采'로 되어 있으나, ≪三家詩拾遺≫와 ≪太平御覽≫ 등에 의거하여 '芣'로 바로잡았다.

군자가 말하기를 "송나라 사람의 딸의 뜻은 매우 곧고 한결같았다."라고 하였다.

君子曰 宋女之意는 甚貞而壹也라하니라

頌은 다음과 같다.

宋人의 딸이 전일하고 진실하니
마음가짐이 기울지가 않았도다
남편에게 나쁜 질병이 있었으나
뜻이 외려 한결같고 정성스러웠다네
어미가 버리고 돌아오라 권하였으나
〈芣苢〉 시를 짓고 듣지 않았다오
후인들이 이를 아름답게 여겨
유순하고 堅貞하다 칭송하였다네

頌曰 宋女專慤(각)하니 持心不(顧)〔傾〕①[63]이로다 夫有惡疾이나 意猶一精이로다 母勸去歸나 作詩不聽이로다 後人美之하여 以爲順貞이로다

① 持心不(顧)〔傾〕: '顧'은 응당 '傾'이 되어야 하니, 그래야 아래의 韻과 맞는다.
顧當作傾, 與下韻.

4-5 黎 莊公[64]의 부인 黎莊夫人

黎莊夫人은 衛侯의 딸이자 黎나라 莊公의 부인이다. 장공에게 시집간 뒤, 장공과 하고자 하는 일이 같지 않고 힘쓰는 일이 달라서 만나본 적도 없으므로 매우 失意하였다. 그 傅母[65]가 부인이 어진데도 장공이 도리어 맞이하지 않는 것을 민망하게 여기고 그 失意한 것을 불쌍하게 여겼다. 또 이미 버림받았는데도 곧바로 떠나지 않는 것을 걱정하여 부인에게 이르기를 "夫婦의 道는 義가 있으면 합하고 義가 없으면 떠

63) (顧)〔傾〕: 저본에는 '顧'으로 되어 있으나, 王照圓의 注에 의거하여 '傾'으로 바로잡았다.

64) 黎 莊公 : 春秋時代 黎나라 임금이다.

65) 傅母 : 고대에 궁중이나 귀족의 집에서 자녀들을 보살피고 가르치던 여자로, 곧 保姆를 가리킨다. 자세한 내용은 280쪽 주 26) '保母와 傅母' 참조.

나는 것입니다. 지금 뜻을 얻지 못하였는데 어찌 떠나지 않으십니까?"라고 하고는, 마침내 시를 지어 말하기를 "숨어 살고 숨어 사니, 어찌 돌아가지 않는고.〔式微式微 胡不歸〕" 하였다.

黎莊夫人者는 衛侯之女요 黎莊公之夫人也라 旣往而不同欲하고 所務者異하여 未嘗得見일새 甚不得意하니 其傅母閔夫人賢이로대 公反不納하고 憐其失意하다 又恐其已見遣이로대 而不以時去하여 謂夫人曰 夫婦之道는 有義則合하고 無義則去니 今不得意어늘 胡不去乎잇가 乃作詩曰 式微式微어늘 胡不歸①[66]오

① 式微式微 胡不歸 : '微'는 은폐함이고, '歸'는 영영 돌아감이다. 부인이 임금을 만나지 못하여 스스로 깊숙이 숨어 사니, 어찌 돌아가지 않느냐는 말이다.
微, 隱蔽也. 歸, 大歸也. 言夫人不得見君, 自處幽隱, 何不歸去也.

그러자 부인이 말하기를 "婦人의 道는 한결같아야 할 따름이니, 저 사람이 비록 나를 데리고 가지 않더라도 내가 어찌 부인의 도를 저버리겠는가."라고 하고는, 마침내 시를 지어 말하기를 "숨어 사는 것은 임금 때문이니, 어찌 길 가운데 있으리오.〔微君之故 胡爲乎中路〕" 하였다. 그리고는 끝까지 곧고 한결같은 節操를 지키며 婦道를 어기지 아니한 채 임금의 명을 기다렸으니, 군자가 이 때문에 지은 시를 차례대로 ≪詩經≫에 올린 것이다.

夫人曰 婦人之道는 壹而已矣니 彼雖不吾以①나 吾何可以離於婦道乎아 乃作詩曰 微君之故니 胡爲乎中路②[67]리오 終執貞壹하고

黎莊夫人

66) 式微式微 胡不歸 : ≪詩經≫ 〈邶風 式微〉에 보이는 구절로, 朱熹는 "'式'은 발어사이고, '微'는 衰와 같다.〔式 發語辭 微 猶衰也〕"라고 하였다.

67) 微君之故 胡爲乎中路 : ≪詩經≫ 〈邶風 式微〉에 보이는 구절로, 朱熹는 "'微'는 非와 같다.〔微

不違婦道하여 以俟君命하니 君子故序之以編詩하니라

① 【集注】 彼雖不吾以 : ≪詩經≫ 〈江有汜〉에 "이 아가씨 시집갈 적에 나를 데리고 가지 않았도다."[68]라고 하였는데, 鄭玄의 箋에 "'以'는 與와 같다."라고 하였다.
詩江有汜, "之子歸, 不我以", 箋以猶與也.

② 微君之故 胡爲乎中路 : '中路'는 '路中'이다. 숨어 사는 까닭은 임금이 맞이하지 않기 때문이니, 떠난들 장차 어디로 돌아가겠으며, 어찌 길 가운데 방황하겠느냐는 말이다. 이는 傅母에게 화답하여 자신은 떠나지 않겠다는 뜻을 밝힌 것이니, 이 또한 ≪魯詩≫의 설이다.[69] ≪毛詩≫에는 '路'가 '露'로 되어 있고, 〈毛序〉에 "黎侯가 衛나라에 寓居하니, 그 신하들이 돌아갈 것을 권한 시이다."라고 하였다.
中路, 路中也. 言所以微者, 以君不見納之故, 去將安歸, 何爲而行路中也. 答傅母以明己不去之意, 此亦魯詩也. 毛詩路作露, 以爲"黎侯寓於衛, 其臣勸以歸".

頌은 다음과 같다.

여나라 장공의 부인은
행실을 지킴이 쇠하지 않았다네
장공과 뜻이 맞지 아니하여
하는 일이 도리어 어긋났도다
傅母가 떠나기를 권하며
〈式微〉 시를 지었으나
부인은 한결같은 절조를 지키며
끝내 돌아가려 하지 않았도다

猶非也〕"라고 하였다. 참고로 이상의 두 구절을 ≪詩經集傳≫의 朱熹 注에 따라 풀이하면 다음과 같다. "쇠미하고 쇠미하거늘 어이하여 돌아가지 않는고. 군주의 연고가 아니라면 어이하여 이슬 가운데 있으리오.〔式微式微 胡不歸 微君之故 胡爲乎中露〕"

68) 이……않았도다 : ≪詩經≫ 〈召南 江有汜〉에 "강에 갈라진 물줄기가 있거늘, 이 아가씨가 시집갈 적에, 나를 데리고 가지 않았도다. 나를 데리고 가지 않았으나, 그 뒤에는 뉘우쳤도다. 강에 작은 모래섬이 있거늘, 이 아가씨가 시집갈 적에, 나를 데리고 가지 않았도다. 나를 데리고 가지 않았으나, 그 뒤에는 편안히 처하도다.〔江有汜 之子歸 不我以 不我以 其後也悔 江有渚 之子歸 不我與 不我與 其後也處〕"라고 하였다.

69) 이……설이다 : 黎 莊公의 부인이 〈式微〉를 지었다는 것은 ≪魯詩≫의 說이라는 말이다. 이와 관련한 자세한 내용은 淸나라 范家相의 ≪三家詩拾遺≫ 권4 〈式微〉에 보인다.

頌曰 黎莊夫人은 執行不衰로다 莊公不遇[70]하여 行節反乖[71]로다 傅母勸去하여 作詩式微어늘 夫人守壹하여 終不肯歸로다

4-6 齊 孝公[72]의 부인 孟姬　齊孝孟姬

孟姬는 華氏의 長女이자 齊 孝公의 부인이다. 禮를 좋아하고 곧고 한결같았으나 혼기가 지나도록 시집을 가지 못하였으니, 齊나라 사람들 가운데 求婚한 이들이 많았으나 禮가 갖추어지지 않으면 끝내 가지 않았기 때문이다. 남자가 앉았던 자리는 밟지도 않고 바깥일은 말하지도 아니하여 남녀의 분별을 엄격하게 하고 의심받을 일을 피하니, 제나라 사람들 가운데 누구도 예를 갖추어 구혼할 수가 없었다. 그리하여 제나라 사람들이 모두 그녀의 곧은 행실을 칭송하였다.

孟姬者는 華氏之長女요 齊孝公之夫人也라 好禮貞壹이로되 過時不嫁하니 齊中求之나 禮不備어든 終不往일새니라 〔不〕[73]躡(섭)男席하고 語不及外①하여 遠別避嫌하니 齊中莫能備禮求焉이라 齊國稱其貞이러라

① 〔不〕躡男席 語不及外 : '躡'은 踐과 같다. '躡' 위에 '不'자가 빠졌다. ≪禮記≫ 〈內則〉에 "남녀가 자리를 함께하지 않는다."[74]라고 하였고, 또 "여자는 밖의 일을 말하지 않는다."[75]라고 하였다.

---

70) 遇 : ≪古列女傳≫과 ≪三家詩拾遺≫에는 모두 '偶'로 되어 있다.

71) 莊公不遇 行節反乖 : 참고로 국립한글박물관소장 諺解本 ≪古列女傳≫에는 이 구절을 "장공과 뜻이 맞지 아니하여 하는 일이 도리어 어긋나거늘"이라고 풀이하였고, 국회도서관소장 諺解本 ≪고열녀전≫에는 "장공이 짝맞지 아니하여 행실과 예절이 어긋났도다."라고 풀이하였다.

72) 齊 孝公 : 春秋時代 齊나라 임금으로, 성은 姜이고, 이름은 昭이다.

73) 〔不〕: 저본에는 '不'이 없으나, 王照圓의 注에 의거하여 보충하였다.

74) 남녀가……않는다 : ≪禮記≫ 〈內則〉에 "6세가 되면 數와 方位의 이름을 가르친다. 7세가 되면 남녀가 자리를 함께 하지 않고 함께 먹지 않으며, 8세가 되면 門戶를 나가고 들어옴과 자리에 나가 마시고 먹을 때에 반드시 長者보다 뒤에 하여 비로소 辭讓하는 것을 가르친다.〔六年教之數與方名 七年 男女不同席 不共食 八年 出入門戶及卽席飮食 必後長者 始教之讓〕"라고 하였다.

75) 여자는……않는다 : ≪禮記≫ 〈內則〉에 "남자는 안의 일을 말하지 않고 여자는 밖의 일을 말하지 않으며 祭祀가 아니고 初喪이 아니면 서로 그릇을 주고받지 않으니, 서로 주고받는 경우에는 여자가 광주리를 가지고 받고 광주리가 없으면 남녀가 무릎 꿇고 앉아서 남자가 그릇을

躡猶踐也. 躡上脫不字. 內則曰 "男女不同席." 又曰 "女不言外."

孝公이 이를 듣고는 마침내 禮를 닦아 華氏의 집에 가서 親迎을 행하였다. 이때 父母가 孟姬를 보내면서 堂에서 내려오지 않고, 어머니는 방 안에서 술을 따라주고 옷고름과 향주머니를 매어주며 경계하여 말하기를 "반드시 공경하고 반드시 경계하여 이른 아침부터 늦은 밤까지 집안일을 어기지 말라."라고 하고, 아버지는 동쪽 섬돌 위에서 경계하여 말하기를 "반드시 이른 아침부터 늦은 밤까지 命을 어기지 말고, 王命에 크게 해로운 일이 있으면 또한 따르지 말라."라고 하였으며, 여러 庶母들은 두 섬돌 사이에서 경계하여 말하기를 "공경하고 공경하여 반드시 부모의 명을 끝까지 따라 이른 아침부터 늦은 밤까지 게으르지 말아야 할 것이니, 옷고름과 향주머니를 보고 부모의 말씀이 무엇인지 생각하라."라고 하고, 고모들은 문 안에서 경계하여 말하기를 "이른 아침부터 늦은 밤까지 허물을 짓지 말아야 할 것이니, 옷고름과 큰 띠를 보고 부모의 말씀을 잊지 말라."라고 하였다.[76)]

孝公聞之하고 乃修禮親迎于華氏之室할새 父母送孟姬不下堂하고 母醮〔之〕房(之)中[①77)]하고 結其衿縭(리)[②③]하고 誡之曰 必敬必戒하여 〔夙夜〕[78)]無違宮事[④]하라 父誡之東階之上曰 必夙(興)[79)]夜(寐)[80)]無違命하고 其有大妨於王命者어든 亦勿從也하라 諸母誡之兩階之間曰 敬之

땅에 놓은 뒤에 여자가 가져간다.〔男不言內 女不言外 非祭非喪 不相授器 其相授 則女受以篚 其無篚 則皆坐 奠之而后取之〕"라고 하였다.

76) 어머니는……하였다 : ≪儀禮≫ 〈士昏禮〉에 "아버지가 딸을 전송할 적에 명하기를 '경계하고 공경하여 이른 아침부터 늦은 밤까지 시아버지의 말씀을 어기지 말라.'라고 하고, 어머니는 옷고름을 매어주고 수건을 매어주면서 '힘쓰고 공경하여 이른 아침부터 늦은 밤까지 집안일을 어기지 말라.'라고 하며, 庶母는 廟門 안에 이르러 큰 띠를 매어주고 부모의 명을 거듭하여 명하기를 '공경히 들어 네 부모님의 말씀을 높이도록 하라. 이른 아침부터 늦은 밤까지 허물이 없게 할 것이니, 옷고름과 큰 띠를 보고 기억하도록 하라.'라고 한다.〔父送女 命之曰 戒之敬之 夙夜毋違命 母施衿結帨曰 勉之敬之 夙夜無違宮事 庶母及門內 施鞶 申之以父母之命 命之曰 敬恭聽 宗爾父母之言 夙夜無愆 視諸衿鞶〕"라고 하였다. 참고로 '鞶'은 ≪列女傳補注≫에서는 큰 띠로 보았으나, 수건 등속을 담는 작은 주머니로 보기도 한다.

77) 母醮〔之〕房(之)中 : 저본에는 '母醮房之中'으로 되어 있으나, 王念孫의 校正에 의거하여 '母醮之房中'으로 바로잡았다.

78) 〔夙夜〕 : 저본에는 '夙夜'가 없으나, 王照圓의 注에 의거하여 보충하였다.

79) (興) : 저본에는 '興'이 있으나, 王照圓의 注에 의거하여 衍文으로 처리하였다.

80) (寐) : 저본에는 '寐'가 있으나, 王照圓의 注에 의거하여 衍文으로 처리하였다.

敬之하여 必終父母之命하여 夙夜無怠니 (爾)〔示〕[81]之衿縭하고 父母之言謂何오하라 姑姊妹誡之門內曰 夙夜無愆이니 (爾)〔示〕之衿鞶(반)⑤하고 無忘父母之言하라

① 【校正】 母醮〔之〕房(之)中 : 王念孫[82]이 상고해보건대, 응당 '母醮之房中'이 되어야 한다.
念孫按當作"母醮之房中".

② 結其衿縭 : '衿'은 옷의 작은 띠이다. '縭'는 향주머니이다. ≪詩經≫에 말하기를 "친히 그 향주머니를 매어준다."[83]라고 하였다.
衿, 衣小帶也. 縭, 緌(유)也. 詩曰 "親結其縭."

③ 【校正】 結其衿縭 : 牟房[84]이 상고해보건대, 補注에서 "縭는 緌이다."라고 한 것은 "婦人의 褘를 褵라 하는데, 褵는 緌이다."라고 한 ≪爾雅≫ 〈釋器〉의 글에 근본한 말이다. 孫炎[85]은 이를 帨巾이라 하였고, 郭璞[86]은 이를 香纓이라 하였는데, 本傳의 下文에 의거해보면, 한편으로는 '夙夜無怠 爾之衿縭'라 하고, 또 '夙夜無愆 爾之衿鞶'이라 하였으니, '縭'와 '鞶'을 하나의 물건으로 여긴 것이다. 따라서 응당 ≪韓詩章句≫의 "縭는 帶이다."라는 설을 쓰는 것이 뜻으로 볼 때 근리할 듯하다. 이는 ≪文選≫ 〈思玄賦〉 注의 인용문에 보인다.[87]
房案補注縭緌也, 本爾雅釋器文"婦人之褘(위), 謂之褵, 褵, 緌也". 孫炎以爲帨(세)巾, 郭氏

---

81) (爾)〔示〕 : 저본에는 '爾'로 되어 있으나, 王照圓의 注에 의거하여 '示'로 바로잡았다. 아래도 같다. ≪古列女傳≫과 ≪古今列女傳≫에는 모두 '視'로 되어 있다.

82) 王念孫 : 淸나라 經學家로, 자는 懷祖, 호는 石臞, 江蘇 高郵 사람이다. 어려서부터 총명하여 8세 때 十三經을 독파하였으며, 翰林院庶吉士, 工部主事 등을 역임하였다. 저서에 ≪讀書雜志≫, ≪釋大≫, ≪王石臞先生遺文≫ 등이 있다.

83) 친히……매어준다 : ≪詩經≫ 〈豳風 東山〉에 "이 아가씨 시집감이여 황백색과 얼룩무늬 말이로다. 친히 그 향주머니를 매어주니 아홉이며 열인 그 威儀로다. 新婚이 매우 아름다우니 舊婚이야 어떠하겠는가.〔之子于歸 皇駁其馬 親結其縭 九十其儀 其新孔嘉 其舊如之何〕"라고 하였다. 참고로 '縭'는 婦人이 차는 수건으로 보기도 한다.

84) 牟房 : 淸나라 학자로, 原名은 廷相, 자는 陌人, 호는 默人이다. 山東 棲霞 사람으로, 저서에 ≪周公年表≫, ≪投壺算草≫, ≪詩切≫, ≪改定崔氏易林≫, ≪同文尙書≫ 등이 있다.

85) 孫炎 : 三國時代 經學家로, 자는 叔然이다. 鄭玄의 문하에서 수학하였으며, '東州大儒'로 일컬어졌다. ≪毛詩≫, ≪禮記≫, ≪春秋三傳≫, ≪國語≫, ≪爾雅≫, ≪尙書≫ 등의 주석을 달았으며, 저서에 ≪爾雅音義≫와 ≪周易春秋例≫가 있다.

86) 郭璞 : 晉나라 文臣이자 학자로, 자는 景純이다. 經術을 좋아하여 매우 博學하였고, 詞賦에도 아주 뛰어났다. ≪爾雅≫, ≪山海經≫, ≪楚辭≫ 등에 注를 달았다.

87) 이는……보인다 : ≪文選≫ 권15 〈思玄賦〉에 "環琨와 琛縭를 선물하고, 그 友好를 玄黃으로 표현하네.〔獻環琨與琛縭兮 申厥好以玄黃〕"라고 하였는데, 이에 대한 唐나라 李善의 注에 "薛君의 ≪韓詩章句≫에 '縭는 帶이다.' 하였다.〔薛君韓詩章句曰 縭 帶也〕"라고 하였다.

以爲香纓. 據本傳下文, 一云"夙夜無怠, 爾之衿縭", 又云"夙夜無愆. 爾之衿鞶", 則以縭·鞶爲一物矣. 似當用韓詩縭帶也, 於義爲近. 見文選思(元)〔玄〕[88]賦注引.

④ 〔夙夜〕無違宮事 : '無' 위에 응당 '夙夜' 2자가 빠졌을 것이다. 아래의 '夙興夜寐'는 응당 '興' 과 '寐' 2자가 衍字일 것이다.

無上當脫夙夜二字. 下夙興夜寐, 當衍興寐二字.

⑤ 夙夜無愆 (爾)〔示〕之衿鞶 : '鞶'은 큰 띠이다. ≪儀禮≫ 〈士昏禮〉에 이르기를 "밤낮으로 허물이 없게 할 것이니, 옷고름과 큰 띠를 보며 기억하도록 하라."라고 하였는데, 이에 대한 鄭玄의 注에 이르기를 "'視'는 今文에 '示'로 되어 있다."라고 하였다. 그렇다면 여기에서 '爾'로 되어 있는 것은 '示'자의 誤字일 뿐이다. 위에서 말한 '爾之衿縭' 또한 그러하다.

鞶, 大帶也. 士昏禮云 "夙夜無愆, 視諸衿鞶." 注云 "視, 今文作示." 然則此作爾者, 示字之誤耳. 上云"爾之衿縭", 亦然.

효공이 맹희를 그 부모에게서 직접 맞이할 때 세 번 돌아보고 나와 직접 맹희에게 끈〔綏〕을 주고 스스로 수레를 몰아 세 바퀴를 굴린 뒤[89] 맹희의 수레를 돌아보고 마침내 궁에 들이고 3개월 만에 사당에 알현시킨 다음 夫婦의 道를 행하였다.

孝公親迎孟姬於其父母에 **三顧而出**①하여 **親(迎)〔授〕**[90]**之綏**하고 **自御輪三**하고 **曲顧姬(與)〔輿〕**②[91]하여 **遂納於宮**하고 **三月廟見**③**而後**에 **行夫婦之道**하다

① 孝公親迎孟姬於其父母 三顧而出 : 親迎의 禮는 신랑이 堂에 올라가 再拜하고 기러기를 올리고 내려와 나가는 것이다. 여기서는 맹희를 부모에게서 직접 맞이함을 말한다. '三

88) (元)〔玄〕: 저본에는 '元'으로 되어 있으나, 淸나라 康熙帝의 성명인 愛新覺羅 玄燁의 '玄'자를 피휘한 것이므로 '玄'으로 돌려놓았다.

89) 끈〔綏〕을……뒤 : '綏'는 수레에 오를 때 잡는 끈으로, 수레 앞의 橫木인 軾 위에 매달았다. 신랑이 綏를 주는 것은 신부의 수레를 모는 僕人의 禮를 행하는 것으로, 신부를 친근히 하여 자신을 낮춘 것이다. 僕人은 수레를 타는 사람에게 반드시 綏를 주어야 하기 때문이다. 이때 타는 사람은 僕人이 자신보다 신분이 낮으면 받고, 그렇지 않으면 받지 않는다. 신랑이 綏를 주면 보모가 신부를 대신하여 사양하는데, 이것은 부부가 처음으로 만나 염치가 있기 때문에 직접 신랑과 말하는 것이 편치 않아서이다. 보모가 사양하면 신랑은 바로 끈을 놓으며, 보모가 이 끈을 받아서 신부에게 준다. 신부가 수레를 타면 신랑은 바퀴가 세 번 구를 때까지만 수레를 몬 뒤 御者에게 내주어 대신 몰도록 한다.(李霜芽, 〈茶山 丁若鏞의 ≪嘉禮酌儀≫ 譯註〉, 成均館大學校 碩士學位論文, 2009)

90) (迎)〔授〕: 저본에는 '迎'으로 되어 있으나, 王照圓의 注에 의거하여 '授'로 바로잡았다.

91) (與)〔輿〕: 저본에는 '與'로 되어 있으나, 王照圓의 注에 의거하여 '輿'로 바로잡았다.

顧' 2자는 아래 글에 연관되어 잘못 들어간 衍文인 듯하다.

親迎之禮, 壻升堂再拜, 奠鴈降出. 此言親受之於父母也. 三顧二字, 疑涉下文而誤衍.

② 親(迎)〔授〕之綏……曲顧姬(與)〔輿〕: '迎'은 응당 '授'가 되어야 하니, 글자의 오류이다. ≪儀禮≫ 〈士昏禮〉에 "신랑이 신부의 수레를 몰고서 綏를 준다."[92]라고 하였는데, 이것이 그 뜻이다. '自御輪三'으로 구두를 떼어야 하니, ≪禮記≫ 〈昏義〉에 "수레를 몰기를 세 바퀴를 한다."[93]라고 한 것이 이것이다. '曲顧姬與'는 '與'가 응당 '輿'가 되어야 하니, 이 또한 글자의 오류이다. '曲顧'는 ≪詩經≫에 "韓侯가 이들을 돌아보니."[94]라고 하였는데, 이에 대한 毛傳에 "돌아보며 인도하는 예의이다."[95]라고 하였다. '姬輿'는 맹희가 탄 수레이다.

迎當作授, 字之誤也. 士昏禮云"壻御婦車授綏", 是其義. 自御輪三爲句, 昏義云"御輪三周", 是也. 曲顧姬與, 與當作輿, 亦字之誤. 曲顧者, 詩曰"韓侯顧之", 毛傳 "曲顧道義也." 姬輿者, 姬之所乘車.

③ 三月廟見 : ≪儀禮≫ 〈士昏禮〉에 따르면, 시부모가 살아계실 경우에는 혼례 이튿날 날이 밝을 무렵 贊者가 시부모에게 신부를 알현시키고, 시부모가 돌아가셨을 경우에는

---

92) 신랑이……준다 : ≪儀禮≫ 〈士昏禮〉에 "신랑이 신부의 수레를 몰고서 綏를 주면 保姆가 사양하고 받지 않는다.〔壻御婦車授綏 姆辭不受〕"라고 하였다.

93) 수레를……한다 : ≪禮記≫ 〈昏義〉에 "아버지가 직접 자식에게 醮하고 親迎을 명함은 남자가 여자에게 먼저 하는 것이다. 자식이 명령을 받고 親迎을 하면 여자 집의 주인이 사당에 자리를 펴고 几를 진열하고 문밖에서 절하고 맞이한다. 신랑이 기러기를 잡고 들어가 읍하고 사양하고 堂으로 올라가 재배하고 기러기를 올림은 신부 부모에게 신부를 친히 받기 때문이다. 내려와서 나와 신부의 수레를 몰고 신랑이 신부에게 끈을 주고 수레를 바퀴가 3번 굴러가도록 몰고 먼저 문밖에서 기다리다가 신부가 이르거든 신랑이 신부에게 읍하고 들어가서 牢를 함께 하여 먹으며 술잔을 합하여 입을 헹구는 것은 體를 합하고 尊卑를 함께하여 친애하기 위해서이다.〔父親醮子而命之迎 男先於女也 子承命以迎 主人筵几於廟 而拜迎於門外 壻執雁入 揖讓升堂 再拜奠雁 蓋親受之於父母也 降出御婦車 而壻授綏 御輪三周 先俟于門外 婦至 壻揖婦以入 共牢而食 合巹而酳 所以合體同尊卑 以親之也〕"라고 하였다.

94) 韓侯가……돌아보니 : ≪詩經≫ 〈大雅 韓奕〉에 "韓侯가 아내를 취하니 汾王의 생질이요 蹶父의 자식이로다. 韓侯가 맞이하니 蹶의 마을에서 하도다. 수레 백대가 많기도 하며 여덟 방울이 쟁쟁히 울리니 그 빛이 드러나지 아니할까. 여러 여동생들이 따라서 시집오니 얌전하고 구름처럼 많도다. 韓侯가 이를 돌아보니 찬란한 문에 가득하도다.〔韓侯取妻 汾王之甥 蹶父之子 韓侯迎止 于蹶之里 百兩彭彭 八鸞鏘鏘 不顯其光 諸娣從之 祁祁如雲 韓侯顧之 爛其盈門〕"라고 하였다.

95) 돌아보며……예의이다 : ≪詩經≫ 〈大雅 韓奕〉의 '韓侯顧之'에 대해 毛傳에 "'顧之'는 돌아보며 인도하는 예의이다.〔顧之 曲顧道義也〕"라고 하였다. 이에 대한 孔穎達의 疏에 "신부를 맞이한 뒤 읍하고 문을 나올 때와 수레에 올라 끈을 줄 때, 응당 돌아보며 그 신부를 인도해야 하는 예의를 이른다.〔謂既受女 揖以出門及升車授綏之時 當曲顧以道引其妻之禮義〕"라고 하였다.

신부는 시집온 지 3개월 만에 菜를 올리니,[96] 이것이 여기에서 말한 '廟見'의 禮이다. 士昏禮, 舅姑在者, 以昏之明日質明, 贊見婦于舅姑. 若舅姑沒, 則婦入三月, 乃奠菜. 卽此云廟見之禮也.

함께 산 지 오랜 세월이 흐른 뒤, 효공이 琅邪에 가서 시찰할 때 華孟姬도 따라갔는데, 수레가 빨리 달리다가 맹희가 땅에 떨어지고 수레도 부서지고 말았다. 이에 효공이 네 마리 말이 끄는 立車로 맹희를 태워 돌아가게 하자, 맹희가 시중드는 사람으로 하여금 휘장을 펴게 하여 스스로 몸을 가리고, 傅母로 하여금 효공의 使者에게 대답하게 하기를 "제가 듣건대, 임금의 妃나 后가 문밖을 나설 때는 반드시 安車와 輜軿을 타고, 堂에서 내려올 때는 반드시 傅母와 保阿를 따르며, 나아가고 물러날 때는 佩玉을 울리고, 옷에 장식하는 것은 단단하게 동여매고, 야외에 있을 때는 휘장으로 가려야 한다고 하였으니, 이는 마음을 바르게 하고 뜻을 전일하게 하여 스스로 몸가짐을 단속하기 위해서입니다.[97] 그런데 지금 立車에다 휘장도 없으니, 감히 명을 받들 수 없습니다. 야외에 있는데도 호위하는 사람이 없으니, 감히 오래 있을 곳이 아닙니다. 이 세 가지는 크게 禮를 잃은 것이니, 禮 없이 사는 것은 빨리 죽느니만 못합니다."라고 하였다.

既居久之에 **公游於琅邪**(야)할새 **華孟姬從**이러니 **車奔**하여 **姬墮車碎**하다 **孝公使駟馬立車**①로 **載姬以歸**하니 **姬使侍御者舒帷**하여 **以自障蔽**하고 **而使傅母**로 **應使者曰 妾聞妃后踰閾**(역)에 **必乘安車輜軿**(치병)②하고 **下堂**에 **必從傅母保阿**③하며 **進退則鳴玉環佩**④하고 **內飾則結紐綢繆**(주무)⑤하고 **野處則帷裳擁蔽**⑥하니 **所以正心壹意**하여 **自斂制也**니이다 **今立車無(駢)〔軿〕**⑦[98]하니 **非所敢受命也**요 **野處無衛**하니 **非所敢久居也**로이다 **三者失禮多矣**니 **夫無禮而生**이 **不如早**

96) 시부모가……올리니 : ≪儀禮≫ 〈士昏禮〉에 "質明에 贊者가 시부모에게 신부를 알현시킨다.……만약 시부모가 이미 돌아가셨으면 신부는 시집온 지 3개월 만에 菜를 올린다.〔質明 贊見婦于舅姑……若舅姑旣沒 則婦入三月 乃奠菜〕"라고 하였다.

97) 임금의……위해서입니다 : ≪漢書≫ 권76 〈張敞傳〉에 "禮에 君母가 문을 나설 때는 輜軿을 타고 堂을 내려올 때는 傅母를 따르며, 나아가고 물러날 때는 佩玉을 울리고, 옷에 장식하는 것은 단단하게 매니, 이는 존귀한 이가 스스로 몸가짐을 단속하여 방종하지 않기 위한 뜻을 말한다.〔禮 君母出門則乘輜軿 下堂則從傅母 進退則鳴玉佩 內飾則結綢繆 此言尊貴所以自斂制 不從恣之義也〕"라고 하였다.

98) (駢)〔軿〕 : 저본에는 '駢'으로 되어 있으나, 王照圓의 注, ≪古列女傳≫, ≪古今列女傳≫에 의거하여 '軿'으로 바로잡았다.

死니이다하다

① 駟馬立車 : '立車'는 서서 타는 수레이다. 婦人은 서서 타지 않고 앉아서 타는 安車를 타는데, 앉을 때는 반드시 案席을 사용한다.

立車者, 立乘之車. 婦人不立乘, 乘安車, 坐必以几也.

② 妃后踰閾 必乘安車輜軿 : '閾'은 문지방이다. '輜軿'[99]은 수레의 사면을 가린 것이다.

閾, 門限也. 輜軿, 車四面屛蔽也.

③ 下堂 必從傅母保阿 : '母'는 '姆'와 같으니, 女師이다. '阿'는 의지한다는 뜻이니, 가까이하여 의지하는 것이다. 아마 慈母인 듯하니, ≪禮記≫ 〈內則〉에 말하기를 "그 다음은 慈母를 삼고 그 다음은 保母를 삼는다."[100]라고 하였다. 그렇다면 傅는 德義를 펴고, 保는 그 신체를 보호하고, 師는 敎訓으로 인도하고, 阿는 의지하여 거처하게 하는 것이다.[101] 或者는 말하기를 "'阿'와 '娿'는 독음과 뜻이 같으니, '娿'는 女師이다."라고 하였다.

母與姆同, 女師也. 阿, 倚也, 親而倚之. 蓋慈母也, 內則曰 "其次爲慈母, 其次爲保母." 然則傅者, 傅之德義, 保者, 保其身體, 師者, 道之敎訓, 阿者, 倚以居處. 或曰 "阿與娿(아)音義同, 娿, 女師也."

④ 進退則鳴玉環佩 : 테두리와 구멍의 넓이가 똑같은 것을 '環'이라 한다. ≪尙書大傳≫에 말하기를 "夫人은 방안에서 佩玉을 울린다."[102]라고 하였다.

肉(유)好若一謂之環.[103] 書大傳曰 "夫人鳴佩玉于房中."

⑤ 內飾則結紐綢繆 : '內飾'은 의복의 장식이다. '結'은 묶는다는 뜻이고, '紐'는 맨다는 뜻이다. '綢繆'는 칭칭 감는다는 뜻의 纏綿과 같다. 이는 모두 동여매어 스스로 단정하게 함

---

99) 輜軿 : 輜車와 軿車의 병칭으로, 부인들이 타는 휘장으로 가린 수레를 가리킨다.

100) 그……삼는다 : ≪禮記≫ 〈內則〉에 "어린아이의 방을 宮 가운데에 따로 만들고 여러 妾과 스승이 될 만한 자 중에서 가리되 반드시 그 마음씨가 寬裕하고 慈惠롭고 溫良하고 恭敬하고 謹愼하고 말이 적은 자를 구하여, 그들로 하여금 자식의 스승을 삼고 그 다음은 慈母를 삼고 그 다음은 保母를 삼아서 모두 자식의 방에 거처하게 하고 다른 사람은 일이 없으면 그 방에 가지 않는다.〔異爲孺子室於宮中 擇於諸母與可者 必求其寬裕慈惠溫良恭敬愼而寡言者 使爲子師 其次爲慈母 其次爲保母 皆居子室 他人無事不往〕"라고 하였다.

101) 傅는……것이다 : 참고로 ≪大戴禮記≫ 권3 〈保傅〉에 "保는 그 신체를 보호하고, 傅는 그 德義를 펴고, 師는 敎訓으로 인도한다.〔保保其身體 傅傅其德義 師道之敎訓〕"라고 하였다.

102) 夫人은……울린다 : ≪尙書大傳≫ 권3에 "닭이 처음 울면 太師는 섬돌에서 닭이 울었다고 아뢰고 부인은 방안에서 패옥을 울린다.〔鷄初鳴 太師奏鷄鳴於陛 夫人鳴佩玉於房中〕"라고 하였다.

103) 肉好若一謂之環 : '肉'는 가운데 구멍이 있는 둥근 물체의 바깥 테두리 부분을 뜻하고, '好'는 구멍을 뜻한다. ≪爾雅≫ 〈釋器〉에 "테두리가 구멍보다 갑절이 넓은 것을 '璧'이라 하고, 구멍이 테두리보다 갑절이 넓은 것을 '瑗'이라 하고, 테두리와 구멍의 넓이가 똑같은 것을 '環'이라 한다.〔肉倍好謂之璧 好倍肉謂之瑗 肉好若一謂之環〕"라고 하였다.

을 말한다.

內飾, 衣中之飾也. 結, 締也. 紐, 系也. 綢繆, 猶纏綿(전면)也. 皆言結束自整飭.

⑥ 野處則帷裳擁蔽 : '帷裳'은 童容이니, 휘장으로 수레 옆을 치마처럼 둘러 장식하였기 때문에 이를 '童容'이라 한다.[104] ≪禮記≫ 〈內則〉에 말하기를 "여자가 문을 나갈 때는 반드시 그 얼굴을 가린다."[105]라고 하였다.

帷裳, 童容也. 以帷障車傍如裳, 以爲容飾, 謂之童容也. 內則曰 "女子出門, 必擁蔽其面."

⑦ 今立車無(駢)〔軿〕: '駢'은 응당 '軿'이 되어야 하니, 글자의 오류이다. ≪後漢書≫ 注의 이 구절을 인용한 곳에는 '軿'으로 되어 있다.[106]

駢, 當作軿, 字之誤也. 後漢書注引作軿.

使者가 달려가 효공에게 고하고 다시 安車를 가지고 왔는데, 돌아와 보니 이미 스스로 목을 맨 뒤였으나 다행히 傅母가 구원하여 절명하지는 않았다. 傅母가 말하기를 "使者가 와서 휘장으로 가린 수레가 이미 갖추어졌습니다."라고 하였다. 맹희는 깨어난 뒤 〈安車를〉 타고 돌아왔다.

使者馳以告公하고 **更**(갱)**取安車**하니 **比其反也**하여 **則自經矣**어늘 **傅母救之不絶**하다 **傅母曰 使者至**하여 **輜軿已具**니이다 **姬氏蘇**①**然後**에 **乘而歸**하다

① 姬氏蘇 : '姬'는 婦人의 美稱일 따름이니, '氏'를 붙여서는 안 된다. 아마도 잘못된 듯하다.

姬, 蓋婦人美稱耳, 不當言氏. 似失之.

군자가 말하기를 "孟姬는 禮를 좋아하였다."라고 하였다. 禮에 婦人이 문밖을 나갈 때는 반드시 휘장으로 가린 수레를 타고 衣服을 단단히 동여매며, 시집간 뒤 친정에

104) 휘장으로……한다 : ≪詩經≫ 〈衛風 氓〉에 "淇水가 넘실넘실 흐르니 수레의 휘장을 적시도다.〔淇水湯湯 漸車帷裳〕"라고 하였는데, 이에 대한 鄭玄의 注에 "幃裳은 童容이다.〔幃裳 童容也〕"라고 하였고, 孔穎達의 疏에 "휘장으로 수레의 옆을 치마처럼 둘러서 장식하였기 때문에 이를 '幃裳'이라 하기도 하고, '童容'이라 하기도 한다.〔以幃障車之旁如裳 以爲容飾 故或謂之幃裳 或謂之童容〕"라고 하였다.

105) 여자가……가린다 : ≪禮記≫ 〈內則〉에 "여자가 문을 나갈 때는 반드시 그 얼굴을 가리며 밤에 다닐 때는 등불을 사용한다.〔女子出門 必擁蔽其面 夜行以燭〕"라고 하였다.

106) 後漢書……있다 : ≪後漢書≫ 卷10上 〈皇后紀序〉에 "거처할 때는 保阿의 가르침이 있고, 움직일 때는 環佩의 소리가 있다.〔居有保阿之訓 動有環佩之響〕"라고 하였는데, 이에 대한 唐나라 章懷太子 李賢의 주에 보인다.

왔을 때는 여자 형제의 안부만 묻고 남자 형제의 안부는 묻지 않으니, 이는 분별을 엄격하게 하기 위해서이다. ≪시경≫에 말하기를 "저 군자의 여자여, 綢密하고 正直하기가 머리털과 같도다."[107]라고 하였으니, 이를 두고 한 말이다.

君子謂 孟姬好禮라하니라 禮에 婦人은 出必輜軿하고 衣服綢繆(주무)하며 旣嫁歸엔 問女昆弟하고 不問男昆弟하니 所以遠別也라 詩曰 彼君子女여 綢直如髮①이로다하니 此之謂也라

① 綢直如髮 : '綢'는 綢密하다는 뜻이니, 어진 여자의 操行이 세밀하고 정직하기가 마치 머리털처럼 아름답다는 말이다.
綢, 密也. 言賢女操行細密正直如髮之美也.

齊孝孟姬

頌은 다음과 같다.

맹희는 예를 좋아하였으니
절조를 지킴이 매우 공손하였도다
혐의를 피하고 분별을 엄격히 하며
끝내 용모를 꾸미지 않았다네
서서 타는 수레를 타지 않았으니
예가 아니면 따르지 않은 것이라오
군자가 이를 훌륭하게 여겼으니
예로부터 이러한 이는 드물었다네

107) 저……같도다 : ≪詩經≫ 〈小雅 都人士〉에 "저 王都의 人士여 띠풀로 만든 갓에 緇布冠이로다. 저 군자의 여자여 주밀하고 정직함이 머리털과 같도다. 내 만나보지 못한지라 내 마음에 기쁘지 않노라.〔彼都人士 臺笠緇撮 彼君子女 綢直如髮 我不見兮 我心不說〕"라고 하였다.

頌曰 孟姬好禮하니 執節甚(公)〔恭〕①[108]이로다 避嫌遠別하며 終不冶容[109]이로다 載不(竝)〔立〕[110]乘②하니 非禮不從이로다 君子嘉焉하니 自古寡同이로다

① 執節甚(公)〔恭〕: '公'은 응당 '恭'이 되어야 하니, 독음이 비슷해서 생긴 誤字이다.
公, 當作恭, 聲之誤也.

② 載不(竝)〔立〕乘 : '竝'은 응당 '立'이 되어야 하니, 字形이 비슷해서 생긴 誤字이다. 이는 '立'을 '竝'으로 잘못 쓰고, 세속에서 또 '並'으로 쓰기 때문일 것이다.
竝, 當作立, 字形之誤也. 蓋立誤作竝, 俗又作並矣.

4-7 息나라 임금의 부인 息君夫人

夫人은 息나라 임금의 부인이다. 楚나라가 식나라를 정벌하여 멸망시킨 뒤, 그 임금을 사로잡아 城門을 지키게 하고, 장차 그 부인을 아내로 삼고자 하여 궁에 들였다. 초왕이 밖으로 나가 노는 사이, 부인이 마침내 궁에서 빠져나와 식나라 임금을 만나보고 말하기를 "인생살이는 결국 한 번 죽을 뿐인데, 어찌 스스로를 괴롭히기까지 한단 말입니까. 저는 잠시도 주군을 잊은 적이 없으니, 끝까지 제 몸으로 혼례를 두 번 치르지 않을 것입니다. 살아서 땅 위에서 이별하는 것이 어찌 죽어서 땅 속에서 함께하는 것만 하겠습니까."라고 하였다. 그리고는 시를 지어 말하기를 "살아서는 집을 달리하나, 죽어서는 墓穴을 함께 하리라. 나더러 거짓말 한다고 이를진댄, 밝은 해를 두고 맹세하리라."[111] 하였다.

夫人者는 息君之夫人也라 楚伐息하여 破之하고 虜其君하여 使守門하고 將妻其夫人하여 而納之於宮하다 楚王出遊에 夫人遂出見息君하고 謂之曰 人生要一死而已니 何至自苦니잇가 妾無須臾而忘君也니 終不以身更貳醮호리이다 生離於地上이 豈如死(歸)〔弁〕[112]於地下哉①리잇가 乃作詩曰 穀則異室②이나 死則同穴호리라 謂予不信인댄 有如皦(교)日이니라

108) (公)〔恭〕: 저본에는 '公'으로 되어 있으나, 王照圓의 注에 의거하여 '恭'으로 바로잡았다.

109) 冶容 : 여자가 용모를 예쁘게 치장하는 것을 말한다. ≪周易≫ 〈繫辭傳 上〉에 "보관을 허술하게 하는 것은 도적질하라고 가르쳐주는 것이나 다름없고, 용모를 예쁘게 꾸미는 것은 간음하라고 가르쳐주는 것이나 다름없다.〔慢藏誨盜 冶容誨淫〕"라고 하였다.

110) (並)〔立〕: 저본에는 '並'으로 되어 있으나, 王照圓의 注에 의거하여 '立'으로 바로잡았다.

111) 살아서는……맹세하리라 : ≪詩經≫ 〈王風 大車〉에 보인다.

112) (歸)〔弁〕: 저본에는 '歸'로 되어 있으나, 胡承珙의 校正에 의거하여 '弁'으로 바로잡았다.

① 【校正】 豈如死(歸)〔幷〕於地下哉 : 胡承珙[113]이 상고해보건대, ≪逸齋詩補傳≫의 이 구절을 인용한 곳에는 '歸'가 '幷'으로 되어 있다.[114] 上文에 '生離于地上'이라 하였고 下文에 ≪詩經≫의 '穀則異室 死則同穴'을 인용한 것에 의거해보건대, 그렇다면 '幷'이 되는 것이 文義로 볼 때 더 낫다.

承珙案, 逸齋詩補傳引歸作幷. 據上文云"生離于地上", 下文引詩"穀則異室, 死則同穴", 然則作幷, 於文義爲長.

② 乃作詩曰 穀則異室 : '穀'은 산다는 뜻이다. 이 시를 息夫人이 지었다고 여기는 것은 또한 ≪魯詩≫의 설이다.[115]

穀, 生也. 以爲息夫人作, 亦魯詩說也.

식나라 임금이 말렸으나 부인은 듣지 않고 마침내 스스로 목숨을 끊으니, 식나라 임금도 또한 스스로 목숨을 끊어 한날 함께 죽었다. 楚王은 그 부인이 守節하여 義가 있는 것을 어질게 여겨 마침내 諸侯의 禮로 合葬을 해주었다.

息君止之나 夫人不聽하고 遂自殺하니 息君亦自殺하여 同日俱死하다 楚王賢其夫人守節有義하야 乃以諸侯之禮로 合而葬之하다

군자가 말하기를 "부인이 선을 행하기를 즐거워하였기 때문에 이를 ≪詩經≫에 편차하였다."라고 하였다. 무릇 義는 君子를 움직이고 利는 小人을 움직이는 법이니, 식나라 임금의 부인은 利에 동요되지 않았다 하겠다. ≪詩經≫에 이르기를 "德音이 어긋남이 없다면, 그대와 죽음을 함께하리라."[116]라고 하였으니, 이를 두고 한 말이다.

君子謂 夫人說(열)於行善[117]이라 故로 序之於詩①라하니라 夫義動君子하고 利動小人하나니 息君

113) 胡承珙 : 淸나라 학자로, 자는 景孟, 호는 墨莊, 安徽 涇縣 사람이다. 저서에 ≪永是堂詩文集≫, ≪毛詩後箋≫, ≪小爾雅義證≫, ≪儀禮古今文疏義≫, ≪爾雅古義≫ 등이 있다.

114) 逸齋詩補傳의……있다 : ≪逸齋詩補傳≫ 〈詩補傳篇目 大車〉에 보인다. ≪일재시보전≫은 南宋의 학자 范處義가 지은 책으로, ≪詩補傳≫이라고도 한다. 범처의는 자는 子由, 호가 逸齋이다.

115) 이……설이다 : 참고로 〈毛序〉에서는 "〈大車〉는 周나라 大夫를 풍자한 시이다. 禮儀가 침체하여 남녀가 淫奔하였다. 그러므로 옛날을 말하여 지금의 대부들이 남녀의 송사를 다스리지 못함을 풍자한 것이다.〔大車 刺周大夫也 禮儀陵遲 男女淫奔 故陳古以刺今大夫不能聽男女之訟焉〕"라고 하였다.

116) 德音이……함께하리라 : ≪詩經≫ 〈邶風 谷風〉에 보인다.

息君夫人

夫人은 不爲利動矣로다 詩云 德音莫違인댄 及爾同死호리라하니 此之謂也라

① 故序之於詩 : 이는 ≪魯詩≫에 편차한 것으로, 〈國風〉 가운데 어떤 나라의 風에 편차했는지는 알 수 없다.
此魯詩序, 不知列於何國之風.

頌은 다음과 같다.

초왕이 식나라 임금을 사로잡고
그 正妃를 궁중에 들였다네
부인은 지조를 굳게 지켜
오래도록 쇠하지 않았다네

117) 善 : ≪繹史≫와 ≪左傳紀事本末≫에는 모두 '義'로 되어 있다.

시를 지어 묘혈을 함께하리라 맹세하며
옛사람을 그리워하고 새사람을 잊었다네
마침내 죽음도 두려워하지 않아
곧고 어진 반열에 이름이 올랐다네

頌曰 楚虜息君하고 納其適妃[118)]로다 夫人持固하여 彌久不衰로다 作詩同穴하여 思故忘新이로다 遂死不顧하여 列於貞賢이로다

4-8 齊나라 杞梁[119)]의 아내 齊杞梁妻

杞梁의 아내는 齊나라 杞梁 殖의 아내이다. 莊公[120)]이 莒나라를 습격할 때 기량식이 戰場에서 싸우다가 죽었는데,[121)] 장공이 돌아오다가 그 아내를 만나자 使者를 시켜 길에서 弔問하게 하였다. 그러자 기량의 아내가 말하기를 "지금 식에게 죄가 있다면 임금께서 욕되이 명을 내릴 일이 뭐가 있습니까. 만약 식으로 하여금 죄를 면하게 하고자 하신다면 저에게는 조상이 살던 낡은 집이 있으니, 저는 郊外에서 조문을 받을 수 없습니다." 하였다. 이에 장공은 수레를 돌려 그 집으로 나아가 禮를 갖추어 조문한 뒤에 돌아갔다.[122)]

---

118) 適妃 : 嫡妃와 같은 말로, 正妃를 가리킨다.

119) 杞梁 : 春秋時代 齊나라 大夫로, 이름은 殖이고, 字가 梁이다.

120) 莊公 : 春秋時代 齊나라 임금으로, 성은 姜이고, 이름은 光이다.

121) 莊公이……죽었는데 : ≪春秋左氏傳≫ 襄公 23년 조에 "齊侯가 晉나라에서 돌아와 國都로 들어가지 않고 드디어 莒나라를 습격하여, 且于의 성문을 공격하다가 다리에 상처를 입고 퇴각하였다. 이튿날 齊侯는 다시 전투하려고 군대와 壽舒에서 만나기로 약속하였다. 杞殖과 華還이 수레에 甲士를 싣고 밤에 且于의 小路로 들어가 莒나라의 郊外에 노숙하였다. 이튿날 杞殖과 華還이 선발대로 가다가 蒲侯氏에서 莒子를 만났는데, 莒子는 이들에게 많은 財物을 주고 전투하지 말게 하며 '결맹하기를 청하노라.'라고 하였다. 그러자 華還이 대답하기를 '재물을 탐하여 임금의 명을 버리는 것은 莒君께서도 싫어하실 것입니다. 어제 저녁에 명을 받고 아직 정오도 되기 전에 그 명을 버린다면 어찌 임금을 섬길 수 있겠습니까?' 하였다. 莒子가 친히 북을 치며 齊軍을 추격하여 杞梁을 죽였다. 莒人은 齊나라와 和親하였다.〔齊侯還自晉 不入 遂襲莒 門于且于 傷股而退 明日將復戰 期于壽舒 杞殖華還載甲 夜入且于之隧 宿於莒郊 明日先遇莒子於蒲侯氏 莒子重賂之 使無死曰 請有盟 華周對曰 貪貨棄命 亦君所惡也 昏而受命 日未中而棄之 何以事君 莒子親鼓之 從而伐之 獲杞梁 莒人行成〕"라고 하였다.

122) 장공이……돌아갔다 : ≪春秋左氏傳≫ 襄公 23년 조에 "齊侯가 돌아올 때 〈남편의 시신을 맞

〔杞梁妻者는〕[123] 齊杞梁殖之妻也①라 莊公襲莒(거)에 殖戰而死어늘 莊公歸라가 遇其妻②하야 使使者弔之於路하니 杞梁妻曰 今殖有罪③[124]어든 君何辱命焉이리잇가 若令殖免於罪인댄 則賤妾有先人之弊廬在하니 下妾不得與郊弔④니이다 於是에 莊公乃還車하여 詣其室하여 成禮然後에 去하다

① 齊杞梁殖之妻也 : ≪文選≫ 注의 이 구절을 인용한 곳에는 '齊' 위에 '杞梁妻者' 4자가 있는데,[125] 지금 여기에는 빠졌다.
文選注引齊上有"杞梁妻者"四字, 今脫去之.

② 莊公歸 遇其妻 : ≪水經注≫의 이 구절을 인용한 곳에는 '그 아내가 莒나라로 달려가려 하다가 길에서 齊 莊公을 만났는데 장공이 장차 조문하려 하니'로 되어 있으니,[126] 지금 판본과 다르다.
水經注引作"其妻將赴之, 道逢齊莊公, 公將弔之", 與今本異.

③ 【校注】 今殖有罪 : '今'은 '令'의 誤字인 듯하다. ≪水經注≫의 이 구절을 인용한 곳에는 '如'로 되어 있다.[127]
今疑令之誤. 水經注引作如.

④ 下妾不得與郊弔 : ≪水經注≫의 이 구절을 인용한 곳에는 '得'이 '敢'으로 되어 있다.[128]
水經注引得作敢.

杞梁의 아내는 자식이 없고, 안팎으로 五服[129]을 입을 族親이 하나도 없었다. 그

으려고 나온〉 杞梁의 아내를 교외에서 만나 사람을 보내어 弔問하자, 杞梁의 아내가 사절하며 말하기를 '殖에게 죄가 있다면 욕되이 명을 내릴 일이 뭐가 있습니까? 만약 죄가 없다면 先人의 낡은 집이 있으니, 下妾은 교외에서 조문을 받을 수 없습니다.' 하였다. 齊侯는 그 집으로 가서 弔喪하였다.〔齊侯歸 遇杞梁之妻於郊 使弔之 辭曰 殖之有罪 何辱命焉 若免於罪 猶有先人之敝廬在 下妾不得與郊弔 齊侯弔諸其室〕"라고 하였다. '下妾'은 '賤妾'과 같은 말로, 자신에 대한 겸칭이다.

123) 〔杞梁妻者〕 : 저본에는 '杞梁妻者'가 없으나, 王照圓의 注에 의거하여 보충하였다.

124) 今殖有罪 : ≪春秋左氏傳≫에는 '殖之有罪'로 되어 있고, ≪水經注≫에는 '如殖死有罪'로 되어 있다.

125) 文選……있는데 : ≪文選≫ 권37 〈求通親親表〉에 "성이 무너지고 여름에 서리가 내린 일을 신이 처음에는 믿었으나, 지금 신의 심정으로는 한갓 헛된 말일 뿐인 듯합니다.〔崩城隕霜 臣初信之 以臣心況 徒虛語爾〕"라고 하였는데, '崩城'에 대한 唐나라 李善의 注에 보인다.

126) 水經注의……있으니 : 魏나라 酈道元의 ≪水經注≫ 권26 〈沭水〉에 보인다.

127) 水經注의……있다 : ≪水經注≫ 권26 〈沭水〉에 "만약 杞殖의 죽음에 죄가 있다면 임금께서 욕되이 명을 내릴 일이 뭐가 있습니까.〔如殖死有罪 君何辱命焉〕"라고 하였다.

128) 水經注의……있다 : ≪水經注≫ 권26 〈沭水〉에 보인다.

리하여 돌아갈 곳이 없자 마침내 〈莒나라〉 城 아래에서 남편의 屍身에 나아가 곡을 하니, 그 마음속의 정성이 사람을 감동시켜서 길을 지나는 사람마다 눈물을 뿌리지 않는 이가 없었다. 열흘 만에 성이 이 때문에 무너졌다.

杞梁之妻無子하고 **內外皆無五屬之親**①이라 **旣無所歸**하여 **乃(枕)〔就〕**[130]**其夫之屍於城下而哭〔之〕**②[131]하니 **內(誠(함))〔誠〕**[132]**動人**③하여 **道路過者莫不爲之揮涕**라 **十日而城爲之崩**④이러라

① 內外皆無五屬之親 : 婦人은 남편의 집을 안으로 삼고 어머니의 집을 밖으로 삼는다. '五屬'은 五服의 親屬이다.
婦人以夫家爲內, 母家爲外. 五屬, 五服之屬也.

② 乃(枕)〔就〕其夫之屍於城下而哭〔之〕 : ≪文選≫의 〈洞簫賦〉 및 〈求通親親表〉 注에는 모두 '枕'을 '就'로 인용하였으니,[133] 여기의 枕은 字形이 비슷해서 생긴 誤字일 뿐이다. '城'은 莒나라 城이다. 남편이 여기에서 戰死하였으므로 屍身에 나아가 哭을 한 것이니, '就'자로 쓰는 것이 옳다. 시신을 베는〔枕〕 것은 禮가 아니다. ≪文選≫ 注의 이 구절을 인용한 곳에는 '哭' 아래 '之'자가 있는데,[134] 여기에는 빠졌다.
文選洞簫賦及求通親親表注, 俱引枕作就, 此字形之誤耳. 城, 莒城也. 夫戰死於此, 因就屍而哭之, 作就字是也. 枕則非禮矣. 選注引哭下有之字, 此脫.

③ 內(誠)〔誠〕動人 : '誠'은 응당 '誠'이 되어야 하니, 字形이 비슷해서 생긴 誤字이다.
誠當作誠, 字形之誤.

④ 十日而城爲之崩 : ≪水經注≫ 및 ≪後漢書≫ 注와 ≪藝文類聚≫에는 모두 '十'을 '七'로 인용하였으며,[135] ≪文選≫의 注에는 그대로 '十'으로 되어 있다.[136]

---

129) 五服 : 親疏의 차등에 따른 다섯 가지 喪服으로, 斬衰服, 齊衰服, 大功服, 小功服, 緦麻服을 말한다.

130) (枕)〔就〕 : 저본에는 '枕'으로 되어 있으나, 王照圓의 注와 ≪列女傳校注≫에 의거하여 '就'로 바로잡았다.

131) 〔之〕 : 저본에는 '之'가 없으나, 王照圓의 注와 ≪列女傳校注≫에 의거하여 보충하였다.

132) (誠)〔誠〕 : 저본에는 '誠'으로 되어 있으나, 王照圓의 注에 의거하여 '誠'으로 바로잡았다.

133) 文選의……인용하였으니 : ≪文選≫ 권17 〈洞簫賦〉, 권37 〈求通親親表〉의 唐나라 李善의 注에 보인다.

134) 文選……있는데 : ≪文選≫ 권17 〈洞簫賦〉와 권37 〈求通親親表〉의 唐나라 李善의 注에 보인다.

135) 水經注……인용하였으며 : ≪水經注≫ 권26 〈沭水〉, ≪後漢書≫ 권87 〈劉瑜列傳〉 注, ≪藝文類聚≫ 권63 〈居處部 3 城〉에 보인다.

136) 文選의……있다 : ≪文選≫ 권17 〈洞簫賦〉, 권37 〈求通親親表〉의 唐나라 李善의 注에 보인다.

水經注及後漢書注·藝文類聚, 俱引十作七. 文選注, 仍作十.

齊杞梁妻

장례를 치른 뒤 말하기를 "나는 어디로 돌아가야 하는가? 여자는 반드시 의지할 곳이 있어야 하니, 아버지가 있으면 아버지에게 의지하고 남편이 있으면 남편에게 의지하고 아들이 있으면 아들에게 의지해야 한다. 그런데 지금 나는 위로는 아버지가 없고 가운데로는 남편이 없고 아래로는 아들이 없어 안으로는 의지하여 나의 정성을 나타낼 곳이 없고 밖으로는 의지하여 나의 절개를 세울 곳이 없다. 그렇지만 내 어찌 두 남편을 섬길 수야 있겠는가. 역시 죽음뿐이로다." 하고는, 마침내 淄水에 뛰어들어 죽고 말았다.

既葬에 曰 吾何歸矣리오 夫婦人은 必有所倚者也니 父在則倚父하고 夫在則倚夫하며 子在則倚子하나니라 今吾上則無父하고 中則無夫하며 下則無子하여 內無所依以見(현)吾誠하고 外無所倚以立吾節이라 吾豈能更(경)二哉리오 亦死而已로다하고 遂赴淄(치)水而死①하다

①【集注】既葬……遂赴淄水而死 : 漢나라 蔡邕의 ≪琴操≫에 "'밖으로도 의지할 곳이 없고 안으로도 의지할 곳이 없으니, 장차 어떻게 나의 절개를 세울 수 있을까. 어떻게 두 남편을 섬길 수야 있겠는가. 역시 죽음뿐이로다.' 하고는, 이에 거문고를 끌어와 연주하며 '즐거움 중에는 새로 사귀어 아는 것보다 더 큰 즐거움이 없고, 슬픔 중에는 살아서 이별하는 것보다 더 큰 슬픔이 없다.'[137]라고 하니, 皇天이 슬피 감동하여 城이 이 때문에 무너졌다. 曲이 끝나자 스스로 淄水에 몸을 던져 죽고 말았다."라고 하였다.
琴操 "外無所依, 內無所倚, 將何以立吾節? 豈能更二哉? 亦死而已矣! 於是乃援琴而鼓之曰 樂莫樂兮新相知, 悲莫悲兮生別離. 哀感皇天, 城爲之墮(휴). 曲終, 自投淄水而死."

137) 즐거움……없다 : 屈原의 〈少司命〉에 나오는 구절이다.(≪楚辭≫ 〈九歌 少司命〉)

군자가 말하기를 "杞梁의 아내는 곧고 예를 알았다."라고 하였다. ≪詩經≫에 이르기를 "내 마음이 서글프니, 애오라지 그대와 함께 돌아가리라."라고 하였으니, 이를 두고 한 말이다.

君子謂 杞梁之妻는 貞而知禮라하니라 詩云 我心傷悲하니 聊與子同歸①②호리라하니 此之謂也라

① 我心傷悲 聊與子同歸 : 여기에서 인용한 시는 아마도 또한 ≪魯詩≫인 듯하니, ≪毛詩≫와는 다르다.
此引蓋亦魯詩, 與毛詩異.

② 【校注】 我心傷悲 聊與子同歸 : ≪毛詩≫에는 句마다 끝에 모두 '兮'자가 있다.[138] ≪古今注≫에 이르기를 "그 누이 明月이 언니의 貞操를 슬퍼하여 그를 위해 노래를 지었다."[139] 라고 하였다.
毛詩, 句末皆有兮字. 古今注云 "其妹明月悲姊之貞操爲作歌."

頌은 다음과 같다.

기량이 전장에서 죽으니
그 아내가 수습하여 장사 지냈네
齊 莊公이 길에서 조문하니
피하고 감히 받지 않았도다
성 아래에서 남편을 위해 곡하니

138) 毛詩에는……있다 : ≪詩經≫ 〈檜風 素冠〉에는 "행여 흰 옷을 입은 사람을 볼 수 있을까. 내 마음이 서글프니, 애오라지 그대와 함께 돌아가리라.〔庶見素衣兮 我心傷悲兮 聊與子同歸兮〕"라고 하여, 句마다 끝에 '兮'자가 더 있으며, 〈毛序〉에 "〈素冠〉은 三年喪을 행하지 않음을 풍자한 시이다.〔素冠 刺不能三年也〕"라고 하였다.

139) 그……지었다 : 晉나라 崔豹의 ≪古今注≫ 卷中 〈音樂第3〉에 "〈杞梁妻〉는 杞植의 妻弟 明月이 지은 것이다. 杞植이 戰死하자 그의 아내가 탄식하여 말하기를 '위로는 아버지가 없고 가운데로는 남편이 없으며 아래로는 아들이 없으니, 산 사람의 괴로움이 지극하도다.'라고 하고는, 마침내 목을 놓아 크게 곡을 하니, 杞都의 城이 여기에 감응하여 무너졌다. 끝내 물에 뛰어들어 죽으니, 그 누이가 언니의 貞操를 슬퍼하여 마침내 노래를 지어 〈杞梁妻〉라 이름하였다.〔杞梁妻 杞植妻妹明月之所作也 杞植戰死 妻歎曰 上則無父 中則無夫 下則無子 生人之苦至矣 乃抗聲長哭 杞都城感之而頹 遂投水而死 其妹悲其姊之貞操 乃爲作歌 名曰杞梁妻焉〕"라고 하였다. '梁'은 杞植의 字이다. 참고로 ≪孟子≫ 〈告子 下〉에 "華周와 杞梁의 아내가 그 남편의 喪에 哭을 잘하자, 나라의 풍속이 변하였다.〔華周杞梁之妻善哭其夫而變國俗〕"라고 하였다.

성이 이 때문에 무너졌다오
스스로 친척이 없다 하여
淄水에 뛰어들어 죽고 말았다네

頌曰 杞梁戰死하니 其妻收喪이로다 齊莊道弔하니 避不敢當이로다 哭夫於城하니 城爲之崩이로다 自以無親이라하여 赴淄而薨이로다

4-9 楚 平王[140]의 부인 伯嬴 楚平伯嬴

伯嬴은 秦 穆公의 딸이자 楚 平王의 부인이며 昭王[141]의 어머니이다. 昭王 때를 당하여 楚나라와 吳나라가 伯莒에서 전쟁을 벌였는데, 오나라가 초나라를 이겨 마침내 초나라의 國都인 郢까지 진입하였다.[142]

伯嬴(영)者는 秦穆公之女①②요 楚平王之夫人이며 昭王之母也라 當昭王時하여 楚與吳爲伯莒(거)之戰③이러니 吳勝楚하여 遂入至郢(영)하다

① 伯嬴者 秦穆公之女 : 吳나라가 郢에 들어온 해는 秦 哀公(?~B.C. 534) 시대에 해당하니, 위로 秦 穆公(B.C. 682~B.C. 621) 시대와의 거리가 멀다. 어떤 글자가 誤字인지 모르겠다.
吳入郢之歲, 當秦哀公之世, 上去秦穆公之時遠矣. 不知何字之誤.

②【校注】伯嬴者 秦穆公之女 : '穆'자는 誤字이다. 伯莒의 전쟁은 魯 定公 4년(B.C. 506)에 있었고, 穆公은 魯 文公 6년(B.C. 621)에 죽었으니, 서로간의 차이가 116년이나 된다. ≪史通≫에 이르기를 "年代를 따져보면 자못 어그러진다."[143]라고 하였으니, 이는 唐나라 때 판본도 이미 잘못되었던 것이다.
穆字誤. 伯莒之戰, 在魯定公四年, 穆公卒於文公六年, 相去一百十六年矣. 史通云"校以年代, 殊爲乖剌." 是唐時本已誤.

---

140) 楚 平王 : 春秋時代 楚나라 임금으로, 熊氏이고 이름은 棄疾이다.

141) 昭王 : 楚나라 임금으로, 이름은 壬이다.

142) 昭王……진입하였다 : ≪春秋≫ 定公 4년 조의 經文에 "겨울 11월 경오일에 蔡侯가 吳子를 거느리고 楚人과 柏擧에서 전쟁하여 楚軍이 大敗하니, 楚나라 囊瓦가 鄭나라로 出奔하였다. 경진일에 吳人이 楚나라 首都 郢으로 진입하였다.〔冬十有一月庚午 蔡侯以吳子及楚人戰于柏擧 楚師敗績 楚囊瓦出奔鄭 庚辰 吳入郢〕"라고 하였다.

143) 年代를……어그러진다 : 唐나라 劉知幾의 ≪史通≫ 권18 〈外篇 別傳九條〉에 보인다.

③ 楚與吳爲伯莒之戰 : '伯莒'는 ≪春秋左氏傳≫에 '柏擧'로 되어 있다.[144] 古字에 통용하였다. 伯莒, 左傳作柏擧, 古字通耳.

昭王이 달아나자 吳王 闔閭[145]가 그 後宮을 모두 겁탈하고 차례가 伯嬴에게 이르렀는데, 백영이 칼을 잡고 말하기를 "제가 들으니, 天子는 천하의 표본이고 諸侯는 한 나라의 모범이니, 천자가 法制를 잃으면 천하가 어지럽고 제후가 節度를 잃으면 그 나라가 위태롭다 하였습니다. 夫婦의 道는 진실로 人倫의 시작이며 王敎의 단서입니다. 이 때문에 밝은 임금의 제도에서는 남자와 여자로 하여금 직접 물건을 건네주게 하지 않으며, 앉을 때는 한 자리에 앉지 않고 먹을 때는 한 그릇에 먹지 않으며, 옷걸이와 시렁을 따로 사용하고 수건과 빗을 따로 사용하게 하였으니, 이는 그 부정한 마음을 바꾸기 위해서입니다.

諸侯가 婚外의 淫行을 저지를 경우에는 滅絶을 당하고, 卿大夫가 혼외의 음행을 저지를 경우에는 放逐을 당하며, 士庶人이 혼외의 음행을 저지를 경우에는 宮刑을 당하였습니다. 그렇게 한 까닭은 仁은 잃어도 義로써 회복할 수가 있고 義는 잃어도 禮로써 회복할 수가 있지만, 남녀 간에 道義를 상실하면 혼란과 멸망이 일어난다고 여겼기 때문입니다. 혼란과 멸망의 단서를 만드는 자는 公侯에게 멸절을 당하고 天子에게 주벌을 당하는데, 지금 군왕께서는 모범과 표본이 되는 행실을 버리고 혼란과 멸망에 이르는 욕심을 마음껏 부려 주벌과 멸절을 당하는 일을 범하시니, 어떻게 명을 내려 백성을 가르치겠습니까.

또 제가 들으니, 살아서 치욕을 당하는 것이 죽어서 영화로운 것만 못하다 하였습니다. 만약 군왕께서 그 모범과 표본을 버린다면 나라를 다스리지 못할 것이며, 저에게 음란한 단서가 있다면 세상에서 살 수가 없을 것입니다. 한 가지 일로 둘 다 욕을 당하니, 저는 죽음으로 몸을 지키고 감히 명을 받들지 않을 것입니다. 그리고 저를 원하는 것은 즐기기 위해서인데, 저를 가까이하였다가 죽으면 무슨 즐거움이 있겠으며, 만약 저를 먼저 죽이면 또 군왕께 무슨 이익이 있겠습니까." 하였다.

昭王亡이어늘 **吳王闔閭盡妻其後宮**하고 **次至伯嬴**하니 **伯嬴持刃曰 妾聞**호니 **天子者**는 **天下之表也**요 **公侯者**는 **一國之儀也**니 **天子失制**면 **則天下亂**하고 **諸侯失節**이면 **則其國危**라하니이다 **夫婦**

144) 春秋左氏傳에……있다 : ≪春秋左氏傳≫ 定公 4년 조에 보인다.

145) 闔閭 : 春秋時代 吳나라 임금으로, 姓은 姬이고, 이름은 光이다.

之道는 固人倫之始요 王教之端이라 是以로 明王之制에 使男女不親授하며 坐不同席하고 食不共器하며 殊椸枷(이가)하고 異巾櫛(즐)①하니 所以施(이)[146]之也②니이다 若諸侯外淫者絶하고 卿大夫外淫者放하고 士庶人外淫者宮割하나니 夫然者는 以爲仁失可復(복)以義요 義失可復以禮어니와 男女之喪[147]이면 亂亡興焉일새니이다 夫造亂亡之端은 公侯之所絶이요 天子之所誅也어늘 今君王棄儀表之行하고 縱亂亡之欲하여 犯誅[148]絶之事[149]하니 何以行令訓民이리잇고 且妾聞호니 生而辱이 不若死而榮이라하니이다 若使君王棄其儀表면 則無以臨國이요 妾有淫端이면 則無以生世니이다 壹擧[150]而兩辱이어니 妾以死守之요 不敢承命이니이다 且凡所欲妾者는 爲樂也어늘 近妾而死면 何樂之有며 如先殺妾이면 又何益於君王이리잇고

① 男女不親授……異巾櫛 : ≪禮記≫ 〈曲禮〉의 글에 근본한 말이다.[151]
本曲禮文.

② 所以施之也 : '施'는 讀音이 移〔yì〕로, 바꾼다는 뜻이니, 그 不正한 마음을 바꾸는 것이다.
施(이)讀爲移, 施易(역)也, 所以變易其邪心.

그제야 吳王이 부끄러워하며 마침내 물러났는데, 伯嬴이 그 保姆와 더불어 永巷[152]의 문을 닫고 모두 병장기를 놓지 않았다. 30일 만에 秦나라의 구원병이 이르러 昭王이 마침내 다시 돌아왔다.

於是에 吳王慙하여 遂退舍어늘 伯嬴與其保阿로 閉永巷之門하고 皆不釋兵이러라 三旬에 秦救至하여 昭王乃復(복)矣라

군자가 말하기를 "伯嬴은 용감하며 貞靜하고 專一하였다."라고 하였다. ≪詩經≫에

146) 施 : ≪繹史≫와 ≪左傳紀事本末≫에는 모두 '遠'으로 되어 있고, ≪渚宮舊事≫에는 '絶'로 되어 있다.

147) 喪 : ≪繹史≫, ≪左傳紀事本末≫, ≪渚宮舊事≫, ≪古列女傳≫, ≪古今列女傳≫에는 모두 '失'로 되어 있다.

148) 誅 : ≪渚宮舊事≫에는 '放'으로 되어 있다.

149) 事 : ≪渚宮舊事≫에는 '禁'으로 되어 있다.

150) 壹擧 : ≪渚宮舊事≫에는 '一朝'로 되어 있다.

151) 禮記……말이다 : ≪禮記≫ 〈曲禮 上〉에 "남자와 여자가 뒤섞여 앉지 않으며, 옷걸이와 시렁을 함께 쓰지 않으며, 수건과 빗을 함께 쓰지 않으며, 직접 물건을 건네주지 않는다.〔男女不雜坐 不同椸枷 不同巾櫛 不親授〕"라고 하였다.

152) 永巷 : 궁궐 안의 긴 통로로, 妃嬪이 머무는 곳을 가리킨다.

말하기를 "무성한 칡넝쿨이여, 나뭇가지에 뻗어 있도다. 화락한 군자여, 복을 구함에 사특하지 않도다."[153]라고 하였는데, 이를 두고 한 말이다.

楚平伯嬴

君子謂 伯嬴勇而(精)〔靜〕[154]壹①이라하니라 詩曰 莫莫葛纍(류)②여 施(이)于條枚로다 豈(개)弟君子여 求福不回로다하니 此之謂也라

① 君子謂 伯嬴勇而(精)〔靜〕壹 : '勇'은 칼을 잡고 기필코 죽으리라 맹서한 것을 말한다. '精'은 아마도 응당 '靜'이 되어야 할 듯하니, 그 貞靜하고 專一함을 말한다.
勇謂持刃誓以必死也. 精疑當作靜, 言其貞靜專壹也.

② 莫莫葛纍 : '纍'는 '藟'와 같다. ≪毛詩≫에는 '藟'로 되어 있고, ≪經典釋文≫에는 '藟'가 또 '虆'로 되어 있으니, '虆'가 생략되었기 때문에 또 '纍'로 되었을 뿐이다.
纍與藟(류)同. 毛詩作藟, 釋文藟又作虆(류). 虆省(생), 因又作纍耳.

頌은 다음과 같다.

闔閭가 초나라를 이기고
그 궁실까지 진입하였도다
후궁을 모조리 겁탈하니
벌벌 떨지 않는 이가 없었다네
백영이 스스로를 지키기를
견고하고 한결같이 하니

153) 무성한……않도다 : ≪詩經≫ 〈大雅 旱麓〉에 보인다.
154) (精)〔靜〕 : 저본에는 '精'으로 되어 있으나, 王照圓의 注에 의거하여 '靜'으로 바로잡았다.

군자가 이를 아름답게 여겨
정절이 있다고 하였다네

頌曰 闔閭勝楚하고 入厥宮室이로다 盡妻後宮하니 莫不戰慄이로다 伯嬴自守호대 堅固專一하니 君子美之하여 以爲有節이로다

4-10 楚 昭王[155)]의 부인 貞姜 楚昭貞姜

貞姜은 齊나라 임금의 딸이자 楚나라 昭王의 부인이다. 소왕이 나가 놀 때 부인을 漸臺[156)] 위에 남겨두고 떠난 적이 있었다. 소왕이 강물이 크게 불어났다는 소식을 듣고 使者로 하여금 부인을 데려오게 하였는데 깜빡 잊고 그 符信을 가져가게 하지 않았다. 사자가 도착하여 부인에게 나올 것을 청하자, 부인이 말하기를 "왕께서 妃嬪들과 언약하기를 비빈을 명하여 부를 때는 반드시 符信으로 부르겠다고 하셨습니다. 지금 사자는 부신을 가져오지 않았으니, 저는 감히 사자를 따라가지 못하겠습니다." 하였다.

貞姜者는 齊侯之女요 楚昭王之夫人也라 王出遊할새 留夫人漸臺之上而去러니 王聞江水大至하고 使使者迎夫人호대 忘持其[157)]符①라 使者至하여 請夫人出하니 夫人曰 王與宮人約하여 令召宮人必以符②라하시니라 今使者不持符하니 妾不敢從使者行하노라

① 忘特其符 : '符'는 信標이다. 대나무를 쪼개 서로 나눠 가지고 있다가 합하여 신표로 삼는다.
符, 信也. 剖竹分而持之, 合以爲信也.

② 王與宮人約 令召宮人必以符 : ≪藝文類聚≫의 이 구절을 인용한 곳에는 "大王께서 妃嬪들과 언약하여 명하기를 '그대들을 부를 때는 반드시 符信으로 하겠다.' 하였습니다."로 되어 있다.[158)]
藝文類聚引作"大王與宮人約, 命曰召若必以符".

使者가 말하기를 "지금 물이 바야흐로 크게 밀려오니, 다시 돌아가 부신을 가져오

155) 昭王 : 春秋時代 楚나라 임금으로, 熊氏이고 이름은 壬이다. 平王의 아들이자 共王의 손자이다.
156) 漸臺 : 누대 이름으로, 지금의 湖北省 江陵縣 동쪽에 있었다.
157) 其 : ≪列女傳校注≫, ≪列女傳集注≫, ≪藝文類聚≫, ≪太平御覽≫에는 모두 없다.
158) 藝文類聚의……있다 : ≪藝文類聚≫ 권18 〈人部 2 賢夫人〉에 보인다.

려 하면 늦을까 두렵습니다." 하니, 부인이 말하기를 "제가 듣건대, 貞女의 義는 언약을 어기지 않으며, 용맹한 사람은 죽음을 두려워하지 않고 하나의 절개를 지킬 뿐이라고 하였습니다. 저도 사자를 따라 가면 반드시 살고, 머물러 있으면 반드시 죽는다는 것을 알고 있습니다. 그러나 언약을 저버리고 의를 어기면서 살기를 구하는 것이 머물러 있으면서 죽는 것만 못합니다." 하였다.

使者曰 今水方大至하니 還而取符인댄 則恐後矣니이다 夫人曰 妾聞之호니 貞女之義는 不犯約하며 勇者는 不畏死하고 守一[159]節而已라하니라 妾知從使者必生하고 留必死라 然이나 棄約越義而求生이 不若留而死耳라

이에 사자가 되돌아가서 符信을 가지고 돌아와 보니, 물이 크게 들이닥쳐 漸臺가 무너지고 부인은 떠내려가 죽고 말았다. 소왕이 말하기를 "슬프다! 義를 지키고 절개에 죽어 구차히 살지 않았으며, 언약을 지키고 신의를 가져 그 貞節을 이루었구나." 하고는, 마침내 부인을 '貞姜'이라 일컬었다.

於是에 使者〔反〕[160]取符〔還〕①[161]하니 則水大至하여 臺崩[162]하고 夫人流而死러라 王曰 嗟夫라 守義死節[163]하여 不爲苟生하고 (処)〔據〕[164]約持信①하여 以成其貞이로다하고 乃號之曰貞姜이라하다

① 【校注】使者〔反〕取符〔還〕: '反'자와 '還'자는 舊本에는 빠졌다. ≪太平御覽≫을 따라 校勘 增補하였다.
反字·還字舊脫. 從太平御覽校增.

② (処)〔據〕約持信 : '処'는 곧 '處'자이다. 그 文義를 살펴보면 응당 '據'가 되어야 한다. 자획이 빠져서 '處'가 되었다가 다시 '処'가 된 것일 뿐이다. '據'는 持와 같다.
処卽處字. 尋其文義, 當作據. 缺壞作處, 又作処耳. 據猶持也.

군자가 말하기를 "貞姜은 婦人의 절개가 있다."라고 하였다. ≪詩經≫에 이르기를

159) 一 : ≪藝文類聚≫와 ≪太平御覽≫에는 모두 없다.
160) 〔反〕: 저본에는 '反'이 없으나, ≪列女傳校注≫, ≪列女傳集注≫ 등에 의거하여 보충하였다.
161) 〔還〕: 저본에는 '還'이 없으나, ≪列女傳校注≫, ≪列女傳集注≫ 등에 의거하여 보충하였다.
162) 崩 : ≪太平御覽≫에는 '下'로 되어 있다.
163) 嗟夫守義死節 : ≪太平御覽≫에는 '嗟乎夫人守義而死'로 되어 있다.
164) (処)〔據〕: 저본에는 '処'로 되어 있으나, 王照圓의 注에 의거하여 '據'로 바로잡았다. 참고로 '処(處)'자에도 '지킨다〔執持〕'는 뜻이 있다.

"淑人 君子여, 그 威儀가 어그러지지 않도다."[165]라고 하였으니, 이를 두고 한 말이다.

君子謂 貞姜有婦節이라하니라 詩云 淑人君子여 其儀不忒(특)이로다하니 此之謂也라

楚昭貞姜

頌은 다음과 같다.

초나라 소왕이 나가 놀 때
정강을 漸臺에 남겨두었도다
강물이 크게 닥쳐왔건만
符信이 없다 하여 내려오지 않았다네
부인은 절개를 굳게 지켜
떠내려가 죽어도 의심치 않았다네
군자가 이를 서술하여
위로 伯姬와 짝한다 하였도다

頌曰 楚昭出遊할새 留姜漸臺로다 江水大至로대 無符不來로다 夫人守節하여 流死不疑로다 君子序焉하여 上配伯姬①로다하다

① 上配伯姬 : 곧 불에 타 죽은 宋나라 伯姬[166]이다.
即宋伯姬逮火而死者.

4-11 楚나라 白公[167]의 아내 貞姬　楚白貞姬

貞姬는 楚나라 白公 勝의 아내이다. 白公이 죽자, 그 아내는 길쌈으로 〈생계를 잇고〉 改嫁하지 않았다. 吳나라 왕이 그녀가 용모가 아름답고 행실이 훌륭하다는 소문

165) 淑人……않도다 : ≪詩經≫ 〈曹風 鳲鳩〉에 보인다.
166) 伯姬 : 본서 권4 〈貞順傳 宋恭伯姬〉에 자세히 보인다.
167) 白公 : 春秋時代 楚나라 大夫로, 이름은 勝이고 호가 白公이다. 平王의 손자로, 王孫勝이라고도 한다.

을 듣고는 大夫로 하여금 황금 100鎰[168]과 백옥 한 쌍을 가지고 가서 聘問하게 하고, 輜軿[169] 30乘으로 맞이하여 장차 그녀를 부인으로 삼으려 하였다.

貞姬者는 楚白公勝之妻也라 白公死어늘 其妻紡績不嫁러라 吳王聞其美且有行하고 使大夫持金百鎰白璧一雙以娉[170]焉하고 以輜軿(치병)三十乘迎之하여 將以爲夫人이라

대부가 예물을 바치자, 백공의 아내가 거절하며 말하기를 "백공이 살아계실 때 제가 다행히 後宮으로 들어가 쓰레받기와 비를 잡고 옷과 신을 맡고 베개와 자리를 털다가 이로 인해 그의 정식 부인이 되었습니다. 백공이 불행하게도 돌아가시고 말았으니 첩은 그의 무덤이나 지키면서 타고난 수명을 다하고자 합니다. 그런데 지금 왕께서 황금과 백옥으로 빙문하고 부인의 자리를 내리시니, 어리석은 제가 들을 일이 아닙니다. 게다가 義를 버리고 욕심을 쫓는 것은 더러운 것이고, 利를 보고 죽음을 잊는 것은 탐욕스러운 것이니, 탐욕스럽고 더러운 사람을 왕께서 어디에 쓰겠습니까.

제가 듣건대, 忠臣은 다른 임금에게 힘을 빌려주지 않고, 貞女는 다른 남자에게 美色을 빌려주지 않는다고 하였으니, 어찌 유독 살아 있는 사람만 이와 같이 섬겨야 할 뿐이겠습니까. 죽은 사람에게도 그렇게 해야 할 것입니다. 저는 이미 어질지 못하여 따라 죽지도 못했습니다. 그런데 이제 또 그를 버리고 개가한다면 또한 너무 심하지 않겠습니까." 하고는, 마침내 빙문을 사양하고 가지 않았다. 吳나라 왕이 그녀의 貞節을 지키고 義가 있는 것을 훌륭하게 여겨 '楚貞姬'라 일컬었다.

大夫致幣하니 白妻辭之曰 白公生之[171]時에 妾幸得充後宮하여 執箕帚(추)하고 掌衣履하고 拂枕席하다가 託爲妃匹이니이다 白公不幸而死하니 妾願守其墳墓[172]하여 以終天年이어늘 今王賜金璧之娉과 夫人之位하니 非愚妾之所聞也니이다 且夫棄義從欲者는 汚也요 見利忘死者는 貪也니 夫貪汚之人을 王何以爲哉리잇고 妾聞之호니 忠臣은 不借人以力하고 貞女는 不假人以色이라하니 豈獨事生若此哉리잇고 於死者亦然이니이다 妾旣不仁하여 不能從死어늘 今又去而嫁면 不亦太甚

168) 鎰 : 古代의 무게 단위로, 20兩 또는 24兩이 1鎰이다.

169) 輜軿 : 輜車와 軿車의 병칭으로, 부인들이 타는 휘장으로 가린 수레를 가리킨다.

170) 娉 : ≪列女傳校注≫와 ≪列女傳集注≫에는 모두 '聘'으로 되어 있다. 아래도 같다. 참고로 '娉'은 '聘'과 통한다.

171) 生之 : ≪藝文類聚≫에는 '無恙'으로 되어 있고, ≪太平御覽≫에는 '無恙之'로 되어 있다.

172) 墓 : ≪太平御覽≫에는 이 뒤에 '奉其祠祀'가 더 있다.

乎잇가하고 **遂辭娉而不行**하다 **吳王賢其守節有義**하여 **號曰〔楚〕貞姬(楚)**[①173]라하다

① 號曰〔楚〕貞姬(楚) : '楚'는 응당 '貞姬'의 위에 있어야 하니, 傳寫한 자가 잘못하여 그 글을 倒置시킨 것일 뿐이다. ≪藝文類聚≫의 인용문에서는 잘못되지 않았다.[174]
楚當在貞姬之上, 傳寫者誤倒其文耳. 藝文類聚引不誤.

군자가 말하기를 "貞姬는 청렴하고 결백하며 지성스럽고 미쁘다."라고 하였다. 무릇 책임은 무겁고 길은 멀도다. 仁을 자신의 책임으로 삼으니 또한 무겁지 않은가. 죽은 뒤에야 그만두니 또한 멀지 않은가.[175] ≪詩經≫에 이르기를 "저 아름다운 孟姜이여, 德音을 잊지 못하리로다."[176]라고 하였으니, 이를 두고 한 말이다.

君子謂 貞姬廉潔而誠信이라하니라 **夫任重而道遠**이라 **仁以爲己任**이니 **不亦重乎**아 **死而後已**니 **不亦遠乎**아 **詩云 彼美孟姜**이여 **德音不忘**이로다하니 **此之謂也**라

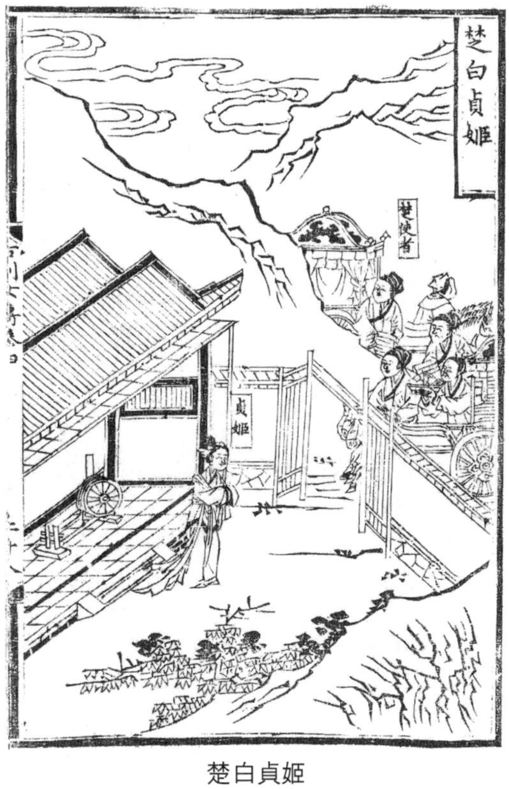

楚白貞姬

頌은 다음과 같다.

초나라 白公의 아내 貞姬는

173) 〔楚〕貞姬(楚) : 저본에는 '貞姬楚'로 되어 있으나, 王照圓의 注, ≪列女傳校注≫, ≪列女傳集注≫, ≪藝文類聚≫ 등에 의거하여 '楚貞姬'로 바로잡았다.

174) 藝文類聚의……않았다 : ≪藝文類聚≫ 권18 〈人部 2 賢婦人〉에 보인다.

175) 책임은……않은가 : ≪論語≫ 〈泰伯〉에 보이는 曾子의 말로, "선비는 도량이 넓고 뜻이 굳세지 않으면 안 되니, 책임이 무겁고 길이 멀기 때문이다. 君子는 仁으로써 자기의 책임을 삼으니 무겁지 않은가. 죽은 뒤에야 끝나니 멀지 않은가.〔士不可以不弘毅 任重而道遠 仁以爲己任 不亦重乎 死而後已 不亦遠乎〕"라고 하였다.

176) 저……못하리로다 : ≪詩經≫ 〈鄭風 有女同車〉에 보인다.

길쌈을 하며 수절하였도다
吳王이 그녀를 아름답게 여겨
황금과 백옥으로 빙문하였다네
아내로서 굳은 행실을 지켜
죽어도 그 마음 변치 않았다오
군자가 이를 훌륭하게 여겨
아름다운 행적을 찬미하였다네

頌曰 白公之妻는 守寡紡績이로다 吳王美之하여 娉以金璧이로다 妻操固行하여 雖死不易(역)이로다 君子大之하여 美其嘉(績)〔蹟〕①[177]이로다

① 美其嘉(績)〔蹟〕: '績'은 아마도 응당 '蹟'이 되어야 할 듯하니, 字形이 비슷해서 생긴 오자이다. '蹟'은 '迹'과 같다.
績疑當作蹟, 字形之誤. 蹟與迹同.

4-12 衛나라 宗室의 두 貞順한 여인　衛宗二順

衛나라 宗室의 두 貞順한 여인은 衛나라 宗室 靈氏의 夫人과 靈氏의 侍妾이다. 秦나라가 魏나라 君主 角을 멸망시킨 뒤, 靈氏를 世家에 봉하여 衛나라의 제사를 받들게 하였다. 영씨가 죽자 夫人은 자식이 없이 과부로 수절하였으며, 侍妾은 자식이 있었다. 시첩이 부인을 섬기되 8년 동안이나 소홀히 하지 아니하고 供養을 더욱 정중하게 하였다.

衛宗二順者는 衛宗室靈(王)〔氏〕[178]之夫人(而)[179]及其傅妾也①라 秦滅衛君(乃)〔角〕②[180]하고 封靈(王)〔氏〕世家하여 使奉其祀하다 靈(王)〔氏〕死에 夫人無子而守寡하고 傅妾有子라 傅妾事夫人호대 八年不衰하여 供養愈謹하다

---

177) (績)〔蹟〕: 저본에는 '績'으로 되어 있으나, 王照圓의 注에 의거하여 '蹟'으로 바로잡았다.

178) (王)〔氏〕: 저본에는 '王'으로 되어 있으나, 王照圓의 注에 의거하여 '氏'로 바로잡았다. 아래도 같다.

179) (而): 저본에는 '而'가 있으나, 王照圓의 注에 의거하여 衍文으로 처리하였다.

180) (乃)〔角〕: 저본에는 '乃'로 되어 있으나, ≪列女傳校注≫, ≪列女傳集注≫, ≪太平御覽≫ 등에 의거하여 '角'으로 바로잡았다.

① 衛宗室靈(王)〔氏〕之夫人(而)及其傅妾也 : '而'자는 衍字이다. 六國[181] 때 衛나라에 '王'이라 일컬은 임금이 없으니, 여기의 靈王은 누구인지 모르겠다. 아래에서 말한 "靈王을 世家에 봉하여 그 제사를 받들게 하였다."라는 것 또한 알 수 없다. ≪史記≫에 의거하면, 衛나라 임금 角이 폐위되어 庶人이 되어 위나라의 제사가 끊어졌다.[182] '傅妾'은 가까이 모시는 첩이니, '傅'는 가까이한다는 뜻이다. 夫子[183]가 말하기를 "下文에 '靈氏로 하여금 세 가지 상서롭지 않은 일을 당하게 한다.'라고 하였으니, 아마도 靈王은 곧 靈氏의 오류인 듯하다."라고 하였다.

而字衍. 六國時, 衛無稱王者, 此靈王不知何人也. 下云"封靈王世家, 使奉其祀", 亦不可曉. 据史記, 衛君角廢爲庶人, 而衛祀絶矣. 傅妾, 傅御之妾也. 傅, 近也. 夫子曰"下文言靈氏受三不祥, 恐靈王卽靈氏之誤耳."

② 【校注】 秦滅衛君(乃)〔角〕: '角'은 舊本에는 '乃'로 잘못되어 있다. ≪太平御覽≫을 따라 校勘 改正하였다.

角舊誤乃. 從太平御覽校改.

부인이 侍妾에게 일러 말하기를 "그대가 나를 봉양하는 것이 매우 정중하오. 그대의 아들은 제사를 받드는데 그대는 나를 妾의 禮로 섬기니, 내 마음이 좋지 않소. 또 내가 듣기로 主君의 生母는 妾의 禮로 남을 섬기지 않는다 하오. 지금 나에게는 아들이 없으니, 禮에 있어 쫓겨날 사람이오. 그런데도 머물러 있으면서 내 貞節을 다할 수 있으니, 이는 나에게 다행한 일이오. 그런데 지금 또 그대를 괴롭히면서 옛 예절을 고치지 않고 있으니, 내 너무나도 마음속으로 부끄럽소. 내 생각에 밖에 나가 살면서 가끔씩 서로 만났으면 싶으오. 그러면 내가 매우 편할 것 같소." 하였다.

그러자 시첩이 울면서 대답하기를 "부인께서는 靈氏로 하여금 세 가지 상서롭지 못한 일을 당하게 하려고 하십니까? 공께서 불행하게도 일찍 돌아가신 것이 첫 번

---

181) 六國 : 戰國時代 函谷關 동쪽에 있던 여섯 나라로, 齊나라·楚나라·燕나라·韓나라·趙나라·魏나라이다.

182) 史記에……끊어졌다 : ≪史記≫ 권37 〈衛康叔世家〉에 "君角 9년에 秦나라가 천하를 합병하고 始皇帝가 즉위하였다. 21년에 秦나라 二世皇帝가 君角을 폐하여 庶人으로 삼으니, 위나라의 제사가 끊어졌다.〔君角九年 秦竝天下 立爲始皇帝 二十一年 二世廢君角爲庶人 衛絶祀〕"라고 하였다.

183) 夫子 : 王照圓의 남편인 郝懿行(1757~1825)으로, 자는 恂九, 호는 蘭皐이며 山東 棲霞 사람이다. 淸나라 때의 저명한 經學家이자 訓詁學家로, 벼슬은 戶部 主事를 역임하였으며, 저서에 ≪爾雅義疏≫, ≪山海經箋疏≫, ≪易說≫, ≪書說≫, ≪春秋說略≫, ≪竹書紀年校正≫ 등이 있다.

째 불상사이고, 부인에게는 아들이 없고 천첩에게만 아들이 있는 것이 두 번째 불상사이며, 부인께서 밖에 나가 살고 천첩으로 하여금 안에서 살게 하는 것이 세 번째 불상사입니다. 제가 듣건대, 충신은 임금을 섬김에 게을리하는 때가 없으며 효자는 부모를 봉양함에 날이 부족함을 근심한다 하였으니, 제가 어찌 감히 조금 귀해졌다 하여 첩의 예절을 바꾸겠습니까. 공양하는 것은 진실로 저의 소임이니, 부인께서 또 어찌 수고할 것이 있겠습니까." 하였다.

夫人謂傅妾曰 孺子養我甚謹①이로다 子奉〔祭〕[184]祀而妾事我②하니 我不聊也③라 且吾聞主君之母는 不妾事人이라하니라 今我無子하니 於禮에 斥絀(출)之人也④어늘 而得留以盡其節하니 是我幸也라 今又煩孺子하여 不改故節하니 我甚內慙이라 吾願出居外하여 以時相見이면 我甚便之라 傅妾泣而對曰 夫人欲使靈氏로 受三不祥邪(야)잇가 〔公〕[185]不幸早終⑤이 是一不祥也요 夫人無子而婢妾有子가 是二不祥也요 夫人欲出居外하여 使婢子居內[186]가 是三不祥也니이다 妾聞忠臣事君에 無怠倦時하고 孝子養親에 患無日也라하니 妾豈敢以小貴之故로 變妾之節哉리잇가 供養은 固妾之職也니 夫人又何勤乎잇가

① 孺子養我甚謹 : '孺子'는 傅妾을 말한다. 대개 婦官 가운데 존귀한 자를 '孺子'라 하니, 또한 大夫의 妻를 '孺人'이라 하는 것과 같다.
   孺子, 謂傅妾也. 蓋婦官之貴者曰孺子, 亦猶大夫妻曰孺人耳.

②【校注】子奉〔祭〕祀而妾事我 : '祭'자는 舊本에는 빠졌다. ≪太平御覽≫을 따라 校勘 增補하였다.
   祭字舊脫. 從太平御覽校增.

③ 子奉〔祭〕祀而妾事我 我不聊也 : '聊'는 依賴함이니, 賴란 말은 이롭다는 뜻이다. 妾의 禮로 나를 섬기니 내가 감히 이를 감당하지 못하여 나에게 이롭지 않다는 말이다.
   聊, 賴也. 賴之〔爲〕[187]言利也. 言以妾禮事我, 我不敢當此, 於我不利也.

④ 今我無子……斥絀之人也 : '絀'은 黜과 같다. 婦人으로써 아들이 없으니 禮에 있어 응당 나가야 한다는 말이다. '黜'은 出과 같다.
   絀與黜同. 言婦人無子, 於禮當出. 黜猶出也.

184) 〔祭〕 : 저본에는 '祭'가 없으나, ≪列女傳校注≫, ≪列女傳集注≫, ≪太平御覽≫ 등에 의거하여 보충하였다.

185) 〔公〕 : 저본에는 '公'이 없으나, ≪列女傳校注≫, ≪列女傳集注≫, ≪太平御覽≫ 등에 의거하여 보충하였다.

186) 夫人欲出居外 使婢子居內 : ≪太平御覽≫에는 '今夫人將出居外 妾居內'로 되어 있다.

187) 〔爲〕 : 저본에는 '爲'가 없으나, ≪列女傳集注≫에 의거하여 보충하였다.

⑤〔公〕不幸早終 : ≪태평어람≫의 이 구절을 인용한 곳에는 '不' 위에 '公'자가 있는데, 여기에는 빠졌다.
太平御覽引不上有公字, 此脫.

衛宗二順

부인이 말하기를 "아들 없는 사람이 主君의 어머니를 욕되게 하고 있소. 비록 그대는 그렇게 하고자 한다 해도 모든 사람들은 나에게 禮를 모른다고 할 것이오. 나는 끝끝내 밖에 나가 살기를 원할 뿐이오." 하였다. 시첩이 물러나와 그 아들에게 일러 말하기를 "내가 듣건대, 군자는 順理에 따라 처신하면서 上下 尊卑의 儀節을 봉행하고 先代 祖宗의 禮法을 닦는다 하였으니, 이것이 도리에 순응하는 일이다. 그런데 지금 부인께서 나를 번거롭게 고생시킨다고 여겨 장차 밖에 나가 살고 나로 하여금 안에서 살게 하려고 하시니, 이는 도리에 어긋나는 일이다. 도리를 어기면서 사는 것이 어찌 순리를 지키며 죽는 것만 하겠느냐." 하고는, 마침내 스스로 죽으려고 하였다. 그 아들이 울면서 말렸으나 듣지 않았다. 부인이 이 소식을 듣고 두려워 결국 시첩에게 머물러 있겠다고 허락하니, 죽을 때까지 공양하기를 소홀히 하지 않았다.

夫人曰 無子之人而辱主君之母로다 雖子欲爾나 衆人謂我不知禮也라 吾終願居外而已라 傅妾退而謂其子曰 吾聞君子處順하여 奉上下之儀하고 修先古之禮라하니 此順道也라 今夫人難我①하여 將欲居外하여 使我居內하니 此逆也라 處逆而生이 豈若守順而死哉아하고 遂欲自殺이라 其子泣而(守)〔止〕[188]之②나 不聽이라 夫人聞之懼하여 遂許傅妾留하니 終年[189]供養不衰[190]러라

188) (守)〔止〕 : 저본에는 '守'로 되어 있으나, ≪列女傳校注≫, ≪列女傳集注≫, ≪太平御覽≫ 등에 의거하여 '止'로 바로잡았다.

① 今夫人難我 : '難'은 煩苦와 같다. 夫人이 내가 供養하는 것이 나를 번거롭게 고생시킨다고 여긴다는 말이다.
難猶煩苦也. 言夫人以我供養爲難也.

②【校注】其子泣而(守)〔止〕之 : '止'는 舊本에는 '守'로 잘못되어 있다. ≪太平御覽≫을 따라 校勘 改正하였다.
止舊誤守, 從太平御覽校改.

군자가 말하기를 "두 여인이 서로 사양하니 또한 진실로 군자로다."라고 하였으니, 행실이 집안에서 이루어지고 이름이 후세까지 난다고 이를 만하겠다.[191] ≪詩經≫에 이르기를 "내 마음이 돌이 아니라 굴릴 수 없다."[192]라고 하였으니, 이를 두고 한 말이다.

君子曰 二女相讓하니 亦誠君子로다하니 可謂行成於內而名立於後世矣로다 詩云 我心匪石이라 不可轉也로다하니 此之謂也라

頌은 다음과 같다.

위나라 종실의 두 정순한 여인은
행실을 지킴이 모두 견고하였도다
첩의 아들이 비록 대를 이었으나
옛날과 다름없이 공양하였다네
부인이 부끄러워 사양하며
밖에 나가 살기를 청하였으나

189) 年 : ≪太平御覽≫에는 '身'으로 되어 있다.

190) 衰 : ≪太平御覽≫에는 '替'로 되어 있다.

191) 행실이……만하겠다 : ≪孝經≫ 〈廣揚名章〉에 보이는 孔子의 말로, "군자가 부모를 섬김이 효성스러우므로 충성을 임금에게 옮길 수 있고, 형을 섬김이 공손하므로 순종을 장관에게 옮길 수 있고, 집에서 거처함이 잘 다스려지므로 다스림을 관청에 옮길 수 있다. 그러므로 행실이 집안에서 이루어지고 이름이 후세에 세워지는 것이다.〔君子之事親孝 故忠可移於君 事兄弟故 順可移於長 居家理 故治可移於官 是以行成於內而名立於後世矣〕"라고 하였다.

192) 내……없다 : ≪詩經≫ 〈邶風 柏舟〉에 보인다.

끝끝내 들어주지 않았으니
예를 행함이 매우 편안하였도다

頌曰 衛宗二順은 執行咸固로다 妾子雖代나 供養如故로다 主婦慙讓[193)]하여 請求出舍나 終不肯聽하니 禮甚閒暇[194)]로다

4-13 魯나라 寡婦 陶嬰 魯寡陶嬰

陶嬰은 魯나라 陶氏 집안의 여자이다. 젊어서 과부가 되어 어린 고아를 길렀는데, 장성한 형제가 없어 길쌈으로 생계를 잇고 있었다. 노나라 사람 가운데 어떤 이가 그녀의 의로움을 듣고 장차 그녀에게 求婚하려 하니, 陶嬰이 이를 듣고는 피하지 못할까 저어하여 노래를 지어 改嫁하지 않겠다는 자신의 뜻을 밝혔다.

陶嬰者는 魯陶門之女也라 少寡하여 養幼孤호대 無强昆弟①하여 紡績爲産이러라 魯人或聞其義하여 將求焉하니 嬰聞之하고 恐不得免하여 作[195)]歌明己之不更(경)[196)]二也하다

① 無强昆弟 : '强'은 건장함이다. ≪北堂書鈔≫의 이 구절을 인용한 곳에는 '强'자가 없다.[197)]
强, 壯也. 北堂書鈔引無强字.

그 노래는 다음과 같다.

슬프게도 黃鵠이 일찍 홀몸이 되어
칠년이나 짝을 이루지 않았네
목을 움츠리고 홀로 자며
무리들과 함께 지내지 않았네

---

193) 主婦慙讓 : ≪唐韻正≫에는 '夫人慙辭'로 되어 있다.
194) 閒暇 : ≪唐韻正≫에는 '有度'로 되어 있다.
195) 作 : ≪太平御覽≫에는 이 앞에 '乃'가 더 있다.
196) 更 : ≪太平御覽≫에는 없다.
197) 北堂書鈔의……없다 : 唐나라 虞世南의 ≪北堂書鈔≫ 권106 〈樂部 歌篇 2〉의 '歌黃鵠'에 대한 明나라 陳禹謨의 補註에 보인다.

한밤중에 서글피 울며
죽은 수컷을 그리워하는구나
天命이 일찍 홀몸이 되게 하였으니
홀로 잔들 무엇이 서러우랴
과부가 이를 생각하니
몇 줄기 눈물이 흐르누나
아아, 애통하다
죽은 이를 잊지 못하리로다
나는 새도 오히려 그러한데
하물며 곧고 어진 사람임에랴
아무리 훌륭한 짝이 있어도
종신토록 개가하지 않으리로다

其歌曰〔悲〕[198)]黃鵠(곡)之早寡兮여 七年不雙이로다 (鵷)〔宛〕[199)]頸[200)]獨宿兮①여 不與衆同이로다 夜半悲鳴兮여 想其故雄이로다 天命早寡兮여 獨宿何傷이리오 寡婦念此兮여 泣下數行(항)이로다 嗚呼〔哀〕[201)]哉[202)]兮②여 死者不可忘이로다 飛鳥尙然兮여 況於貞良가 雖有賢雄兮③여 終不重行[203)]호리라

① (鵷)〔宛〕頸獨宿兮 : '鵷'은 응당 '宛'과 같으니, 돌린다는 뜻이다.
鵷當與宛同. 宛轉也.

② 嗚呼〔哀〕哉兮 : '哉' 위에 '哀'자가 빠졌다. ≪北堂書鈔≫의 이 구절을 인용한 곳에는 빠지지 않았다.

---

198) 〔悲〕: 저본에는 '悲'가 없으나, ≪列女傳校注≫, ≪列女傳集注≫, ≪北堂書鈔≫, ≪太平御覽≫ 등에 의거하여 보충하였다.

199) (鵷)〔宛〕: 저본에는 '鵷'으로 되어 있으나, ≪列女傳校注≫, ≪列女傳集注≫, ≪太平御覽≫ 등에 의거하여 '宛'으로 바로잡았다.

200) 頸 : ≪列女傳校注≫에는 '鵶'으로 되어 있다.

201) 〔哀〕: 저본에는 '哀'가 없으나, 王照圓의 注에 의거하여 보충하였다. ≪列女傳校注≫에는 '悲'로 되어 있다.

202) 哉 : ≪列女傳校注≫에는 없다.

203) 〔悲〕黃鵠之早寡兮……終不重行 : ≪太平御覽≫에는 '悲黃鵠之蚤寡兮 十年不雙 宛頸戢翼兮 不爲衆同 時則飛鳴兮 獨行惸惸 天命令然兮 愧獨永傷 感鳥慍己兮 淚下成行 嗚呼悲兮 死者不可忘 飛鳥尙然兮 何況貞良 雖有賢雄兮 終不重行'으로 되어 있다.

哉上脫哀字. 書鈔引未脫.

③ 雖有賢雄兮 : ≪북당서초≫의 이 구절을 인용한 곳에는 '雄'이 '匹'로 되어 있다.
書鈔引雄作匹.

魯나라 사람이 이를 듣고 말하기를 "이 여인은 얻을 수 없겠다." 하고는, 마침내 감히 다시 구혼하지 못하였다. 도영은 과부로 지내면서 종신토록 개가하지 않았다.

魯人聞之曰 斯女不可得已라하고 遂不敢復求하다 嬰寡終身不改하다

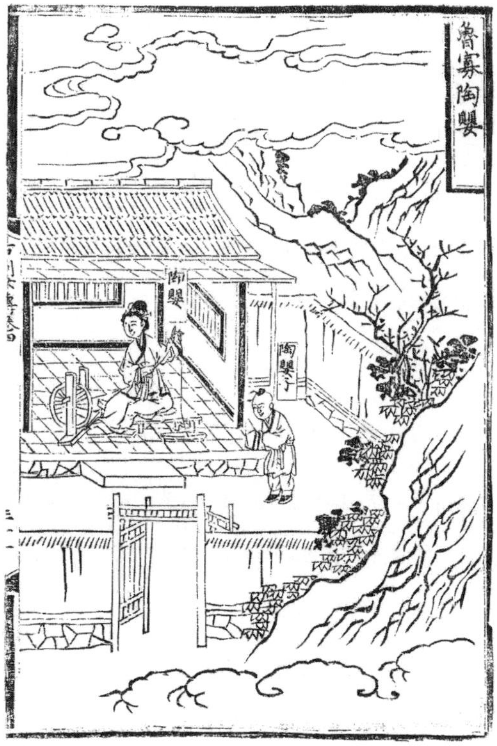

魯寡陶嬰

군자가 말하기를 "陶嬰은 곧고 한결같으며 道德이 純一하였다."라고 하였다. ≪詩經≫에 이르기를 "마음에 근심하는지라, 내 노래하고 또 흥얼거리노라."[204]라고 하였으니, 이를 두고 한 말이다.

君子謂 陶嬰貞壹而思①라하니라 詩云 心之憂矣[205]라 我歌且謠호라하니 此之謂也라

① 君予謂 陶嬰貞壹而思 : '思'는 슬기롭다는 뜻이다. 諡法에 "道德이 純一한 것을 '思'라 한다."라고 하였다.
思, 睿也. 諡法曰 "道德純一曰思."

頌은 다음과 같다.

204) 마음에……흥얼거리노라 : ≪詩經≫ 〈魏風 園有桃〉에 보인다.
205) 矣 : ≪列女傳校注≫에는 '兮'로 되어 있다.

도영은 젊어서 과부가 되어
길쌈을 하여 자식을 길렀다네
어떤 이가 그녀와 혼인하려 하였는데
자신의 몸을 닦고 다스렸다오
노래를 지어 자신의 뜻을 밝히니
구혼하던 사람이 그만두었다네
군자가 칭찬하고 선양하여
여자의 본보기로 삼았다네

頌曰 陶嬰少寡하여 紡績養子로다 或欲取焉이어늘 乃自修理로다 作歌自明하니 求者乃止로다 君子稱揚하여 以爲女紀로다

4-14 梁나라 寡婦 高行 梁寡高行

高行은 梁나라의 과부이다. 그 사람됨이 미색이 빼어나고 행실이 훌륭하였다. 남편이 죽어 일찍 과부가 되었으나 개가하지 않았다. 梁나라 貴人들 가운데 다투어 장가들고자 하는 이들이 많았으나 얻지 못하였다.

高行者는 梁之寡婦也라 其爲人이 榮於色而美[206]於行이라 夫死早寡로대 不嫁하다 梁貴人多[207]爭欲取之者[208]나 不能得이라

梁王이 이를 듣고 재상으로 하여금 聘問하게 하였는데, 高行이 말하기를 "제 남편이 불행히도 일찍 죽어 개나 말보다 먼저 구렁에 묻혔으니, 저는 의당 제 몸으로 그의 棺槨을 덮어주어야 했으나, 그 어린 고아를 지키고 길러야 하므로 일찍이 제 뜻대로 따라 죽지도 못하였습니다. 귀인들 가운데 저를 원하는 이들이 많았으나 다행히 피할 수 있었는데, 지금 왕께서 또 이렇게 하시는군요. 제가 듣건대, 婦人의 義는 한 번 시집가면 改嫁하지 아니하여 곧고 미더운 절개를 온전히 해야 한다고 하였습

206) 美 : ≪藝文類聚≫와 ≪太平御覽≫에는 모두 '敏'으로 되어 있다.
207) 多 : ≪藝文類聚≫와 ≪太平御覽≫에는 모두 없다.
208) 者 : ≪藝文類聚≫와 ≪太平御覽≫에는 모두 없다.

니다. 지금 죽은 사람을 잊고 산 사람에게 가는 것은 미덥지 못한 것이고, 富貴한 것을 보고 貧賤한 때를 잊으면 곧지 못한 것이니, 義를 버리고 利를 따른다면 사람이라 할 수 없습니다." 하였다.

梁王聞之하고 **使相娉焉**하니 **高行曰 妾夫不幸早死**[209)]하여 **先狗**[210)]**馬塡溝壑**①하니 **妾〔宜以身薦其棺槨**이로대〕②[211)] **守養其**[212)]**幼孤**일새 **曾**[213)]**不得專意**③로이다 **貴人多求妾者**나 **幸而得免**이러니 **今王又重之**온여 **妾聞婦人之義**는 **一往而不改**하여 **以全貞信之節**이라하니이다 (念)〔今〕[214)]**忘死而趨生**④은 **是不信也**요 〔見〕[215)]**貴而忘賤**⑤은 **是不貞也**⑥니 **棄義而從利**면 **無以爲人**이니이다

① 妾夫不幸早死 先狗馬塡溝壑 : ≪藝文類聚≫의 이 구절을 인용한 곳에는 '早死' 2자가 없고,[216)] ≪文選≫ 注의 이 구절을 인용한 곳에는 있는데, '狗'가 모두 '犬'으로 되어 있다. ≪문선≫ 注에 虞貞節[217)]의 말을 인용하여 "사람은 하늘에서 명을 받는데 명이 길고, 개나 말은 하늘에서 명을 받는데 명이 짧습니다. 그런데도 첩의 남편은 도리어 개나 말보다 먼저 죽었습니다."라고 하였는데, 인용한 글은 곧 이 注釋의 문장이다.[218)]
藝文類聚引無早死二字, 文選注引有之, 狗俱作犬. 選注引虞貞節曰 "人受命於天而命長, 犬馬受命於天而命短. 妾之夫反先犬馬死矣." 所引卽此注之文也.

② 【校注】〔宜以身薦其棺槨〕: 7자가 舊本에는 빠졌다. ≪예문유취≫와 ≪太平御覽≫에 따라 校勘 增補하였다. ≪예문유취≫에는 '其'자가 없다.

---

209) 早死 : ≪藝文類聚≫와 ≪太平御覽≫에는 모두 없다.

210) 狗 : ≪藝文類聚≫와 ≪太平御覽≫에는 모두 '犬'으로 되어 있다.

211) 〔宜以身薦其棺槨〕: 저본에는 '宜以身薦其棺槨'이 없으나, ≪列女傳校注≫, ≪列女傳集注≫, ≪藝文類聚≫, ≪太平御覽≫ 등에 의거하여 보충하였다.

212) 其 : ≪藝文類聚≫와 ≪太平御覽≫에는 모두 없다.

213) 曾 : ≪藝文類聚≫와 ≪太平御覽≫에는 모두 없다.

214) (念)〔今〕: 저본에는 '念'으로 되어 있으나, ≪列女傳校注≫, ≪列女傳集注≫, ≪太平御覽≫에 의거하여 '今'으로 바로잡았다.

215) 〔見〕: 저본에는 '見'이 없으나, ≪列女傳校注≫, ≪列女傳集注≫, ≪太平御覽≫에 의거하여 보충하였다.

216) 藝文類聚의……없고 : ≪藝文類聚≫ 권18 〈人部 2 賢婦人〉에 보인다.

217) 虞貞節 : 三國時代 吳나라 趙姬로, 세상에서 趙母라 일컬었다. 虞韙의 아내로, 才思가 민첩하고 박학다식하였다. 虞韙가 죽은 뒤, 吳大帝가 그녀의 文才를 敬愛하여 宮庭의 女官으로 삼았다. ≪列女傳≫을 註解하였는데, 이를 ≪趙母注≫라 하였다.

218) 文選……문장이다 : ≪文選≫ 권38 〈爲范始興作求立太宰碑表〉에 "개나 말보다 먼저 죽어 두터운 은혜를 보답하지 못할까 염려하였다.〔慮先犬馬 厚恩不答〕"라고 하였는데, 이에 대한 唐나라 李善의 注에 ≪列女傳≫의 이 구절과 虞貞節의 말이 자세히 보인다.

七字舊脫. 從藝文類聚・太平御覽校增. 類聚無其字.

③ 妾〔宜以身薦其棺槨〕……曾不得專意 : ≪예문유취≫의 이 구절을 인용한 곳에는 '妾' 아래 '宜以身薦棺槨' 6자가 있고, 그 아래에 비로소 '守養幼孤 不得專意'라고 하였는데, 이는 뜻대로 남편을 따라 죽지 못하였다는 말이다. 그런데 여기에는 지금 이 6자가 빠졌으니, 말과 뜻이 모두 통하지 않는다. ≪예문유취≫에서는 또 '不得專意' 구절 아래를 곧바로 '妾聞婦人之義……'로 이었고, '以全貞信之節' 구절 아래를 곧바로 '棄義而從利……'로 이었는데,[219] 이는 唐나라 판본이 단지 이와 같을 뿐이다. 宋나라 판본에는 또 몇 구절이 더 들어 있는데, 의당 이에 의거하여 刪去해야 한다.
類聚引妾下有"宜以身薦棺槨"六字, 其下方云"守養幼孤 不得專意", 言不得專意從夫也. 今脫去六字, 詞與義俱窒矣. 又"不得專意"句下, 直接"妾聞婦人之義"云云, 以"全貞信之節"句下, 直接"棄義而從利"云云, 是唐本止如此. 宋本又衍數句, 宜据以刪去之.

④【校注】(念)〔今〕忘死而趨生 : '今'은 舊本에는 '念'으로 잘못되어 있다. ≪태평어람≫에 따라 校勘 改正하였다.
今舊誤念. 從太平御覽校改.

⑤【校注】〔見〕貴而忘賤 : '見'자는 舊本에는 빠졌다. ≪태평어람≫에 따라 校勘 增補하였다.
見字舊脫. 從太平御覽校增.

⑥ (念)〔今〕忘死而趨生……是不貞也 : '念'은 아마도 '今'자의 오류인 듯하다. 또 이 4구절은 ≪예문유취≫의 이 구절을 인용한 곳에는 없다. 어떤 판본에는 注 속에 들어 있으니, 傳寫한 자가 잘못 正文에 기입한 것일 뿐이다. 응당 다시 살펴보아야 할 것이다.
念疑今字之誤. 又此四句, 類聚引無之. 或本在注中, 傳寫者誤入正文耳. 當更(갱)詳之.

그리고는 마침내 거울을 들고 칼을 잡아 자신의 코를 베고 말하기를 "저는 이미 코를 베는 형벌을 받았습니다. 죽지 못하는 까닭은 어린 것들을 차마 거듭 고아로 만들 수 없어서입니다. 임금께서 저를 원하는 까닭은 저의 미색 때문인데, 이제 코를 베는 형벌을 받은 사람이니, 아마도 벗어날 수 있을 것입니다." 하였다. 이에 재상이 이 사실을 아뢰니, 梁王이 그 義를 훌륭하게 여기고 그 행실을 높이 여겨 그 몸을 復戶[220]하고 그 이름을 높여 '高行'이라 하였다.

乃援鏡持刀하여 以割其鼻하고 曰 妾已刑矣로소이다 所以不死者는 不忍幼弱[221]之重孤也니이다

219) 예문유취에서는……이었는데 : ≪藝文類聚≫ 권18 〈人部 2 賢婦人〉에 자세히 보인다.
220) 復戶 : 충신, 효자, 열녀 등에게 부역과 조세 따위를 종신토록 면제해주는 것을 말한다.

王之求妾者는 以其色也어늘 今刑餘之人이니 殆可釋矣리이다 於是에 相以報하니 王大其義하고 高其行[222]하여 乃復(복)其身하고 尊其號曰高行이라하다

梁寡高行

군자가 말하기를 "高行은 절개와 예가 한결같고 정순하였다."라고 하였다. ≪詩經≫에 이르기를 "나더러 거짓말한다고 이를진댄, 밝은 해를 두고 맹세하리라."[223]라고 하였으니, 이를 두고 한 말이다.

君子謂 高行節禮專精이라하니라 詩云 謂予不信인댄 有如皎[224]日이니라하니 此之謂也라

頌은 다음과 같다.

高行이 양나라에 살았는데
곧고 한결같으며 정순하였다네
귀하게 되는 것을 탐하지 않고
한결같은 신의에 힘을 썼다오
梁王의 빙문을 받지 않고
코를 베어 스스로 형벌을 받았도다
군자가 이를 높이 여겨
후인들에게 밝게 드러내었다네

頌曰 高行處梁하니 貞專精純이로다 不貪行貴하고 務在一信이로다 不受梁娉하고 劓(의)鼻刑身이로다 君子高之하여 顯示後人이로다

---

221) 弱 : ≪太平御覽≫에는 '嗣'로 되어 있다.

222) 大其義 高其行 : ≪太平御覽≫에는 '高其節 敬其行'으로 되어 있다.

223) 나더러……맹세하리라 : ≪詩經≫ 〈王風 大車〉에 보인다.

224) 皎 : ≪詩經≫에는 '皦'로 되어 있다.

4-15 陳縣[225]의 寡婦 孝婦 陳寡孝婦

孝婦는 陳縣의 어린 과부이다. 나이 열여섯에 출가하여 자식을 두기도 전에 그 남편이 國境에 수자리를 살러 가게 되었다. 남편이 장차 길을 떠날 때 효부에게 부탁하여 말하기를 "내가 살지 죽을지 모르겠소. 다행히 老母가 계시지만 다른 형제가 없으니, 혹시라도 내가 돌아오지 못하면 당신이 내 어머니를 잘 봉양해줄 수 있겠소?" 하니, 효부가 대답하여 말하기를 "그렇게 하겠습니다." 하였다. 남편이 결국 죽어서 돌아오지 못하였는데, 효부는 시어머니를 봉양하기를 조금도 소홀히 하지 않아 사랑하기를 더욱 깊게 하였으며, 길쌈을 하여 가계를 꾸리고 살면서 끝내 改嫁할 생각을 하지 않았다.

孝婦者는 陳之少寡婦也라 年十六而嫁하여 未有子에 其夫當行[226]戍하다 夫且行時에 屬(촉)孝婦曰 我生死未可知라 幸有老母나 無他兄弟하니 備吾不還①이어든 汝肯養吾母乎[227]아 婦應曰 諾다하다 夫果死不還이어늘 婦養姑不衰하여 慈愛愈固②하고 紡績以爲家業하여 終無嫁意러라

① 【校正】 備吾不還 : 王紹蘭[228]이 상고해보건대, '備'자는 풀이하기 어렵다. 아마도 응당 '倘'이 되어야 할 듯하니, 字形이 비슷해서 생긴 오자이다. 〈魏節乳母〉에 "乳母가 혹시 말한다면〔乳母倘言之〕"이라고 하였는데,[229] 이것이 유사한 例이다.
紹蘭按備字難解. 疑當作倘(당), 形之誤也. 魏節乳母傳, 乳母倘言之, 是其比.

② 慈愛愈固 : '慈' 또한 사랑한다는 뜻이다. ≪禮記≫ 〈內則〉에 말하기를 "맛있는 음식으로 자애로움을 다한다."[230]라고 하였다.
慈亦愛也. 內則曰 "慈以旨甘."

---

225) 陳縣 : 前漢 때 淮陽郡에 속했던 縣으로, 지금의 河南省 淮陽에 있었다.

226) 行 : ≪太平御覽≫에는 '從'으로 되어 있다.

227) 我生死未可知……汝肯養吾母乎 : ≪太平御覽≫에는 '我有老母 吾不還 汝肯善視吾母乎'로 되어 있다.

228) 王紹蘭 : 淸나라 학자로, 자는 畹馨, 호는 南陔 또는 思維居士이다. 저서에 ≪儀禮圖≫, ≪周人禮說≫, ≪周人經說≫, ≪說文集注≫, ≪讀書雜記≫ 등이 있다.

229) 魏節乳母에……하였는데 : 본서 권5 〈節義傳 魏節乳母〉에 자세히 보인다.

230) 맛있는……다한다 : ≪禮記≫ 〈內則〉에 "命士로부터 이상은 부자간이 모두 집을 달리 해야 하니, 먼동이 틀 무렵에 가서 뵙고서 맛있는 음식으로 慈愛로움을 다하며, 해가 뜨면 물러나서 각각 그 자기 일에 종사하다가 해가 지면 들어가 뵙고서 맛있는 음식으로 慈愛로움을 다한다.〔由命士以上 父子皆異宮 昧爽而朝 慈以旨甘 日出而退 各從其事 日入而夕 慈以旨甘〕"라고 하였다.

三年喪을 마치자, 그녀의 친정 부모가 딸이 나이도 어리고 자식도 없이 일찍 과부가 된 것을 애처롭게 여겨 장차 데려다가 개가시키려 하였다. 그러자 효부가 말하기를 "제가 듣건대 信은 인간의 根幹이며, 義는 행실의 節目이라 하였습니다. 제가 다행히 襁褓에서 벗어나 부모님의 命을 받아 남편을 섬기게 되었는데, 남편이 장차 떠나려 할 때 저에게 자신의 노모를 부탁하기에 이미 그렇게 하겠다고 허락하였습니다. 남의 부탁을 받았으니, 어찌 저버릴 수 있겠습니까? 부탁을 저버리는 것은 미덥지 못한 것이고, 죽은 이를 배반하는 것은 의롭지 못한 것이니, 그렇게 할 수 없습니다." 하였다.

居喪三年에 其父母哀其年少無子而早寡也하여 將取而嫁之하니 孝婦曰 妾聞之호니 信者는 人之幹也요 義者는 行之節也라하니이다 妾幸得離襁褓(강보)하여 受嚴命而事夫①어늘 夫且行時에 屬妾以其老母②하여 既許諾之하니이다 夫受人之託하니 豈可棄哉리잇가 棄託不信이요 背死不義니 不可也니이다

① 受嚴命而事夫 : '嚴命'은 父母의 명이다. ≪周易≫ 家人卦 〈彖傳〉에 말하기를 "집안 사람들에게 엄한 군주가 있으니, 부모를 말한다."라고 하였다.
嚴命父母之命也. 易曰 "家人有嚴君焉, 父母之謂也."

② 屬妾以其老母 : '屬'은 부탁한다는 뜻이다.
屬, 託也.

어머니가 말하기를 "나는 네가 어린 나이에 일찍 과부가 된 것이 딱해서 그러는 것이다." 하니, 효부가 말하기를 "제가 듣건대, 차라리 義를 딛고 죽을지언정 땅을 딛고 살지는 않을 것이라고 하였습니다. 그리고 남의 노모를 봉양하다가 마치지 못하고, 남에게 그렇게 하겠다고 허락하였다가 신의를 지키지 못하면 장차 어떻게 세상에 설 수 있겠습니까. 남의 며느리가 되었다는 것은 진실로 그 시아버지와 시어머니를 봉양한다는 것입니다. 남편이 불행하게도 먼저 죽어 자식의 예를 다하지 못하였는데, 지금 또 저로 하여금 집을 떠나가 늙은 시어머니를 봉양할 사람이 없게 하시니, 이는 남편의 不肖함을 밝히고 저의 不孝를 드러내는 것입니다. 효성스럽지도 못하고 미덥지도 못하며 게다가 義까지 없다면 어떻게 살아갈 수 있겠습니까." 하였다. 그리고는 스스로 죽으려고 하자, 그 친정 부모가 두려워서 감히 개가시키지 못하고 마침내 그 시어머니를 봉양하게 하였다. 28년 만에 시어머니가 돌아가시자 장

사를 지내고 종신토록 제사를 받들었다.

母曰 吾憐汝少年早寡也라 孝婦曰 妾聞호니 寧載於義而死언정 不載於地而生이라하니이다 且夫養人老母而不能卒하고 許人以諾而不能信하면 將何以立於世리잇고 夫爲人婦는 固養其舅姑者也니이다 夫不幸先死하여 不得盡爲人子之禮어늘 今又使妾去之하여 莫養老母하시니 是明夫之不肖而著妾之不孝니이다 不孝不信하고 且無義면 何以生哉리잇가 因欲自殺이어늘 其父母懼而不敢嫁也하고 遂使養其姑하다 二十八年에 姑死하니 葬之[231]하고 終奉祭祀하다

淮陽守가 이를 아뢰자, 漢 孝文帝[232]가 그 義를 높이 여기고 그 신의를 귀하게 여기고 그 행실을 아름답게 여겨 使者를 보내 황금 40斤을 하사하고, 종신토록 復戶하였으며, '孝婦'라는 이름을 내려주었다.

淮陽(太)[233]守以聞①하니 漢孝文皇帝②가 高其義③하고 貴其信하고 美其行하여 使使者賜之黃金四十斤하고 復之終身하며 號曰孝婦라하다

陳寡孝婦

① 淮陽(太)守以聞 : ≪漢書≫ 〈地理志〉에 따르면 '陳'은 淮陽國에 속해 있으니, 淮陽은 郡이 아니다. 그런데 '太守'라 이른 것은 혹 孝文帝 때 일찍이 고쳐서 郡으로 삼았는데 史書에 빠진 것인가? 아니라면 '太守' 2자는 誤字이다.
漢地理志, 陳屬淮陽國. 是不爲郡矣, 而云太守者, 或孝文帝時, 曾改爲郡而史缺歟? 不則太守二字誤也.

---

231) 姑死 葬之 : ≪列女傳校注≫, ≪列女傳集注≫, ≪太平御覽≫에는 모두 '姑年八十四 壽 乃盡賣其田宅以葬之'로 되어 있다.

232) 漢 孝文帝 : 漢 文帝 劉恒으로, 漢 高祖 劉邦의 아들이다.

233) (太) : 저본에는 '太'가 있으나, 王紹蘭의 校正에 의거하여 衍文으로 처리하였다.

② 漢孝文皇帝 : '漢'자는 後人이 함부로 추가한 것이다.
漢字, 後人妄加之.

③ 【校正】 淮陽(太)守以聞……高其義 : 王紹蘭이 상고해보건대, '太'자가 衍文이고 '守'자는 誤字가 아니다. ≪한서≫ 〈文帝紀〉에 '淮陽守 申屠嘉'가 있고, 〈申屠嘉傳〉에 "孝惠帝 때 淮陽守가 되었다. 孝文帝 元年에 옛날에 二千石[234]으로 高祖를 따르던 자들을 다 들어 모두 關內侯로 삼고 24인에게 食邑을 주었는데, 신도가의 식읍은 500戶였다. 16년에 승진하여 御史大夫가 되었다."라고 하였으며, 〈百官公卿表〉에서도 "孝文帝 16년에 淮陽守 신도가가 어사대부가 되었다."라고 하였다. 그렇다면 '守'는 곧 二千石이니, 二千石은 郡과 國에 모두 있었다. 〈高五王傳〉에 "비로소 悼惠王이 스스로 二千石의 官吏를 둘 수 있었다."라고 한 것이 곧 그 증거이다. 그러므로 淮陽國에도 '守'가 있게 되었던 것이다. 따라서 이 傳에서는 응당 "淮陽守가 이를 아뢰자〔淮陽守以聞〕"라고 해야 하니, 이는 곧 가상하게 여겨서이다. '太守'의 호칭으로 말하면 景帝 2년에 시작되었으니,[235] '太'가 衍字임을 알 수 있겠다.
紹蘭按太字衍文, 守字不誤. 漢書文帝紀, 有淮陽守申屠嘉. 嘉本傳云 "孝惠時, 爲淮陽守. 孝文元年, 擧故以二千石從高祖者, 悉以爲關內侯, 食邑二十四人, 而嘉食邑五百戶. 十六年, 遷爲御史大夫." 百官公卿表, "孝文十六年, 淮陽守申屠嘉爲御史大夫." 然則守卽二千石, 二千石郡國皆有. 高五王傳云"始悼惠王得自置二千石." 卽其證. 故淮陽國, 亦得有守. 此傳當云"淮陽守以聞." 蓋卽嘉也. 至太守之稱, 始於景帝中二年, 知太爲衍字矣.

군자가 말하기를 "효부는 婦道를 갖추었다."라고 하였다. ≪詩經≫에 이르기를 "다만 이 사람의 마음가짐이 착실하고 깊을 뿐만이 아니었다."[236]라고 하였으니, 이를 두고 한 말이다.

君子謂 孝婦備於婦道라하니라 **詩云 匪直也人**의 **秉心塞**(색)**淵**이라하니 **此之謂也**라

頌은 다음과 같다.

---

234) 二千石 : 지방 수령을 가리킨다. 漢나라 때 郡守의 연봉이 2천 섬이었다.

235) 太守의……시작되었으니 : ≪漢書≫ 권19 〈百官公卿表〉에 "郡守는 秦나라 때의 官名인데, 그 郡을 다스리는 일을 관장하고 祿俸이 二千石이다. 丞이 있고, 邊郡에는 또 長史가 있어 兵馬를 관장하는데 祿俸이 六百石이다. 景帝 2년(B.C. 156)에 그 이름을 太守로 바꾸었다.〔郡守秦官 掌治其郡 秩二千石 有丞 邊郡又有長史 掌兵馬 秩皆六百石 景帝中二年 更名太守〕"라고 하였다.

236) 다만……아니었다 : ≪詩經≫ 〈鄘風 定之方中〉에 보인다.

어린 효부가 陳縣에 살았는데
남편이 죽고 자식도 없었다네
친정어머니가 장차 개가시키려 하였으나
끝내 어머니 말을 듣지 않았다오
온 마음을 기울여 시어머니를 봉양하며
한 번 치른 혼례를 다시 바꾸지 않았도다
성스러운 황제가 가상하게 여겨
孝婦라는 이름을 내려주었다네

頌曰 孝婦處陳에 夫死無子로다 妣[237]將嫁之나 終不聽母로다 專心養姑하여 一醮不改로다 聖(王)〔主〕[238]嘉之①하여 號曰孝婦로다

① 聖(王)〔主〕嘉之 : '王'은 응당 '主'가 되어야 한다.
王當作主.

---

237) 妣 : ≪古列女傳≫에는 '比'로 되어 있다.

238) (王)〔主〕: 저본에는 '王'으로 되어 있으나, 王照圓의 注에 의거하여 '主'로 바로잡았다.

〔附 錄〕

1. ≪列女傳補注≫ 總目次

3-7 衛靈夫人
3-8 齊靈仲子
3-9 魯臧孫母
3-10 晉羊叔姬
3-11 晉范氏母
3-12 魯公乘姒
3-13 魯漆室女
3-14 魏曲沃負
3-15 趙將括母

卷4 貞順傳

4-1 召南申女
4-2 宋恭伯姬
4-3 衛寡夫人
4-4 蔡人之妻
4-5 黎莊夫人
4-6 齊孝孟姬
4-7 息君夫人
4-8 齊杞梁妻
4-9 楚平伯嬴
4-10 楚昭貞姜
4-11 楚白貞姬
4-12 衛宗二順
4-13 魯寡陶嬰
4-14 梁寡高行
4-15 陳寡孝婦

卷5 節義傳

5-1 魯孝義保
5-2 楚成鄭瞀
5-3 晉圉懷嬴
5-4 楚昭越姬
5-5 蓋將之妻
5-6 魯義姑姊
5-7 代趙夫人
5-8 齊義繼母
5-9 魯秋潔婦
5-10 周主忠妾
5-11 魏節乳母
5-12 梁節姑姊
5-13 珠崖二義
5-14 郃陽友娣
5-15 京師節女

卷6 辯通傳

6-1 齊管妾婧
6-2 楚江乙母
6-3 晉弓工妻
6-4 齊傷槐女
6-5 楚野辨女
6-6 阿谷處女
6-7 趙津女娟
6-8 趙佛肹母
6-9 齊威虞姬
6-10 齊鍾離春
6-11 齊宿瘤女
6-12 齊孤逐女
6-13 楚處莊姪

6-14 齊女徐吾

6-15 齊太倉女

卷7 孽嬖傳

7-1 夏桀末喜

7-2 殷紂妲己

7-3 周幽褒姒

7-4 衛宣公姜

7-5 魯桓文姜

7-6 魯莊哀姜

7-7 晉獻驪姬

7-8 魯宣繆姜

7-9 鄭女夏姬

7-10 齊靈聲姬

7-11 齊東郭姜

7-12 衛二亂女

7-13 趙靈吳女

7-14 楚考李后

7-15 趙悼倡后

卷8 續列女傳

8-1 周郊婦人

8-2 陳國辯女

8-3 聶政之姊

8-4 王孫氏母

8-5 陳嬰之母

8-6 王陵之母

8-7 張湯之母

8-8 雋不疑母

8-9 漢楊夫人

8-10 漢霍夫人

8-11 嚴延年母

8-12 漢馮昭儀

8-13 王章妻女

8-14 班女婕妤

8-15 漢趙飛燕

8-16 孝平王后

8-17 更始夫人

8-18 梁鴻之妻

8-19 明德馬后

8-20 梁夫人嫕

崇文總目序 蔡驥

列女傳目錄序 曾鞏

列女傳序 王回

列女傳補注序 王照圓

2. ≪列女傳補注 1≫ 도판 목록

(22) 〈楚武鄧曼〉, 仇英(明) 畫, 汪道昆(明) 輯, ≪列女傳≫ / 209
(23) 〈許穆夫人〉, 仇英(明) 畫, 汪道昆(明) 輯, ≪列女傳≫ / 213
(24) 〈曹僖氏妻〉, 仇英(明) 畫, 汪道昆(明) 輯, ≪列女傳≫ / 218
(25) 〈孫叔敖母〉, 仇英(明) 畫, 汪道昆(明) 輯, ≪列女傳≫ / 222
(26) 〈晉伯宗妻〉, 仇英(明) 畫, 汪道昆(明) 輯, ≪列女傳≫ / 226
(27) 〈衛靈夫人〉, 仇英(明) 畫, 汪道昆(明) 輯, ≪列女傳≫ / 230
(28) 〈齊靈仲子〉, 仇英(明) 畫, 汪道昆(明) 輯, ≪列女傳≫ / 233
(29) 〈魯臧孫母〉, 仇英(明) 畫, 汪道昆(明) 輯, ≪列女傳≫ / 240
(30) 〈晉羊叔姬〉, 仇英(明) 畫, 汪道昆(明) 輯, ≪列女傳≫ / 244
(31) 〈晉范氏母〉, 仇英(明) 畫, 汪道昆(明) 輯, ≪列女傳≫ / 253
(32) 〈魯漆室女〉, 仇英(明) 畫, 汪道昆(明) 輯, ≪列女傳≫ / 260
(33) 〈趙將括母〉, 仇英(明) 畫, 汪道昆(明) 輯, ≪列女傳≫ / 272
(34) 〈召南申女〉, 李上佐(朝鮮) 畫, 禮曹 撰, 諺解本 ≪古列女傳≫(국립한글박물관 소장) / 277
(35) 〈宋恭伯姬〉, 李上佐(朝鮮) 畫, 禮曹 撰, 諺解本 ≪古列女傳≫(국립한글박물관 소장) / 278
(36) 〈衛寡夫人〉, 仇英(明) 畫, 汪道昆(明) 輯, ≪列女傳≫ / 284
(37) 〈蔡人之妻〉, 李上佐(朝鮮) 畫, 禮曹 撰, 諺解本 ≪古列女傳≫(국립한글박물관 소장) / 290
(38) 〈黎莊夫人〉, 李上佐(朝鮮) 畫, 禮曹 撰, 諺解本 ≪古列女傳≫(국립한글박물관 소장) / 292
(39) 〈齊孝孟姬〉, 李上佐(朝鮮) 畫, 禮曹 撰, 諺解本 ≪古列女傳≫(국립한글박물관 소장) / 302
(40) 〈息君夫人〉, 仇英(明) 畫, 汪道昆(明) 輯, ≪列女傳≫ / 305
(41) 〈齊杞梁妻〉, 李上佐(朝鮮) 畫, 禮曹 撰, 諺解本 ≪古列女傳≫(국립한글박물관 소장) / 309
(42) 〈楚平伯嬴〉, 李上佐(朝鮮) 畫, 禮曹 撰, 諺解本 ≪古列女傳≫(국립한글박물관 소장) / 314
(43) 〈楚昭貞姜〉, 李上佐(朝鮮) 畫, 禮曹 撰, 諺解本 ≪古列女傳≫(국립한글박물관 소장) / 317
(44) 〈楚白貞姬〉, 李上佐(朝鮮) 畫, 禮曹 撰, 諺解本 ≪古列女傳≫(국립한글박물관 소장) / 319
(45) 〈衛宗二順〉, 李上佐(朝鮮) 畫, 禮曹 撰, 諺解本 ≪古列女傳≫(국립한글박물관 소장) / 323
(46) 〈魯寡陶嬰〉, 李上佐(朝鮮) 畫, 禮曹 撰, 諺解本 ≪古列女傳≫(국립한글박물관 소장) / 327
(47) 〈梁寡高行〉, 李上佐(朝鮮) 畫, 禮曹 撰, 諺解本 ≪古列女傳≫(국립한글박물관 소장) / 331
(48) 〈陳寡孝婦〉, 李上佐(朝鮮) 畫, 禮曹 撰, 諺解本 ≪古列女傳≫(국립한글박물관 소장) / 334

3. ≪列女傳補注≫ 참고서목

• QR코드를 스캔하면 ≪列女傳補注≫ 참고서목을 볼 수 있습니다.

4. ≪列女傳補注1≫ 圖板

• QR코드를 스캔하면 ≪列女傳補注1≫ 圖板을 볼 수 있습니다.

5. 〈戰國七雄圖〉

• QR코드를 스캔하면 〈戰國七雄圖〉를 볼 수 있습니다.

譯註者 略歷

崔秉準

民族文化推進會 附設 國譯硏修院 상임연구부 졸업
退溪學硏究院 責任硏究員
韓國古典飜譯院 硏究員
高麗大學校 漢字漢文硏究所 연구교수(現)

主要 譯書
≪西溪集≫ 권2, 권4 (共譯), ≪渼湖集≫ 권2, ≪芝峯集≫ 권1, 권4, 권8,
≪靜觀齋集≫ 권1

孔勤植

民族文化推進會 附設 國譯硏修院 상임연구부 졸업
高麗大學校 大學院 고전번역협동과정 졸업 (문학박사)
韓國古典飜譯院 번역1팀장, 문집번역실장
韓國古典飜譯院 附設 古典飜譯敎育院 고전번역연구소장
韓國古典飜譯院 附設 古典飜譯敎育院 교수(現)

主要 論著 및 譯書
論著 〈湖州 蔡裕後 仕宦生活과 詩世界〉, 영남학, 2013
〈湖州 蔡裕後 漢詩 譯註〉, 고려대학교 대학원 박사학위논문, 2014
譯書 ≪響山集≫ 권2, ≪栢浦集≫, ≪湖洲集≫ 권1, 권2, ≪櫟山集≫,
≪洪範衍義≫ 권2, 권3, ≪靑邱挽祭錄≫ 권2 외 다수

東洋古典譯註叢書 124

譯註 列女傳補注 1　　　　정가 30,000원

2019년 08월 30일 초판 발행
2020년 01월 15일 초판　2쇄

著　　者 劉 向
補　　注 王照圓
譯　　註 崔秉準 孔勤植
常任原文校閱　吳圭根
潤文校訂　朴勝珠 南賢熙 李承俊 李孝宰
編　　輯 東洋古典飜譯編輯委員會
發 行 人 李啓晃
發 行 處 社團法人 傳統文化硏究會
서울시 종로구 삼일대로 428 낙원빌딩 411호
전화 : (02)762-8401　전송 : (02)747-0083
전자우편 : juntong@juntong.or.kr
홈페이지 : juntong.or.kr
사이버書堂 : cyberseodang.or.kr
온라인서점 : book.cyberseodang.or.kr
등록 : 1989. 7. 3. 제1-936호

인쇄처 : 한국법령정보주식회사(02-462-3860)
총　판 : 한국출판협동조합(070-7119-1750)

ISBN 979-11-5794-260-2 94910
　　 978-89-85395-71-7(세트)

※ 이 책은 2019년도 교육부 고전문헌 국역지원사업 지원비에 의해 초판(비매품) 간행.